Alexandra und Peter Albert

Neuseeland zu Fuß und per Rad entdecken

It is not the mountain we conquer, but ourselves.
(Es ist nicht der Berg, den wir bezwingen, sondern uns selbst.)

Sir *Edmund Hillary* (neuseeländischer Bergsteiger, 1919–2008)

Impressum

Alexandra und Peter Albert
Reise Know-How Neuseeland zu Fuß und per Rad entdecken

erschienen im
Reise Know-How Verlag Peter Rump GmbH
Osnabrücker Str. 79, 33649 Bielefeld

3., neu bearbeitete und komplett aktualisierte Auflage 2016

Gestaltung
Umschlag: G. Pawlak, P. Rump (Layout);
A. Hesse (Realisierung)
Inhalt: Günter Pawlak (Layout);
Andrea Hesse (Realisierung)
Karten: world mapping project, der Verlag
Fotonachweis: siehe S. 7
Titelfotos: Ralph Junghanns (Mountainbiker auf dem Queen Charlotte Track), www.fotolia.de © naruedom (Wanderung im neuseeländischen Regenwald)

Lektorat: amundo media
Lektorat (Aktualisierung): Andrea Hesse

Druck und Bindung: D3 druckhaus, Hainburg

ISBN 978-3-8317-2626-4
Printed in Germany

Dieses Buch ist erhältlich in jeder Buchhandlung Deutschlands, der Schweiz, Österreichs, Belgiens und der Niederlande.
Bitte informieren Sie Ihren Buchhändler über folgende Bezugsadressen:

Deutschland
Prolit GmbH, Postfach 9, D–35461 Fernwald (Annerod) sowie alle Barsortimente

Schweiz
AVA Verlagsauslieferung AG,
Postfach 27, CH–8910 Affoltern

Österreich
Mohr Morawa Buchvertrieb GmbH
Sulzengasse 2, A–1230 Wien

Niederlande, Belgien
Willems Adventure, www.willemsadventure.nl

Wer im Buchhandel trotzdem kein Glück hat, bekommt unsere Bücher auch über unseren
Büchershop im Internet: www.reise-know-how.de

www.fotolia.de © Delphotostock

Wir freuen uns über Kritik, Kommentare und Verbesserungsvorschläge, gern auch per E-Mail an info@reise-know-how.de.

Alle Informationen in diesem Buch sind von den Autoren mit größter Sorgfalt gesammelt und vom Lektorat des Verlages gewissenhaft bearbeitet und überprüft worden.

Da inhaltliche und sachliche Fehler nicht ausgeschlossen werden können, erklärt der Verlag, dass alle Angaben im Sinne der Produkthaftung ohne Garantie erfolgen und dass Verlag und Autoren keinerlei Verantwortung und Haftung für inhaltliche und sachliche Fehler übernehmen.

Die Nennung von Firmen und ihren Produkten und ihre Reihenfolge sind als Beispiel ohne Wertung gegenüber anderen anzusehen. Qualitäts- und Quantitätsangaben sind rein subjektive Einschätzungen der Autoren und dienen keinesfalls der Bewerbung von Firmen oder Produkten.

Alexandra und Peter Albert

NEUSEELAND ZU FUSS UND PER RAD ENTDECKEN

Geleitwort

„Vorwärts"

Zyniker könnten behaupten, Neuseeland tauge nur für zweierlei: als Weideland für Schafe und als Augenschmaus für den Betrachter.

Das winzige Land ganz unten im Südpazifik, das nicht mehr Einwohner hat als viele europäische Städte, ist das jüngste der Erde, da es sich lange nach den anderen Landmassen aus dem Ozean erhob und erst im 12. Jahrhundert von Menschen besiedelt wurde. Sein gemäßigtes Klima lässt zwar gesundes, grünes Gras für Schafe und Vieh gedeihen, die Wolle, Fleisch und Milchprodukte liefern, doch dieses wichtigste Standbein der Wirtschaft ringt mit der subventionierten Landwirtschaft (z.B. in Europa) und mit der großen Entfernung von den Hauptabsatzmärkten. Glücklicherweise scheint der Tourismus des „100 % Pure New Zealand" nicht unter derlei Hürden zu leiden. Menschen – insbesondere Deutsche – kommen von weit her, um unser sauberes, grünes Land zu erleben und die offene und unkomplizierte Gastfreundschaft der Neuseeländer zu genießen.

Wir nennen weder alte Kathedralen oder Burgen aus Stein und Ziegel, noch prächtige Paläste oder berühmte Galerien voller Kunstschätze unser Eigen. Unsere Schätze schuf vor allem die Na-

› „100 % pure New Zealand"

tur: erhabene Berge, ursprüngliche Gletscher, sprudelnde Flüsse, sattgrüne Regenwälder und das klare blaue Meer sowie die lebendige polynesische Kultur. Es sind diese vielfältigen Naturwunder und die Natursportarten, welche sich ihrer bedienen, die Menschen um den halben Globus reisen lassen und auch *Alexandra* und *Peter Albert* faszinieren. Neuseeland darf sich glücklich schätzen, so begeisterte und wohlinformierte Botschafter zu besitzen. Sie fassen in ihrem Buch den kulturellen und geschichtlichen Hintergrund unseres Landes zusammen, zeigen Einstellungen zu Nachhaltigkeit und Umweltschutz auf und stellen sehr informativ viele der besten Trekking- und Mountainbiketouren in ganz Neuseeland vor. Darüber hinaus bietet das Buch praktische Informationen über das Reisen und weitere Outdoorsportarten in Neuseeland. Ich bin mir sicher, dass es Ihnen Lust darauf machen wird, unser Land zu besuchen, und Ihnen helfen wird, wenn Sie erst einmal hier sind.

Colin Moore (März 2008)

(Übersetzung: *Elke Walter*)

Ehemals Herausgeber der neuseeländischen Outdoor-Zeitschrift „Wilderness“, schrieb *Colin Moore* regelmäßig Kolumnen zum Thema Outdoor für das Nachrichtenmagazin „North and South“. Er war Reiseredakteur beim „New Zealand Herald“ und erhielt den Qantas Media Award als bester Reisekolumnist. Der Autor von fünf Büchern arbeitete als Journalist für Zeitungen in Neuseeland, Australien, Südafrika und Großbritannien. 2009 verstarb er bei einem Unfall.

www.fotolia.de © A. Karnholz

Vorwort

Kia Ora!

(traditioneller Gruß der Maori, übersetzt etwa „Möge es dir gut gehen!")

Neuseeland ist für viele ein Traumreiseziel, ein Land am Ende der Welt, mit dem wir vor allem herrliche Naturlandschaften verbinden. Wer die Natur mag, kann hier in Gegenden vordringen, die etwas Zauberhaftes an sich haben. Nicht umsonst wählte *Peter Jackson* sein Heimatland als Drehort für die Film-Trilogie „Herr der Ringe". Würde *J.R.R. Tolkien* noch leben und hätte er jemals Neuseeland bereist, er hätte sicherlich zugestimmt, in Aotearoa (Maori-Bezeichnung für Neuseeland: „Land der langen weißen Wolke") in der Kulisse seines Buches zu stehen. Doch der Zauber wohnt nicht nur den Wäldern und Bergen inne, auch das Meer, die unzähligen Flüsse und – nicht zu vergessen – die Menschen vor Ort lassen Neuseeland zu einem außergewöhnlichen Erlebnis werden. Egal ob zu Fuß, auf dem Rad oder per Boot, das Land ist eine Reise wert. Was den Natursport hier so besonders macht, welche Hintergründe es gibt, welche Rolle Natursport im Tourismus spielt und worauf man bei einer Aktivreise achten sollte, wird im Kapitel „Natursport in Neuseeland" beschrieben.

Damit die Natur vor Ort so erhalten bleibt, wie wir sie derzeit vorfinden, ist es wichtig, dass Outdoorsport respektvoll, sanft und nachhaltig ausgeübt wird. Nur so können Sie in Zukunft Neuseeland so erleben, wie wir es durften. Näheres zum Thema Nachhaltigkeit und sanftes Reisen ist ebenfalls im Kapitel „Natursport in Neuseeland" zu finden.

Wer die Bewegung in der freien Natur mag, sollte sich ruhig trauen, in Neuseeland eine neue Outdoorsportart auszuprobieren. Es gibt herrliche Gegenden für Einsteiger in jeder Sportart, und das Schöne ist, dass Kurse, Ausrüstung und geführte Tagestouren hier vergleichsweise günstig sind. Trauen Sie sich und wagen Sie das Neue, Neuseeland ist bekannt dafür, dass es Besucher herausfordert. Die „have a go"-Mentalität der Neuseeländer ist ansteckend. So kommt man dem Land nicht nur visuell, sondern auch physisch näher. *Out of doors* lässt sich Neuseeland wahrhaftig erleben. Im den beiden Großkapiteln zum Wandern und Biken auf der Nord- zw. Südinsel werden daher die klassischen Natursportarten Wandern und Radfahren beschrieben und besonders empfehlenswerte Touren vorgestellt. Die Auswahl versucht ein Gleichgewicht zu schaffen, eine Balance zwischen Touren für Anfänger und Fortgeschrittene sowie für Tages- und Mehrtagestouren. So können Sie als Reisende jeden Alters zwischen verschiedenen Alternativen wählen. Für jeden Neuseelandbesucher ist in diesem Buch etwas dabei, und wer einmal angefangen hat, mag gar nicht mehr aufhören. Also, bleiben Sie ein bisschen und entdecken Sie Neuseeland und seine kleinen Wunder von seiner schönsten Seite nach dem Motto: *out of doors* – mitten in der Natur.

Darüber hinaus gibt es ein Kapitel für Naturbegeisterte, die sich in Neuseeland aufs Wasser wagen wollen. Aktivitäten mit Kanu und Seekajak sind attraktiv und auch für Einsteiger möglich.

Damit die Reise besser planbar wird, haben wir im letzten Kapitel eine Übersicht zu den wichtigsten Reiseinformationen in einem Praxisteil zusammengefasst („Abenteuer Neuseeland von A bis Z"). Wir hoffen, dass sie Ihnen bei der Organisation Ihrer Wander- und Bikereise von Nutzen sind. Auf weitere Informationen zu Neuseelands Geschichte, Politik u.Ä. haben wir verzichtet, da es zu diesen Themen bereits eine Vielzahl von Publikationen gibt. Unser Buch soll ein Reiseführer für Naturfreunde sein, die Neuseeland aktiv entdecken und bereisen möchten.

Wir wünschen Ihnen erlebnisreiche und sichere Touren am schönsten Ende der Welt

Alexandra und *Peter Albert*

P. S.: Wir freuen uns über Leserhinweise, da diese helfen, das Buch aktuell zu halten. Der Zustand der Tourenwege in Neuseeland ist sehr dynamisch, da sie ständig den Naturgewalten ausgesetzt sind, weshalb wir stets für Neuigkeiten dankbar sind.

Danksagung

Wir möchten uns bei all den Menschen bedanken, die uns bei der Recherche, Fotoakquise und -bereitstellung sowie bei der Ausübung vieler Outdoortouren unterstützt haben. Ohne ihre Hilfe wäre dieser Reiseführer nicht realisierbar gewesen. Ganz besonderer Dank gilt den Mitarbeitern von Tourism New Zealand in Neuseeland und London, den Mitarbeitern der DOC Visitor Centre, insbesondere *Claudia Hill* vom DOC Wellington, *Iris* und *Gary Dickson* von Alpinism and Ski, *Jill Prew* vom Sir Edmund Hillary Outdoor Pursuits Centre, *Ollie Clifton* vom New Zealand Alpine Club, *Eric Schusser* von der Dunstan High School, *Sara Archdale* von der Marlborough Sounds Adventure Company, *Don Paterson* von Adventure Dynamics, *Maurice Kirby* vom Coromandel Outdoor Language Centre, *Ralph Junghanns* von Pacific Cycle Tours, *Zak Shaw* von der New Zealand Kayak School, *Kees Weytmans* von der Knapdale Lodge, *Wayne Keenan, Ian Reedy, Colin Moore, Jonathan Kennett, Stephan Kolle, Elke Walter, Kerstin Ladstätter* und *Anja Reitzner.*

Fotonachweis

Die Kürzel an den Abbildungen stehen für folgende Fotografen, Firmen und Einrichtungen. Wir bedanken uns für die freundliche Abdruckgenehmigung.

aa	Alexandra Albert
ar	Anja Reitzner
as	Alpinism and Ski
ch	Claudia Hill
colc	Coromandel Outdoor Language Centre
jr	Jeremy Rolfe
kk	Kayaking Kiwi
kw	Kees Weytmans
msa	Marlborough Sounds Adventure Company
nzac	New Zealand Alpine Club Archive
pa	Peter Albert
pfopc	Peel Forest Outdoor Pursuit Centre
rj	Ralph Junghanns
rr	Ruggedy Range Wilderness Experience
sk	Stephan Kolle
wb	Wayne Boness

Alle weiteren Fotos: **www.fotolia.de**
(Bildautorennachweis jeweils direkt am Foto)

Inhalt

Karten

Übersichtskarten

Wander-/Detailkarten

Exkurse und Info-Kästen

Hinweise zur Benutzung

Englische und Maori-Begriffe

Im Buch werden die **geografischen Begriffe** in **englischer Schreibweise** benutzt und, wo es notwendig ist, übersetzt. Oft handelt es sich aber um **Maori-Namen.** Neuseeland ist bilingual, d.h. Englisch und Maori sind gleichwertige Landessprachen, weshalb viele Orte einen englischen und einen Maori-Namen haben.

Abkürzungen

Folgende Bezeichnungen werden der neuseeländischen Schreibweise und entsprechend im Text wiederholt abgekürzt:

- Department of Conservation: **DOC**
- State Highway: **SH**

Telefonnummern

Der Reiseführer beinhaltet sehr viele neuseeländische Telefonnummern, vor allem in den Tourenbeschreibungen tauchen viele Rufnummern von Unterkunfts- und Outdooranbietern auf. Neuseeländische Telefonnummern sind in der Regel **siebenstellig.** Hinzu kommt eine **zweistellige Vorwahl,** wenn man von einer Region in die andere telefonieren möchte. Es gibt in Neuseeland nur **fünf Vorwahlnummern** *(area codes).* Auf der Nordinsel sind es vier: Auckland und Northland (09), Coromandel, Bay of Plenty, Waikato (07), Hawke's Bay, Gisborne, Palmerston North, Wairarapa (06) und Wellington (04). Die komplette Südinsel hat nur eine Vorwahl (03). Wenn man innerhalb einer Region telefoniert, muss man, wie bei uns auch, die lokale Vorwahl nicht wählen. Wer aus Übersee anruft, muss hingegen die **nationale Vorwahlnummer** für Neuseeland (0064) vorwählen *(country code).* Diese wird im Buch durch die internationale Schreibweise (+64) abgekürzt. Danach lässt man, wie auch bei uns, die (0) der regionalen Vorwahlnummer weg. Daher steht die (0) der örtlichen Vorwahlnummern im Buch immer in Klammern. Darüber hinaus gibt es in Neuseeland viele **kostenlose Rufnummern,** die vor allem von touristischen Anbietern zur Verfügung gestellt werden. Diese beginnen mit 0800 oder 05 und können sowohl vom Festnetz als auch von öffentlichen Fernsprechern aus gewählt werden. Nur vom Mobiltelefon aus funktionieren diese Nummern nicht.

Währungsangaben

Die Preise vor Ort sind immer in **neuseeländischen Dollar** angegeben. Die Währung wird mit NZD abgekürzt. Ein neuseeländischer Dollar entspricht in etwa 0,62 €/0,67 CHF (Stand Aug. 2016).

Preise

Um bei der Reiseplanung eine Vorstellung zu bekommen, was wie teuer ist, wurden bei Aktivitäten und Kursen die Preise angegeben, die zum Zeitpunkt der Drucklegung aktuell waren.

Bei Übernachtungs- und Restaurantpreisen haben wir **Preiskategorien** eingeführt, die sich wie folgt staffeln:

Unterkünfte

①	20 bis 50 NZD
②	51 bis 100 NZD
③	101 bis 200 NZD

Alle Angaben verstehen sich **pro Person,** unabhängig von der Zimmerart.

Restaurants

①	5 bis 20 NZD pro Person
②	21 bis 50 NZD pro Person

Alle Angaben beziehen sich auf ein Gericht ohne Getränke.

Übernachtungs- und Restaurantempfehlungen

Unter den Stadtbeschreibungen finden sich immer zwei Unterkunftsempfehlungen: eine **Hostelunterkunft** sowie eine **Mittelklasse-Unterbringung** für Reisende, die etwas komfortabler unterkommen möchten. In den Tourenbeschreibungen werden hingegen fast immer nur **Hüttenunterkünfte** oder **Zeltplätze** genannt, da es sich bei diesen um die geläufigsten, meist sogar die einzigen und am einfachsten zu erreichenden Unterkunftsarten handelt.

Darüber hinaus wird immer ein **Restaurant** empfohlen. Da es in jeder neuseeländischen Ortschaft günstige Imbissmöglichkeiten gibt, die stets im Zentrum liegen und kaum zu verfehlen sind, haben wird nur auf richtige Restaurants verwiesen. Diese sind zwar nicht immer billig, bieten dafür aber Genuss und Einblicke in die neuseeländische Küche, die längst nicht so schlecht ist wie ihr Ruf. Außerdem ist auswärts essen gehen in Neuseeland nicht so kostenintensiv wie in vergleichbaren Restaurants bei uns.

Kapitelverweise

Oft werden dieselben Themen in unterschiedlichen Kapiteln erwähnt. In solchen Fällen wird im Text auf das Kapitel mit den **ausführlichsten Informationen** zum Thema verwiesen.

Tourenbeschreibungen

Auswahl der Outdoortouren, Karten

Auf einer Reise wählen die meisten eine Tour entweder nach der Region oder nach einer bestimmten Sportart aus. Wir haben beide Gliederungen in dieses Buch integriert. Im Kapitel „Wandern und Biken auf der Nordinsel" (bzw. „... auf der Südinsel") findet man eine Auswahl an Aktivitäten, die in der jeweiligen Region möglich sind.

Im Kapitel „Wo welchen Natursport treiben?" werden für jede Sportart alle beschriebenen Touren im jeweiligen Unterkapitel (z.B. „Wandergebiete im Überblick") aufgeführt. Mithilfe der Übersichtskarten in den Umschlagklappen vorne und hinten kann man außerdem die geografische Lage der beschriebenen Touren einordnen und sie so im Buch finden.

Jede Region wird mit einer **Übersichtskarte** eingeführt. Diese Karten sind der im **world mapping project** erschienenen Karte „Neuseeland" (Maßstab 1:1.000.000) entnommen.

Bei manchen Touren haben wir außerdem genauere **Zusatzkarten** eingefügt, wenn es sich um Gebiete handelt, die schwer erreichbar oder unübersichtlich sind. Häufig frequentierte Tracks wie z.B. die Great Walks (siehe „Wo welchen Natursport treiben?", Stichpunkt „Wandern") sind so gut ausgeschildert und dokumentiert, dass eine Zusatzkarte überflüssig wäre. Allerdings möchten wir darauf verweisen, dass keine Outdooraktiviät in Neuseeland ohne Karte angegangen werden sollte. Daher empfiehlt es sich, vor jeder Tour eine der in den Beschreibungen aufgeführten Topokarten zu erwerben.

Rubriken

Die **Tourenbeschreibungen** der einzelnen Outdooraktivitäten sind stets gleich gegliedert. Bei manchen Touren fehlt jedoch die ein oder andere Rubrik. Das trifft auf die Rubriken „Wetter" und „Anbieter und Ausrüstung" zu. Wird die „Wetter"-Kategorie nicht erwähnt, ist ein besonderer Wetterhinweis nicht notwendig. In diesen Fällen sollte man die allgemeinen Jahreszeitenbeschreibungen zu den einzelnen Sportarten im Kapitel „Wo welchen Natursport treiben?" lesen. Taucht die „Anbieter"-Rubrik nicht auf, gibt es unseren Recherchen zufolge keinen Anbieter vor Ort, der geführte Touren in der beschriebenen Region durchführt oder Ausrüstung verleiht. In manchen Rubriken wird auch auf einen anderen Textabschnitt verwiesen, der die benötigten Information beinhaltet. So werden Wiederholungen vermieden.

Kontaktadressen/ Internetlinks

Manche der Anbieter, die im Buch erwähnt werden, haben nur eine **Webadresse** oder in Ergänzung eine **Telefonnummer.** Nicht alle Adressen sind komplett mit Straßennamen etc. aufgeführt, was daran liegt, dass nicht alle Büros Publikumsverkehr wünschen. Der Treffpunkt für die Aktivität liegt in diesen Fällen meist an markanten Punkten im nächsten Ortszentrum. Dieser wird telefonisch oder online mitgeteilt.

Internetadressen, die über **zwei Zeilen** verlaufen, sind nur dort mit einem **Trennstrich** getrennt geschrieben, wo er zur Adresse gehört.

Öko-Tipp

Der **Schmetterling** kennzeichnet Institutionen, Veranstalter oder Unterkünfte, die sich besonders um Nachhaltigkeit bemühen und/oder sich besonders für den Naturschutz engagieren.

1 Natursport in Neuseeland

‹ Wohlverdientes Sonnenbad nach dem Aufstieg

Natursport in der neuseeländischen Alltagskultur

Historische Hintergründe

Natursportaktivitäten lassen sich schon seit Jahrzehnten nicht mehr aus Neuseelands Alltag wegdenken. Die Bewegung in der freien Natur gehört für die Menschen hier mit zum Leben wie der tägliche Weg zur Arbeit. Mehr als die Hälfte aller Neuseeländer gehört einem **Sportverein** an. Von diesen praktizieren die meisten ihren Sport unter freiem Himmel. Viele Neuseeländer bezeichnen ihre Garage gern als *gear shed* („Ausrüstungsschuppen"), einen Raum, der weniger fürs Auto, sondern mehr als Lager für Kajaks, Campingzubehör, Fahrräder und Schuhe für Sportarten aller Art genutzt wird. *The Outdoors* (das „Leben unter freiem Himmel") gehören ebenso wie der Sport ganz offensichtlich zum neuseeländischen Alltag dazu, und das bereits seit der Pionierzeit. Doch woher kommt dieser Enthusiasmus?

Zurückführen lässt sich diese Entwicklung auf die soziokulturellen und wirtschaftlichen Prozesse Ende des 19., Anfang des 20. Jahrhunderts. Geschürt durch das aufkommende **Nationalbewusstsein** in Europa, das vom Mutterland Großbritannien nach Neuseeland importiert wurde, verdrängte das aufkeimende **Ideal körperlicher Stärke** ein bis dahin rein religiöses und geistiges Verständnis von Männlichkeit. Zu Zeiten der Besiedelung Neuseelands betrachtete man sportliche Aktivitäten, insbesondere Turniere und Wettkämpfe, als einen Weg, Stärke und **Männlichkeit zu messen.** Dies war für die wenigen Einwohner des Landes sehr wichtig, da es aufgrund der isolierten geografischen Lage keine unmittelbaren Nachbarstaaten gab, mit denen man sich hätte messen können. Hinzu kam, dass Anfang des 20. Jahrhunderts einige der Commonwealth-Staaten, darunter auch Neuseeland, es schafften, das Mutterland Großbritannien in internationalen Sportwettkämpfen wie z.B. Rugby zu besiegen. Diese Triumphe brachten **soziokulturelle Folgen** mit sich: Die Neuseeländer gewannen an Selbstbewusstsein und sahen sich fortan durch den Sport als erfolgreicher Teilnehmer im Machtkampf der Nationen. Auch heute noch zählen in Alltag und Presse Erfolge von neuseeländischen Sportlern bei internationalen Turnieren und Wettkämpfen zu den wichtigsten Ereignissen und tragen zur Bildung einer **nationalen Identität** bei. So weiß beinahe jeder Neuseeländer, wer auf der letzten Olympiade die Goldmedaille im Triathlon gewann, wer die meisten Punkte für die **All Blacks** (neuseeländisches Rugby-Team) in der neuseeländischen Geschichte einbrachte und wann *Edmund Hillary* den Mount Everest bestieg.

[>] Aktivitäten an der frischen Luft gehören für Neuseeländer zum Alltag

Darüber hinaus war Neuseeland in der Besiedlungszeit um die Wende vom 19. zum 20. Jahrhundert rein **landwirtschaftlich geprägt.** In diesem sozialen Gefüge stellte der Sport eine Art **Kulturersatz** dar. Das kulturelle Leben hat heute allerdings einen anderen Stellenwert. Theater, Kunst und Musik konnten Einzug in die sich wandelnde Gesellschaft Neuseelands halten und erfuhren dadurch eine Aufwertung. Dennoch bildet der Sport – sowohl passiv als auch aktiv – in fast jedem neuseeländischen Haushalt nach wie vor einen Lebensmittelpunkt.

Hinzu kommt, dass die europäischen sowie die polynesischen Siedler in Neuseeland von Anfang an mit der Natur und dem Leben *out of doors* konfrontiert waren. Die Siedler befanden sich die meiste Zeit des Tages draußen und außerhalb einer sogenannten „komfortablen Zone", die ihnen Heimeligkeit und Sicherheit versprach. Das Verhalten in sowie der Umgang der Siedler mit der Natur hatten zwar wenig mit sportlichem Streben, Naturgenuss oder Nachhaltigkeit zu tun, wie sie heute im Outdoorsport in Neuseeland weitestgehend propagiert und praktiziert wird, aber Aspekte wie Risiko, Abenteuer und Entdeckungsdrang sowie die ständige Nähe zur Natur und deren Gewalten ließen die Siedler zu einer Art natürliche Outdoorer werden. Sie lebten mit der Natur und von ihr. Das führte auf der einen Seite zwar zu starken Abhängigkeiten und forderte Improvisation, auf der anderen Seite versprach das Leben in der Natur aber auch ein gewisses Maß an Freiheit. Diese **naturbezogene Lebensweise** ging in alltägliche Handlungsmuster über und wurde bis heute von vielen Neuseeländern bewahrt. Eine Pioniertradition wandelte sich zum weitverbreiteten Freizeitverhalten und prägte das, was viele Einheimische gern mit „Kiwi Identity" bezeichnen.

02ns rr

Natürliche und kulturelle Gegebenheiten

Dass Natursport in Neuseeland einen derart hohen Stellenwert eingenommen hat und einnehmen konnte, liegt vor allem an der wundervollen Natur sowie am gemäßigten Klima vor Ort. Neuseeland besteht aus zwei großen Hauptinseln, der Nord- und der Südinsel, sowie aus zahlreichen kleinen Inseln, die größten darunter sind Stewart Island im Süden und Great Barrier Island im Norden.

Das Klima Neuseelands wird durch **drei Faktoren** geprägt: die große Nord-Süd-Ausdehnung, die Nähe eines jeden Ortes zum Meer sowie die mächtige Bergkette der Southern Alps auf der Südinsel. Ganz im Norden herrscht ein subtropisches Klima vor, während 1600 km weiter südlich das Klima oft von rauen antarktischen Winden geprägt ist. Da Neuseeland aber über keine große Landmasse verfügt (jeder Ort im Land ist maximal 120 km Luftlinie vom Meer entfernt), ist das Klima meist maritim gefärbt, mit viel Niederschlag und

wenig extremen Temperaturschwankungen. Die **Bergkette der Südalpen** beeinflusst das Klima in zweierlei Hinsicht: Zum einen herrscht auf den Bergen selbst ein alpines Klima, denn sie sind oft starken Winden und schnellen Wetterumschwüngen ausgesetzt. Zum anderen führen die feuchten Westwinde an der Westseite der Berge oft zu Regen, wohingegen die Gegenden im Osten der Berge zu den trockensten Neuseelands gehören.

Geologisch unterscheidet sich die Nord- ebenfalls sehr von der Südinsel: Erstere ist vulkanisch geprägt, letztere alpin. **Beeindruckende Landschaften** wie alpine Bergketten, zerklüftete Küsten und aktive Vulkane wollen erkundet werden, dem natürlichen Entdeckerdrang vieler Menschen sind kaum Grenzen gesetzt. Weitere Naturphänomene wie einfach zugängliche Gletscher, dichter Regenwald und zahlreiche vorgelagerte Inseln machen Neuseeland zu einem Vorzeigeland für Outdoorsportler. Beide Insel kann man sowohl zu Fuß als auch per Boot oder Mountainbike erkunden, und auch für Kletterer sowie Ski- und Snowboardfahrer finden sich genügend Regionen, in denen man seinem Lieblingssport frönen kann.

Insgesamt gibt es in Neuseeland übrigens **13 Nationalparks** (drei auf der Nord- und zehn auf der Südinsel, die insgesamt 10 % der Fläche des Landes ausmachen), 20 Forest Parks (ein Status, der insbesondere außergewöhnliche Waldgebiete schützen soll; es gibt 13 auf der Nord- und sieben auf der Südinsel), **16 Marinereservate** (Marine Reserves and Parks) sowie **zahlreiche Naturschutzgebiete** (Conservation Parks und Conservation Areas), die alle vom **Department of Conservation (DOC)** verwaltet werden.

004ns aa

Die Südalpen laden zum Entdecken ein

www.fotolia.de © naruedom

Viele Neuseeländer sehen sich als **geborene Outdoorer,** da sie mit der Natur leben und aufwachsen. Man spricht hier in Bezug auf Mountainbiking, Trekking oder Kayaking auch nicht von Abenteuer- oder Risikosportarten, weil die Bewegung in der Natur für viele etwas Alltägliches ist. Das heißt nicht, dass diese Sportarten risikofrei oder nicht abenteuerlich wären, aber das Verständnis ist hier ein anderes. Dies wiederum führt dazu, dass man **Tourenbeschreibungen** von Einheimischen oft mit Vorsicht genießen muss, da es für **Mitteleuropäer** mitunter Streckenabschnitte gibt, die doch ungewohnt sind, da in der Beschaffenheit unbekannt, und somit körperlich eine Herausforderung darstellen können. Touren, die für Neuseeländer einfach sind, können für uns mit größeren Strapazen verbunden sein.

Was den hohen Stellenwert des Natursports ebenfalls unterstreicht, ist der **Lebensstil,** den die Neuseeländer gern propagieren: der *Kiwi lifestyle. Recreation,* die englische Bedeutung des Wortes Freizeit, wird in Down Under sehr ernst genommen. *To recreate* heißt übersetzt „sich erholen", sich wieder aufbauen und Kräfte sammeln. Neuseeländer tun dies gern durch körperliche Bewegung in der Natur. 50 % aller Neuseeländer bewegen sich mindestens fünfmal pro Woche 30 Minuten am Tag. Anzumerken ist jedoch, dass in den letzten Jahren die Anzahl von Übergewichtigen in Neuseeland zugenommen hat. Vor allem Kinder und Jugendliche sind davon betroffen, was einen Wandel in der neuseeländischen Sport- und Outdoorgesellschaft andeutet. Dennoch stellt die Natur für viele Kiwis einen Raum der Zuflucht dar, in dem man Ruhe und Einsamkeit findet (und das kann man hier wirklich!). Darüber hinaus verbindet die Outdoorer die Freude an der Freiheit und Unabhängigkeit, die man draußen erleben kann. Diese erlebte Unabhängigkeit trägt zu einem großen Teil zur typisch neuseeländischen **Gelassenheit** bei, einer Charaktereigenschaft, die man als *laid back* („entspannt") bezeichnet. Diese Ruhe und Entspanntheit findet sich auch im städtischen, geschäftigen Alltag Neuseelands wieder.

◁ ▷ Recreation out of doors (bei jedem Wetter ...)

Natursport im Tourismus

Die Landschaften, das Klima und der Lebensstil haben den Natursport in Neuseeland zu einem **wichtigen wirtschaftlichen Faktor** gemacht. Mit Marketingkampagnen wie „100 % Pure New Zealand“ oder „The Natural Beauty of New Zealand“ auf den Immigration-Webseiten Neuseelands vermarktet das Land seine natürlichen und die darauf basierenden touristischen Ressourcen auf dem Reisemarkt. Wer Neuseeland bereist, stellt bereits in den ersten Tagen fest, dass fast jede Aktivität auch über einen professionellen Veranstalter vor Ort organisiert angeboten wird. Aktivitäten in freier Natur machen da keine Ausnahme. Als Reaktion auf die Nachfrage und die erlebnisorientierte Einstellung vieler Besucher und Einwohner haben sich landesweit zahlreiche Guiding- und Ausrüstungsanbieter etabliert, die den Zugang zum Natursport und zur Natur enorm vereinfacht haben.

www.fotolia.de © Dmitry Naumov

Sowohl auf der Nord- als auch auf der Südinsel gibt es in jeder Region Anbieter, die **geführte Touren** im Programm haben. Besonders stark ist dies in den Regionen rund um die Nationalparks der Fall. In einem solchen Umfeld fällt es leicht, dem Image des Naturtourismus gerecht zu werden, da die Umgebung einen hohen Erlebniswert garantiert. Informationen zu lokalen Anbietern erteilen die örtlichen Fremdenverkehrsämter sowie die Büros des Department of Conservation (siehe auch Kapitel „Umwelt- und Naturschutz“).

Wie gefragt Natursportarten bei Touristen sind, zeigt auch die Statistik. Zahlen von Tourism New Zealand aus dem Jahr 2014 belegen, dass 14 % aller Neuseelandbesucher mindestens eine Halbtageswanderung unternommen haben. Pro Jahr reisen ca. 51.000 Deutsche nach Neuseeland, ca. 2 Mio. internationale Besucher verzeichnet der Inselstaat jährlich. Unter allen deutschen Besuchern unternehmen sogar 44 % aller 30- bis 60-Jährigen Kurz- oder mehrtägige Wanderungen. Gletscherwanderungen sowie Trekking- und Mountainbike-Touren sind ebenfalls sehr gefragt. 37 % aller deutschen Besucher bewerteten die Natur des Landes als absoluten Höhepunkt ihres Aufenthaltes.

Sicherheit im Natursport

Jeder Natursportart wohnt ein gewisses Maß an Risiko inne. Daher ist der Umgang mit **Risiken** ein wesentlicher Bestandteil des Alltagsgeschäfts von Outdooranbietern. Laut dem Duden ist ein Risiko „ein Wagnis, eine Gefahr, die eine Verlustmöglichkeit bei einer unsicheren Unternehmung darstellt." Andererseits kann eine Handlung durch ein Risiko aber auch an Wert gewinnen. Und genau diese zwei Seiten bilden den **Reiz von Outdoorsportarten.** Mit dem Risiko muss gewissenhaft umgegangen werden, weshalb verschiedene neuseeländische Organisationen **Qualitäts- und Sicherheitsstandards** entwickelt haben. Deren Gütesiegel helfen Anbietern, Vertrauen bei den Kunden zu schaffen. Den Kunden wiederum erleichtern sie es, bei der Planung eigener Aktivitäten auf Qualität zu achten.

Department of Conservation

Die Aufgabe des Department of Conservation (DOC), einer Abteilung der Regierung, ist es, Neuseelands **Naturlandschaften** und **historisches Erbe** zu pflegen und zu schützen. Es kümmert sich u.a. um den Schutz von Flora und Fauna, die Pflege von Wanderwegen und historischen Stätten sowie die Bereitstellung von Informationen für Reisende und Naturinteressierte. Ein Drittel der Fläche Neuseelands – das sind mehr als fünf Millionen Hektar – ist als Park oder Reservat durch das DOC geschützt.

In vielen Gebieten, vor allem in Nationalparks, benötigen Outdoorveranstalter eine **Lizenz des DOC,** damit sie ihre Touren im Naturschutzgebiet überhaupt durchführen dürfen. Diese Lizenzen gewährleisten aber nicht nur, dass die Touren mit dem Schutz der Natur vereinbar sind, sondern auch, dass es sich um qualitativ hochwertige, sichere, lehrreiche und kurzweilige Programme handelt.

006ns pa

Außerdem stellen die regionalen DOC-Büros jeden Tag eine aktuelle **Wettervorhersage** in Form eines Aushangs zur Verfügung. Man sollte vor jeder Tour das nächstgelegene DOC-Büro aufsuchen, um zum einen das Wetter abzufragen und zum anderen den DOC-Mitarbeitern mitzuteilen, welche Tour man plant und wann man wieder zurück sein möchte. Wer in Nationalparks unterwegs ist und in **DOC-Hütten** übernachtet, sollte sich immer in die ausliegenden **Gästebücher** *(visitor books)* eintragen, damit das DOC im Falle einer **Rettungsaktion** nachverfolgen kann, wer wann wo war. Die Website des DOC, auf der man viele weiterführende Informationen findet, findet man unter www.doc.govt.nz.

Mountain Safety Council

Das Mountain Safety Council (MSC) wurde 1965 gegründet, nachdem die Zahl der Besucher im neuseeländischen Busch und in den Bergen deutlich zugenommen hatte. Organisationen der Regierung sowie gewerbliche Anbieter schlossen sich zusammen, um **Sicherheitsstandards** zu schaffen, damit Outdooraktivitäten gewissenhafter durchgeführt werden konnten. Das Council bietet **Seminare** zum Thema Risk Management an, aber auch Lawinenlehre und Erste-Hilfe-Kurse für Outdooraktivitäten sind im Programm. Zudem veröffentlicht das MSC **Infoflyer** und **Broschüren** für Outdoorer, um Gefahren schon im Vorfeld vorbeugen zu können. Die Flyer sind in Neuseeland in vielen DOC-Büros oder beim Neuseeländischen Alpenverein erhältlich. Folgende Infoblätter werden angeboten: „Bushcraft Survival", „Going Bush", „Hypothermia", „Radio Communications", „Snowsports and Avalanches", „Respect

◁ Ein klassisches DOC-Schild mit weißem Logo auf grünem Untergrund

Risiko Natursport?

Viele Outdoorführer haben entweder „Outdoor Education and Recreation", „Leadership" oder „Adventure Tourism" studiert oder wurden durch die NZOIA oder NZMGA ausgebildet. In diesen Ausbildungen stellt **Risikomanagement** einen zentralen Lehrschwerpunkt dar.

Statistiken des Mountain Safety Council zeigen, dass bei **geführten Outdooraktivitäten** bedeutend **weniger Unfälle** passieren als bei individuell durchgeführten Touren. Eine Studie der **Accident Compensation Corporation** (ACC, Neuseelands staatliche Unfallversicherung, siehe Kapitel „Versicherungen") zeigt darüber hinaus, dass bei der Arbeit und unterwegs genauso viele Unfälle passieren wie in professionellen Outdoorzentren, nämlich 0,11 Unfälle bei 1000 Personen pro Tag. Risiken sind wir täglich ausgesetzt, doch dank guter Materialien und professioneller Anbieter und Kurse steigt das Unfallrisiko nicht mehr zwangsläufig, wenn man sich draußen bewegt.

Rivers“. Umfassendere Bücher wie z.B. das **Handbuch „Safety In The Outdoors“** können online bestellt werden (auch nach Übersee).

- **www.mountainsafety.org.nz**

New Zealand Outdoor Instructor Association

Die New Zealand Outdoor Instructor Association (NZOIA) wurde 1986 gegründet, um einen national einheitlichen **Prüfstandard für Outdoor-Lehrer und -Guides** zu erstellen. Die NZOIA ist die national anerkannte Ausbildungs-, Prüf- und Sicherheitsinstitution für Outdoorsportler aus den Bereichen Buschwandern, alpines Wandern/Bergsteigen, Abseilen, Klettern, Kanufahren, Kayaking, Caving und Segeln.

- **www.nzoia.org.nz**

New Zealand Mountain Guides Association

Geführte Touren in alpinen Regionen sollte man nur mit einem ausgebildeten **Bergführer** unternehmen. Wer nachweisen kann, dass er einen Abschluss der New Zealand Mountain Guides Association (NZMGA) hat, ist bestens ausgebildet, um Touristen in den neuseeländischen Alpen zu führen. Die Lizenzen der NZMGA sind auch im Ausland als Abschluss anerkannt.

- **www.nzmga.org.nz**

Skills Active Aotearoa

Die Trainingsorganisation der neuseeländischen Sportindustrie ist für eine standardisierte Aus- und Weiterbildung in den Bereichen Schul-, Winter- und Tauchsport, Fitness, Freizeit- und Outdoorsport verantwortlich. Firmen, die dieses Zeichen tragen, arbeiten mit **professionellen Sportfachkräften,** die Risikomanagement und Sicherheit im Sport in ihrer Ausbildung gelernt haben.

- **www.skillsactive.org.nz**

Qualmark

Qualmark ist das offizielle Qualitätszeichen des neuseeländischen Tourismusverbandes **Tourism New Zealand** (TNZ). Viele Veranstalter von Touren oder sportlichen Aktivitäten tragen dieses Zeichen, aber auch Touristenunterkünfte und Transportunternehmen können das Qualmarkzeichen erhalten. Die Anbieter müssen sich für die Auszeichnung bewerben und werden daraufhin getestet. Das jüngste Gütesiegel ist das Enviro-Qualmark-Label, das die Angebote hinsichtlich ihrer Umweltverträglichkeit prüft. Das Label wird in Bronze, Silber und Gold vergeben.

- **www.qualmark.co.nz**

Das Wasser gestaltet so manchen Wanderweg spontan um …

www.fotolia.de © Dmitry Naumov

New Zealand Search and Rescue (NZSAR)

Sollte es zu einem Unfall oder Notruf in den Bergen oder auf dem Wasser kommen, wird ein Team der Search and Rescue Organisation als Suchtrupp eingesetzt. Die NZSAR (www.nzsar.org.nz) benutzt bei ihren Rettungseinsätzen Ortungsgeräte *(beacons)* sowie Leuchtsignale und Suchhunde. Die NZSAR selbst ist an die neuseeländische Polizei angegliedert und hat aus folgenden Fachorganisationen Freiwilligenteams gebildet:

- **Federated Mountain Clubs**
- **Department of Conservation**
- **Mountain Safety Council**
- **NZ Speleological Society** (Höhlenforscher)
- **Maritime Safety Authority**

Sicherheit durch richtige Ausrüstung

Vorbeugend ist es außerdem wichtig, die richtige Kleidung und Ausrüstung mitzunehmen. Das neuseeländische **Wetter** kann sehr **wechselhaft** sein. Touristen unterschätzen häufig den Regen, der oft mehrere Tage anhalten und selbst in den Sommermonaten trotz Sonne am Morgen sehr plötzlich auftreten kann. Hinzu kommt, dass in den Bergen – anders als in der europäischen Alpenregion – nicht regelmäßig **Hütten** zu finden sind, die Unterschlupf bieten. Daher sollte jede Route vorher sorgfältig durchdacht und geplant werden. Außerdem liegen viele Bergregionen Neuseelands sehr exponiert, ohne den Schutz durch Wald oder andere Bergketten. Bei Nässe ist eine

Kombination mit Wind besonders riskant, da bei solchen Wetterbedingungen **Hypothermie** schneller auftreten kann als sonst (siehe auch Infokasten). Viel Flüssigkeit und ein nahrhaftes Frühstück sowie eine regelmäßige, ballaststoff- und kohlenhydratreiche Ernährung können einem rapiden Energieverlust und Erschöpfung vorbeugen.

Safety-Checkliste für unterwegs

- Touren wählen, die der eigenen **Fitness** entsprechen
- **Wettervorhersage** abfragen
- regen- und winddichte **Jacke** sowie **Funktionsunterwäsche** tragen (trocknet schnell)
- Kleidung nach dem **Zwiebelprinzip** anziehen
- **Erste-Hilfe-Tasche** und **Unfallwärmedecke** mitnehmen
- an ausreichend **Wasser** und auch **wärmende Getränke** denken (Bouillon und Miso-Extrakt wärmen und geben gleichzeitig Energie)
- **kohlenhydratreiche Nahrung** wählen (Müsli, Kraftriegel, Nudeln)
- **Sonnenschutzmittel** nicht vergessen
- **Kompass, Karte, Höhenmesser** und **GPS-Gerät**
- **Trillerpfeife** als Notrufhilfe
- **Kamera** (Blitz kann als Ortungshilfe eingesetzt werden)
- **Handy** (wobei in vielen Regionen kein Empfang besteht, trotzdem mitnehmen und ausprobieren)
- **Beacon-Signalgerät** bei längeren Bergtouren ins Hinterland
- **Toureninfo** bei Bekannten oder DOC-Büros hinterlassen

Generell gilt, dass die Bekleidung sowie die Ausrüstung stets an die Verhältnisse vor Ort, das Wetter und den Schwierigkeitsgrad der Tour sowie das eigene Können angepasst sein sollten. Wichtig zu wissen ist jedoch auch, dass allein das richtige Material einen nicht schützt. Man sollte sich **nicht überschätzen,** sondern nur Touren unternehmen, die der persönlichen Fitness und eigenem Können entsprechen. Allzu oft treffen Bergführer und Rettungsmannschaften auf Touristen, die sich übernommen haben. Dann fällt gerne auch schon mal der Satz „all the gear, but no idea …“.

Wer **Wintertouren** unternimmt oder im **Hochgebirge** unterwegs ist, sollte ein **Signalgerät zur Ortung** im Notfall mitführen. Die sogenannten *beacons* können in verschiedenen neuseeländischen Städten ausgeliehen werden. Wer abseits der gelisteten Städte weilt, kann sich das Gerät auch per Post zusenden lassen. Die Versandgebühr beträgt ca. 5 NZD pro Weg, die Leihgebühr ca. 6 NZD am Tag, wobei die Mindestgebühr bei den meisten Anbietern 30 NZD beträgt (vgl. Rescue Beacon Hire Auckland: www.rescuebeaconhire.co.nz). Allgemeine Infos:

- **www.beacons.org.nz**

Stiller Ort mit Stillem Örtchen

Umwelt- und Naturschutz

Natursportler geraten immer wieder in die Kritik, die **Natur zu zerstören.** Man unterstellt ihnen gern, dem Nervenkitzel Vorrang vor dem Naturerlebnis zu geben, sodass die Natur nur noch zu einer Art Kulisse für die Sportart wird. Die Frage, die sich Vertreter des Umweltschutzes weltweit stellen, ist, wie man Touristen und Sportler allgemein dazu bewegen kann, die Natur, die ihnen als Bewegungsraum zur Verfügung steht, zu schützen und zu pflegen.

Natursport ist „von Natur aus" leider tatsächlich sehr **umweltbelastend.** Die meisten Natursportler müssen zum Ausgangspunkt ihrer Tour mit dem Fahrzeug anreisen, da das notwendige Material zur Ausübung des Sports wie Kletterseile, Fahrräder oder Kajaks nicht zu Fuß in den Wald oder zum Fluss getragen werden können. Damit die Natur zugänglich wird, hat man Straßen und Parkplätze gebaut und somit einen Teil der Naturfläche versiegelt. Durch die Anreise wird außerdem CO_2 ausgestoßen. Durch das Gehen und Fahren auf Wegen und Felsen erodiert der Untergrund und der Boden wird geschädigt. Wertvoller Lebensraum für Flora und Fauna geht so verloren. Hinzu kommt der Müll, der von den Menschen in die Naturgebiete gebracht wird, ebenso wie Exkremente. Weitere Aspekte wie Lärm, das Verlassen von Wegen, die Präparierung von Skipisten und Wanderwegen sowie der Bau und Erhalt von Hütten und anderen Übernachtungsmöglichkeiten nicht zu vergessen.

008ns pa

Hypothermie

Hypothermie tritt auf, wenn der Körper die **eigene Wärme nicht mehr ausreichend halten** kann. Die Körpertemperatur von normalerweise 37 °C fällt in einem solchen Fall auf 35 °C oder weniger, sodass Muskeln und Gehirn in einen Überlebensmodus wechseln, der bestimmte Funktionen ausschaltet, um Energie zu sparen. Dieser Ausfall von zum Beispiel Koordination, Bewusstsein oder Atmung kann im schlimmsten Fall zum Tod führen.

Ausgelöst wird Hypothermie vor allem durch nasse Kleidung, Wind und Kälte. Aber auch mangelnde Nahrungszufuhr, Erschöpfung oder eine Verletzung können die Ursache sein. Daher ist es sehr wichtig, die geringsten Anzeichen von Hypothermie ernsthaft zu beobachten. Sie lässt sich unterwegs nur dann richtig von einem Kälteschock unterscheiden, wenn man ein Fieberthermometer dabei hat.

Anzeichen für Hypothermie sind Zittern, Sprachprobleme, Gefühl von Trunkenheit, Taubheit in Muskeln und Versteifung von Gelenken. Schlimm, aber eindeutig sind ein Kollaps oder gar Bewusstlosigkeit.

Wenn Hypothermie erkennbar ist, sollte man schnellsten Schutz suchen oder dafür sorgen, dass Wind abgehalten und Wärme bewahrt werden kann, z.B. mit einem Schlafsack oder einer Notfallwärmedecke. Auf keinen Fall sollten alkoholische Getränke zur inneren Wärmung verabreicht werden. Bis man sich vollständig von Hypothermie erholt hat, muss man sich mindestens zwei Tage lang ausruhen. Weitere Informationen findet man im Internet unter **www.hypothermia.org.**

In den 1970er Jahren begann man in Neuseeland Natur- und Umweltschutz als **zentrales Thema in der Politik** aufzugreifen, da in diesen Jahren die Besucherzahlen in geschützten Gebieten erstmals rapide zunahmen. Das staatliche Department of Conservation wurde daraufhin gegründet (siehe „Sicherheit im Natursport“).

Die Natur ist **Neuseelands Kapital,** das sehen Wirtschaftsfachleute, Politiker, Touristikfachleute und Einheimische allesamt ein. Fast jeder Tourist bereist Neuseeland wegen der Naturschönheiten. Diese zu schützen, ist in den vergangenen Jahren ein Hauptziel vieler Neuseeländer geworden, da die Besucherzahlen seit 1992 um 76 % gestiegen sind. 450.000 Leute besuchen beispielsweise pro Jahr den Milford Sound, 400 Autos fahren täglich die Milford Road hin und zurück, hinzu kommen ca. 100 Busse, und außerdem werden in der Hauptsaison vom örtlichen Fremdenverkehrsamt dort täglich 300 Flugzeug- und Hubschrauberbewegungen gezählt. An anderen wichtigen Reisezielen sieht es ähnlich gravierend aus. Fakt ist, dass Neuseeland nur so grün, sauber und authentisch natürlich ist, weil dort nur wenige Menschen leben und bisher relativ geringe Besucherzahlen verzeichnet wurden. Kommt es zu zunehmend unkontrollierten Besucherkonzentrationen, ist das grüne Image der Insel wahrscheinlich gefährdet.

Dennoch kann die Umwelt geschützt werden, wenn Besucher auf richtige **Verhaltensmaßregeln** aufmerksam gemacht werden. Wissenschaftler aus dem Bereich Natursport sind sogar der Meinung, dass alle Sportarten **umweltverträglich** sind, solange man sich am Ausübungsort richtig verhält und die Umgebung respektiert. Es gibt daher seit einigen Jahren vor Ort verschiedene steuernde Konzepte, die dazu führen sollen, dass Touristen und Einheimische ein besseres Naturverständnis entwickeln. Denn durch das richtige individuelle Verhalten *out of doors* können Natursport und Tourismus naturverträglich werden. Ziemlich erfolgreich ist in diesem Rahmen die Einführung der **Environmental Care Codes** durch das DOC verlaufen.

Environmental Care Codes

Das DOC hat in den vergangenen Jahren seine **Umweltregeln** des traditionellen Environmental Code speziell auf die einzelnen Outdooraktivitäten zugeschnitten. Für folgende Bereiche stehen diese nun auf den Webseiten des DOC zum Download zur Verfügung:

- Abseiling, Camping, Caving, Climbing, Disposing of Human Waste (Entsorgung von Kot), Dog Walking, Four Wheel Driving, Gold Fossicking (Goldschürfen), Horse Riding, Kayaking, Motor Boating, Mountain Biking, Photography, Rafting, Sandboarding, Snorkelling and Diving (Schnorcheln und Tauchen), Trail Biking

- **www.doc.govt.nz/parks-and-recreation/know-before-you-go/care-codes/**

Umweltschädling Didymo

Didymosphenia geminata (Didymo) ist eine **Süßwasseralge,** die bis 2004 nur im Norden Europas und in Nordamerika vorkam. Seit 2004 verbreitet sich Didymo auch in Neuseeland. Die Alge setzt sich vor allem am Grund von Flussbetten sowie an Flussrändern ab. Sie hat eine bräunlich-graue Farbe und sieht sehr schlammig aus, fühlt sich aber ähnlich wie Baumwolle an. Das flächendeckende Wachstum **verhindert das Wachstum anderer Pflanzenarten** in den Gewässern und greift somit massiv in die Nahrungskette von Tieren und Insekten ein, die im Wasser leben. In Zusammenarbeit mit der Organisation Biosecurity New Zealand versucht das DOC, die Verbreitung von Didymo zu verhindern. Aufklärungsarbeit ist vor allem unter Outdoorsportlern und Anglern erforderlich, daher rufen das DOC und Biosecurity NZ dazu auf, sich streng an die **Regel „Check, Clean, Dry“** zu halten, da ein einziger Tropfen verseuchten Wassers genügt, um ein bisher nicht befallenes Gewässer mit Didymo zu infizieren. Die Regel besagt, dass man, sobald man mit Schuhen oder Gegenständen (Booten, Angeln, Rucksäcken o.Ä.) auf der Südinsel im Wasser war, diese von sämtlichem Dreck und anderen Schlickmaterialien befreien und anschließend gründlich – am besten mit Spülmittel reinigen soll. Danach sollte man die Sachen gut trocknen lassen. Falls die Schuhe nur nass geworden sind, reicht es angeblich auch aus, diese mindestens 48 Stunden trocknen zu lassen, da Didymo ohne Feuchtigkeitszufuhr in diesem Zeitraum abstirbt. Außerdem dürfen keine Fische, Steine oder Pflanzen von einem Gewässer in ein anderes gebracht werden. Mittlerweile unterliegt die gesamte Südinsel der Anti-Didymo-Kampagne.

- **www.biosecurity.govt.nz/didymo**

Nachhaltig reisen

Es ist schon ein bisschen paradox, Reisende nach Neuseeland auf nachhaltiges Reisen hinzuweisen, denn allein der Flug belastet die Umwelt folgenschwer. Dennoch gilt es aber, eine Balance zu schaffen. Wem Neuseelands Naturschönheiten unterwegs ans Herz gewachsen sind und wer sich in Neuseeland im Umweltschutz engagieren möchte, kann dies in verschiedenen **Projekten** tun, auch von Übersee aus. In Form einer Spende oder durch einen Freiwilligeneinsatz kann jeder dazu beitragen, Neuseelands Natur etwas zurückzugeben.

Forest and Bird

Forest and Bird ist die älteste neuseeländische Umweltorganisation. 1923 gegründet, konnte die Non-Profit-Organisation zahlreiche Projekte ins Leben rufen. So schaffte sie z.B. neue Conservation Parks und Marinereservate und erhielt den Weltkulturerbestatus für Neuseelands Subantarktis-Inseln. Außerdem werden seit Jahren die vom Aussterben bedrohten Kiwivögel und Kakapo-Papageien geschützt. Als Reisender und Freund der Natur kann man Forest and Bird mithilfe von Spenden fördern.

- **www.forestandbird.org.nz**

www.fotolia.de © 169169

kauri2000

Endemische **Kauribäume** wurden zu Zeiten der Besiedelung Neuseelands rigoros abgeholzt. Riesige Kauriwälder auf der Nordinsel verschwanden. Die Organisation kauri2000 bemüht sich um eine **Wiederaufforstung** der Kauriwälder auf der **Coromandel-Halbinsel.** Bisher wurden dort insgesamt 36.000 neue Bäume gepflanzt. Über die Website von kauri2000 kann man Kaurisetzlinge spenden (20 NZD für einen Baum) und sich die Spende auch zertifizieren lassen. (Für 10 NZD extra wird das Zertifikat auch nach Übersee verschickt.) Wer sich auf einem Baum mit Namensschild verewigen will, kann für 10 NZD eine Plakette erwerben, die dann auf einem der gespendeten Bäume angebracht wird. Darüber hinaus sind Freiwillige bei Aufforstungsaktionen willkommen.

- **www.kauri2000.co.nz**

Emissionsrechner

Wer für seine Reise eine Art „Ökoablasszahlung" leisten möchte, hat hierzu di verse Möglichkeiten. Für Reisen innerhalb Neuseelands gibt es einen sehr guten Emissionsrechner, der für Outdoortouren jeder Art den CO_2-Ausstoß errechnet und einen Betrag angibt, den man online spenden kann.

Das Geld der Organisation **Landcare Research,** eine der führenden privaten Forschungseinrichtungen für nachhaltigen Umweltschutz in Neuseeland, geht z.B. an Projekte aus den Bereichen Müllentsorgungsanlagen, Windkraft und Aufforstung.

- **www.carbonzero.co.nz**

< Als Reisender kann man beispielsweise Organisationen unterstützen, die sich um den Schutz der Kiwivögel bemühen

atmosfair

Mit dem **Flugzeug** nach Neuseeland aufzubrechen, ist eine extrem klimabelastende Art des Reisens. Doch wer nicht ganz auf die Neuseelandreise verzichten will, hat keine vernünftige Alternative, wenn die Zeit reichen soll. Wer das schlechte Gewissen beruhigen und einen kleinen Klimaschutzbeitrag leisten möchte, kann bei atmosfair aktiv werden. Hierbei handelt es sich um eine gemeinnützige GmbH, die freiwillig gespendete Gelder in Solar-, Wasserkraft-, Biomasse- oder Energiesparprojekte in der dritten Welt investiert. So können **Treibhausgase ausgeglichen** werden. 13.240 kg CO_2 werden durch einen Hin- und Rückflug nach Neuseeland verbraucht. Das entspricht ungefähr dem CO_2-Jahresausstoß eines Deutschen. Dementsprechend hoch ist der ausgerechnete Betrag von 271 €. Wer so viel Geld nicht zahlen kann oder möchte, kann selbstverständlich auch einen Betrag überweisen, der besser zum eigenen Geldbeutel passt.

- **www.atmosfair.de**

forum anders reisen

Wer eine geführte Gruppenreise oder Outdoorangebote in Neuseeland sucht, die nachhaltigen Charakter besitzen, wird vielleicht beim beim forum anders reisen (FAR) fündig. Das FAR ist ein Verband deutschsprachiger Reiseveranstalter, die sich dem nachhaltigen Reisen verschrieben haben. Um vom Verband aufgenommen zu werden, müssen die Reisen der Veranstalter einem strengen Kriterienkatalog entsprechen. Auf der Website sind die Reiseangebote des FAR nach Ländern sortiert, darunter auch Neuseelandreisen.

- **www.forumandersreisen.de**

Green Globe

Das Programm Green Globe basiert auf der **Agenda 21,** die auf dem UN-Klimagipfel 1992 verabschiedet wurde. 50 Länder aus der ganzen Welt nehmen an diesem Programm teil. Green Globe zeichnet Reiseveranstalter, Outdooranbieter, Transportfirmen und Unterkünfte, die sich dem Umweltschutz verschrieben haben, mit einem **grünen Logo** aus. Diese Firmen müssen einen Antrag auf Prüfung ihrer Angebote stellen und werden so anhand eines strengen Kriterienkatalogs geprüft und im Erfolgsfall zertifiziert. In Neuseeland sind mittlerweile über 100 Anbieter aus der Tourismusbranche in das Green-Globe-Programm involviert. Außerdem gibt es mit Kaikoura eine komplette Green-Globe-Gemeinde in Neuseeland. Umwelt- und Naturschutz sowie das Thema Nachhaltigkeit werden hier im Alltag großgeschrieben. Wer in Neuseeland grün reisen möchte, findet Informationen zu den jeweiligen zertifizierten Anbietern im Internet.

- **www.greenglobenz.com**

Eco Lodges

Eco Lodges sind **Unterkünfte** der gehobeneren Mittelklasse, die nach **ökologischen Baustandards** in landschaftlich malerischen Gegenden erbaut wurden. Die Eigentümer sind entweder im Naturtourismus, Naturschutz oder in der ökologischen Landwirtschaft involviert und bieten meist landestypisches Essen, oft aus eigenem ökologischen Anbau. Hier kann man sich verwöhnen lassen und entspannen, aber auch an diversen Naturschutz- und Outdooraktivitäten auf dem Lodge-Gelände teilnehmen. Für Outdoorer, die mehrere Wochen in der Wildnis waren, ist es ein ganz besonderes Erlebnis, die Neuseelandreise mit einem Aufenthalt in einer Eco Lodge abzuschließen.

- **www.organicexplorer.co.nz**

▷ Die Knapdale Eco Lodge in Gisborne

Wo welchen Natursport treiben?

„Für mich persönlich ist in Neuseeland jede Aktivität im Freien ein unvergessliches Erlebnis: Wer einmal auf der Nordinsel beim Seekayaking in der Bay of Islands den Delfinen ‚Guten Tag' gesagt hat oder die Weingüter der Hawke's Bay mit dem Fahrrad erkundet hat, möchte immer wieder hierher zurückkommen. Meine persönliche Traumtour in Neuseeland ist eine kombinierte Kayaking- und Walking-Route auf Stewart Island ganz im Süden des Landes. Dort fühlt man sich wirklich, als sei man am Ursprung der Welt angelangt, und wenn dann in der Abenddämmerung ein Kiwi aus dem Unterholz tapst, ist das Naturerlebnis perfekt. Von der Reisezeit ist April mein Lieblingsmonat – tolles Wetter und viel Platz für Outdoorspaß."

Björn Spreitzer, europäische Zentrale von Tourism New Zealand in London, zum Thema „Natursport in Neuseeland".

Wer allen Natursportarten gegenüber aufgeschlossen ist, findet in Neuseeland landesweit immer eine Möglichkeit, sich unter freiem Himmel zu bewegen. Wer jedoch gezielt eine bestimmte Sportart ausüben möchte, sollte sich vorher im Land orientieren, um die geeigneten Stellen mit der gewünschten Reiseroute abgleichen zu können. Eine Übersicht über die besten Gebiete für Wanderer und Biker wird im Folgenden nach Sportarten sortiert aufgeführt. Eine **Übersichtskarte** findet sich in den Umschlagklappen dieses Buches.

Wandern

Neuseeland ist **das Paradies** für Wanderer, da es sowohl kurze Trails von unter einer Stunde als auch Ganztagestouren und mehrtägige Touren aller Kategorien bietet – insgesamt über 12.500 km landesweit. Es gibt kaum eine bessere Möglichkeit, Neuseelands Natur zu erkunden, als zu Fuß. Seit dem Beginn des Sportalpinismus im frühen 20. Jahrhun-

009ns kw

dert lockt Neuseeland Touristen aus Übersee an, die das Land auf Wanderungen kennenlernen wollten. In den 1970er Jahren entstand ein richtiges Wanderwegenetz, das DOC setzte sich für den Ausbau und Erhalt der Wege ein. Zudem engagierten sich zahlreiche Wanderklubs in Neuseeland und bewarben und pflegten eine Vielzahl von Wanderwegen vor Ort. Wandern gehört seither bei den „Kiwis“ zum Alltag. Da aber in Neuseeland alles immer etwas anders ist, hat man einen eigenen Terminus fürs Wandern gefunden: Im Gegensatz zu Großbritannien nennt man Hiking hier schlicht **Tramping.** Man vermutet, dass das Wort, das übersetzt eigentlich „marschieren“ bedeutet, von den Siedlern für die Erschließung von Buschgebieten benutzt wurde. In England sagt man zum Beispiel *„we tramped the woods“* und meint damit, dass es ein beschwerlicher Marsch durch Wald und Wiesen war – ein Dauerzustand für die damaligen Siedler.

Wanderungen jeder Art, vom sanften Spaziergang bis hin zum mühsamen Kraxeln, gibt es auf beiden Inseln. Da die

www.fotolia.de © mohdnadlyaizat

Südinsel alpin und eher rau und die Nordinsel vulkanisch und klimatisch milder geprägt ist, liegt der Unterschied in der **Beschaffenheit der Wege** und ihrer **natürlichen Umgebung.** Wer diesbezüglich Vorlieben hat, sollte sich seine Touren entsprechend auswählen. Viele Wanderwege sind nur mit dem Auto zu erreichen. Die bekannten **Great Walks** (s. gleichnamigen Exkurs) und Tracks in den Nationalparks können vor allem im Sommerhalbjahr durch **Shuttlebusse** erreicht werden. Diese Variante ist umweltfreundlich und komfortabel, da man sich keine Gedanken über den Zugang zum Weg, die Beschaffenheit der Anfahrtsstraßen und die Parkmöglichkeiten machen muss. Bei Letzteren sei übrigens darauf verwiesen, dass sogenannte **Road-End-Parkplätze** an Start- und Endpunkten von Wandertracks immer

Lupinenblüte auf dem Mt John am Lake Tekapo auf der Südinsel

Flussdurchquerung

Wer in Neuseeland wandert oder Fahrrad fährt, muss immer wieder Flüsse furten. Touristen erkennt man dabei daran, dass sie ihre Schuhe ausziehen, die meisten Kiwis dagegen behalten ihre **Schuhe** in seichtem bis mitteltiefen Wasser an. **Gamaschen** helfen bei tieferem Wasser, um trockeneren Fußes auf der anderen Seite anzukommen. Das Furten mit Schuhen ist gesünder und besser für den Fuß und Körper, da es Auskühlung und Verletzungen verringert und zudem mehr Stabilität beim Durchqueren der Flüsse bietet. Unbedingt empfehlenswert sind **Gehstöcke,** um Dysbalancen ausgleichen zu können. Bei richtig tiefem Wasser mit Strömung sollten Schuhe besser ausgezogen und fest im Rucksack verstaut werden. Tipps zum richtigen Furten findet man im Netz auf Outdoorseiten wie z.B.:

- **www.outdoor-magazin.com** (dort Suchbegriff „Flüsse überqueren" eingeben)

Wichtig bei Flussdurchquerungen ist das Prüfen der **Wasserstände** vor Beginn einer Wander- oder Fahrradtour – und das zu zu jeder Jahreszeit. Die teils heftigen Wetterumschwünge können im Wasser tödlich enden, wenn durch starke Regenfälle sonst ruhige Gewässer plötzlich geflutet werden. Informationen hierzu erhält man auf der Website von Environment Canterbury:

- **www.ecan.govt.nz** (dort Suchbegriff „River Flows" eingeben)

häufiger von **Autodieben** heimgesucht werden, da die Fahrzeuge hier bei Mehrtagestouren längere Zeit unbeobachtet stehen. Man sollte daher unbedingt alle Wertsachen und Reisedokumente mit auf die Wanderung nehmen.

Ein weiterer wichtiger Aspekt für Touristen, der die Wandermöglichkeiten in Neuseeland von denen in Deutschland, Österreich und der Schweiz unterscheidet, ist der folgende: Während es in den Nationalparks und Forest Parks generell ein gut ausgebautes, markiertes Wegenetz gibt, sind **Wege außerhalb der Naturschutzgebiete sehr dünn gesät.** Ein großes, weitläufiges Netz von Wanderwegen wie etwa in den deutschen Mittelgebirgen oder den Alpen wird man nicht finden. Ein Grund hierfür ist die Struktur des **Landbesitzes** in Neuseeland: Land außerhalb der Schutzgebiete ist fast ausschließlich in **privater Hand,** meistens von Farmern oder privaten Waldbesitzern. Ein Betreten dieses Landes ist ohne Einwilligung des Eigentümers nicht gestattet.

Die wachsenden Touristenströme haben nun eine Diskussion darüber entfacht, ob mehr **privates Land für die Öffentlichkeit freigegeben** werden sollte, um damit die Belastung der Nationalparks zu reduzieren. Erschwert wird dies jedoch dadurch, dass das meiste Land immer noch der **britischen Krone** gehört und lediglich an die jeweiligen Besitzer verpachtet wurde. Für dieses *crown land* gelten Gesetze, die eine generelle Öffnung verbieten, selbst für die Farmer, die sich für eine Öffnung ausgesprochen haben. Die Öffnung des Landes ist daher zu einem **langwierigen Prozess** geworden, der gerade erst begonnen hat.

Beste Jahreszeit

Die beste Zeit zum Wandern ist nach wie vor das **neuseeländische Sommerhalbjahr Oktober bis Mai,** wobei die Spätsommermonate März und April am schönsten sind. Es ist weniger los, das Wetter ist noch warm und meist stabil und die Laubbäume färben sich bunt, was die Landschaften vor Ort wunderschön in Szene setzt.

Der Vorteil von Neuseeland ist aber, dass man hier zu **jeder Jahreszeit** wandern kann. Wenn es in den alpinen Regionen zu verschneit und kalt ist, kann man trotzdem auf der Nordinsel bei recht milden Temperaturen wandern gehen, insbesondere im Northland und auf Coromandel. Im August ist das Wetter oft stabil und sonnig, auf der Nordinsel kann es dann bis zu 18 °C werden – herrlichstes Wanderwetter.

Zu beachten ist jedoch, dass in regenreichen Regionen und generell nach starken **Regenfällen** viele Wanderwege extrem matschig werden können. Mit „matschig" ist dabei nicht nur ein bisschen Pfützenschlamm gemeint, sondern oft knietiefe, **sumpfartige Passagen,** die manchmal tatsächlich unbegehbar sind. Es ist sinnvoll, sich stets vor Antritt einer Tour bei den DOC Visitor Centres nach der Wegbeschaffenheit zu erkundigen.

Man sollte sich auch der Tatsache bewusst sein, dass in gebirgigen Gegenden **Schneefall** durchaus auch in den Frühjahrs- und Sommermonaten möglich ist, und zwar schon in vergleichsweise geringen Höhen ab 800 Metern.

Wer Neuseeland im **Winter** bereist, um Outdoor-Aktivitäten nachzugehen, muss die entsprechende **Ausrüstung** mitführen. In gebirgigen Regionen kön-

Hidden Trails

Viele wanderbegeisterte Neuseeländer beklagen die wachsenden Touristenzahlen auf den Wanderwegen. Vor allem die „Hot Spots" in den landschaftlich reizvollsten Nationalparks sind im Hochsommer tatsächlich sehr überlaufen. Wer einsam, aber in dennoch beeindruckenden Landschaften wandern möchte, sollte einen der immer zahlreicher werdenden **Privatwanderwege,** von Einheimischen gern die „Hidden Trails" genannt, ausprobieren. Der Nachteil ist hier, dass man **Wegezoll** an die Eigentümer des Privatlandes zahlen muss. Immer mehr Farmer geben ihr Weideland für Wanderer frei, bieten dazu eine **Übernachtung** in extra hergerichteten Räumlichkeiten auf der Farm an sowie ein selbstgekochtes Abendessen und Frühstück im Kreise der Familie. So wird eine solche Wanderung zu einem sehr authentischen Erlebnis, gleichzeitig aber auch zu einer Wanderung, die ihren Preis hat. Für eine zweitägige Tour zahlt man pro Person zwischen 200 und 500 NZD.

Es gibt zu diesem Thema einen eigenen **Reiseführer** von einem Neuseeländer, dem die Massen zu viel wurden: *Walter Hirsh:* „Hidden Trails – 25 Private Walking Tracks in New Zealand". Der Reiseführer ist über die Website des Autors direkt zu bestellen. Einige der Trails wurden mittlerweile gesperrt. *Hirsh* hat aber auf seiner Website 13 neue Wege ergänzt. Infos, Buch und Beschreibungen unter www.hirsh.co.nz.

Great Walks

Das DOC hat vor wenigen Jahren die **populärsten mehrtägigen Wanderungen** in einem neuen Marketing- und Verwaltungssystem zusammengefasst. Der Name für diese Wege lautet „Great Walks". Dadurch können die Wege besser kontrolliert und gepflegt werden, Touristenströme werden steuerbar und die Umwelt dadurch geschont. Die Wege haben einen gehobenen Standard, sie sind gut erhalten und hervorragend markiert. Zudem ist allen Great Walks gemein, dass es sich um Touren auf einfachem Niveau *(grade: easy)* handelt. Insgesamt gibt es derzeit neun Great Walks:

- **Lake Waikaremoana**
- **Tongariro Northern Circuit**
- **Whanganui Journey**
- **Abel Tasman Coast Track**
- **Heaphy Track**
- **Kepler Track**
- **Routeburn Track**
- **Milford Track**
- **Rakiura Track**

Bis auf Tongariro, Kepler und Milford Track werden die Wanderungen im **zweiten Teil dieses Buches** vorgestellt. Alle Great Walks sind zudem auf der Website des DOC beschrieben, und in den DOC-Offices gibt es umfassende Wegbeschreibungen. Sie sind aber auch online verfügbar und somit bereits vor der Abreise abrufbar.

Der Besuch der Nationalparks ist kostenlos, ebenso die Begehung eines Teilabschnittes der Great Walks ohne Übernachtung. Wer ohne **Hut Ticket** in einer **Great-Walk-Hütte** übernachtet und erwischt wird, muss mit einem Bußgeld rechnen. Der Kauf des Hut-Passes ist daher obligatorisch, aber es muss nicht für jeden Track im Voraus gebucht werden. Ganzjährig vorgebucht werden müssen z.B. die Pässe für Lake Waikaremoana, Abel Tasman und Heaphy Track. In der Hochsaison (1.10. bis 30.4.) müssen Milford, Routeburn und Kepler Track vorgebucht werden.

Berücksichtigt werden muss, dass man **nie mehr als zwei Nächte** in einer Hütte oder auf einem Campingplatz übernachten darf. So können auch die Besucherzahlen kontrolliert und limitiert werden. Der **Preis** für eine Übernachtung auf den Great Walks liegt zwischen 15 und 45 NZD pro Person, je nach Tour, Jahreszeit und Ausstattung. Eine frühzeitige **Buchung,** vor allem in den Sommermonaten, empfiehlt sich. Die Hüttenpässe findet man auf der DOC-Website. Die Buchung erfolgt am einfachsten im Internet unter http://booking.doc.govt.nz. Alternativ kann man auch telefonisch (siehe Rufnummern der lokalen DOC-Büros) oder per E-Mail buchen (booking@doc.govt.nz). Ein Anmeldeformular und weitere Informationen, zum Beispiel zu den Preisen des jeweiligen Tracks, findet man auf der Website des DOC. Bei einer Onlinebuchung müssen die Hütten, die man nutzen möchte, und die entsprechenden Daten feststehen. Ändert sich die Reiseroute, müssen die Storno- und Umbuchungsbedingungen des DOC beachtet werden. Diese sind ebenfalls auf der Website des DOC abrufbar. Die Hüttenpässe sind online per Kreditkarte zahlbar.

- **www.greatwalks.co.nz,** Tel. 0800 694732. Dies ist die offizielle Website des Department of Conservation, auf der alle neun Great Walks beschrieben sind. Zudem stehen verschiedene Filme zur Reisevorbereitung zur Verfügung, und auch eine Online-Buchung ist über diese Seite möglich.

Wahrlich „great": Lake Waikaremoana

nen vielerorts Steigeisen und Pickel notwendig werden. Das sollte vorher in den DOC-Büros geklärt werden. Außerdem ist es wichtig, auf Winterwanderungen mit Karte und Kompass umgehen zu können, da es im Schnee schwieriger ist, sich zu orientieren und Wegmarkierungen wegen des Schnees oft nicht mehr zu erkennen sind.

Wegmarkierungen und Einstufung

Dank des Engagements vieler ambitionierter neuseeländischer Wanderer und des DOC sind die Wanderwege größtenteils **sehr gut markiert und ausgeschildert.** In den touristischen Ballungsgebieten findet man alle paar Meter ein Schild. Auch Zeitangaben sind fast flächendeckend vorhanden, doch in Ballungszentren wie z.B. dem Tongariro National Park sind diese oft etwas großzügig angegeben. Für Durchschnittswanderer sind sie selbst inklusive Pausen meist problemlos zu schaffen. In anderen Gebieten sollte man den Zeitangaben vertrauen, denn je nach Schwierigkeitsgrad braucht der eine oder andere auch schon mal ein bisschen länger.

Das DOC unterteilt seine Wanderwege in folgende **Kategorien:**

- **Easy Access Short Walk:** einfacher Spaziergang von bis zu einer Stunde Dauer, auch für Rollstuhlfahrer und Kinderwagen zugänglich.
- **Short Walk:** leichte Wanderung von bis zu einer Stunde Dauer für Leute jeden Alters, Wanderschuhe werden empfohlen.
- **Walking Track:** einfache Wanderung von einigen Stunden bis zu einem Tag Dauer, Wanderschuhe erforderlich.

www.fotolia.de © Jiri Foltyn

- **Great Walk:** gut markierter Wanderweg mit mehreren Etappen, auch für Wanderer ohne große Backcountry-Erfahrung geeignet, Wanderschuhe erforderlich.
- **Tramping Track:** anstrengende Tages- oder Mehrtageswanderung, mittlere bis fortgeschrittene Fitness und Navigationskenntnisse mit Kompass und Karte notwendig, Wanderschuhe erforderlich.
- **Route:** schwierige Mehrtageswanderung, nur für Leute mit Backcountry- und Bergerfahrung, Wanderschuhe erforderlich.

Wer in Neuseeland wandern geht, sollte stets einen **Kompass** mitführen und nie ohne **Karte** unterwegs sein, vor allem auf Mehrtagestouren. Aufgrund von Wetterumschwüngen kann es in den Gebirgen schnell zu Nebelbildung kommen, sodass die Sicht auf Markierungen beeinträchtigt wird.

Ausrüstung

Bei **normalen Wetterverhältnissen** ist auf **Tagestouren** die klassische Wanderausrüstung ausreichend:

- eigene, eingelaufene Wanderschuhe
- wind- und regendichte Jacke
- Fleecepullover
- Funktionsunterwäsche
- Erste-Hilfe-Pack
- Sonnenschutzmittel
- Insektenschutzmittel
- Sonnenbrille
- Kopfbedeckung
- Trinkflasche
- Karte, Kompass, GPS- und Höhenmesser
- Abfalltüte oder -behälter

Bei **mehrtägigen Touren** sind weitere Ausrüstungsgegenstände notwendig:

- Trekkingrucksack
- Schlafsack
- Isomatte
- Regenschutz für Rucksack
- Campingkocher und Geschirr
- Streichhölzer
- Kerzen
- Taschenlampe/Stirnlampe

Wegen der Steilheit vieler Wanderwege und den oft matschigen Pfaden haben sich auf einer Neuseelandreise ebenfalls **Wanderstöcke** sowie **Gamaschen** bewährt. Gamaschen schützen nicht nur vor Nässe, Matsch und Schnee, sie schonen auch die Schienbeine beim Klettern in steilen Passagen. Einheimische wandern meist in Wanderstiefeln, Gamaschen und kurzen Hosen. Diese werden selbst im Winter noch getragen, nur bei ganz kalten Temperaturen zieht der neuseeländische Outdoorsy zusätzlich eine Funktionsunterhose an.

Wer **außerhalb der Kernsommermonate November bis März** in die Berge aufbricht, sollte sich auf Schneefall einstellen und dementsprechend **wärmere Kleidung** mitführen. Ebenso werden in diesen Monaten auf manchen Touren **Steigeisen** und **Pickel** erforderlich, eventuell auch **Seile.**

Für alle Touren – egal ob Sommer oder Winter, ob große oder weniger große Höhen – gilt, dass ausreichend **Proviant** und **Getränke** mitzuführen sind, damit der Körper nicht unterzuckert oder dehydriert (siehe „Safety-Checkliste für unterwegs“ im Kapitel „Sicherheit im Natursport“).

☐ Die klassische Kiwi-Wanderausrüstung

Unterkünfte

Bei Wanderungen mit einer Übernachtung empfiehlt es sich, in einer **Hütte** zu nächtigen, damit man nicht die komplette Campingausrüstung mitnehmen muss. Bei mehrtägigen Übernachtungen ist es meist schöner, im Zelt zu schlafen, das gehört für die meisten Outdoorer einfach dazu. Außerdem kann das Zelten mitunter schon mal unvermeidbar sein, wenn die angesteuerten Hütten überfüllt sind. Man sollte sich daher stets über die Anzahl der Hüttenbetten informieren und beim DOC nachfragen, ob die Tracks gerade stark frequentiert sind und die Mitnahme eines Zelts empfohlen wird. Mitunter buchen sich auch Gruppen ein, sodass vor allem die kleineren Hütten schnell voll sind. DOC-Hütten findet man nicht nur in Nationalparks, sondern landesweit auf verschiedenen Wanderungen.

Bei Hüttenwanderungen kann in einer der zahlreichen **DOC-Hütten** übernachtet werden und in den Bergen in Hütten des **Neuseeländischen Alpenvereins** (New Zealand Alpine Club/NZAC), die größtenteils ebenfalls vom DOC unterhalten werden. Insgesamt gibt es im ganzen Land 950 vom DOC verwaltete Hütten. Wer im **deutschen, österreichischen oder Schweizer Alpenverein** Mitglied ist, kann Vereinshütten zu den gleichen, ermäßigten Preisen nutzen wie neuseeländische Mitglieder. Eine Voranmeldung ist manchmal notwendig. Dabei können immer mehr Hütten über das Buchungssystem des DOC (booking.doc.govt.nz) online reserviert werden. Bei anderen Hütten gilt nach wie vor das Prinzip „first come, first served".

Neuseeländische Hütten sind auf keinen Fall mit europäischen Alpenhütten vergleichbar. In den meisten Fällen han-

delt es sich um **reine Schutznachtlager** ohne jeglichen Komfort. Außerdem gibt es selbst in den größeren Hütten nur selten einen Herbergsvater *(warden)*. Darüber hinaus sind die Hütten nie bewirtschaftet. Gekocht werden muss immer selbst und es sind keine Getränke erhältlich. Auch **Campingplätze** in Nationalparks außerhalb der Ausgangsorte der Touren sind meist nur mit einem Plumpsklo und einem Waschbecken ausgestattet und gleichfalls ohne *warden*. Gibt es **Aufsichtspersonen** vor Ort, nennt man die Campingplätze und Hütten „serviced huts and campsites". Wenn ein Campingplatz nicht mitten in der Wildnis liegt, ist die Wahrscheinlichkeit recht hoch, dass es an der Rezeption einen kleinen **Kiosk** mit dem Notwendigsten gibt. Vorsichtshalber sollte man jedoch den Proviant für die geplante Zeit schon vorher eingekauft haben, da man ansonsten viele Kilometer zurücklegen muss, um zum nächsten Supermarkt zu kommen.

Hütten sind meist nur **mit dem Notwendigsten ausgestattet:** Matratzen, Spüle, Wassertank und Plumpsklo. Manchmal gibt es Öfen, die selten gasbetrieben, sondern meist für Holz gedacht sind. Der Preis pro Übernachtung beträgt auf Campingplätzen und in Hütten zwischen 5 und 40 NZD. Die Zahlungs- und Buchungsmodalitäten in den Hütten der Great Walks sind weiter oben beschrieben (siehe Exkurs „Great Walks"). Für alle anderen Hütten und Campingplätze des DOC wird die Gebühr vorher beim örtlichen DOC-Büro bezahlt.

Mit dem Verkauf der Tickets vor Beginn einer Tour kann das DOC genau sagen, wie viele Leute unterwegs sind und sich ein Hüttenticket besorgt haben. So erfährt man zumindest, ob die Mitnahme eines Zeltes ratsam ist. Da man sich sowieso vor Beginn einer Tour über die Wettervorhersage und die aktuelle Wegbeschaffenheit informieren sollte, ist der Besuch eines DOC-Büros oder zumindest ein Telefonat vorab unbedingt ratsam.

Die Hütten der wichtigsten Bergregionen sind auf der Website des DOC (www.doc.govt.nz) sowie auf den Seiten des Neuseeländischen Alpenvereins (www.alpineclub.org.nz) aufgeführt und beschrieben. Dort findet man auch Informationen zur Buchung.

Außerdem gibt das DOC die **Infoflyer** „Backcountry Huts" und „Conservation Campsites" heraus, die für die Vorbereitung und Planung sehr nützlich sind.

Backcountry Hut Pass

Wer längere Zeit in Neuseeland ist und viele Touren mit Hüttenübernachtungen oder Campingplatznutzung plant, sollte sich den **Hütten-Jahrespass,** den Backcountry Hut Pass, beim DOC kaufen. Er kostet 122 NZD und ist für 12 Monate gültig. **Mitglieder des Alpenvereins** können nach einer Ermäßigung fragen, die neuseeländischen Alpenvereinsmitgliedern zusteht. Gegen Vorlage des DAV-Mitgliedsausweises müsste laut Auskunft des NZ Alpine Club eine Ermäßigung bewilligt werden. Der Backcountry Hut Pass gilt jedoch nicht automatisch in allen Hütten und nicht auf allen DOC-Campingplätzen. Auf der **DOC-Website** (www.doc.govt.nz) sind alle Hütten und Plätze aufgeführt, für die der Jahrespass nicht gilt. Dazu gehören unter anderem auch alle Hütten der Great Walks.

012ns aa

Für **Übernachtungen im Zelt** gelten die gleichen organisatorischen Regeln wie für die DOC-Hütten. Campingplätze gibt es in ganz Neuseeland, teilweise mit sehr unterschiedlichem Niveau. In Forest Parks und Nationalparks werden Campingplätze meist vom DOC unterhalten. Die Bezahlung erfolgt wie bei den Hütten entweder auf dem Campingplatz vor Ort oder in einem der DOC-Büros. Als **Alternativen** zu Campingplätzen sind im Kapitel „Abenteuer Neuseeland von A bis Z" weitere Unterkunftsarten aufgeführt.

Die Panekiri Hut auf dem Lake Waikaremoana Track

Wandergebiete im Überblick

Wie oben erwähnt, gibt es herrliche Wanderwege im ganzen Land. Neben denen, die im Buch näher beschrieben werden, sind außerdem Wanderungen in folgenden Gebieten zu empfehlen:

- **Ruahine Forest Park** (Nordinsel). Ein kleines, aber sehr schönes Wandergebiet südwestlich von Napier mit Gipfeln von bis zu 1700 m Höhe. Die Ruahine Range liegt auf einer geologischen Verwerfungslinie der Nordinsel, was zu einem zerklüfteten Landschaftsbild aus Schluchten und Flüssen geführt hat.
- **Lewis Pass National Reserve** (Südinsel). Ein wunderschönes Wandergebiet rund um den Lewis Bergpass (864 m). Das Naturschutzgebiet verbindet den Nelson Lakes National Park mit dem Arthur's Pass National Park. Hier findet man Wanderwege über die Höhen sowie Touren im Tal, beides in einer herrlich abgelegenen Gegend mit Blick auf die höheren Gipfel der Südalpen.

■ **Otago Pensinsula** (Südinsel). Ein Muss für Natur- und Tierfreunde. Die Otago-Halbinsel bei Dunedin ist bekannt für Wanderungen mit Blick aufs Meer und eine unvergleichliche Fauna. Hier kann man Spaziergänge und Tageswanderungen mit Tierbeobachtung kombinieren, z.B. mit einem Besuch der Kolonie der Gelbaugenpinguine oder Königsalbatrosse.

Literatur

■ In deutscher Sprache gibt es von *Sylvia Seligmann* und *Matthias Dollmann* den Titel **„Neuseeland – Die schönsten Wanderungen und Trekkingrouten“,** 4. Auflage 2015, im Bergverlag Rother erschienen. Ansonsten ist mit **„Tramping in New Zealand“** ein Klassiker von Lonely Planet in Englisch zu empfehlen. Dieser wird regelmäßig neu aufgelegt und informiert daher aktuell über den Zustand der Wege.

■ Wer neben einem klassischen Wanderführer ein Praxisbuch für Trampingtouren in Neuseelands Busch sucht, sollte sich das englischsprachige Handbuch **„The New Zealand's Tramper Book“** bestellen.

Kartenmaterial

Die besten topografischen Karten in Neuseeland sind die Karten der **Land Information New Zealand (LINZ).** Die Landesfläche ist in der sogenannten „Topo50 Map Series“ mittels Satellitendaten neu vermessen und im Herbst 2009 komplett neu aufgelegt worden. Im Vergleich zu den alten Karten der „Topographic Map 260 Series“ kann es zu Abweichungen von ca. 200 m kommen. Daher sollte beim Kauf der Karten auf das Erscheinungsjahr geachtet werden. Kartentitel und Infos findet man auf www.linz.govt.nz/topography/index.aspx. Auch das **DOC** gibt sehr gute topografische Karten, **Parkmaps** genannt, heraus. Die Topokarten von LINZ haben den Maßstab 1:50.000, die DOC-Karten sind meist etwas gröber aufgelöst (Verhältnis 1:75.000 oder 1:100.000), enthalten dafür aber auf der Rückseite umfassende Beschreibungen zum Nationalpark, zur Region sowie zu Flora und Fauna. Erhältlich sind alle Wanderkarten in Neuseeland in Buchläden, Outdoorgeschäften, DOC-Büros sowie in reinen Reiseführer- und Kartenläden.

In **Auckland** gibt es das Auckland Map Centre, in **Christchurch** den Reiseführerladen Map World. Letzterer verschickt das Kartenmaterial auch nach Übersee, allerdings fällt eine zusätzliche Versandgebühr an. Die Karten können auch online bestellt werden.

■ **Auckland Map Centre,** 209 Queen Street, Auckland, +64 (0)9 3097725, www.aucklandmapcentre.co.nz.

■ **Map World,** 35 Moorhouse Avenue, Christchurch, Tel. +64 (0)3 3745399, www.mapworld.co.nz.

Wer zusätzliche Informationen und Beratung sucht oder wer sich erst während der Rundreise vor Ort Wanderrouten aussuchen möchte, informiert sich am besten bei den örtlichen **Touristeninformationen** (*visitor centres,* auch „i-sites“ genannt) und **DOC Visitor Centres.** Das DOC hat für viele Touren eigene Faltblätter produziert. Je nach Umfang sind diese entweder kostenlos oder gegen einen kleinen Unkostenbeitrag von ca. ein bis zwei NZD erhältlich. Mittlerweile findet man aber auch auf der Website des DOC eine Vielzahl von Trackbeschreibungen als PDF zum **Download** (www.doc.govt.nz). Auf jeden Fall beinhalten diese Beschreibungen stets aktuelle Informationen zum Zustand der Wege.

Ebenfalls interessant sind die allgemeinen **DOC-Infoblätter** „Planning a trip in the backcountry“ und „Exploring Parks“, die entweder online als PDF heruntergeladen werden können oder in allen DOC Visitor Centres erhältlich sind.

Unter dem Namen **„New Topo – the latest in NZ papermaps“** sind in den letzten Jahren noch einmal ganz aktuelle neue Landkarten herausgekommen.

Wer Neuseeland gern per Auto oder zu Fuß mit einem **GPS-Gerät** erkunden möchte, kann sich das entsprechende Kartenmaterial über die Website www.freshmap.co.nz besorgen. Das digitale Kartenmaterial für ganz Neuseeland ist für 195 NZD erhältlich. Darüber hinaus gibt es die digitalen Karten auch für Windows- und Mac-Rechner.

Biketrekking und Mountainbiking

Beide Biking-Arten haben sich in den letzten Jahren in Neuseeland von Nischensportarten zum Mainstream entwickelt. Fahren ist aber nicht überall erlaubt. Ländliche Gegenden **außerhalb der Naturschutzgebiete** sind meistens in Privatbesitz. Vor Antritt der Fahrt sollte deshalb die Erlaubnis des Eigentümers eingeholt werden, um Ärger für sich und Einschränkungen für die nachfolgenden Fahrer zu vermeiden. In den **Nationalparks** ist das **Fahren abseits der Straßen verboten.** Das DOC öffnet

Die Aussicht entschädigt für alle Mühen

095ns sk

sich dem Sport langsam. So gibt es im Abel Tasman National Park beispielsweise den Gibbs Hill Track, der mit dem Schwierigkeitsgrad 3 für Mountainbiker ausgewiesen ist. In den Naturschutzgebieten außerhalb der Nationalparks ist die Situation schon besser, eine Website des DOC listet alle Gebiete auf, in denen Fahrradstrecken existieren. Zusätzlich erleichtert wird die Lage seit einigen Jahren durch die stetig wachsende Zahl von **Bikeparks** und durch die **Initiative „New Zealand Cycle Trail"**, in deren Rahmen in den letzten Jahren 23 „Great Rides" für Radbegeisterte (in Analogie zu den „Great Walks" für Wanderer) eingerichtet wurden (s. Infokasten).

- **www.nzcycletrail.com**

NZ Cycle Trail

Die Idee für das großes **Radwegenetz durch ganz Neuseeland** entstand 2009. Damit sollte zum einen die neuseeländische Bevölkerung mehr fürs Fahrradfahren sensibilisiert werden, zum anderen erhoffte man sich dadurch weitere Touristen anzuziehen, um daraus sowohl wirtschaftlichen als auch sozialen und ökologischen Nutzen für die Gemeinden ziehen zu können. **„Nga Haerenga, The New Zealand Cycle Trail"** ging als Kooperation zwischen der Regierung und der politischen Partei der Grünen hervor. Die Regierung investierte 50 Mio. NZD, um die Idee umsetzen zu können. Weitere Gelder aus den Kommunen ergänzten das Vorhaben, sodass in wenigen Jahren ein Fahrradnetz mit insgesamt **2500 km** enstehen konnte. 2013 nutzen allein im Januar 97.000 Radfahrer das Wegenetz der 23 Great Rides.

Beste Jahreszeit

Die Wetterempfehlungen fürs Fahrradfahren ähneln naturgemäß denen fürs Wandern: Am meisten Spaß macht es bei gutem Wetter, und die Chancen hierfür sind generell von **Oktober bis Mai** am besten. Ein Unterschied besteht allerdings bei **Regenwetter,** das man in Neuseeland nie ausschließen kann. Während man dem Regen beim Wandern mit der richtigen Ausrüstung gut trotzen kann, gibt es viele Touren, die bei Regen gänzlich **unfahrbar** werden. Der Lehmboden auf diesen Touren wird bei Regen glatt wie Eis, und es empfiehlt sich daher, vor Antritt der Tour Informationen über den Zustand der Tracks einzuholen, sei es beim lokalen DOC-Büro oder in einem Fahrradgeschäft vor Ort.

Wegmarkierungen und Einstufung

Die **Orientierung** bei Radtouren ist in Neuseeland einfacher als in deutschen Mittelgebirgen, da es hier schlicht und einfach weniger Wege gibt. Unklare Situationen, in denen die Karte mal wieder nicht mit der Realität übereinzustimmen scheint, sind daher seltener. Auf der anderen Seite ist das Land so dünn besiedelt, dass ein Fehler schnell katastrophale Folgen haben kann, **Karte** und **Kompass** sollten also einen festen Platz im Reisegepäck haben.

Sowohl auf den Trails des **NZ Cycle Trails** als auch in den **Bikeparks,** in denen die Tracks meist eindeutig und ausreichend markiert sind, ist die Gradierung schnell und einfach zuzuordnen. Die Tracks in **Forest Parks,** die für Biker im Gegensatz zu den Nationalparks offen sind, sind ebenfalls gut markiert. Anders sieht es bei den Strecken **außerhalb der Forest Parks** aus. Hier darf man nicht mit ausreichender Beschilderung rechnen und sollte die Tour mit der Karte gründlich vorbereiten und auf der Fahrt häufig seine Position überprüfen.

Für die Einteilung der Wege in **Schwierigkeitsgrade** hat sich in Neuseeland das System der Brüder *Kennett* durchgesetzt, sowohl im Trekking- als auch im Montainbikebereich. *Paul, Simon* und *Jonathan Kennett* sind neuseeländische Mountainbikepioniere der ersten Stunde und betreiben einen eigenen Verlag, in dem unter anderem die sehr empfehlenswerten „Classic New Zealand Mountain Bike Rides" erschienen sind. Dort werden die Wege in Klassen von 1 bis 6 unterteilt, eine Einteilung, die mittlerweile sogar vom DOC übernommen wurde. Die einzelnen Klassen bedeuten:

- **1 (Anfänger):** Recht flache, breite und ebene Wege oder auch Schotterpisten.
- **2 (Leicht):** Leichte Steigungen und einfach zu meidende Hindernisse wie Felsen und Schlaglöcher.
- **3 (Mittelschwer):** Hier beginnt die Herausforderung mit großen Steigungen und/oder kniffligen Hindernissen. Schmale, mitunter rutschige Wege sind möglich, teilweise ausgesetzte Passagen.
- **4 (Fortgeschrittene):** Lange, steile Anstiege und Downhills, loser Untergrund, schwierige, auch gefährliche Hindernisse und Sprünge. Ausgesetzte Passagen und auch einige Laufpassagen.
- **5 (Experten):** Technisch anspruchsvoll. Extreme Steigungen, schmale Wege, zahlreiche gefährliche Hindernisse wie *drops* und enge Kehren. Einige Lauf- und Tragepassagen.
- **6 (Extrem):** Downhill/Freeride. Steil und gefährlich, weite/tiefe Sprünge ohne Ausweichmöglichkeit, mitunter North-Shore-Konstruktionen. Für diese Touren ist viel Erfahrung absolut unerlässlich.

Ausrüstung

Der wichtigste Teil der Ausrüstung ist natürlich das Rad selbst. Am besten ist es, das **eigene Rad** mit nach Neuseeland zu nehmen. Für wen das nicht möglich ist oder wer nur in den Sport reinschnuppern möchte, der sollte Kontakt zu Anbietern von **geführten Mountainbiketouren** aufnehmen, da diese in der Regel über einen Fuhrpark von aktuellen und **gut gepflegten Rädern** verfügen und man zudem im Falle einer Panne nicht auf sich allein gestellt ist. Generell ist es empfehlenswert, nicht hinter jedem „Bikes to hire"-Schild auch tatsächlich geeignete Räder zu vermuten. In Hotels u.Ä. erwarten einen – wenn die Räder nicht in Zusammenarbeit mit einem Bikeladen oder Reiseveranstalter vermietet werden – meistens völlig abgenutzte Drahtesel, mit denen die hier vorgestellten Touren zumindest eine Tortur, noch wahrscheinlicher aber gefährlich oder unmöglich wären. Wer ein Rad ausleiht, sollte ruhig **kritische Fragen stellen:** Wie oft werden die Räder komplett ausgetauscht (am besten im jährlichen Turnus)? Werden sie von einem ausgebildeten Mechaniker gewartet? Kann man eine Proberunde drehen und wird das Rad auf die eigene Körpergröße eingestellt? Wenn die Räder oder der Service keinen guten Eindruck machen, sollte man lieber einen anderen Verleih suchen, denn eine Panne mitten auf einem abgelegenen Trail, vor allem bei einsetzender Dunkelheit, kann fatale Folgen haben.

Unverzichtbar sind neben dem Fahrrad natürlich **Helm** und **Handschuhe.** In Neuseeland herrscht Helmpflicht. Wer beim Radfahren ohne Helm von der

Helm und Handschuhe

Helme stellt in der Regel der Fahrradverleiher, Handschuhe hingegen nicht. Man sieht den Helmen frühere Stürze nicht unbedingt an, daher sagt das **Äußere** nicht viel über die tatsächliche **Schutzwirkung** aus. Unbedingt die Finger lassen sollte man aber von Helmen, die deutliche Spuren vorheriger Stürze zeigen. Handschuhe erhöhen den **Fahrkomfort** deutlich, und bei Stürzen verhindern sie **Schürfwunden** an den Händen. Am besten wählt man ein Modell mit langen Fingern, man schwitzt damit nur wenig mehr als bei fingerlosen Modellen, ist aber bei Stürzen wesentlich besser geschützt. Gute Handschuhe haben auf den Handrücken kleine saugfähige Pads. Ein Tipp der Kennett-Brüder: „... merkt Euch, links Schweiß, rechts Rotz."

Polizei angehalten wird, muss mit einer recht hohen **Geldstrafe** rechnen.

Ein Verleiher sollte auch mindestens einen **Ersatzschlauch, Reifenheber** und **Luftpumpe** ins Gepäck packen, von daher müssen diese Dinge nicht mitgebracht werden.

Bei Mehrtagestouren sind **wasserdichte Fahrradtaschen** und **Kartenhalter** sinnvoll. Diese können meist aber auch direkt vor Ort ausgeliehen werden.

Folgende **Ausrüstung** sollte auf Fahrradtouren mitgeführt werden:

- Fahrradhose mit Po-Einsatz
- Fahrradschuhe
- Fahrradhandschuhe
- Funktionswäsche
- Arm- und Beinlinge (für kühle Tage)
- Fahrradbrille mit splitterfesten Gläsern
- Regenjacke
- Fleecepulli
- CamelBak (Rucksack mit Trinkblase)
- Helm
- Fahrradschloss
- Multifunktionswerkzeug
- Abfalltüte oder -behälter

Unterkünfte

Wie beim Wandern auch können, von der Hütte bis zum Campingplatz und Hotel **alle Unterkunftsvarianten** genutzt werden, die auf dem Weg liegen. Es gibt nur eine **Ausnahme:** Da Trekking- und Mountainbiking in Nationalparks generell verboten ist, kommen die dortigen Hütten, insbesondere die **Hütten der Great Walks,** nicht in Frage. Andere Backcountry-Hütten außerhalb der Nationalparks können selbstverständlich auch von Bikern genutzt werden. Wer unterwegs übernachten will, sollte jedoch ein **Fahrradschloss** mitnehmen. So sicher, dass man Räder im Wert von mehreren Tausend NZD ungesichert vor der Hütte oder dem Zelt liegen lassen kann, ist Neuseeland leider nicht mehr. Ebenfalls möglich ist das Reisen mit **Wohnmobil.** Wer ein Rad anmietet oder sein eigenes mitbringt, kann bei immer mehr Campervanfirmen (z.B. bei Britz) Modelle mit Anhängerkupplung und Fahrradträger buchen. So hat man das „Dach überm Kopf" und die Zweiräder gleichzeitig „zur Hand" – *very handy* (praktisch), wie der Neuseeländer sagen würde.

Biketrekking- und Mountainbikegebiete im Überblick

Mountainbiking

Die Aufteilung der Mountainbikeszene in Untergruppen findet auch in Neuseeland statt, und längst gibt es viel mehr als die klassischen Tourenfahrer. Sichtbarstes Zeichen dieser Entwicklung sind die **Mountainbikeparks,** deren Zahl kontinuierlich zunimmt. Diese Parks sind aber nicht nur für **Downhill**- oder **Dirtfahrer** interessant, oft findet man zusätzlich zu den mit Sprungrampen bestückten Strecken **auch ausgedehntere Runden,** die zu längeren Touren einladen.

Die folgende Liste zählt Mountainbikeparks auf, die in diesem Buch sonst nicht näher beschrieben werden. Die **Zutrittsregelungen** für die einzelnen Parks sind unterschiedlich, daher sollte man sich am besten vorher auf den angegebenen Internetseiten informieren.

- **Woodhill MTB Park** (Auckland), www.bikepark.co.nz.
- **Eskdale MTB Park** (Napier, Hawkes Bay), www.hawkesbaymtb.co.nz (Stichwort „Maps").
- **Pureora Forest Park** (Zentrale Nordinsel), www.doc.govt.nz/parks-and-recreation/places-to-visit/waikato/maniapoto.
- **Craters Mountainbike Park** (Taupo), www.biketaupo.org.nz/craters.

Biketrekking

Die Trails des NZ Cycle Trails sind vielfältig und rundum empfehlenswert. In diesem Buch konnten nur einzelne Trails vorgestellt werden. Spezielle Reiseführer (siehe Literaturangabe) gehen detailliert darauf ein. Hier die Übersicht über die 23 Trails (detailliertere Infos unter www.nzcycletrail.com):

- **Nordinsel:** Great Lake Trail, Hauraki Rail Trail, Hawke's Bay Trails, Motu Trails, Mountains to Sea, Rimutaka Cycle Trail, Te Ara Ahi – Thermal by Bike, Timber Trail, Twin Coast Trail, Waikato River Trails
- **Südinsel:** Alps 2 Ocean Trail, Around the Mountains, Clutha Gold Trail, Dun Mountain Trail, Little River Trail, Old Ghost Road, Otago Central Rail Trail, Queen Charlotte Track, Queenstown Trail, Roxburgh Gorge Trail, St James Trail, Tasman's Great Taste Trail, West Coast Wilderness Trail

Literatur

Das **Standardwerk** – zumindest was Mountainbiketouren angeht – ist das bereits erwähnte Buch **„Classic New Zealand Mountain Bike Rides"** von *Paul, Simon* und *Jonathan Kennett,* das zweiteilig für Nord- und Südinsel erhältlich ist. Es ist in fast allen Whitcoulls-Buchhandlungen sowie online unter www.kennett.co.nz erhältlich. Darüber hinaus hat *Jonathan Kennett* einen **Fahrradführer für den NZ Cycle Trail** geschrieben. Auch dieser ist lokal in Buchhandlungen oder von Europa aus über Amazon oder www.kennett.co.nz zu beziehen. Auf Deutsch gibt es für den Biketrekkingmarkt die beiden Bücher (für Nord- und Südinsel jeweils separat) „Radfahren in Neuseeland" vom Mana Verlag.

Kartenmaterial

Die **topografischen Karten,** die im Kapitel „Wandern" beschrieben sind, eignen sich auch hervorragend für die hier vorgestellten Touren. Wenn zu Bikeparks oder Touren spezielle Karten existieren, ist dies in den jeweiligen **Tourenbeschreibungen** erwähnt.

2 Wandern und Biken auf der Nordinsel

< Im Tongariro-Nationalpark

Auckland und Great Barrier Island

Die Region Greater Auckland erstreckt sich von der **Whangaparaoa-Halbinsel** im Norden bis zu den **Bombay Hills** im Süden. Die Stadt Auckland selbst liegt relativ in der Mitte. Der schmale Landstreifen ist sehr zerklüftet und rundum von Wasser umgeben, im Westen von der Tasman Sea, im Osten vom Hauraki Golf. **Wassersportarten** werden demzufolge in Auckland großgeschrieben. Vor allem Segler und Kajaker kommen hier in den Genuss, direkt aus der Großstadt heraus in herrliche Landschaften aufbrechen zu können. Aber auch **Wanderer** kommen in der Region auf ihre Kosten. Insgesamt 26 Regional Parks gibt es in Greater Auckland. Dabei handelt es sich um städtisch verwaltete Erholungsgebiete im Stadtzentrum und der Umgebung, in denen man im Grünen Sehenswürdigkeiten finden, spazieren, schwimmen, picknicken und zelten kann. Viele Parks in Auckland sind reine Beach Parks, das bedeutet, sie befinden sich unmittelbar am Strand bzw. in Strandnähe. Überhaupt verfügt die Großstadt Auckland mit Umgebung über so viele **Sandstrände** wie kaum eine andere Stadt der Welt.

Am **Hauraki-Golf** gelegen, bestimmt ein **mildes Klima** die Region in Greater Auckland. Die „Aucklander" behaupten gern von sich, niemals Jacken zu tragen, da die Temperaturen auch im Winter selten unter 10 °C fallen. Die Sommermonate gelten als regenarm, dennoch kann das Wetter sehr wechselhaft sein.

Im Hauraki-Golf liegen 47 Inseln, zu deren größten **Rangitoto, Waiheke** und **Great Barrier** gehören. Die meisten Besucher halten sich dennoch in der Innenstadt Aucklands auf, dabei liegen unmittelbar „vor der Tür" die herrlichsten Inseln mit jeweils unterschiedlichem Charakter und ein wenig Südseecharme. Sie sind leicht per Fähre erreichbar und unbedingt einen Ausflug wert.

Die Stadt Auckland

Auckland gilt als die angesagteste Stadt des Landes. Ihr **Beiname „City of Sails"** wurde ihr verliehen, weil auf jeden Bewohner mindestens zwei Segelboote kommen.

Auckland wurde auf mehreren **erloschenen Vulkanen** erbaut, der höchste ist der Mount Eden (196 m). Noch vor einigen Jahren gehörte die Stadt zu den flächenmäßig größten weltweit, da die Neuseeländer gern im eigenen Haus wohnen und die Stadt durch den Bau von Einfamilienhäusern enorm expandierte. Die City of Auckland erstreckt sich auf über 1000 km² Fläche.

[>] Die „City of Sails" – Aucklands Skyline vom Wasser aus

Empfehlenswert ist ein Besuch des **Auckland-Museums.** Es ist das wichtigste Museum des Landes für Maori-Kultur und gibt Touristen einen hervorragenden Einblick in deren Geschichte und die Besiedelung des Landes. Das Museum ist zu Fuß in 30 Minuten von der Innenstadt aus erreichbar und führt auf dem Weg durch einen der ältesten und größten Stadtparks Aucklands, die Auckland Domain.

Auckland Museum, Domain Drive, Parnell, Auckland 1052, www.aucklandmuseum.com.

Die Neuseeländer behaupten, dass in Auckland jeder „Kiwi-Trend" geboren wird, und wer was auf sich hält und am Puls der Zeit sein möchte, zieht hierher. Außerdem handelt es sich um die **Wirtschaftsstadt** des Landes und gleichzeitig mit einer Million Einwohner auch die **einwohnerstärkste.** Der Rest des Landes stempelt Auckland allerdings meist ab als „zu arrogant, zu abgehoben, zu wenig neuseeländische Seele".

Für die meisten Touristen ist Auckland zwar die Ankunftsstadt und Ausgangspunkt für die Neuseelandrundreise, dennoch ist die Stadt, verglichen mit dem Rest des Landes, **kein Outdoor-Eldorado.** Selbst zur Vorbereitung auf diverse Outdoortouren eignet sich Auckland nicht besonders. Es gibt zwar Buchläden und auch ein Geschäft für Karten, aber wen es in die Natur zieht, der sollte hier nur kurz verweilen, die Highlights der Stadt mitnehmen und dann weiterziehen.

Unser Tipp für Auckland und Umgebung

Wer die beeindruckende Skyline von Auckland bewundern möchte, sollte die **Fähre nach Devonport** nehmen. Mit dem Schiff verlässt man Aucklands Hafen und hat dabei die imposanten Wolkenkratzer der Innenstadt im Blick. Auf dem sogenannten **Northshore** der Stadt gelegen (hierzu gehört das komplette

020ns aa

Auckland und Great Barrier Island

4	Kaiaraara und South Fort Track	S. 61
5	Waitakere Ranges	S. 57

0
20 km
©Reise Know-How 2016
NZ_Outdoor_01
Aiguilles Island
Miners Head
Katherine Bay
4
Rakitu Island
Port Fitzroy
Okiwi
Kaikoura Is.
Whakatautuna Point
59
Broken Islands
627
Great Barrier Island
Whangaparapara
Claris
Cradock Channel
Okupu
Tryphena
Shag Point
Tryphena Harbour
Cape Barrier
Colville Channel
200
500
Channel Island
Cuvier Island
Cape Colville
Kaiiti Point
Coromandel Walkway
Port Jackson
Port Charles
892
raki
ulf
Waitoitoi
Mercury Islands
Great Mercury Island
Waikawau Bay
Waiaro
Red Mercury Island
Colville Bay
Colville
Atiu Island
Papa Aroha
Kennedy Bay
Whangapoua
Thumb Point
Opito
Matarangi
Ohinau Island
Coromandel
Kuaotunu
Stony Batter
Whanganui Island
Te Rerenga
Coromandel Harbour
Mercury Bay
Rotoroa Island
Whitianga
Mahurangi Island
Manaia
Hahei
Cooks Beach
Ponui Island
Kaimarama
Hot Water Beach
Kereta
Pakihi Island
Waikawau
Whenuakite
Kawakawa Bay
Coroglen
Hongiora Island
Ruamahuanui Island
Firth of Thames
Te Mata
Coromandel
819
Orere
Tapu
Tairua
Shoe Island
Middle Island
Matingarahi
Coromandel Range
Tairua Harbour
Ruamahuaiti Island
Waiomu
Peninsula
Pauanui
The Aldermen Islands
Te Puru
Thornton Bay
Hikuai
Ohui
Slipper Island
Ngarimu Bay
Puketui
Kaiaua
Opoutere
Tararu
Kauaeranga
Wharekawa Harbour
Thames
Hauraki Gulf Maritime Park
Hot Springs
Miranda
Totara
Wharekawa
Orongo
Kopu
Mangatangi
Pipiroa
Tairua R.
Whangamata
Waitakaruru
Matatoki
Whangamata Harbour
Turua
Puriri
Parakiwai
Maramarua
Ngatea
Horahia
Omahu
Wharepoa
Whiritoa
Mayor Island
Mangatarata
Hikutaia
Kerepehi
Komata North
Golden Cross
Okaeria
Netherton
Waerenga
Kaihere
Awaiti
Paeroa
Golden Valley
Kauwhata
Taniwha
Piako R.
Waikino
Lake Waikare
Patetonga
Mackaytown
Waihi
Waihi Beach
Matahuru
Karangahake Gorge
Tirohia
Athenree
Waiterimu
Waitoki
Waitawheta
Waimata
Pios Beach
Otway
Mangaiti
Katikati Entrance
Waiti
Ohinewai
Te Hoe
Tahuna
Elstow
Ongare Point

Stadtgebiet nördlich der Harbour Bridge), bietet Devonport einen klassischen Eindruck vom „Kiezleben“ Aucklands. Wegen seiner geografischen Lage mit sanften Vulkanhügeln und geschützten, tiefen Buchten war Devonport unter den Siedlern sehr beliebt, weshalb man dort heute noch zahlreiche alte **Holzvillen im viktorianischen Stil** vorfindet. Kunsthandwerkerläden, Cafés sowie kleine Geschäfte reihen sich im Ortskern aneinander. Ein paar der **Stadtstrände** sind von hier aus gut zu Fuß zu erreichen, und wer Zeit mitbringt, kann am Abend die **beleuchtete Skyline Aucklands** genießen. Die Fährfahrt dauert ca. 12 Minuten. Die Abfahrt sowie der Fahrkartenverkauf erfolgt im **Auckland Ferry & Terminal Building** (zu finden in 99 Quay Street, in der Verlängerung zur Einkaufsstraße Queen Street).

Praktische Tipps

Outdoorläden

■ **Bivouac,** 210 Queen Street, Auckland, Tel. +64 (0)9 3661966, www.bivouac.co.nz.

Information

■ **Auckland i-SITE Visitor Information Centre,** 137 Quay Street, Auckland, Tel. +64 (0)9 3659914, www.aucklandnz.com.

Übernachten

■ **Aspen House Hotel**①-②, 62 Emily Place, Auckland, Tel. +64 (0)9 3796633, www.aspenhouse.co.nz. Aspen House ist ein modernes, zentral gelegenes Bed-and-Breakfast-Hotel, nur wenige Gehminuten vom Ferry Building und der Einkaufsstraße Queen Street entfernt. Das kleine Hotel bietet günstige Einzel- sowie Doppelzimmer mit oder ohne eigenes Bad, inkl. Frühstücksbuffet.

Essen und Trinken

■ **Prego**①-②, 226 Ponsonby Road, Auckland, Tel. +64 (0)9 3763096, www.prego.co.nz. Während in der Ponsonby Road rund um das Prego immer wieder neue Restaurants aus dem Erdboden sprießen, hält das 1986 gegründete italienische Restaurant eisern seine Stellung. Das Interieur geht nur langsam mit der Zeit der dynamischen Ponsonby Road mit, aber die Karte bleibt der italienischen Küche weiterhin mit Erfolg treu.

Waitakere Ranges

Ca. 25 km vom Stadtzentrum Aucklands entfernt liegen die Waitakere Ranges. Die dicht mit neuseeländischem Busch bewachsene grüne **Bergkette** erhebt sich an der Westküste Aucklands auf bis zu 474 m. Vor der Besiedelung gab es hier einen großen **Kauriwald,** von dem leider heute nur noch wenige der gigantischen Bäume übrig sind. Dafür findet man zahlreiche andere einheimische Pflanzen, die beinahe alle unter **Naturschutz** stehen.

Die Waitakere Ranges gelten als **Naherholungsgebiet** für die Bewohner Aucklands. Besonders beliebt ist die Gegend wegen ihrer **vulkanisch-schwarzen Sandstrände** und weitläufigen **Wanderwege:** Das Wanderwegnetz erstreckt sich über 250 km.

Weg in den Waitakere Ranges

www.fotolia.de © Patrik Stedrak

2010 eröffnete der Park den renommierten **Hillary Trail.** Sir *Edmund Hillary* trainierte hier oft vor seiner Haustür und wünschte sich jahrelang einen Weg wie den heutigen. Der Trail ist 70 km lang, dauert etwa drei bis vier Tage und verbindet bestehende Wanderwege sowie alte **Maori-Wege** zu einer sehr anspruchsvollen Wanderung an Aucklands Westküste. Karte und Broschüre zum Trail stehen auf der Website des **Auckland Regional Councils** unter dem Stichwort „Arataki Vistor Centre" als Download zur Verfügung.

Neben Spaziergängern und Wanderern sind in dieser Gegend auch zahlreiche **Surfer** zu finden. Doch es ist Vorsicht geboten, denn in der Küstenregion gibt es viele **Unterwasserströmungen,** und sie ist daher z.B. zum Baden nur begrenzt geeignet. Stellenweise besteht sogar Lebensgefahr.

Information

- **Arataki Visitor Centre,** 300 Scenic Drive, Titirangi, Auckland, Tel. +64 (0)9 3662000, www.regionalparks.aucklandcouncil.govt.nz/aratakivisitorcentre.

Wandern in den Waitakere Ranges

Die Waitakere Ranges bieten zahlreiche Wandermöglichkeiten, von kurzen Spaziergängen bis hin zu Tagestouren. Dichter Regenwald und die Nähe zum Meer machen das Gebiet zu einem schönen **Küstenwanderareal,** das vor allem nach der Ankunft in Neuseeland eine gute Möglichkeit bietet, sich *out of doors* zu akklimatisieren. In den Sommermonaten empfiehlt sich eine Pause am **Strand,** dazu ist natürlich Badekleidung erforderlich. Achtung: Man sollte unbedingt die Strandregeln befolgen und nur in ausgewiesenen Bereichen ins Wasser gehen, da es an diesen Strandabschnitten **starke Strömungen** geben kann, die das Schwimmen im Meer lebensgefährlich machen.

Dauer und Schwierigkeitsgrad

Wie bereits erwähnt, lässt das Wandergebiet viele Varianten zu. Auf Wunsch des Visitor Centres haben wir keine bestimmte Tour ausgewählt, die mit Streckenverlauf beschrieben wird. Das DOC ist in letzter Zeit im Gebiet vermehrt auf Touristen gestoßen, die sich auf ihrer Wanderung überschätzt hatten, daher gilt das **Visitor Centre** nach Ankunft in den Waitakere Ranges als erste Anlaufstelle, an der man sich je nach Wetter und körperlicher Fitness einen Track empfehlen lassen kann. Ganz einfach ist das Wandergebiet nicht, da die meisten Wege in sehr steilem Gelände liegen. Nach heftigen Regenfällen kommt es zudem häufig zu **Rutschgefahr** und **Erdrutschen,** sodass manche Wege zeitweise nicht begehbar sind.

Anreise

Von Aucklands Innenstadt kommend, fährt man den **SH 16 (North Western Motorway)** in Richtung Westen. Planen Sie eine halbe Stunde Anfahrtszeit ein. An der zweiten Ausfahrt von der Great North Road abfahren und dem **Schild „Titirangi"** folgen. Man fährt durch den Ortskern von Titirangi hindurch und folgt dem Scenic-Drive-Schild. Nach ca. 5 km auf dem Scenic Drive erreicht man das Arataki Visitor Centre.

Start- und Endpunkt

Ausgangspunkt für alle Touren ist das **Arataki Visitor Centre** (s.o.).

Übernachtung

■ Wer nicht in die Innenstadt zurückfahren will, kann in den Waitakere Ranges **zelten** oder in einer der **Park-Hütten** übernachten. Infos zu den Campingplätzen und Hütten erteilt das Visitor Centre. Es gibt 18 Campingplätze, von denen jedoch nur manche für Wohnmobile zugänglich sind. Preis ①.

■ **Puriri Tree Cottage**②, ländlich gelegen,10 Minuten bis Titirangi Village, 15 Minuten bis Pahia. Das 1867 erbaute Zwei-Zimmer-Cottage wurde 2014 renoviert und liebevoll in einfachem Standard eingerichtet. Buchbar online unter www.holidayhouses.co.nz/properties/11877.asp.

Essen und Trinken

■ **Takahe Bar & Restaurant**①, 421 Titirangi Road, Titirangi, Waitakere City, Auckland, Tel. +64 (0)9 8175057, www.takeherestaurant.co.nz. Wer nach seiner Tagestour in Titirangi einkehren will, kann dies im typisch neuseeländischen Restaurant Takahe. Das Restaurant liegt sehr schön in einem Garten, umgeben von einheimischer Busch-Vegetation. Das Essen ist klassisch neuseeländisch geprägt, mit Tagessuppe und *fish of the day* aus der Region.

Kartenmaterial und Literatur

■ Kartenmaterial sowie Wanderbeschreibungen sind im **Arataki Visitor Centre** erhältlich. Es gibt sogar einen eigenen kleinen Wanderführer **„Walking the Waitakere Ranges"**, für all diejenigen, die detailliertere Infos wünschen oder sich eventuell mehrere Wanderungen im Gebiet vornehmen wollen.

[>] Den Strand von Piha erreicht man nur über die Waitakere Ranges

Great Barrier Island

Great Barrier Island, von Einheimischen kurz und knapp „GBI" genannt, ist die **größte Insel im Hauraki-Golf** und liegt 88 km von Auckland entfernt. Die Insel besticht durch ihre **üppige Natur** und das **Wildnisflair,** das aufgrund der abgeschiedenen Lage hier vorherrscht. Obwohl Great Barrier sich in der Nähe einer pulsierenden Weltstadt befindet, gibt es **keinen großen Supermarkt,** sondern nur kleine Lebensmittelläden, **keine Bank** und **kein Abwassersystem.** Strom gewinnen die ca. 940 Inselbewohner durch hauseigene Generatoren oder Solarenergie, daher existieren hier auch keine Straßenlaternen. Die meisten Unterkünfte liegen im Busch, deshalb wird Besuchern geraten, eine Taschenlampe mitzubringen. Auch auf die begrenzten Einkaufsmöglichkeiten sollte man sich einstellen: Generell gibt es zwar alles, aber eben nicht an einer zentralen Stelle. Damit man nicht die ganze Insel abfahren muss, wenn man etwas sucht, sind auf der Website von Great Barrier alle Geschäfte aufgeführt.

Es existiert **kein öffentlicher Nahverkehr** auf Great Barrier Island. Zwar gibt es **Shuttlebusse** vom Flughafen in Claris und Busverbindungen vom Hafen aus, aber diese fahren immer nur nach Ankunft des Fernverkehrs. Eine Reservierung für die Shuttlebusse ist daher empfehlenswert. Alternativ mietet man sich entweder ein Auto oder man trampt, wobei auch das bei dem eher begrenzten Verkehr schwierig werden kann.

Die **Ostküste** der Insel ist durch ein raues Klima geprägt und dadurch hervorragend für **Surfer** geeignet. Die **Westküste** hingegen ist geschützt und ruhig und lässt einen Strandtag zu einem besonderen Erlebnis werden, da die Strände fast **unberührt** und **abgelegen** sind. Das Besondere der Insel ist, dass es hier, anders als im restlichen Teil Neuseelands, keine Opossums oder andere schädliche Tiere gibt, sodass sich Flora

www.fotolia.de © Friedberg

und Fauna dadurch sehr geschützt entfalten können. Außerdem gibt es auf Great Barrier Island einen sehr großen **Kiwivogel- und Kauribestand.** Insgesamt 60 Prozent der Insel werden vom DOC verwaltet.

Great Barrier eignet sich insbesondere zum **Seakayaking** und **Wandern.** Die Insel mit ihrem 100 km langen Wanderwegenetz wird oft als „New Zealand's best kept secret" („Neuseelands bestgehütetes Geheimnis") bezeichnet, und da ist etwas Wahres dran: Man findet hier eine **einzigartige Landschaft** mit dichtem Busch, atemberaubender Aussicht, herrlichen Sandstränden, ungewöhnlichem Vogelgezwitscher und tiefen Schluchten vor.

Information

- **Fremdenverkehrsbüro:** Great Barrier Island Information Centre, 67 Hector Sanderson Road, Tel. +64 (0)9 4290767, www.greatbarrierisland.co.nz.
- **DOC-Büro:** Das Great Barrier Büro wurde vor wenigen Jahren aufgegeben. Wer das DOC kontaktieren möchte, wendet sich bitte an das Büro in Auckland (siehe Abschnitt „Auckland").
- **Tourism Auckland** betreibt eine GBI-Website mit vielen nützlichen Infos rund um die Insel: www.aucklandnz.com/discover/great-barrier-island.

Kaiaraara und South Fork Track (Tageswanderung)

Die im Folgenden beschriebene Rundwanderung kombiniert zwei Tracks, die auch jeweils einzeln als Hin- und Rückweg gelaufen werden können, dafür aber ungefähr die gleiche Zeit in Anspruch nehmen. Der Kaiaraara und der South Fork Track haben verschiedene Höhepunkte zu bieten: Man passiert die historischen **Kauridämme** der Insel, die in den 1920er Jahren zum Abtransport der durch Rodung der einheimischen Kauribäume gewonnenen Baumstämme im steilen Gelände erbaut wurden, besteigt **Mount Hobson** (auf Maori „Hirakimata" genannt), den mit 621 m höchsten Berg der Insel, und überquert auf dem Rückweg eine typisch neuseeländische **Swing Bridge.**

Dauer und Schwierigkeitsgrad

Der Rundweg dauert ca. 7 Stunden. Von der Kaiaraara-Hütte bis zum Mount Hobson sind es 5,5 km, von Mount Hobson über den South Fork Track zurück 7 km. Die Route ist teilweise **extrem steil** und **bei Regen sehr rutschig bis tief schlammig,** daher werden beide Wege als „medium" eingestuft. Es geht zwar nur bis auf ca. 620 m hoch, aber das eben oft sehr steil und durch unwegsames Gelände, ein gewisser Grad an **Fitness** sollte daher gegeben sein.

Wetter

Great Barrier ist nur deshalb so grün, weil es dort vor allem im neuseeländischen Winter sehr viel **regnet.** Der Norden der Insel ist verregneter als der Süden. Im Sommer steigen die **Temperaturen** bis auf 30 °C. Im Winter bleibt es mild bei mindestens 10 °C. Generell sind die Monate November bis April sehr geeignet für einen Besuch. Im Dezember und Januar wird die Insel stark **von Einheimischen als Ferienziel frequentiert.** Da Great Barrier nicht groß ist, sind in dieser Zeit die meisten Unterkünfte, Zeltplätze und Wanderhütten überlaufen. In den übrigen Monaten ist es hier aber angenehm. Beste Reisezeit für Wanderungen sind **März** und **April.** Im Frühjahr regnet es sehr viel und im Winter verwandeln sich die Wanderwege in reinste Schlammpfade, die dann teilweise kaum mehr begehbar sind.

Anreise

Man erreicht Great Barrier entweder per **Fähre** oder per **Flugzeug.** Die zweistündige Fährfahrt ist lohnenswert, da man zum einen bei der Abreise einen herrlichen **Blick auf Auckland** hat und zum anderen das Gefühl bekommt, man würde in die Südsee aufbrechen. Hier ist man nicht nur „am Ende der Welt", sondern fühlt sich auch so.

Der Fähranbieter **Sea Link** bietet die regelmäßigsten Verbindungen nach GBI an. Im Sommer führt die Gesellschaft sechs Fahrten pro Woche durch, im

Winter allerdings nur drei. Eine Vorbuchung wird empfohlen. Die Fähre fährt vom Wynyard Wharf, Auckland Central Terminal, ab und steuert sowohl Tryphena als auch Port Fitzroy an. Der Preis für Hin- und Rückfahrt beträgt ca. 95 NZD pro Person.

- **www.sealink.co.nz**

Die Fluggesellschaft **Great Barrier Airlines** fliegt die Insel regelmäßig an. In der Regel werden pro Tag zwei Flüge in beide Richtungen angeboten. Ein Hin- und Rückflug von Auckland nach Claris kostet ca. 230 NZD für Frühbucher und 290 NZD für ein Standardticket. Die Mitnahme von Fahrrädern und Surfbrettern kostet extra. Die Flüge sind online buchbar.

- **www.greatbarrierairlines.co.nz**

Start- und Endpunkt

Der Track startet an der Forest Road unweit der Kaiaraara-Hütte. Die Wanderwege auf Great Barrier Island sind nummeriert. Der Kaiaraara Track hat die Nummer 9. Der South Fork Track mit der Nummer 11 führt ebenfalls zur Kaiaraara-Hütte, sodass der Rundweg schließlich wieder am Ausgangspunkt endet.

Streckenverlauf

Der Weg führt den östlichen Flussarm des Kaiaraara Streams entlang und steigt bis zur Kreuzung Kaiaraara Track/Coopers Castle Track zunächst stetig an. Von dort folgt man dem Weg stromaufwärts und erreicht nach etwa 1½ Stunden die **Kauridämme.** Von hier geht es steil bergauf zum obersten Kauridamm und in noch steilerem Gelände weiter über eine Treppe hinauf zum **Mount Hobson.** Die Treppe wurde zum Schutz der hier nistenden geschützten **Black-Petrel-Vögel** gebaut. Vom Gipfel aus kann man bei schönem Wetter den **Hauraki-Golf** überblicken. Vom Mount Hobson geht es bergab auf den Track 11, den South Fork Track. Dieser führt um den Mount Heale über einen Grat hinunter zur **Swing Bridge.** Im unteren Teil des Weges passiert man wieder Überbleibsel der Kauridämme und trifft danach auf die Forest Road. Von hier aus ist es nur noch 1 km in Richtung Norden, bis man schließlich die Kaiaraara-Hütte erreicht.

Übernachtung

Für den vorgestellten Track lohnt es sich, in der **Kaiaraara Hut** zu übernachten, da der folgende Tag sehr anstrengend wird und man sich so eineinhalb Stunden Laufzeit von Port Fitzroy erspart. Die Hüttenübernachtung kann im DOC Visitor Centre gebucht und bezahlt werden. Die Übernachtung kostet ca. 10 NZD pro Person. Es stehen 28 Betten zur Verfügung.

Zelten darf man auf Great Barrier Island nur auf den ausgewiesenen Campingplätzen, die sich alle an der Küste befinden. Durch diese Maßnahme sollen Flora und Fauna im Inland geschützt werden. Es gibt insgesamt sechs **DOC-Campingplätze.** Informationen hierzu erteilt das DOC Visitor Centre in Port Fitzroy. Beachten sollte man unbedingt, dass auf den Campingplätzen **kein Alkohol** konsumiert werden darf. Diese strenge DOC-Politik ist auf das **Umweltschutzprogramm** von Great Barrier Island zurückzuführen und sollte auf jeden Fall respektiert werden.

Wer **mehrere Tage** auf der Insel verweilen möchte und nicht nur wandern will, sollte dem Medlands Beach Backpacker an der Westküste, südlich von Claris, einen Besuch abstatten. Es bietet klassische Hostelunterkünfte, aber auch kleine Ferienhäuser, „Villas" genannt, zum Übernachten an. Die Lage des Backpackers ist herrlich, man kann von hier aus die Oruawharo Bay überblicken.

■ **Medlands Beach Backpacker**①, 9 Mason Road, Medlands Beach, Great Barrier Island, New Zealand, Tel. +64 (0)9 4290320, www.staymedlands.com.

Essen und Trinken

Auf der Wanderroute liegen **keine Cafés und Restaurants.** Wie bereits erwähnt, gibt es zwar **Lebensmittellädchen,** aufgrund der Insellage ist aber alles um ein Vielfaches **teurer** als auf dem Festland. Es lohnt sich daher, einige Sachen vom Festland mitzubringen und nur die frischen Lebensmittel vor Ort zu kaufen.

Wer länger auf der Insel bleibt und ein Restaurant sucht, sollte nach **Tryphena** fahren, denn dort gibt es die meisten Cafés und Bars. Wen in **Port Fitzroy** nach der Ankunft oder vor der Abreise der Hunger packt, der kann dort den einzigen Pub im Ortskern besuchen: die Boat Club Tavern. Im und um den Pub findet jedes Jahr im Januar das berühmte „Great Fitzroy Mussels Fest" (das „Große Fitzroy Muschelfest") statt. Die Bar hat unregelmäßige Öffnungszeiten, daher sollte man vorher kurz vorbeigehen oder anrufen.

■ **Boat Club Tavern,** Aotea Road (neben dem Port Fitzroy Store), Tel. +64 (0)9 4290072.

Anbieter

■ **Glenfern Sanctuary,** Tel. +64 (0)9 4290091, www.glenfern.org.nz. Glenfern Sancuary bietet geführte Wanderungen durch ein faszinierendes Naturschutzgebiet der Insel. Preis ab sechs Personen: 40 NZD p.P.

Kartenmaterial und Literatur

■ Für Great Barrier eignet sich die Karte **„Great Barrier Island Map 336-02"** der DOC-Reihe „Info-Map" (Maßstab 1:50.000) mit zahlreichen nützlichen Inselinformationen auf der Rückseite.

■ Als Topokarte empfiehlt sich die LINZ-Karte **„AY 34 Claris"** der „Topo50 Map Series" im Maßstab 1:50.000.

■ Das Buch **„Great Barrier Island"** von *Don Armitage* ist ein umfassender Geschichts- und Naturführer über die Insel, der einem jede Menge Hintergrundwissen vermittelt. Der Autor, ein ehemaliger Fischer, wohnt auf Great Barrier Island und ist passionierter Naturschützer.

021ns pa

[>] Toller Ausblick auf Great Barrier Island

Northland

Das Northland ist eine der **Hauptferienregionen** in Neuseeland, sowohl für Einheimische als auch für Touristen aus Übersee. Aufgrund des subtropischen Klimas ist es hier **fast das ganze Jahr über mild.** Selbst im Winter sinken die Temperaturen kaum unter 12 °C. Die Sommer sind dafür heiß und feucht. Vom subtropischen Klima geprägt, gleicht die Vegetation einem **Dschungel.** Die malerischen **Strände** an beiden Küsten lassen schnell verstehen, warum es hier jedes Jahr zahlreiche Touristen aus dem In- und Ausland hinzieht.

Das Northland gilt als **Geburtsstätte der neuseeländischen Nation** – und das im doppelten Sinne. Die Mythologie der Maori besagt, dass ihr Ahn **Kupe** an dieser Stelle auf der Nordinsel landete und Neuseeland den Namen Aotearoa verlieh. Dies führte dazu, dass sich bis heute die meisten **Maori-Stämme** im Northland niederließen. Hinzu kommt, dass die **ersten europäischen Siedler** im Northland heimisch wurden. Die Westküste verfügt daher über **historische Stätten** wie das älteste Haus Neuseelands, das einzige Steinhaus des Landes sowie das National Museum, das an dem Ort errichtet wurde, wo der berühmte Vertrag von Waitangi zwischen den Briten und den Maori-Häuptlingen abgeschlossen wurde. Auch **Friedensreich Hundertwasser** ließ sich hier nieder und hinterließ in mehreren kleinen Orten seine Spuren: Besuchenswert sind die öffentlichen Toiletten des Ortes Kerikeri in der Bay of Islands, die *Hundertwasser* vor Ort gestaltete.

Für Outdoorer ist das Northland ein **Seekajak-Paradies.** Geschützte Buchten mit zahlreichen Inseln bieten alles, was das Seekajakfahren lohnenswert macht. Auch für **Tageswanderungen** eignet sich die Region sehr gut. Hier kann man zwischen Kauri- und Küstenwanderungen sowie Regenwaldtouren wählen. Weitere Informationen zu Wandertouren im Northland findet man auf www.northlandnz.com/visit/visitor-information/walking-cycling/.

Die Stadt Paihia

Paihia ist zwar nicht die größte Stadt im Northland, aber das **Zentrum der Region.** Die Infrastruktur bietet alles, was das Outdoorherz begehrt. Paihia ist der Hauptort der **Bay of Islands,** ein Touristenstädtchen mit Flair. Alles ist klein und übersichtlich, direkt am Wasser gelegen und umgeben von verschiedenen historischen Stätten, die neben dem Wandern und Kayaking unbedingt einen Ausflug wert sind. Vor allem ein Besuch des malerisch gelegenen **Waitangi National Reserve,** dem Ort, an dem der Waitangi-Vertrag unterzeichnet wurde, sollte man sich nicht entgehen lassen, da man hier einen hervorragenden Einblick in die Besiedlungsgeschichte des Landes erhält.

Unser Tipp für Paihia und Umgebung

Der Ort Paihia ist ein Sprungbrett in die Vergangenheit Neuseelands. Um sich zur Abwechslung etwas **Geschichte** zu Gemüte zu führen, sollte man von Paihia die Fähre nach **Russell** nehmen. Die 15-minütige Bootsfahrt vermittelt einen ersten Eindruck von der Inselvielfalt der Bucht und führt in einen kleinen Ort, der zu Zeiten der Besiedelung die **erste Hauptstadt** Neuseelands war. Damals wurde Russell das „Höllenloch des Pazifik" genannt, heute ist es ein **malerisches Seestädtchen.** Neben vielen historischen Häusern findet man hier die **erste Kirche des Landes** vor. Die Fähren legen vom Maritime Building (Pahia Wharf) in der Marsden Road ab.

Praktische Tipps

Outdoorläden

In Paihia selbst gibt es keine Outdoorgeschäfte. Die nächsten Fachgeschäfte findet man in Kerikeri.

- **Sportsworld,** 80 Kerikeri Road, Kerikeri, Tel. +64 (0)9 4078447.
- **The Outdoor Shop,** 2 Cobham Road, Kerikeri, Tel. +64 (0)9 4077641.

Information

- **Destination Northland,** Northland Inc., 93 Cameron Street, Whangarei, Tel. +64 (0)9 4385110, www.northlandnz.com.

Übernachten

- **Bay Adventurer**①-②, 28 Kings Road, Paihia, Tel. +64 (0)9 405162, www.bayadventurer.co.nz. Bay Adventurer ist ein Backpacker der gehobeneren Klasse. Es verfügt nicht nur über Mehrbettzimmer,

Neuseelands älteste Kirche: das Gotteshaus in Russell wurde im Jahr 1836 erbaut

023ns aa

Northland

Cape Reinga
Hooper Point
Tom Bowling B.
North Cape
Spirits Bay
Kapowairua
Cape Maria Van Diemen
311
Waitiki Landing
Te Hapua
Ohau Point
Te Paki
Parengarenga Harbour
Scott Point
Paua
Karatia
Cape Reinga Walkway
Great Exhibition Bay
Motupao Island
Tangoake
Ninety Mile Beach
Lake Wahakari
Te Kao
The Bluff
Henderson Point
Ngataki
Ninety Mile Beach
Grenville Point
Waihopo
Te Raupo
Moturoa Islands
Cape Karikari
Maitai Bay
Rangaunu Bay
Pukenui
Houhora Heads
Karikari Peninsula
Rangiputa
Hukatere
Motutangi
Tokerau Beach
Doubtless Bay
Berghan
Lake Waiparera
Kaimaumau
Waiharara
L. Ohia
Cable Bay
Rangaunu Harbour
Lake Ohia
Paparore
Taipa
Oruaiti
Waipapakauri
Waimanoni
Coopers Beach
Mangonui
Waipapakauri Beach
Kaingaroa
Sweetwater
Awanui
Oruru
Awanui R.
Oturu
Kaiaka
Peria
Otangar
Ahipara Bay
Kaitaia
Fairburn
Pukepoto
Pamapuria
Victoria Valley
Fern Flat
Diggers Valley
Mangataiore
Tauroa Point
Ahipara
751
Mangamu
Waiotehue
Takahue
Manukau
Mangamuka Gorge
Mangam Bridge
Herekino
Broadwood
Puhata
Awaroa
Umawera
Herekino Harbour
Paponga
Te Karae
Rang
Owhata
Runaruna
Kohukohu
Whangape
Rotokakahi
Maraeroa
Pawarenga
Horeke
Whangape Harbour
Panguru
Motuti
Rawene
Te Karaka
Omanaia
200
Mitimiti
Whirinaki
Rangi Point
Sand tobogganing
Pakanae
Waima
North Head
Opononi
71
Hokianga Harbour
Omapere
Wekaweka
Waiotemarama
Waimamaku
Kawerua
Giant Kauri Trees Tane Mahuta
Tutamoe
Waipoua Forest
Waipoua Coast Walkway
Aranga
Kai Iwi Lakes
500
Mamaranui
Omamari

0 20 km
©Reise Know-How 2016
NZ_Outdoor_03
1 Bay of Islands (SK) S.244
2 Twin Coast Radweg S.68
3 Wairere Boulder Valley Reserve S.71
Stephenson Island
Whangaroa Harbour
Flat Island
Nukutaunga Island
Cavalli Islands
Whangaroa
Wainui
"Rainbow Warrior" wreck
Motukawaiti Island
Matangirau
Matauri Bay
Takou Bay
Waitaruke
Otoroa
Kaeo
Omaunu
Bay of Islands Maritime and Historic Park
Te Tii
Waiare
Cape Wiwiki
Cape Brett
Piercy Island
Hole in the Rock
Bay of Islands
Te Wi Bay
Waipapa
Kerikeri
The Treaty
Waitangi
Rawhiti
Russell
Parekura Bay
Puketi
Waihou Valley
Waimate North
Puketona
Taupiri Bay
Okaihau
Paihia
Okiato
Ngaiotonga
Ohaeawai
Opua
Waihaha
Home Point
Whangaruru North
Utakura
L. Omapere
Taumarere
Karetu
Kaikohe
Pakaraka
Moerewa
Punaruku
Ngawha
Kawakawa
Whangaruru Harbour
Otiria
Ngaiotonga Russell Forest
Ngawha Springs
Waiomio
Oakura
Rimariki Island
Te Iringa
Ruapekapeka
Helena Bay
Ngapuhi
Pokapu
Maromaku
Tautoro
Opahi
Taikirau
Tapuhi
Puhipuhi
Akerama
Whananaki
Scuba Diving
Mataraua
Punakitere Valley
Matawaia
Towai
Hukerenui
Opuawhanga
Poor Knights Islands
Awarua
Otonga
Sandy Bay
Kaikou
Riponui
Waiotu
Marua
Woolleys Bay
The Pinnacles
Waro
Waipaipai
Matapouri
Northland
Hikurangi
Sugarloaf Rock
Waimatenui
Tanekaha
Nukutawhiti
Pipiwai
Aponga
Purua
Kiripaka
Tutukaka
Matarau
Kauri
Ngunguru
Ruatangata
Ngunguru Bay
Opouteke
Glenbervie
Horahora
Parakao
Gumtown
Kamo
Kara
Whangarei
Pakotai
Titoki
Poroti
Maunu
Patava
Owhiwa
Taiharuru Head
Kaihu
Mt. Tutamoe
Houto
Maungatapere
Onerahi
Taiharuru
774
Tamaterau
Waihue
Whatitiri
Otaika
Portland
McLeod Bay
Avoca
Kirikopuni
Oakleigh
One Tree Point
Taurikura
Tangowahine
Tangiteroria
Maungakaramea
Mata
Ocean Beach
Maitahi
Pukehuia
Tauraroa
Mangapai
Marsden Point
Bream Head
Parore
Awakino Point
Omana
Waipu Caves
Ruakaka
Marotere Islands
Pikiwahine
Whangarei Harbour
Kangakahia R.
Wairua R.
Waipu

sondern auch über Apartments. Darüber hinaus gibt es einen Swimmingpool auf dem Gelände. Kajaks und Fahrräder können kostenlos geliehen werden, doch unserer Erfahrung nach bedarf es bei solchen Angeboten einer genauen Prüfung des Zustands der Sportgeräte.

■ **Copthorne Hotel and Resort Bay of Islands** ②-③, Tau Henare Drive, Paihia, Tel. +64 (0)9 402 7411, www.millenniumhotels.com. Dieses Hotel der gehobeneren Klasse liegt malerisch am Wasser, direkt nebem dem Waitangi Museum. Die Unterkunft trägt insgesamt vier Qualmark-Sterne.

Essen und Trinken

■ **35° South**①-②, 69 Marsden Road, Paihia, Tel. +64 (0)9 4026220, www.35south.co.nz. Das Paihia Aquarium Café & Bar bietet abwechslungsreiche Ein- und Ausblicke in eine typische Bay-of-Island-Szenerie. Direkt am Wasser gelegen, hat man vom Restaurant aus zur einen Seite einen tollen Blick auf die historischen Waintangi Grounds, auf der anderen Seite kann man in ein 60.000-Liter-Aquarium schauen und die einheimische Unterwasserwelt aus der Nähe betrachten.

Bay of Islands

Die „Bucht der Inseln" bildet eine Art **natürlichen Hafen:** Zahlreiche Inseln liegen geschützt in einer ca. 16 km langen Bucht. Die vorgelagerten Inseln entstanden geologisch betrachtet durch eine Überflutung der früheren Küstenregion, die auf eine Absenkung der Erdplatten zurückzuführen ist.

Die **ersten europäischen Einwanderer** ließen sich nach der Entdeckung Neuseelands durch *James Cook* im Northland nieder. Zahlreiche Walfänger und Missionare folgten, und die Bay of Islands wurde das Zentrum für europäische Siedler.

Information

■ **Russell Visitor Centre,** The Strand, Russell, Tel. +64 (0)9 4038020, www.russellinfo.co.nz.

Twin Coast Radweg (zweitägige Radwanderung)

Hier, im hohen Norden Neuseelands, wurde mit dem Vertrag von Waitangi Geschichte geschrieben. Wer den Twin-Coast-Weg **von Hokianga Harbour zur Bay of Islands** wählt, radelt auf geschichtsträchtigem Siedlergebiet durch **herrliche Küstenlandschaft** und eine der wärmsten Regionen des ganzen Landes. Der Radweg bietet unterwegs ein paar **kulturelle Highlights.** So passiert man in Kawakawa die berühmten „Hundertwasser-Toiletten", die der österreichische Künstler *Friedensreich Hundertwasser* in seiner damaligen Wahlheimat als öffentliches WC in seinem typisch geschwungenen Design, mit bunten Keramikfliesen verziert, erbaute. Darüber hinaus begleiten die Radler auf dem Weg mehrere handgeschnitzte *pou,* klassische *land posts,* Pfähle der lokalen Maori-Stämme (auch „iwi" genannt), die an die Geschichte der vor Ort ansässigen Iwi erinnern.

Der „Far North" genießt ein subtropisches Klima, weshalb man die Radtour zu jeder Jahreszeit durchführen kann. Die Region bietet bis zu 2000 Sonnenstunden pro Jahr und dabei moderate Temperaturen zwischen durchschnittlich 14 bis 24 °C, jedoch mit hoher Luftfeuchtigkeit.

■ Weitere **Informationen** über den Twin Coast Cycle Trail erhält man im Internet unter www.nzcycletrail.com/trails/twin-coast-trail.

096ns sk

Dauer und Schwierigkeitsgrad

Der **84 km** lange, auf **zwei Tage** angelegte Weg führt sowohl über asphaltierte Straßen als auch durchs Gelände und ist in der Regel flach und breit mit gut befahrbarer Oberfläche angelegt. Nur zeitweise müssen sanfte Anstiege bewältigt werden. Die „Off-Road"-Strecke wurde auf einer alten, ebenen Eisenbahnstrecke gebaut, sodass Fahrradfahrer aller Altersklassen den Weg bewältigen können.

Anreise

Der Twin Coast Trail liegt ca. eine Autostunde von der Stadt **Whangarei** entfernt. Wer von Süden auf dem SH 1 kommt, biegt vor der Ortschaft **Rangiahua** nach links auf die Rangiahua Road ab und fährt weiter bis Horeke. Wer etwas Zeit mitbringt, kann sich vor der Fahrradtour noch die Wairere Boulders auf einer Halbtageswanderung anschauen (siehe weiter unten). Dafür fährt man hinter Horeke noch gut 2,5 km weiter, biegt dann links in Richtung Taheke und nach knapp 3 km wieder links auf die McDonnell Road ab. Nach 1 km erreicht man das Wairere Boulders Reservat.

Start- und Endpunkt

Die Strecke war zum Zeitpunkt unseres Besuchs noch nicht ganz fertig. Dennoch waren wir so angetan von diesem Radweg, dass wir ihn mit in den Reiseführer aufnehmen wollten. Er wird zum Zeitpunkt der Veröffentlichung fertiggestellt sein. Die genaue Routenbeschreibung sollte man sicherheitshalber trotzdem vor Ort abklären, um auf dem aktuellsten Stand zu sein. Der Weg beginnt in **Horere** im Hokianga Harbour und endet in **Opua** am Ortsparkplatz, in der

⌃ Blick über die malerischen West-Coast-Buchten des Hokianga Harbour

Nähe von Pahia. Wer einen Shuttle Service zum Start- oder Endpunkt wünscht oder ein Fahrrad leihen möchte, kontaktiert am besten *Ray Clarke* von Top Trail.

■ **Top Trail,** Tel. +64 (0)2 74535176, www.toptrail.co.nz.

Streckenverlauf

Die Wegstrecke ist sehr gut ausgeschildert und sehr abwechslungsreich, mit herrlichen Ausblicken über die typisch seichten Northland-Hügel bis zu wunderbaren Küstenlandschaften am Ende des Trails. Der Radweg ist vor allem auch durch seine Kulturlandschaft geprägt. Weinlese-Wege, Maori-Geschichte und Hundertwasser-Architektur bieten Radfahrern viel mehr als nur 100% grünes Neuseeland.

Unterkunft

■ **The Tree House**①, 168 West Coast Road, Kohukohu, Hokianga, Tel. +64 (0)9 4055855, www.treehouse.co.nz. Man sollte so anreisen, dass man am frühen Abend im Hokianga Harbour ankommt. So kann man morgens die Wairere Boulders und nachmittags den Waipoua Forest besuchen sowie von dort aus eine weitere Nacht bleiben, um dann zur Radtour aufzubrechen. Für diese Planung empfehlen wir das Tree House, das auf der anderen Hafenbeckenseite in Kohukohu liegt. Am Morgen kann man hier mit der Fähre auf die Boulderseite übersetzen. Das Backpackers liegt sehr schön und bietet neben Mehrbettzimmern auch kleine, gemütliche Holzhütten *(cabins)*, die alle vom Eigentümer selbst gebaut wurden.

■ **New Haven Motel**①, 36 Raihara Street, Kaikohe, Tel. +64 (09) 4011759, www.newhavenmotel.co.nz. Kaikohe bietet sich für eine Übernachtung an, es gibt jedoch nur wenige Unterkünfte. Das New Haven Motel ist einfach und sauber und in traditionellem Kiwi-Motel-Style eingerichtet.

Essen und Trinken

■ **The Bank Bar**①-②, 124–126 Bradwy, Kaikohe, Tel. +64 (0)9 4052464. Kaikohe bietet keine wirklich guten Restaurants. Der einzige Abend-Pub mit warmem Essen ist die Bank Bar. Alternativ findet man vor Ort aber verschiedene Imbisse, von Pizza über indisches Essen bis zum Hamburger ist alles vorhanden.

Kartenmaterial und Literatur

■ Ausführliche Infos findet man auf der Website des **NZ Cycle Trails:** www.nzcycletrail.com/trails/twin-coast-trail.

Hokianga Kai Iwi Coastal Track

Wer längere Zeit in der Region bleiben will, kann auch den Hokianga Kai Iwi Coastal Track laufen, der mehrere Wanderwege zu einem 50 km langen **Wegenetz** miteinander verbindet. Man erreicht den **Küstenwanderweg** über den SH 12, ca. 35 km nördlich von Dargarville, indem man in die Omamari Road abbiegt, die ca. 10 km später auf die Kai Iwi Lakes Road stößt. Weitere Informationen findet man im Internet unter www.kauricoast.co.nz/walking_tracks.

Kajaktour in der Bay of Islands siehe Kapitel „Special: Kanu und Kajak".

▷ Zapfen und Blätter des Kauribaums

Hokianga Harbour/ West Coast

Die Westküste des Northlands zeichnet sich durch eine Vielzahl natürlicher Hafenbecken, lang gezogene Sandstrände und beeindruckende Kauriwälder aus.

Eines dieser Hafenbecken ist Hokianga Harbour. Es liegt nur ca. 60 km von der Bay of Islands entfernt. Besonderes geologisches Merkmal der Region sind die **Wairere Boulders.** Ein Besuch hier sollte unbedingt mit einem Spaziergang durch den **größten Kauriwald Neuseelands,** Waipoua Forest, verknüpft werden. Durch konsequente Naturschutzprogramme konnten einige Kauribestände erhalten und wieder aufgeforstet werden. Der Wald liegt unweit von Hokianga Harbour, direkt am SH 12.

- **http://communities.co.nz/WaipouaForest**

Information

- **Te Tai Kauri/Kauri Coast Office,** 150 Colville Road, Dargaville, Tel. +64 (0)9 4396445, www.teroroa.iwi.nz.

Wairere Boulder Valley Reserve (halbtägige Wanderung)

Einen fast 3 Mio. Jahre alten, 1,5 km langen **Streifen aus Basaltfelsen,** die sich bis zu 30 m hoch stapeln, findet man im Wairere-Tal bei Hokere. Die interessanten Formationen sind laut Wissenschaftlern auf eine **chemische Säurereaktion** mit den Säften der einst so zahlreichen Kauribestände vor Ort zurückzuführen. Das Tal wurde bis in die frühen 1980er Jahre von den Einwohnern kaum beachtet, da es für die Landwirtschaft als nicht zu bewirtschaften galt. Doch die geologische Bedeutung dieses Naturphänomens wurde der Öffentlichkeit schließlich bewusst, sodass man nun glücklicherweise Zugang zu diesem beeindruckenden Naturreservat hat.

Information

- **Wairere Boulders,** R. D. 1, Okaihau, Tel. +64 (0)9 4019935, www.wairereboulders.co.nz.

Dauer und Schwierigkeitsgrad

Die Wege wurden extra für Besucher angelegt, daher gilt der Track als leicht. Für den Hauptrundweg benötigt man eine Stunde, bis hinauf zur Plattform (unbedingt empfehlenswert) hin und zurück ca. zwei Stunden.

Öffnungszeiten

Die Tour ist ganzjährig möglich. Das Reservat ist täglich von 9 Uhr bis Sonnenuntergang (jahreszeitenabhängig) geöffnet. Da der Track in **Privatbesitz** ist, kostet die Besichtigung 15 NZD Eintritt.

Anreise

Von der **Bay of Islands** kommend, erreicht man die Wairere Boulders, indem man über Ohaeawai auf den SH 12 fährt. In Taheke biegt man rechts in Richtung Horeke ab und fährt diese Straße für ca. 14 km weiter, bis man erneut rechts in die McDonnell Road abbiegt. Nach 1 km erreicht man das Reservat.

Wer **von Norden** auf dem SH 1 kommt, biegt hinter Rangiahua nach rechts auf die Rangiahua Road ab und fährt weiter bis Horeke, gut 2,5 km hinter Horeke dann links in Richtung Taheke und nach knapp 3 km wieder links auf die McDonnell Road abbiegen. Nach 1 km erreicht man das Wairere Boulders Reservat.

Übernachtung

- **The Tree House**①, siehe „Twin Coast Radweg".

024ns ar

Essen und Trinken

■ **Opononi Resort Hotel**①-②, 19 State Highway (SH) 12, Road 3, Opononi, Tel. +64 (0)9 4058858, www.opononihotel.com. Wer nach der Tour durch die Wairere Boulders seinen Lunch nehmen will, findet im Opononi Resort Hotel ein Restaurant, das einen guten Ruf für seine Küche (unter anderem für seine Fischgerichte) genießt.

Kartenmaterial und Literatur

■ Ausführliche Infos zu den Wairere Boulders findet man auf der Website der Besitzer: **www.wairereboulders.co.nz.**

Coromandel

Coromandel ist eine **Halbinsel vulkanischen Ursprungs** und gehört wie das Northland auch zu den beliebtesten Ferien- und Wochenendregionen für die Einwohner Aucklands. Die herrlichen **weißen Sandstrände,** das **milde Klima,** dünn besiedelte Regionen und **mittelgebirgsähnliche Landschaften** im Landesinneren ziehen zahlreiche Urlauber auf die Halbinsel nördlich der Bay of Plenty. Nur 55 km „Wasserlinie" liegt die Coromandel Peninsula von Auckland entfernt. Wer die Halbinsel kennenlernen will, sollte möglichst weit in den Norden fahren, denn nur so bekommt man die Schönheiten der Küstenlandschaft und die beeindruckende Flora der Halbinsel zu Gesicht. Coromandel ist u.a. für seine **Pohutukawa- und Rata-Bäume** (auch „New Zealand Christmas Trees" genannt) bekannt, die in der Weihnachtszeit herrlich rot blühen.

Unbedingt sollte man einen Ausflug in die **Coromandel Range** unternehmen. Diese Bergkette durchzieht die Mitte der 85 km langen Halbinsel und bietet eine Vielzahl von **Wander- und Mountainbike-Trails,** die zum Teil bis auf 900 m gehen. Darüber hinaus ist Coromandel ein beliebtes Ziel für **Wassersportler.** Seakayaking, Windsurfen, Kitesurfen, Wellenreiten und Segeln sind hier verbreitete Sportarten, die man gut und günstig (verglichen mit Europa) ausprobieren kann.

◁ Cathedral Cove,
das Wahrzeichen von Coromandel

Die Stadt Whitianga

Eigentlich muss man schmunzeln, wenn man Whitianga als Stadt bezeichnet. Es reichen ein paar Tage in Neuseeland, um festzustellen, dass es kaum Städte im europäischen Sinne gibt. In abgelegenen Regionen wie auf Coromandel handelt es sich meist um kleine Ortschaften mit mehreren Hundert bis maximal 4500 Einwohnern. Whitianga gehört mit knapp 4400 Einwohnern zu den drei größten Ortschaften der Halbinsel. Malerisch an der **Mercury Bay** gelegen, zieht der Ort jährlich zahlreiche Touristen aus Neuseeland und Übersee an. Die touristische Infrastruktur auf Coromandel ist daher sehr gut. **James Cook** lag hier zehn Tage vor Anker, um die Passage des Planeten Merkur zu beobachten, und benannte die Bucht nach demselbigen. Aufgrund des Aufenthalts von *Cook* auf Coromandel „stolpert" man immer wieder über seinen Namen: zum Beispiel Cooks Beach und Cooks Bay.

Whitianga eignet sich sehr gut als Ausgangspunkt für **Wanderungen** und **Wassersportarten. Mountainbiker** sollten die Orte Whangamata oder Thames als Startpunkt wählen.

Unser Tipp für Whitianga und Umgebung

Von Whitianga aus sind es nur knapp 40 km zur **Cathedral Cove,** dem berühmten Kalksteinbogen, der am besten von Hahei zu erreichen ist.

Hahei ist eine touristische Ortschaft, direkt an der malerischen Kalksteinküste mit weißem Sandstrand gelegen. Am Ende der kleinen Einkaufsstraße führt ein Schild zu einem **Aussichtspunkt** mit Parkplatz, von wo der Weg zur Cathedral Cove beschildert ist. Ab hier geht es zu Fuß weiter (ca. 30 Minuten). Alternativ kann man direkt von Hahei Beach (zu erreichen über die Hahei Beach Road) aus über den weißen Sandstrand an der mit Pohutukawa-Bäumen bewachsenen Küste zur Cathedral Cove laufen. Für den Hin- und Rückweg mit Pause an der Cathedral Cove sollte man zwei Stunden einplanen.

Noch besser als der Spaziergang ist eine **Paddeltour** durch das 9 km² große Marine Reserve. Wegen starker **Strömungen** sollte man die Tour jedoch nur geführt unternehmen. Auch Baden kann hier lebensgefährlich werden, vor allem weiter unten am Hot Water Beach. Seakayaking bietet Cathedral Cove Kayaking in Hahei an.

- **Cathedral Cove Kayaking,** 88 Hahei Beach Road, Hahei, Tel. +64 (0)7 8663877, www.seakayaktours.co.nz.

Praktische Tipps

Outdoorläden

- **No Sweat,** 74 Albert Street, Whitianga, Tel. +64 (0)7 8664266.

Information

- **Whitianga i-SITE Visitor Centre,** 66 Albert Street, Whitianga, Tel. +64 (0)7 8665555, www.thecoromandel.com.

Übernachten

- **On the Beach Backpackers**①, Buffalo Beach Road, Whitianga, Tel. +64 (0)7 8660544, www.coromandelbackpackers.com. Das Hostel liegt nicht weit vom Ortszentrum entfernt und bietet Mehrbett-, Doppel- und Einzelzimmer. Es gibt auch ein paar Zimmer mit eigenem Bad sowie solche nur für Frauen.
- **Waterfront Apartments**②, 2 Buffalo Beach Road, Whitianga, Tel. +64 (0)7 865994, www.waterfrontapartmentswhitianga.co.nz. Das unmittelbar am Wasser gelegene Motel bietet neben geräumigen Wohneinheiten auch Zimmer für kurze Aufenthalte an.

Essen und Trinken

- **The Fire Place**①-②, 9 The Esplanade, Whitianga, Tel. +64 (0)7 8664828, www.thefireplace-restaurant.com. Direkt am Wasser gelegen, findet sich hier eines der bekanntesten Restaurants auf Whitianga. In rustikaler Atmosphäre werden neben einer guten Steinofenpizza täglich wechselnde Fisch- sowie gute neuseeländische Lammgerichte serviert. Zur Sicherheit wird eine Reservierung empfohlen.

Coromandel

0 20 km ©Reise Know-How 2016

Coromandel Forest Park

Der Coromandel Forest Park durchzieht die gesamte Halbinsel, was aber nicht bedeutet, dass die komplette Fläche zum Forest Park gehört. Es gibt immer wieder Gebiete, die von diesem Status ausgeschlossen sind, da der Boden **landwirtschaftlich** oder **industriell genutzt** wird. Das DOC unterscheidet auf Coromandel drei Regionen, die als **geschützte Gebiete** zusammengefasst werden: Coromandel Pensinula, Kauaeranga Valley und Te Whanganui A Hei Marine Reserve. Im Gebiet **Coromandel Peninsula,** im Norden der Halbinsel, befinden sich Outdoorhighlights wie der Coromandel Walkway sowie der höchste Berg Coromandels, Mount Moehau (892 m). Im **Kauaeranga Valley** bei Thames locken einer der wenigen übrig gebliebenen Kauriwälder sowie die Pinnacles-Felsen Besucher an. Zum beliebten **Te Whanganui A Hei Marine Reserve** bei Whitianga gehören Hot Water Beach und Cathedral Cove – alles Naturbesonderheiten, die jede einen Besuch wert ist.

Information

- **Kauaeranga Visitor Centre,** Kauaeranga Valley, Thames, Tel. +64 (0)7 8679080, kauaerangavc@doc.govt.nz.

025ns aa

⌃ Endemische Kauribäume

› Blick auf den Mount Moehau

Kauaeranga Kauri Trail (Tageswanderung)

Um einen Kontrast zu den malerischen Sandstränden kennenzulernen, sollte man unbedingt ins raue **Kauaeranga Valley** aufbrechen. Neben dem generell fantastischen **Ausblick** sind besonders die **Pinnacles-Felsen** lohnenswert. Bei dem Kauri Trail handelt es sich um einen ehemaligen **Holzwirtschaftsweg** aus dem 19. Jahrhundert. In dieser Zeit wurden Coromandels Kauribäume radikal von Siedlern abgeholzt, einige Bäume blieben allerdings erhalten. Der Weg wurde 2007 neu angelegt und führt durch steiles Gelände zu beeindruckenden Felsnadeln und Schluchten. In Deutschland würde man das Tal wegen seiner Geologie vermutlich „Kauaerangische Schweiz“ nennen.

Dauer und Schwierigkeitsgrad

Für die Wanderung veranschlagt man **acht Stunden.** Bis zur Pinnacles Hut sind es drei Stunden und von dort weitere zwei Stunden für den Weg zu den Pinnacles-Felsen und zurück. In Kilometern ausgedrückt sind das 4 km vom Road-End-Parkplatz über Webb Creek bis zum Hydro Camp, von dort weitere 2,7 km bis zur Pinnacles Hut. Von der Hütte bis zu den Pinnacles-Felsen und zurück sind es knapp 6 km, und dann geht es 7 km über Hydro Camp und Billygoat-Bassin zurück bis zum Road-End-Parkplatz. Der Weg wird wegen seiner Dauer und den steilen Passagen vom Schwierigkeitsgrad her als **„mittel"** eingestuft. Bei **Regenwetter** ist auf den steilen Pfaden sowie auf den Felsen auf jeden Fall höchste Konzentration erforderlich.

Anreise

Das Tal ist über den SH 25 erreichbar, es liegt nicht weit von der Stadt **Thames.** Am südlichen Ortseingang geht eine Straße ins Kauaeranga Valley ab, das ab dort ausgeschildert ist. Bis zum **Kauaeranga Visitor Centre** des DOC, in dem man sich mit Informationen über das Tal und den Kauri Trail eindecken kann, sind es 13 km.

Start- und Endpunkt

Der Startpunkt des Kauri Trails – der **Road-End-Parkplatz** – liegt ungefähr 9 km vom Visitor Centre entfernt am Ende der Valley Road. Der Weg kann als Rundwanderweg über das **Billygoat-Bassin** gelaufen werden und endet dann am **Tarawaere-Parkplatz,** der 300 Meter südlich vom Road-End-Parkplatz liegt.

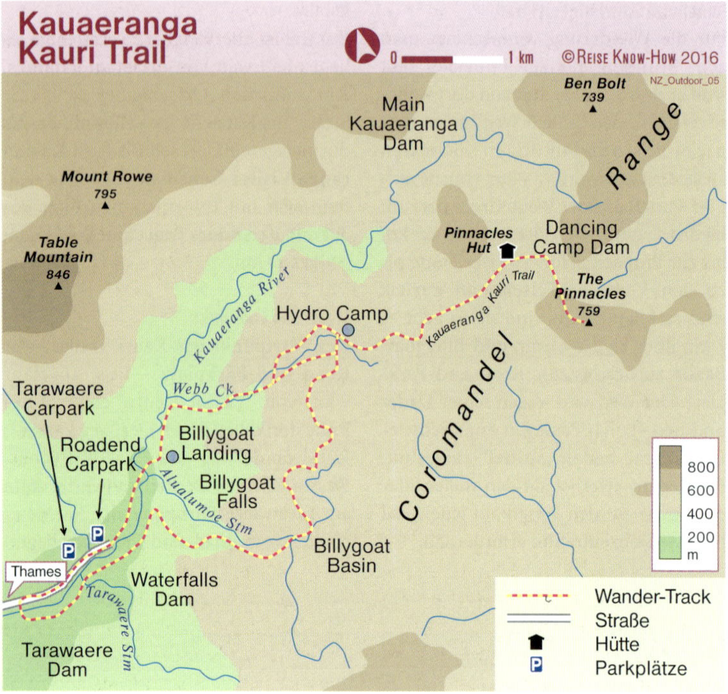

Streckenverlauf

Die lange Tageswanderung lässt sich in **vier Abschnitten** beschreiben:

- **Road-End-Parkplatz bis Hydro Camp** (ca. 2 Stunden.):

Mittels einer *swing bridge* wird der **Kauaeranga River** überquert – auf diesem Wegabschnitt bis zum Hydro Camp folgen noch mehrere Flussüberquerungen über kleine Brücken. Das Hydro Camp war in den 1940er Jahren Basislager für die Holzfäller vor Ort.

- **Hydro Camp bis Pinnacles Hut** (etwa 1 Stunde):

Vom Hydro Camp aus passiert man aufgeforsteten Kauriwald. Wer einen der großen Kauridämme sehen will, kann einen Abstecher zum **Dancing Camp Dam** machen. Dieser befindet sich am Ende des Tracks, ca. 5 Minuten hinter der Pinnacles-Hütte.

- **Pinnacles Hut bis Pinnacles-Felsen** (ca. 2 Stunden):

Unbedingt sehenswert sind die Pinnacles-Felsen, die bis auf 759 m reichen. Die Passage ist mit **steilen Aufstiegen,** ja sogar einigen **Kletterpartien** über Leitern verbunden. Aber lohnenswert!

■ **Rückweg über Hydro Camp und Billygoat Track** (ca. 3 Stunden):

Von den Pinnacles geht man zurück zum Hydro Camp und von hier, den Schildern folgend, durchs Billygoat-Bassin. Auf dieser Etappe kann man von einem Aussichtsplateau die Billygoat-Wasserfälle sehen, die 180 m hoch sind.

Übernachtung

■ Der Kauri Trail wird von vielen Wanderern gern mit einer Übernachtung in der **Pinnacles Hut**① verbunden. Die Hütte, mit 80 Betten die größte Neuseelands, hat einen *warden* (Herbergsvater). Hier gibt es Toiletten sowie Kaltwasserduschen. Wer in der Hütte übernachten möchte, muss vorbuchen, da sie stark frequentiert ist. Das Hüttenticket muss beim DOC Visitor Centre im Kauaeranga Valley vorgebucht und bezahlt werden. Der Preis für eine Übernachtung beträgt 15 NZD.

■ **Grafton Cottage**②, 304 Grafton Road, Thames, Tel. +64 (0)7 8689971, www.graftoncottage.co.nz. Dieses Bed and Breakfast bietet sich für Übernachtungen in der Stadt an. Hier werden neben normalen Zimmern auch Selbstversorger-Apartments angeboten. Das Cottage hat eine schöne Hanglage mit Blick über Thames.

Essen und Trinken

Eine große Auswahl an Restaurants gibt es in Thames nicht. Vor allem, wer den Kauri Trail als Ganztagestour macht, findet hier nur wenige Optionen. Die meisten Cafés schließen um 17 Uhr, daher empfehlen wir das Old Thames Restaurant, das von Pizza und Nachos über Steak und Lamm eine große Auswahl an Gerichten anbietet.

■ **The Old Thames Restaurant**①-②, 705 Pollen Street, Thames, Tel. +64 (0)7 8687207.

Kartenmaterial und Literatur

■ Kartenmaterial und Wanderbeschreibungen sind vor Ort im **Kauaeranga Visitor Centre** erhältlich.

■ Wer sich schon vorher informieren will, kann die Trailbeschreibung auch auf der **Website des DOC** herunterladen. Das Kauaeranga Valley ist unter der Region Hauraki zu finden.

■ Ebenfalls empfehlenswert ist die DOC-Parkmap 1:50.000 **„Coromandel"** sowie die LINZ-Karte **„BB 35 Hikuai"** der „Topo50 Map Series".

Hauraki Rail Trail (ein- bis zweitägige Fahrradtour)

Der Hauraki Rail Trail (58 km) führt durch **eine der schönsten Landschaften der Nordinsel.** Zu den Höhepunkten zählen herrliche Aussichten über die Hauraki Plains, die atemberaubende Karangahake-Schlucht sowie die historische Goldgräberstadt Waihi. Auf dem Trail wandelt man auf den Spuren der ersten Siedler Neuseelands und gewinnt Einblicke in die Erschließung der Nordinsel. Fahrradfahrer, die es lieber etwas gemächlicher angehen möchten, können die Tour auf zwei Etappen verteilen. Als Übernachtungsstopp bietet sich in diesem Fall bei Kilometer 34 das Örtchen Paeroa an.

Dauer und Schwierigkeitsgrad

Der Fahrradweg wird als Grad 1 eingestuft und ist **für jeden Radfahrer geeignet.** Die beschriebene Strecke ist **80 km** lang und innerhalb von **zwei Tagen** zu schaffen. Der Großteil der Strecke verläuft in flachem Gelände. Auf dem letzten Teil folgt der Radweg einer alten Bahnstrecke und führt durch einen Tunnel, was nicht weiter schlimm ist, nur eben feucht und dunkel. Nach Ankunft im Café an der Waikino Station kann man entweder den Nostalgiezug nach Waihi nehmen oder den restlichen Weg bis nach Waihi durchfahren. Der Handy-Empfang ist auf dieser Strecke im Allgemeinen gut, mit Ausnahme von Teilen der Karangahake-Schlucht – hier ist der Empfang lückenhaft.

Anreise

Die Stadt **Thames** liegt ca. 1½ Autostunden von Auckland entfernt und ist sehr gut über den **SH 25** zu erreichen. Knapp 7000 Einwohner leben hier an der Thames-Förde kurz vor der Coromandel-Halbinsel, die zahlreiche Möglichkeiten bietet, die Naturvielfalt (z.B. Kauriwälder) im Inneren der Halbinsel oder die herrliche Küstenlandschaft vor Ort kennenzulernen.

The Colville Connection

Jedes Jahr im März findet auf der Coromandel-Halbinsel die „Colville Connection" statt, ein **Mountainbikerennen** auf drei verschiedenen Strecken (72/42/21 km). Die lange Tour verlangt ein gerüttelt Maß an Ausdauer, die kurze Tour ist für jedermann geeignet. Der **besondere Charme** des Rennens liegt darin, dass es selbst auf der langen Strecke immer Fahrer gibt, die sich Zeit für ein Bad im Meer nehmen oder zwischendurch die wunderbare Aussicht auf die Coromandel-Halbinsel genießen. Eine Riesengaudi in wunderschöner Umgebung. Die Veranstalter geben sich viel Mühe, um das Rennen auch für Besucher aus Übersee attraktiv zu machen, etwa mit eigens organisiertem Fähr-/Bustransport von und nach Auckland.

■ **www.colvilleconnection.co.nz**

Start- und Endpunkt

An der Touristeninformation i-SITE in der Pollen Street von **Thames** folgt man einer der Seitenstraßen in Richtung Küste. Nach ein paar Hundert Metern erreicht man den **Thames Coastal Walkway.** Dieser wurde als gemeinsamer Weg für Wanderer und Radfahrer angelegt. Auf dem Weg biegt man links ab und folgt ihm bis zum Beginn des Hauraki Rail Trail. Der offizielle Start in den Radweg liegt an der **Anlegestelle,** wo es ein Café, einen Take-away-Shop und einen Parkplatz gibt.

Den Hauraki Rail Trail kann man, wenn man möchte, an der **Waikino Station** enden lassen und von dort den Nostalgiezug nach Waihi nehmen (Achtung: Bitte unbedingt den aktuellen Fahrplan prüfen). Alternativ tritt man noch einmal für weitere 8 km in die Pedale, bis man das Trail-Ende am alten **Waihi-Bahnhof** erreicht.

Streckenverlauf

Der Trail führt auf breiten, ebenen Wegen mit zeitweilig leichten Steigungen von **Thames** über **Paeroa** nach **Waihi.** Der Weg folgt einer **historischen Bahnstrecke,** die über grüne Felder führt. Diese Abschnitte sind flach und leicht zu fahren. Die erhöhte Plattform der alten Bahnlinie bietet Radfahrern eine tolle Aussicht über die **Hauraki Plains** und den Wald der **Kaimai Ranges.**

Der letzte Abschnitt der Route führt von Paeroa durch die **Karangahake-**

[>] Blick auf die Stadt Coromandel

Schlucht nach Waikino Station. Der Weg durch die Schlucht folgt dabei dem Fluss **Ohinemuri** und umfasst eine Reihe von interessanten Brücken und einen langen Eisenbahntunnel.

Da es sich um einen „One Way“-Fahrradroute handelt, sollte man sich um einen **Shuttle-Service** zurück nach Thames bemühen. Dieser lässt sich für ca. 40 NZD über den Anbieter Haurakirailtrail buchen

- **Haurakirailtrail,** 407 Mackay Street, Thames, Tel. +64 (0)7 8685140, www.haurakirailtrail.co.nz.

Übernachtung

- **Waihi Motor Camp**①, 6 Waitete Road, Waihi, Tel. +64 (0)7 8637654, www.waihimotorcamp.co.nz. Hier kann man in einer sehr schön angelegten Grünanlage zelten oder in einer der Holzhütten-Cabins übernachten. Die Sanitäranlagen und Gemeinschaftsküche sind modern saniert und gut ausgestattet.

Essen und Trinken

Sie sind nie zu weit von einem Kaffee entfernt. Zahlreiche Cafés und Lebensmittelläden findet man in Thames, Paeroa, Waihi und Te Aroha. Zudem gibt es Cafés in Waikino, Hikutaia und Karangahake.

- **Convenient Cow Café and Store**①, 8102 SH 26, Hikutania, Tel. +64 (0)7 8624500. Das Café liegt am State Highway 26, etwa 10 km von Paeroa entfernt auf der ersten Tagesetappe. Es ist tagsüber bis 17 Uhr geöffnet und bietet Lunch, Snacks, Kaffee und Kuchen in angenehmem Tante-Emma-Holzladen-Flair.

Kartenmaterial und Literatur

- Eine gute Beschreibung samt Kartenmaterial bietet der **Veranstalter Haurakirailtrail** (www.haurakirailtrail.co.nz, siehe „Streckenverlauf“). Hier kann man sich Karten online anschauen und herunterladen.
- Auch die Website vom **NZ Cycle Trail** (www.nzcycletrail.com) bietet viel Material zur Planung und Durchführung dieser Tour.

www.fotolia.de © creativenature.nl

Ostküste

Die Ostküste, als Region auch **„Eastland"** genannt, gilt nach wie vor als **vergessenes Juwel** des Landes, denn die klassischen Reiserouten führen alle an der Ostküste vorbei. Ein Schlenker in diese Richtung braucht einige Tage Zeit, doch der Abstecher lohnt sich. Die Region ist extrem dünn besiedelt und beeindruckt durch ihre **wilde Küste,** die breiten **Sandstrände** und den dichten **Regenwald** im Hinterland. Hinzu kommt, dass die Ostküste, genau wie das Northland, zu den Regionen mit den meisten **Maori-Einwohnern** gehört. Es gibt zahlreiche Stammesverbände. Die Städtchen hier sind so verschlafen und ursprünglich wie schon vor 30 Jahren, und wer ein Getränk im Kaffeehaus bestellt, muss trotz des häufig modernen Ambientes oft 20 Minuten warten, obwohl keine Menschenseele vor einem steht. Die polynesische Ruhe und Langsamkeit sind hier überall spürbar.

Für Outdoorsportler eignet sich die Ostküste sehr gut, um zu **wandern,** aber auch **Fahrradfahrer** und vor allem Surfer kommen hier auf ihre Kosten. Die Strände hinter Gisborne gehören landesweit zu den **besten Surfstränden Neuseelands.**

Blick auf die Kreidefelsen der Mahia Peninsula

026ns pa

Die Stadt Gisborne

Gisborne wirbt seit der Jahrtausendwende damit, die erste Stadt Neuseelands zu sein, die morgens das Sonnenlicht erblickt. Die Stadt will zeigen, dass sich ein Besuch hier lohnt und der Osten dynamischer und frischer geworden ist – und das trifft zu. Die kleine Stadt an der Ostküste hat ein **besonderes Flair.** Der Hafen, der Fluss, die Fachhochschule und die studentischen Cafés sowie die kleinen Museen verleihen Gisborne eine lebendige Atmosphäre, die man der sonst so verschlafenen Region gar nicht zutraut. „Anders" macht die Stadt zudem, dass so viele **Maori** hier leben, denn das spiegelt sich im Alltag und Stadtbild wider. So findet man in Gisborne große **Marae-Häuser** und zahlreiche **kulturelle Angebote der Maori,** die unbedingt besuchenswert sind. Gisborne war außerdem die erste Landungsstelle **James Cooks** in Neuseeland. Im Jahre 1769 erreichte er Ship Cove, wo heute ein Denkmal für ihn steht.

Gisborne ist sicherlich keine Outdoorhochburg. Aber für **Wanderer** hat die Ostküste einiges zu bieten. Alternativ kann man hier auch nach einer anstrengenden Tour im **Raukumara Forest** die Beine baumeln lassen und die herrlichen Strände genießen.

Ein weiterer Ausgangspunkt für Touren im Raukumara Forest ist der Ort **Opotiki.**

Unser Tipp für Gisborne

Museen in Neuseeland, auch wenn sie im Land selbst zu den größeren gehören oder als solche beworben werden, entsprechen in etwa der Größe unserer Heimatmuseen. Sie sind aber meist mit viel Liebe gemacht und geben Besuchern eine hervorragende Einführung in die regionale Geschichte. Dies trifft auch auf das **Tairawhiti Museum** zu. Sein Thema ist die Maori-Kultur dieser Region. Das Museum befindet sich im Stadtzentrum von Gisborne. In dem angegliederten Café kann man sehr gut zu Mittag essen.

■ **Tairawhiti Museum,** Stout Street, Gisborne, Tel. (0)6 8673832, www.tairawhitimuseum.org.nz.

Praktische Tipps

Outdoorläden

■ **East's Outdoor Work and Leisure,** 109 Main Road, Makaraka, Gisbourne, Tel. +64 (0)6 8688479, www.eastsaddlery.co.nz.

Information

■ **Gisborne i-SITE,** 209 Grey Street, Gisbourne, Tel. +64 (0)6 8686139, www.gisbornenz.com.

Übernachtung

■ **Gisborne Youth Hostel**①, 32 Harris Street, Gisborne, Tel. +64 (0)6 8673269, www.yha.co.nz. Das zentral gelegene Hostel ist wie fast alle YHA-Häuser gut ausgestattet. Mitglieder des Deutschen Jugendherbergswers bekommen Ermäßigung.

Knapdale Eco Lodge③, 114 Snowsill Road, RD 1, Waihirere, Gisborne, Tel. +64 (0)6 8625444, www.knapdale.co.nz. Diese Unterkunft mit schönem Ambiente und hervorragendem Essen ist ihren Preis wert. Das 32 ha große Grundstück beherbergt Nutztiere, Gemüse wird biologisch angebaut, und man kann auf dem Grundstück einen Spaziergang durch einen eigens angelegten Wald mit einheimischen Bäumen machen oder an einer Maori-Tanzvorführung der besonderen Art unter freiem Himmel teilnehmen.

White Island
Active Vulcano
Motiti Island
Maunganui
Plate Island
Bay of Plenty
Papamoa Beach
Papamoa
Maketu
Rangiuru
Waihi Estuary
Little Waihi
Pukehina
Pongakawa
Ohinepanea
Otamarakau
Pikowai
Matata
Awakaponga
Pongakawa Valley
Thornton
Whakatane
Kohi Point Lookout Walk
Moutoki Island
Whale Island (Moutohora)
Edgecumbe
Otakiri
Awakeri
Ohope
Ohiwa Harbour
Kukumoa
Tablelands
Opape
Pokohinu Point
Whitianga Bay
Tokata Point
Houpoto
Hawai
Torere
Hinehopu
Lake Rotoiti
Lake Rotoehu
L. Rotoma
Rotoehu
Mourea
Rotoiti
Brunswick Park
Lake Rotoma
Kawerau
Te Teko
Pekatahi
Taneatua
Wainui
Waingarara
Waiotahi
Paerata Ridge
Opotiki
Woodlands
Otara
Kutarere
Waitotahi Valley
Waioeka Pa
Toatoa
Matahanea
Nukuhou North
Opouriao
Te Mahoe
Waimana
Waikirikiri
Ruatoki North
Matahi
Waiohau
Lake Okataina
Eastern & Western Okataina Walkway
Lake Okareka
Lake Tarawera
Mt. Tarawera
1047
Matahina
Lake Rotokakahi
Lake Rotomahana
Waimangu Volcanic Valley
Rotomahana
Lake Rerewhakaaitu
Rerewhakaaitu
Ngatamawahine R.
Waiotapu
Wai-O-Tapu
Kopuriki
Horomanga
Rangitaiki River
Whakatane R.
Waimana R.
Oponae
Wairata
Waioeka R.
Kaingaroa Village
Murupara
Galatea
Wharepaina
Reporoa
Golden Springs
Broadlands
Kiorenui Village
Te Urewera National Park
1366
Maungapohatu
Rakauroa
Koranga
Keretu
Wairapukao
Te Whaiti
Ruatahuna
Minginui
Matea
Whirinaki River
Wheao River
Rangitaiki
Wharekopae
Tahunga
Huiarau Range
Lake Waikareiti
Ruakituri R.
Hangaroa R.
Lake Waikaremoana Track
Lake Waikaremoana
Kaitawa
Tuai
Ohuka
Kokako
Ruakituri
Tiniroto
1369
Maungataniwha
Waimihia
Rangitaiki
Hawke's
Hautapu River
Tarapatiki
Mangaaruhe R.
Putere
Ardkeen
Cricklewood
Rangiahua
Marumaru
Frasertown
Waiau R.
Ahimanawa Range
Tarawera
Mohaka River
Willow Flat
Waihua R.
Ohinepaka
Raupunga
Wairoa
Tuhara
Kihitu
Whakaki
Kotemaori

Lottin Point
Midway Point
Cape Runaway
Whangaparaoa
Whangaparaoa Bay
Matakaoa Point
Hicks Bay
Potaka
Hicks Bay
Orete Point
Waihau Bay
Papatea Bay
Raukokore
990
Horoera
Te Araroa
East Cape
Tapatu
Awatere
ikawa Point
NZ's easternmost point
East Is
Waikura R.
ha Point
Waiorore
Rangitukia
Kaha
Mangaoparo R.
Bay
Raukokore R.
Tikitiki
Omaio
Rangipoua
1040
Tapuaeroa R.
Whakawhitira
Waiomatatini
Waiapu R.
Motu R.
Reporua
Hiruharama
Ruatoria
Hikurangi
1752
Aorangi
Whareponga
16
Kopuaroa
Waipiro Bay
Raukumara Range
Ihungia
Waipiro Bay
Te Puia Springs
Koutunui Head
Moutahiauru Island
putahi
Hot Pools
Huiarua
1000
Tokomaru Bay
Mangatarata
Tokomaru Bay
86
Hikuwai
Mawhai Point
Mata R.
Anaura Bay Walkway
Aroro
Gisborne
Anaura Bay
The Three Bridges
Motuoroi Island
1213
Maungahaumi
500
Marau Point
Tauwhareparae
The Five Bridges
Mangatuna
Wharekaka
Huanui
Tolaga Bay
Takapau
Whatatutu
Tolaga Bay
Whakarau
Hauiti
Pourewa Island
Cooks Cove Walkway
Otoko Walkway
Kanakanaia
Puha
Te Karaka
200
Waipaoa
Waimata R.
Waihau Bay
Ormond
Waimata
Pakarae
Rere
Waipaoa R.
Gable End Foreland
Ngatapa
Waihirere
Whangara
Waerengaahika
Hexton
83
Patutahi
Makauri
Pouawa
Makaraka
Gisborne
Makorori
Matawhero
Manutuke
Okitu
Wainui
Waerengaokuri
Poverty Bay
Muriwai
Young Nicks Head
Waingake
Bartletts
200
500
Tukemokihi
Nuhaka R.
Hot Springs
Morere
Mahanga Beach
Nuhaka
Kopuawhara
Opoutama
15 Otipi Road S.89
16 Mount Hikurangi S.87

Essen und Trinken

■ **The Wharf Café**①-②, 60 The Esplanade, Gisborne, Tel. +64 (0)6 8684876, www.wharfbar.co.nz. Die Waterfront mit dem schönen Hafen als Hintergrund gilt als neues Gastro-Viertel der Stadt. Das Lokal hat sich der Neuseelandküche verschrieben und wirbt damit, lokale Köstlichkeiten stets frisch mit Zutaten aus der Region zuzubereiten.

Raukumara Forest Park

Für die ca. 140 km Fahrt in den Raukumara Forest Park von Gisborne aus sollte man eine **Übernachtung** einplanen, um die herrliche Küste genießen zu können und gut ausgeruht und vorbereitet die Besteigung des Mount Hikurangi in Angriff zu nehmen. Viele Neuseeländer behaupten, der Raukumara Forest sei der wildeste und unberührteste Forest Park der Nordinsel. Zudem besteht der 115.000 ha große Park bis auf wenige Tussock-Grasflächen nur aus **Wald.** Viele einheimische **Vögel** sowie **Echsen** und **Insekten** findet man hier. Die Mitte des Forest Park ist eine ausgeschriebene *wilderness area,* in der die strengsten Naturschutzauflagen des DOC gelten. Wie Great Barrier Island auch, ist die Gegend der Öffentlichkeit nicht verschlossen. Da der Zugang jedoch nur mit Schwierigkeiten zu finden ist, verlaufen sich sowieso nur wenige Besucher dorthin.

Mount Hikurangi ist die höchste Erhebung der Raukumara Ranges. Im Vergleich zu den anderen hohen Bergen der Nordinsel ist Hikurangi jedoch nicht vulkanisch. Da der Berg als **Privatland** zum Maori-Stamm der Ngati Porou gehört, denen er außerdem heilig ist, benötigt man für die Besteigung eine **Genehmigung.** Diese ist beim Ngati Porou Visitor Centre erhältlich, man sollte aber

027ns aa

vorher telefonisch nach den Öffnungszeiten fragen, denn das Büro ist nicht immer besetzt. Alternativ erteilt auch das DOC Visitor Centre in Gisborne Informationen (siehe „Praktische Tipps" im Ortskapitel).

Aufgrund der Tatsache, dass es sich um Privatgelände der Maori handelt, ist der Track manchmal auch wegen **kultureller Festivitäten,** in der Ablammzeit oder während lokaler Waldarbeiten gesperrt. Auch das sollte vorher unbedingt abgeklärt werden.

Information

■ **Tourism Ngati Office,** Te Runanganui o Ngati Porou, 1 Barrys Avenue, Ruatoria 4032, Tel. +64 (0)6 8649004, pbrooking@tronp.org.nz.

Besteigung des Mount Hikurangi (ein- bis zweitägige Tour)

Der **Te Ara ki Hikurangi Track** führt durch dichten Wald auf steilen Wegen hinauf auf den 1752 m hohen heiligen Berg Hikurangi. Sowohl der Weg durch den imposanten **Regenwald** als auch der Blick auf die Ostküste sind die Mühe wert. Wer den **Sonnenaufgang** an dem Ort beobachten möchte, an dem Neuseeland jeden Morgen die ersten Sonnenstrahlen erblickt, sollte zwei Tage für die Tour einplanen.

☐ Das definitiv kleinste Marae des Landes

Als Besonderheit erwarten einen unterwegs auf ca. 1000 m Höhe neun moderne und sehr beeindruckende **maorische Holzskulpturen** (Whakairo), die zur Erinnerung an Maui und dessen Familie angefertigt wurden. Maui ist einer der Helden der Maori-Mythologie. Er fischte – in einem Boot sitzend, das die Südinsel symbolisiert – der Sage nach die neuseeländische Nordinsel aus dem Meer.

Wie bereits erwähnt, ist für die Besteigung des Bergs, die Übernachtung und das Parken an der Pakihiroa Station im Visitor Centre eine **Genehmigung** des lokalen Maori-Stammes einzuholen.

Dauer und Schwierigkeitsgrad

Der **Aufstieg** dauert sieben bis acht Stunden. Vom Parkplatz an der Pakihiroa Station bis zur Hikurangi Hütte sind es 10,5 km, von der Hütte bis zum Gipfel noch einmal 2,5 km. Wer den Aufstieg teilen möchte, läuft die ersten vier bis fünf Stunden bis zur **Hütte** und am frühen Morgen die letzten zwei Stunden bis zum Gipfel, um dort den Sonnenaufgang genießen zu können, und steigt anschließend wieder ab.

Da die Wanderwege im Raukumara Forest **nicht ausgebaut** sind und daher eher Trampelpfaden gleichen, wird der Weg als „schwer" eingestuft. Der Anstieg führt durch teilweise **sehr steiles, unwegsames Gelände** mit Geröllboden, und bei nassem Wetter kann der Track extrem matschig sein. Wanderer mit wenig Erfahrung sollten diesen Weg **nicht ungeführt** laufen. Außerdem sollte man über sehr gute **Kondition** verfügen, um mindestens fünf Stunden Bergwanderung bewältigen zu können. Hinzu kommt, dass das **Wetter** in dieser Region sehr wechselhaft ist. Die Raukumara Ranges durchziehen als Bergkette die Nordinsel und stellen daher eine Wetterscheide dar. Selbst einige einheimische Wanderfreunde haben es bis heute nicht geschafft, den Mount Hikurangi zu besteigen, da sich das Wetter ab einer bestimmten Höhe plötzlich änderte. Daher bei Wetterwechsel unbedingt umkehren!

Anreise

Der Raukumara Forest Park liegt zwischen der Bay of Plenty und dem East Cape und ist vom SH 35 und SH 2 aus zu erreichen. Zugang erhält man von den Ortschaften Ruatoria, Opotiki und Matawai. Für die Besteigung eignet sich **Ruatoria** am besten.

Start- und Endpunkt

Der Track beginnt und endet an der **Pakihiroa Station,** die sich am Ende der Schotterstraße Tapuaeroa Valley Road, 20 km vom Ortskern Ruatoria, befindet und vom **Maori-Stamm Te Runanga o Ngati Porou** betrieben wird. Die Abzweigung liegt in einer Kurve nördlich von Ruatoria und ist mit „Pakihiroa Station" ausgeschildert. Der öffentliche Zugang zum Park ist nur über diese Farm im Tapuaeroa Valley erreichbar. Es gibt direkt vor dem sogenannten „Manager House" einen **Parkplatz.** Ab hier muss man sein Fahrzeug stehen lassen, um zum Mount Hikurangi zu kommen.

Übernachtung

- Übernachtet wird in der **Hikurangi-Hütte,** die sich ca. 2,5 km unterhalb des Gipfels befindet. Die Übernachtung kostet 15 NZD und ist vorher beim Te Runanganui o Ngati Porou Centre anzumelden. **Camping** ist auf dem gesamten Track **verboten.** Die Unterkunft ist wie eine DOC-Hütte ausgestattet – also nur mit dem Nötigsten – und verfügt über zehn Betten.
- **Manutahi Hotel**①-②, Main Road 145, Ruatoria, Tel. +64 (0)6 8648437. Da der Anstieg einen ganzen Tag dauert, empfiehlt es sich, vorher in Ruatoria zu übernachten. Das Hotel ist einfach und altmodisch-neuseeländisch, Ostküstencharme eben.
- Alternativ wäre eine Übernachtung auf einem der umliegenden **Campingplätze**① möglich, zum Beispiel in Waipiru Bay oder Tikitiki.

Essen und Trinken

- Für die Tour muss der gesamte **Proviant selbst mitgenommen** werden. In Ruatoria gibt es ein Lebensmittelgeschäft sowie einige Cafés und Imbisse.
- **Shareen Village Café**①, 7188 Main Road, Tel. +64 (0)6 8648577. Das Bistro liegt südlich vom Ortskern Ruatorias.

Ausrüstung und Anbieter

Der Weg ist zwar markiert, es wird dennoch dringend empfohlen, eine **Wanderkarte** und einen **Kompass** mitzuführen, da der Raukumara Forest als extrem wildes Terrain gilt. Kenntnisse im Umgang mit Karte und Kompass sind daher hier unbedingt erforderlich.

Wer sich nicht zutraut, den Berg allein zu besteigen, kann eine **geführte Tour** über das **Ngati Porou Visitor Centre** buchen. Preis auf Anfrage.

Kartenmaterial und Literatur

- Kartenmaterial sowie Wanderbeschreibungen sind im **Gisborne Area Office des DOC** erhältlich. Empfohlen: LINZ-Karte **„BE 44 Te Puia Springs"** der „Topo50 Map Series".

› Skurrile Maori-Schnitzkunst

www.fotolia.de © weltreisendertj

Otipi Road (Mountainbike-Tagestour)

Die Otipi Road wurde ursprünglich in den 1950er Jahren als Zugangsstraße zu einem geplanten Staudamm am Motu River angelegt. Der Staudamm wurde aber nie gebaut und die Straße daher kaum benutzt. Heute wird sie vom DOC als **Mountainbikestrecke** instand gehalten. Die Tour führt durch eine der abgeschiedensten Landschaften Neuseelands. Die **Anfahrt** mit dem Auto zum Startpunkt der Strecke bietet eine schöne Aussicht auf den Raukumara Forest Park, ist aber wegen der Schwierigkeit der Schotterstraße an manchen Stellen **nichts für schwache Nerven.** Die Mountainbiketour schließt perfekt an: Technisch nicht zu anspruchsvoll, machen der **fantastische Ausblick** und die **Einsamkeit** die Tour zu einem ganz besonderen Erlebnis.

Dauer und Schwierigkeitsgrad

Die Otipi Road wird als **Grad 3** eingestuft. Vom DOC-Parkplatz sind es hin und zurück **40 km.** Wer sich entschließt, schon die schöne Strecke von Toatoa aus auf dem Bike zurückzulegen, um die Umwelt zu schonen und mehr Zeit für die prächtige Aussicht zu haben, legt insgesamt 60 km zurück.

Der Raukumara Forest Park ist ein einsamer Wald in einer dünn besiedelten Ecke Neuseelands. Es gibt **keinen Handyempfang,** und zu Fuß Hilfe zu holen, kann einen langen Marsch bedeuten. Die Strecke ist zwar nicht über die Maßen anspruchsvoll, aber selbst eine kleine Bikepanne kann hier zu ernsten Problemen führen. Wie auch im Tongariro Forest (s.u.), sollten auf jeden Fall **Kleidung, Essen, Wasser, Erste-Hilfe-Päckchen, Werkzeug,** eine **Luftpumpe** und eine **Rettungsdecke** ins Gepäck.

Wetter

Nach starkem Regen kann die Zufahrt zum Ausgangspunkt der Tour, die Motu Road zwischen Opotiki und Matawai, unpassierbar sein. Man sollte unbedingt vorher beim DOC Office in Opotiki **Informationen** einholen und bei der Gelegenheit gleich die eigene **Tour ankündigen.** Nach erfolgter Rückkehr unbedingt wieder **abmelden,** um unnötige Rettungsaktionen zu vermeiden.

Anreise

Die Anreise zum Startpunkt der Tour auf der Otipi Road führt über eine ausgefahrene, aber reizvolle *gravel road,* die **Motu Road.** Von Süden kommend, fährt man auf dem SH2 von Gisborne in Richtung Opotiki und biegt in Matawai nach Norden auf die Motu Road ab. Matawai ist die letzte **Einkaufsmöglichkeit!** Nach 14 km erreicht man Motu, ab hier wird der **Zustand der Straße schlechter,** aber die Aussicht immer besser. Nach 33 kurvigen Kilometern ist die Abzweigung der Takaputahi Road bei **Toatoa** erreicht, ein **guter Startpunkt.**

Wer **aus dem Norden** von Opotiki kommt, fährt zunächst 10 km auf dem SH35 nach Osten und biegt gen Süden in die Motu Road ein, von hier sind es 23 km nach Toatoa. Der eigentliche Beginn der Otipi Road liegt weitere 10 km östlich von Toatoa. Dorthin führt die Takaputahi Road, diese ist aber in schlechtem Zustand, sodass es sich anbietet, das Rad schon in Toatoa zu besteigen.

Start- und Endpunkt

Start und Endpunkt der Tour ist **Toatoa.** Dies ist kein bewohnter Ort, sondern lediglich die **Kreuzung** von Motu Road und Takaputahi Road.

Streckenverlauf

Die Strecke folgt zunächst der **Takaputahi Road** in östlicher Richtung. Nach 10 km erreicht sie eine Brücke, die nach links über einen Fluss führt. Hier finden auch die unerschrockenen Autofahrer, die bis hierher gefahren sind, einen **DOC-Parkplatz** vor. Die Otipi Road beginnt jenseits des Flusses hinter einer Furt. Der Weg schlängelt sich gleich auf den **Bergrücken** hoch und folgt diesem mehr oder weniger, bis nach ca. 20 km die Abfahrt zum **Motu River** beginnt. Zurück geht es auf demselben Weg.

Übernachtung

Nahe der Otipi Road kann man auf einem einfachen DOC-Campingplatz an der Takaputahi Road übernachten. Die nächsten „richtigen" Unterkünfte gibt es in Opotiki.

■ **Opotiki Beach House**①, 7 Appleton Road, Waiotaki Beach, Opotiki, Tel. +64 (0)7 3155117, www.opotikibeachhouse.co.nz. Das Opotiki Beach House liegt, wie der Name vermuten lässt, in unmittelbarer Strandnähe. Bei gutem Wetter kann man von seiner Terrasse aus bis zur vulkanischen Insel White Island schauen.

Essen und Trinken

■ Wegen der Abgeschiedenheit muss der gesamte **Tagesproviant mitgenommen** werden. Am besten nimmt man eine Extraration für Notfälle mit.

■ **Two Fish Café,** 142 Church Street, Opotiki, Tel. +64 (0)7 3155448. In Opotiki gibt es mehrere Imbisse verschiedener Länderküchen. Gute Restaurants fehlen jedoch. Das Café bietet typische neuseeländische Snacks.

Kartenmaterial und Literatur

■ Die Otipi Road ist auf der LINZ-Karte **„BE 42 Houpoto"** der Topo50 Map Series zu finden.

Zentrale Nordinsel mit Taupo und Rotorua

Das Zentrum der Nordinsel, in Neuseeland **„Central Plateau"** genannt, umfasst ein großes Areal, das sich von Rotorua fast bis zur Hawkes Bay im Osten, nach Ohakune im Süden und zurück bis nach Taupo erstreckt. Das Herz der Nordinsel ist **vulkanisch aktiv,** und zwar in einer sehr dynamischen Form, die dafür sorgt, dass es immer wieder mal zu einem Lahar (Schlammstrom) oder einem kleinen Wasserausbruch *(phreatic eruption)* kommt. Und wer in Rotorua und Umgebung unterwegs ist, trifft wiederholt auf blubbernde, meist übel riechende Schwefel-Erdlöcher. Auch um Taupo herum ist die Geothermalaktivität der Erde gegenwärtig. Die sogenannten *hot pools* (heiße Quellen) sind dort nie weit.

Das Gebiet ist **hügelig bis alpin.** Bis über 2000 m erheben sich die Vulkane des **Tongariro National Parks.** Eine weitere Besonderheit des Central Plateaus sind die **Seen und Flüsse** der Region sowie der dichte **Regenwald** zwischen Wasser und karger Vulkanlandschaft. Hier könnte man Wochen verbringen, um all die Schönheiten zu erle-

☐ Mount Ruapehu mit Central Plateau

029ns sk

Zentrale Nordinsel mit Taupo und Rotorua

0 20 km
©Reise Know-How 2016
NZ_Outdoor_07
Whakatane
Edgecumbe
Kohi Point Lookout Walk
Ohiwa Harbour
Opotiki
Kawerau
Te Teko
Taneatua
Rotorua
Okere Falls
Eastern & Western Okataina Walkway
Mt. Tarawera
Waimangu Volcanic Valley
Wai-O-Tapu
Murupara
Aratiatia Rapids
Huka Falls
Taupo
Bay of Plenty
Te Urewera National Park
Maungapohatu
Ruatahuna
Lake Waikaremoana Track
Lake Waikaremoana
Hawke's Bay
Kaweka Range
Ahimanawa Range
Rangitaiki
Tuai
10 42 Traverse S.98
11 Tongariro Alpine Crossing S.101
12 Lake Taupo (K) S.246
13 Whakarewarewa Forest S.109
14 Whirinaki Forest MTB Track S.105
17 Lake Waikaremoana Track S.111

ben, die die Region zu einem wahren Outdoor-Eldorado machen. Da die einzelnen Gebiete und Nationalparks im Folgenden in den Tourenbeschreibungen ausführlicher vorgestellt werden, verzichten wir an dieser Stelle auf weitere Detailinformationen.

Die Stadt Taupo

Taupo gilt als „Queenstown der Nordinsel": eine **Outdoor- und Funsporthauptstadt,** im Zentrum von North Island gelegen. Umgeben von Bergen, Vulkanen, Regenwald und einem großen See, ist die Stadt als Erholungsort und Naturparadies bei Einheimischen und Touristen gleichermaßen beliebt und gehört wegen des milden Klimas, ihrer Lage und der dadurch hohen Lebensqualität zu den am meisten expandierenden Städten der Nordinsel.

Außerdem ist Taupo Austragungsort zahlreicher **Outdoorevents.** Der jährliche **Neuseeland-Ironman** (www.ironman.co.nz) sowie die jährliche **Lake Taupo Cycle Challenge** (Neuseelands größtes Radrennen rund um den Lake Taupo, Infos im Web unter www.cyclechallenge.com) sind mittlerweile Legende. Hinzu kommt, dass im neuseeländischen Winter Taupo zur Wohnbasis für Skifahrer wird. Das **größte Skigebiet Neuseelands** auf dem Mount Ruhapehu liegt hier direkt vor der Haustür. Wer Outdoorsportarten mag und verschiedene Disziplinen ausprobieren möchte, sollte in Taupo mehrere Tage verbringen. Die Stadt und ihre Umgebung bieten ideale Bedingungen und zahlreiche Möglichkeiten vom Wandern übers Kayaking bis zum Mountainbiking.

Unser Tipp für Taupo

Bei all dem Sport muss man sich auch mal erholen, und auch das geht in Taupo *out of doors*. Aufgrund der geothermalen Aktivitäten in der Region verfügt Taupo über zahlreiche **heiße Quellen,** die *hot pools*. Eine schöne Stelle bietet der **Spa Thermal Park** am Waikato River (von Taupo aus die Spa Road entlangfahren und in die County Avenue abbiegen, diese bis zum Ende fahren). Der Spazierweg führt über mehrere kleine, heiße Zuflüsse, die man am dampfenden Wasser erkennen kann. Dort kann man in den Mündungsbereich einsteigen und es sich gut gehen lassen. Das Bad im warmen Wasser lässt sich mit einem ruhigen **Spaziergang** verbinden. Im Anschluss kann man von hier aus „Taupo Bungy" (nur 200 m vom Park entfernt) besuchen und mutige Touristen beobachten, die sich 47 m in die Tiefe stürzen. Wer länger laufen möchte, kann vom Parkplatz aus zu den **Huka Falls** gehen, einer turbulenten Stromschnelle im Waikato River. Hin und zurück braucht man für den Weg, der mit „Rotary Ride" ausgeschildert ist, ungefähr zwei Stunden.

Wer mit dem Mietwagen oder Camper auf dem Parkplatz des Spa Thermal Park hält, sollte alle **Wertsachen mitnehmen!** Auch, wenn Taschen- und Autodiebe in Neuseeland eine seltene Spezies darstellen: Hier trifft man sie leider öfter an!

Beeindruckend: die Huka Falls

Praktische Tipps

Outdoorläden

■ **Outdoor Attitude,** 43 Horomatangi Street, Taupo, Tel. +64 (0)7 3786628.

Information

■ **Taupo i-SITE,** Tongariro Street, Taupo, Tel. +64 (0)7 3760027, www.greatlaketaupo.com.

Übernachten

■ **Taupo Urban Retreat**①, 65, Heu Heu Street, Taupo, Tel. +64 (0)7 3786124, www.tur.co.nz. Die Unterkunft bietet Mehrbett-, Doppel- und Einzelzimmer. Das Hostel liegt zentral in einem gemütlichen Gebäude mit modernem Holzhausflair.

■ **Millennium Hotel**②, 243 Lake Terrace, Taupo, Tel. +64 (0)7 3785110, www.millenniumhotels.co.nz/millenniumtaupo. Schönes Hotel, zentral und direkt am Lake Taupo gelegen und mit Blick auf die Vulkane des Tongariro National Park.

Essen und Trinken

■ **Ploughmans,** 45 Charles Crescent, Taupo, Tel. +64 (0)7 3773422, www.ploughmans.co.nz. Das Restaurant, im alten englischen Tudorstil eingerichtet, verströmt britische Pubatmosphäre. Das Essen ist dennoch authentisch neuseeländisch. Bei schönem Wetter kann man im Biergarten sitzen.

Kajaktour auf dem Lake Taupo siehe Kapitel „Special: Kanu und Kajak“.

www.fotolia.de © Fyle

Tongariro National Park

Der Tongariro National Park wurde als **erster Nationalpark Neuseelands** im Jahre 1887 gegründet. Er bildet das Herz des sogenannten **Central Plateau** im Zentrum der Nordinsel. Er gehört zu den am stärksten frequentierten und sicherlich auch zu den beeindruckendsten Nationalparks des Landes. Die Landschaft wird von den drei noch aktiven **Vulkanen** Tongariro, Ngauruhoe und Ruapehu dominiert. Raues Lavagestein und dampfende Schwefellöcher sowie ein großer Kratersee prägen das Bild. Besonders **Ruapehu** macht regelmäßig mit leichten Ausbrüchen deutlich, dass das Gebiet noch geologisch aktiv ist. Erst im Jahre 2007 hat ein sogenannter Lahar, ein Schlammstrom aus heißem Wasser und Asche, für Aufregung gesorgt.

Den **Maori** sind die Berge heilig, dennoch sind sie für Touristen zugänglich. Der Nationalparkstatus hat viele Maori versöhnt, denn sie wissen ihre Berge so in guten Händen. Wenn Mount Ruape-

hu aktiv wird, so glauben die Ureinwohner Neuseelands, verleiht der Berg damit seiner Wut Ausdruck, weil er in irgendeiner Form nicht respektiert wurde.

Direkt nördlich an den Nationalpark grenzt der **Tongariro National Forest,** ein ausgedehntes und sehr einsames Waldgebiet, das, bevor es zum National Forest erklärt wurde, der **Holzgewinnung** diente. Von den dafür angelegten Wegen profitieren jetzt **Wanderer** und **Mountainbiker.** Im Nationalpark selbst ist Mountainbiking verboten, im National Forest findet sich dafür eine der beliebtesten Mountainbikestrecken des Landes, die **„42 Traverse“.**

Der Tongariro National Forest ist **sehr abgelegen.** Der Weg zur nächsten Unterkunft kann bei plötzlich einsetzendem schlechten Wetter sehr weit sein, und man darf auch nicht darauf bauen, dass andere Wanderer oder Mountainbiker auf der gleichen Route unterwegs sind und einem Hilfe leisten können.

033ns sk

Information

Bevor man eine Wanderung oder eine Mountainbiketour im Nationalpark bzw. im National Forest unternimmt, muss **unbedingt** das **DOC-Office** besucht werden. Die Vulkane im Nationalpark sind aktiv, daher kann es immer wieder passieren, dass Teilstücke eines Wanderwegs nicht zugänglich sind. Im National Forest können nach starken Regenfällen manche Flussdurchquerungen wegen zu starker Strömung unpassierbar sein. Generell ist es wichtig, sich über die **Wettersituation** zu informieren, denn bei Touren zum Kratersee, um den Mount Ruapehu herum oder auf dem Tongariro Crossing können steile Passagen auf Geröllboden bei schlechter Sicht und starken Winden sehr gefährlich werden.

- **Tongariro National Park Visitor Centre,** Whakapapa Village, Mount Ruapehu, Tel. +64 (0)7 8923729, tongarirovc@doc.govt.nz.

◁ Die Emerald Lakes im Tongariro National Park

42 Traverse (Mountainbike-Tagestour)

Die „42 Traverse" (benannt nach dem Tongariro National Forest, der einst „State Forest 42" hieß) ist Neuseelands beliebteste Tour auf der Nordinsel, aber sie fordert dem Fahrer einiges an **Kondition** ab. Deshalb – und weil der National Forest ein sehr abgeschiedenes Gebiet ist – ist dies keine Tour für Einsteiger.

Sie führt größtenteils auf **alten Holzfällerwegen** durch den Wald, unterbrochen durch **knackige Downhills.** Unterwegs öffnet sich immer wieder der spektakuläre Ausblick auf die Vulkane des Nationalparks. Im Verlauf der Strecke müssen mehrere **Flüsse durchquert** werden, es gibt keine Brücken, nasse Füße lassen sich daher kaum vermeiden. Die „42 Traverse" ist übrigens nicht nur ein Eldorado für Mountainbiker, deshalb muss immer auch auf Wanderer, Reiter, Geländemotorräder und Allradfahrzeuge geachtet werden.

Dauer und Schwierigkeitsgrad

Die Tour ist **46 km** lang und dauert **drei bis sechs Stunden** (Schwierigkeitsgrad 3). Insgesamt „verliert" man im Verlauf der Strecke 520 Höhenmeter. Durch die zahlreichen Anstiege und Abfahrten ist die Gesamtzahl der bewältigten Höhenmeter aber um ein Vielfaches größer. Der Boden variiert zwischen **Schotterpiste** (35 %) und **unbefestigter,** teilweise ausgewaschener **Piste** (65 %). Unterwegs müssen mehrere **Flüsse** durchquert werden, was die Tour nach starken Regenfällen unfahrbar macht.

Im abgelegenen Tongariro National Forest gibt es meiste **keinen Handyempfang.** Daher unbedingt **Kleidung, Essen, Wasser, Erste-Hilfe-Päckchen** und **Werkzeug** mitnehmen. Eine Rettungsdecke ist klein und leicht, kann eine kalte Nacht aber im Unglücksfall deutlich erträglicher machen. Die Tour sollte definitiv **nicht mit Trekkingrädern** befahren werden.

Anreise

Ausgangsort für die „42 Traverse" ist der **Ort National Park** am westlichen Rand des Tongariro National Park. Start- und Endpunkt der Tour liegen jeweils ca. 20 km von National Park entfernt. Hartgesottene können diese Strecke auf dem Rad zurücklegen, Normalsterbliche sollten besser den **Shuttleservice** in Anspruch nehmen, der ab den Übernachtungsmöglichkeiten in National Park angeboten wird.

Start- und Endpunkt

Die Tour beginnt am **Abzweig SH 47/ Kapoors Road** 18 km nordöstlich von National Park und endet an der **Whakapapa River Bridge** bzw. in **Owhango,** 20 km nördlich von National Park am SH 4. Wer an der Brücke Schluss macht, beendet die Tour mit einem Downhill, wer noch Kraft für den letzten Anstieg hat, darf dafür bei einem kühlen Bier im Pub auf den Shuttlebus warten.

Streckenverlauf

Die Strecke ist vom DOC ausgeschildert, d.h. 10 m vor und nach jeder größeren Kreuzung sollten sich **Markierungen** befinden. Man sollte sich aber keinesfalls allein auf die Schilder verlassen, da diese immer wieder von Hobbyschützen als Zielscheiben missbraucht werden. Der Streckenverlauf folgt zunächst der Piste Kapoors Road westwärts. Nach ca. 7 km biegt rechts die Slab Road nach Norden ab. Die Tour folgt dieser entlang eines Höhenzugs und geht schließlich in einen atemberaubenden **Downhill** hinunter zum **Waione Stream.** Der Fluss muss nicht sofort durchquert werden, zunächst hält man sich rechts und folgt ihm einige Hundert Meter. Nach einem scharfen Rechtsknick und einem kurzen Anstieg geht es dann lang gezogen wieder zum Fluss hinab. Hier bekommt man das erste Mal nasse Füße und fährt dann an einem mehr als knackigen Anstieg aus dem Flusstal hinauf. Der Wech-

032ns sk

sel aus Downhill, Flussdurchquerung und heftigen Anstiegen wiederholt sich noch mehrere Male bis zum Ende der Strecke in **Owhango.**

Übernachtung

■ **National Park Backpackers**①, Finlay Street, National Park Village, Tel. +64 (0)7 8922870, www.npbp.co.nz. Standard-Backpackers mit Zeltplätzen. Besonderes Highlight ist die große Kletterhalle, Gäste zahlen fürs Klettern nur 10 NZD.

■ **Owhango Hotel**①-②, C.M.B.101, Owhango, Tel. +64 (0)7 8954854, www.owhangohotel.co.nz. Wer lieber direkt nach der Tour in Owhango bleiben möchte, kann am Endpunkt der Tour im Owhango Hotel übernachten. Neben normalen Mehrbettzimmern gibt es eine weitere Hütte mit Platz für vier bis acht Personen.

Essen und Trinken

■ Unterwegs gibt es keine Möglichkeit, Proviant nachzukaufen, aber für all die Mühen entschädigt am Ende der Tour ein kühles Bier im **Pub** von Owhango an der Kreuzung SH 4/Omatane Road.

■ **Basekamp**①-②, Carroll Street, National Park Village, Tel. +64 (0)7 8922872, www.basekamp.co.nz. Als Outdoorfreund muss man unbedingt im Basekamp essen gehen. Neben gutem Essen gibt es hier Bergsteiger-Memorabilia von Sir *Edmund Hillary* und *Lydia Bradey* (der ersten Frau, die den Mount Everest ohne zusätzlichen Sauerstoff bestieg) zu bestaunen.

Anbieter

■ **Pipers Mountain Experience and Ski Lodge,** Millar Street, National Park Village, Tel. +64 (0)9 8179054, www.piperslodge.co.nz. Das Pipers-Team bietet ganzjährig jede Spielart des Bergsports als geführte Aktivität an. Preise und Daten sind auf der Website zu finden.

Manchmal scheint es, als ginge es nicht weiter

Kartenmaterial und Literatur

- Als Karte eignet sich das LINZ-Kartenblatt **„S19 Raurimu"** der „Topographic Map 260 Series". Ebenfalls empfehlenswert ist die **„Tongariro Forest Adventure Map"** der Gebrüder *Kennett*. Leider ist die Karte im Buchhandel vergriffen, allerdings sind immer noch einzelne Exemplare z.B. bei der Tongariro Natural History Society (www.tongariro.org.nz) erhältlich. Gegen Vorkasse und Porto werden die Karten auch nach Deutschland versandt.
- Eine ausführliche Beschreibung der Strecke findet sich im ebenfalls von den Brüdern *Kennett* verfassten Mountainbikeguide **„Classic New Zealand Mountain Bike Rides"** (siehe Kapitel „Wo welchen Natursport treiben?", Stichwort „Mountainbiking").

Tongariro Alpine Crossing (Tageswanderung)

Der Tongariro Crossing gehört **weltweit zu den schönsten Tageswanderungen.** Das liegt vor allem an der abwechslungsreichen **Vulkanlandschaft,** durch die man läuft, und bei gutem Wetter ist auch die Aussicht spektakulär. Die farbigen **Kraterseen** tragen ebenfalls dazu bei, dass der Track als etwas ganz Besonderes gewertet wird, und die verschiedenen Gipfel und die Distanz machen die Tagestour zu einer körperlichen Herausforderung, die viele erst recht attraktiv finden. Die **Ketetahi Hot Springs** am Ende der Etappe befinden sich auf **privatem Maori-Land,** daher sollte man unbedingt auf dem markierten Weg bleiben und nicht beliebig auf dem umliegenden Gelände umherlaufen. Es ist nicht erlaubt, in den Quellen zu baden.

Wer übrigens nicht mit „Hundertschaften" unterwegs sein will, sollte sehr früh aufbrechen, denn so lässt sich die Tour ein bisschen besser genießen.

Dauer und Schwierigkeitsgrad

Der Weg ist **17 km** lang, und man benötigt ca. **sieben bis acht Stunden.** Die Wanderung wird als „mittel" eingestuft, beinhaltet aber ein paar **steile Passagen,** auf denen man regelrecht kraxeln muss. Wegen der großen Distanz sollte man unbedingt über eine **gute Ausdauer** verfügen. Wer für unterwegs einen **Aufstieg** auf den Mount Tongariro oder den Mount Ngauruhoe plant, sollte auf jeden Fall **erfahrener Bergwanderer** sein. Die letzten Abschnitte sind hier nicht markiert, und man sollte Schwindelfreiheit und Orientierungssinn mitbringen, um diese Gipfel zu erklimmen. Der Auf- und Abstieg auf den Tongariro-Gipfel dauert insgesamt ca. zwei Stunden und ist ungefähr 3,5 km lang. Die Besteigung des Mount Ngauruhoe dauert ca. vier Stunden und ist hin und zurück ca. 7 km lang. Wer den Track anders herum von **Ketetahi** aus laufen möchte, sollte eine Stunde mehr einrechnen als ausgeschrieben.

Tongariro im Winter

Winterwanderungen durch Schnee und Eis können im Juli bis September unternommen werden. Hier sollte man jedoch **Winterwanderkenntnisse** mitbringen: Lawinenkunde, Kenntnisse im Umgang mit Steigeisen und Pickel sowie im Gehen durch Schnee und Firn sind Voraussetzungen für eine sichere Wintertour.

Anreise

Der Tongariro Crossing ist ein Weg mit unterschiedlichem Start- und Endpunkt. Da man früh aufbrechen sollte, empfiehlt sich eine Übernachtung in der Nähe des Startpunktes an der Mangatepopo

Road. Die meisten Wanderer übernachten in **Whakapapa** oder **National Park.** Beide Ortschaften erreicht man über den SH 47. Von **Taupo** kommend, biegt man in den SH 48 ein und fährt hier den Berg bis nach Whakapapa Village hoch. Von **Süden** kommend, fährt man die SH 4 entlang und trifft in National Park auf den SH 47. Entweder man bleibt in National Park oder fährt auf dem SH 47 weiter bis zur Abzweigung auf den SH 48 nach Whakapapa Village.

Ausgangs- und Endpunkt

Wie bereits erwähnt, gibt es einen Start- und einen ca. 17 km entfernten Endpunkt. Begonnen wird die Tour am Ende der **Mangatepopo Road.** Der Track endet unterhalb der Ketetahi Springs am **Parkplatz der Ketetahi Road.** Damit man seine Wanderung nicht mit zwei Autos planen muss, empfiehlt es sich, einen der zahlreichen **Shuttletransfers** zu buchen. Es gibt verschiedene Anbieter, die einen zum Startpunkt fahren und am Ende der Tour wieder abholen. Empfehlenswert ist der Shuttleservice der **Matai Lodge** aus Ohakune, der bereits seit Jahren die gleiche Qualität zeigt und auch seine Fahrzeiten selten ändert. Eine Fahrkarte (hin und zurück) zum Startpunkt und zurück ab Ketetahi kostet ca. 30 NZD. Abgeholt wird in National Park und Whakapapa. Treffpunkt in Whakapapa ist vor dem Holiday Park gegenüber vom DOC Visitor Centre. Die Abholung erfolgt meist um 7 Uhr. Zurück gibt es Transfers um 15, 16 und 17 Uhr. Anfragen und Buchungen erfolgen telefonisch oder online.

■ **Matai Lodge,** 1 Rata Street, Ohakune, Tel. +64 (0)6 3859169, www.matailodge.co.nz.

Streckenverlauf

Vom **Ende der Mangatepopo Road** führt der Weg leicht bergauf am Fluss entlang durch das Mangatepopo Valley. Am Ende des Tals erreicht man nach ca. 1½ Stunden die **Soda Springs.** Von hier geht es steil bergauf zum **Mangatepopo-Sattel** zwischen Mount Ngauruhoe und Mount Tongariro. Wer den Gipfel des **Mount Ngauruhoe** besteigen will, muss von hier aus weiterklettern. Ansonsten geht es weiter auf einem mit Stäben markierten Weg zum **South Crater** und hinauf zum 1886 m hoch gelegenen **Red Crater,** einem noch aktiven Kratersee. Wer **Mount Tongariro** besteigen will, kann das von hier aus tun. Für alle anderen geht es hinunter zu den grünen **Emerald Lakes,** vorbei am **Blue Lake** und von hier an bergab zur **Ketetahi-Hütte** und den **Ketetahi Springs.**

Übernachtung

Die meisten Wanderer übernachten in **Whakapapa Village,** wo es den höchstgelegenen Holiday Park Neuseelands, ein Backpackers und zwei Hotels gibt.

■ **Whakapapa Holiday Park**①, Whakapapa Village, SH 48, Mt Ruapehu, Tel. +64 (0)7 8923897, www.whakapapa.net.nz, liegt schräg gegenüber vom DOC Tongariro National Park Visitor Centre.

▷ Mount Ngauruhoe im Wintermantel

■ **Skotel Alpine Resort**①-②, Ngauruhoe Place, Mt Ruapehu, Tel. +64 (0)7 8923719, www.skotel.co.nz. Die Backpackerzimmer dieses Hotels sind empfehlenswert. Eine Übernachtung im Mehrbettzimmer ist bereits ab 30 NZD zu haben. Einzel- und Doppelzimmer sind ebenfalls buchbar. Von Vorteil ist die Hotelausstattung, die auch Backpacker nutzen können: Restaurant, Whirlpool, Sauna und Fitnessraum.

■ **Bayview Chateau Tongariro**②, Private Bag, State Highway (SH) 48, Mt Ruapehu, Tel. +64 (0)7 8923809, www.chateau.co.nz. Wer etwas Geld übrig hat, sollte sich zwei Nächte im historischen Bayview Chateau Tongariro gönnen. Ein Hotel aus den 1920er Jahren, das mit Charme und Geschmack überzeugt und jede Anstrengung am Berg schnell vergessen lässt.

Essen und Trinken

In **Whakapapa Village** gibt es **keinen Supermarkt.** Wer sich selbst verpflegen will, sollte sich schon vorher mit Lebensmitteln eindecken. Der nächstgelegene Supermarkt findet sich in National Park. Einige Lebensmittel sind im **Kiosk** des Campingplatzes Holiday Park in Whakapapa Village erhältlich, allerdings zu teilweise horrenden Preisen. Nach der Tour kann man abends im Restaurant des Skotel Alpine Resort essen (s.o.).

Ausrüstung und Anbieter

Wegen des Geröllbodens sollte man unbedingt ein **Erste-Hilfe-Set** mitführen, da auch kleine Stürze Schnitt- und Schürfwunden hinterlassen können, die verarztet werden sollten. Bei schönem Wetter ist **Sonnenschutz** samt Kopfbedeckung und Brille unerlässlich, da es keinen Schutz durch Bäume gibt. Es sollte auch ausreichend **Wasser** mitgeführt werden, denn das Wasser der umliegenden Bäche und Seen ist nicht als Trinkwasser geeignet, weil es Mineralien in hoher Konzentration enthält, die gesundheitsschädlich sind.

Bei Touren im Winter sind **Steigeisen** und **Pickel** unbedingt notwendig. Der Umgang damit sollte vorher geübt werden. Auch der Einsatz von **Gletscherbrille** und **Ortungsgerät** bei Lawinengefahr wird angeraten.

Es gibt verschiedene **Anbieter,** die den Tongariro Crossing als geführte Tour im Angebot haben. Zu empfehlen ist die Firma Pipers Mountain Experience. Der Familienbetrieb bietet seit vielen Jahren Outdoor-Aktivitäten im und um den Tongariro National Park an:

■ **Pipers Mountain Experience,** Millar Street, National Park Village, Tel. +64 (0)9 8179054, www.piperslodge.co.nz.

Kartenmaterial und Literatur

■ Als Material empfiehlt sich das *fact sheet* („Infoblatt") **„Tongariro Crossing"** des DOC mit ausführlicher Wegbeschreibung, erhältlich im Tongariro National Park Visitor Centre. Wer nicht auf eine zusätzliche Topokarte der Region verzichten möchte, benötigt zwei Kartenblätter der „Topo50 Map Series": **„BH 34 Raurimu"** und **„BH 35 Turangi"**

www.fotolia.de © Patrik Stedrak

Whirinaki Forest Park

Der Whirinaki Forest Park liegt 90 km südöstlich von Rotorua und grenzt westlich an den Te Urewera National Park. Er blickt auf eine junge, bewegte Geschichte zurück, und seine Entstehung ist eng mit der **politischen Geschichte** des Landes verknüpft. Die Proteste gegen die Abholzung des Regenwaldes Ende der 1970er Jahre führten nicht nur zur Gründung des National Forest, sondern schließlich auch zur Parteigründung der „Grünen" in Neuseeland.

Die Gegend ist schon seit langer Zeit Siedlungsgebiet der **Maori,** und der Wald stellt immer noch ein wichtiges **spirituelles Zentrum** dar. Dies wird von der Regierung beispielsweise dadurch anerkannt, dass es den Maori gestattet ist, Holz für den Bau von Maraes und für ihre Schnitzarbeiten zu schlagen, obwohl kommerzieller Holzeinschlag ansonsten bereits seit Mitte der 1980er Jahre verboten ist.

Der Wald selbst ist die Attraktion hier. Jahrhundertealte **Baumriesen** – hauptsächlich in Neuseeland heimische Vertreter der Steineibe – wachsen schwindelerregend in den Himmel. **Lianen** und **Farne** in allen Größen machen den Whirinaki zu einem perfekten Urwald. In den Kronen der Bäume (und am Boden!) tummeln sich **zahlreiche Vogelarten,** und aus der Mitte des Waldes entspringt ein Fluss, genauer gesagt der **Whirinaki River,** inklusive einem Wasserfall.

Information

■ **Rangitaiki Visitor Centre,** State Highway (SH) 38, Murupara, Tel. +64 (0)7 3661080, rangitaikivc@doc.govt.nz.

Whirinaki Forest Mountainbike Track (halbtägige Mountainbiketour)

Der 2006 eröffnete Track wurde vom DOC als erster **Öko-Fahrradtrack** in Neuseeland mitten in der sogenannten Whirinaki Ecological Management Zone (WEMZ) angelegt. Er führt auf technisch einfacher, aber mitunter steiler Strecke mitten durch den Urwald. Die atemberaubende Umgebung, die gute Wegführung mit viel Flow, die einfache Orientierung und das Fehlen rutschiger Baumwurzeln machen diese Halbtagestour zu einem absoluten **Highlight** für Anfänger gleichermaßen wie für erfahrene Mountainbiker.

Dauer und Schwierigkeitsgrad

Die Strecke ist **16 km** lang, als Genusstour mit ein paar Fotopausen braucht man ca. **zwei bis vier Stunden.** Wer es wissen will, kann den Kurs aber in unter einer Stunde fahren. Der Geschwindigkeit zugute kommt der Umstand, dass außer Mountainbikern nicht mit anderen Nutzern zu rechnen ist und außerdem eine bestimmte **Fahrtrichtung** empfohlen (und eingehalten) wird. Der Schwierigkeitsgrad ist mit 2 bis 3 angegeben. **Konditionell** ist die Strecke keine Herausforderung, aber wegen doch vorhandener Steigungen und Abfahrten, inklusive eines Downhill von 2 km, sollte man sie nicht unterschätzen.

Anreise

Der Whirinaki Forest Park liegt 90 km südöstlich von Rotorua. Zunächst geht es auf dem SH 5 nach Südosten, dann fährt man auf dem SH 38 weiter nach Murupara. 20 km hinter Murupara biegt die Minginui Road gen Südwesten ab, dieser Straße folgend, erreicht man nach ungefähr 8 km **Minginui Village.** Der Track beginnt in der Nähe.

Start- und Endpunkt

Zum Ausgangs- und Zielpunkt des Whirinaki Forest Mountainbike Tracks biegt man von der Minginui Road zunächst nach rechts auf die Old Tewhaiti Road ab, nach einigen Hundert Metern zweigt links die Old Fort Road ab. Start und Ziel ist der **Parkplatz am Ende der Old Fort Road,** insgesamt ca. 2 km von Minginui Village.

Streckenbeschreibung

Die **Orientierung** auf dem Track ist einfach, und ein Verirren eigentlich ausgeschlossen, denn unterwegs stößt man immer wieder auf **Hinweistafeln** mit detaillierten Karten oder Hinweisen auf mögliche Abkürzungen.

Unterwegs gibt es auch Möglichkeiten, auf einer kürzeren Strecke zum Start/Ziel zurückzukommen. Mitunter sind diese **Abkürzungen** sogar lohnende Alternativen: Beispielsweise gilt es auf der 10-km-Runde, eine 20 m lange und einen halben Meter breite Brücke zu überqueren, die aus dem halbierten Stamm einer neuseeländischen Warzeneibe besteht. Für schwache Nerven gibt es aber eine einfachere Strecke.

‹ Filigrane Farn-Schönheit

Whirinaki Forest Mountainbike Track

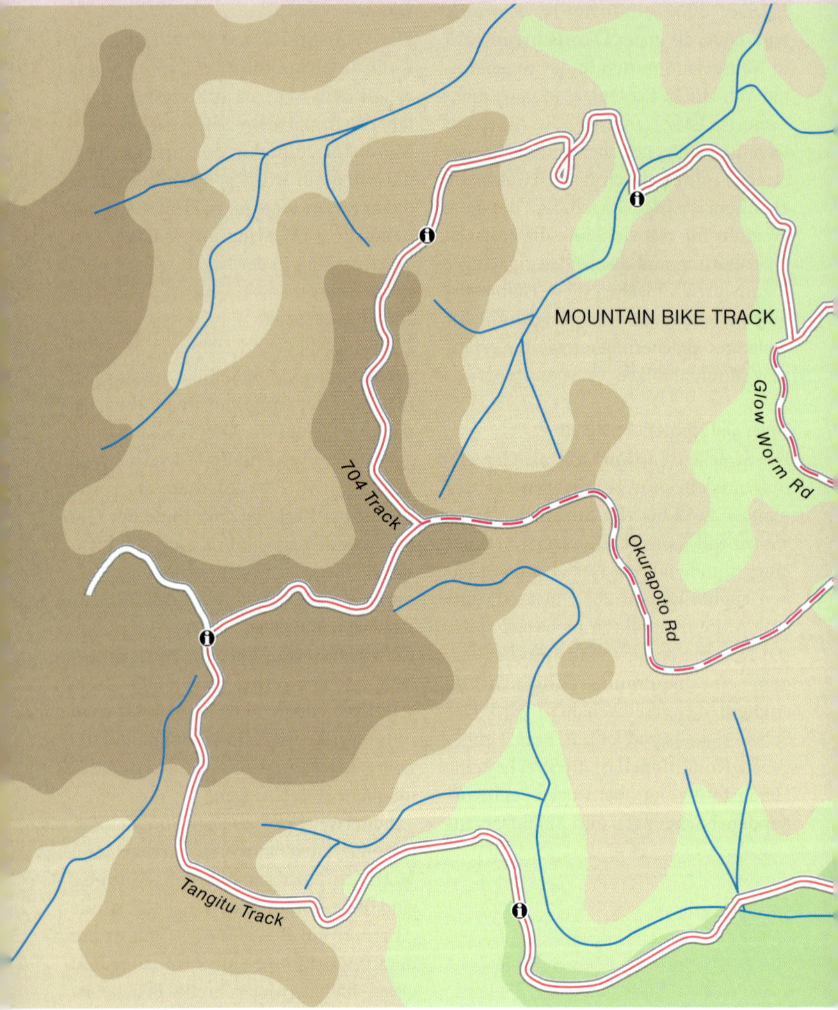

0
500 m
©Reise Know-How 2016
NZ_Outdoor_09
Main Rd
Old Tewhaiti Rd
Whirinaki River
State Highway 38
Old Fort Rd
H Tree Track
Okurapoto Rd
Forestry Rd
Minginui Rd
Minginui Village
Kareru Rd
River Rd
Whirinaki River
Wander-Track
Mountainbike-Track
Alternativer Rückweg
Hauptstraßen
Information
Campingplatz
Parkplatz
550
500
450
400
m

Übernachtung

■ Ein einfacher, allerdings landschaftlich sehr schön gelegener **DOC-Campingplatz** befindet sich am Mangamate Waterfall des Whirinaki River, über die Minginui Road erreichbar.

■ **Whirinaki Forest Holidays**①, 14 Farm Road, Te Whaiti, Whakatane, Tel. +64 (0)7 3663235, www.whirinakiforestholidays.co.nz. Die Unterkunft bietet drei einfache Zimmer für vier bzw. acht Personen. Alle Zimmer können entweder „exklusiv", mit Bettwäsche und Handtüchern oder à la Backpacker gemietet werden. Bei Letzterem muss man alles selbst mitbringen und teilt das Zimmer mitunter mit anderen Gästen. Zusätzlich kann man hier den Transfer zum Whirinaki Track buchen, was sehr bequem ist. Darüber hinaus bietet Whirinaki Forest Holidays auch Reiten und Jagen als organisierte Aktivitäten an.

Anbieter

■ Die Bay of Plenty gehört zu den am dünnsten besiedelten Gegenden des Landes, daher ist ein Angebot für Biker kaum vorhanden. Wer den Whirinaki Forest Mountainbike Track fahren möchte, muss sein **eigenes Rad** mitbringen. Es gibt derzeit auch keine geführten Touren.

■ Von **Whirinaki Forest Holidays** wird ein Shuttleservice für Biker zum Start/Ziel des Tracks angeboten (siehe „Übernachtung").

Kartenmaterial und Literatur

■ Die Broschüre und die Karte aus dem **Rangitaiki Visitor Centre** genügen völlig. Im Verlauf der Strecke gibt es zusätzlich mehrere Hinweistafeln mit detaillierten Karten.

Die Stadt Rotorua

In Rotorua hält wegen der **geothermischen Attraktionen,** die es in und um die Stadt gibt, fast jeder Tourist. Leider sind diese vom Schwefelgeruch nicht zu trennen, weshalb ein Aufenthalt hier gewöhnungsbedürftig ist. Sozusagen zum Ausgleich liegt Rotorua sehr schön an **zwei Seen,** wie der Maori-Name übersetzt heißt (*roto:* See, *rua:* zwei). Sehr viele **Maori** leben hier, was sich im touristischen und kulturellen Angebot der Stadt widerspiegelt. Darüber hinaus war Rotorua vor gut hundert Jahren ein **Kurort** von internationalem Rang. Der Wellness-Bezug wird heute wieder aufgegriffen und gut vermarktet. Die natürlichen warmen Quellen der Region werden gern zum Entspannen und Erholen genutzt. Nach einer Outdoortour ist ein Bad unter freiem Himmel in den städtischen *hot pools* sehr zu empfehlen.

■ **www.polynesianspa.co.nz**

034ns pa

▷ Geothermale Aktivitäten im Waimangu Valley

Information

■ **Rotorua i-Site,** 1167 Fenton Street, Rotorua, Tel. + 64 (0)7 3485179, www.rotoruanz.com/rotorua/i-site.

■ **DOC Rotorua Lakes Area Office,** 99 Sala Street, Rotorua, Tel. +64 (0)7 3497400, rotorua@doc.govt.nz.

Whakarewarewa Forest (halbtägige Mountainbiketour)

Direkt am südlichen Ende Rotoruas liegt der vielleicht **bekannteste Bikepark Neuseelands,** der Whakarewarewa Forest. Mehr als 70 km an Singletracks verteilen sich, verbunden durch breite Forststraßen, über ca. 50 ha Waldfläche. Es gibt Strecken in **allen Schwierigkeitsgraden,** alle sind hervorragend präpariert und ausgeschildert. Ein Paradies für Anfänger, Fortgeschrittene und Profis – im Bereich des Parks finden regelmäßig **Mountainbike-Rennen** statt. Der Park kostet keinen Eintritt (!) und ist das ganze Jahr über zugänglich und befahrbar, stark frequentierte Strecken waschen bei Regen jedoch recht schnell aus. Die neuseeländische Mountainbikeszene erhielt den internationalen Ritterschlag durch die Austragung der **Mountainbike-Weltmeisterschaft** des internationalen Radsport-Verbands UCI, die 2006 in Rotorua stattfand. Austragungsort war zwar nicht der Whakarewarewa Forest, sondern der nördlich der Stadt gelegene Mount Ngongotaha, aber durch das Event hat auch der Bikepark enorm an Popularität gewonnen. Die Weltmeisterschaft in Rotorua war, nach Cairns 1996, erst die zweite Austragung auf der Südhalbkugel.

Dauer und Schwierigkeitsgrad

Die Länge der einzelnen Touren im **„Core Network Loop"** variiert zwischen einigen Hundert Metern und einigen Kilometern. Alle Schwierigkeitsgrade zwischen 2 und 5 sind vertreten. Für etwas längere Touren wurden die **„Outback Loop Trails"** geschaffen, die in 2 bis 3 Stunden auch in die entlegeneren Gebiete des Whakarewarewa Forest führen. Wirklich weit vom Ausgangspunkt entfernt man sich dennoch nie, dem Spaß tut dies jedoch wegen der großen Abwechslung keinen Abbruch. Man kann jederzeit die Touren an die noch verbleibende Restfitness anpassen. Die einzelnen Abschnitte der „Outback Loop Trails" rangieren zwischen den Schwierigkeitsgraden 2 und 4.

Anreise

Der Whakarewarewa Forest liegt direkt am **südlichen Stadtrand von Rotorua,** in direkter Nachbarschaft zur Whakarewarewa Thermal Area. Beides erreicht man am besten über die Fenton Street.

Start- und Endpunkt

Erster Anlaufpunkt sollte das **Redwoods Visitor Centre** in der Long Mile Road sein. Mit dem Auto erreicht man die Straße über den SH 30a und die Tarawera Road. Die Long Mile Road geht von der Tarawera Road ab. Ein ebenfalls beliebter Zugang zum Bikepark ist der Parkplatz (Waipa Carpark) an der **Waipa State Mill Road,** zu erreichen über den SH 5 in südlicher Richtung. Dort befinden sich auch ein Bikeverleih sowie ein Waschplatz für Räder.

Übernachtung

■ **Rotorua Thermal Holiday Park**①, Old Taupo Road (South End), Rotorua, Tel. +64 (0)7 3463140, www.rotoruathermal.co.nz. Der Holiday Park liegt sehr günstig in kurzer Entfernung zum Parkplatz an der Waipa State Mill Road. Vom Zelt über den Wo-mo-Stellplatz hin zu Mehrbettzimmern in der Lodge und urigen Blockhütten gibt es für jeden Geschmack etwas.

Essen und Trinken

■ Bequem und gut essen kann man in der empfohlenen Unterkunft, dem **Rotorua Thermal Holiday Park** (s.o.).

Ausrüstung und Anbieter

■ **Planet Bike Ltd,** 8 Waipa Bypass Road, Rotorua, Tel. +64 (0)7 3461717, www.planetbike.co.nz. Hier gibt es Fahrräder, Zubehör, Reparaturen und Tipps sowie geführte Touren durch den Whakarewarewa Forest. Planet Bike bietet auch auf dem Waipa Carpark direkt am Eingang zum Bikepark Mietfahrräder an. Die Preise rangieren von 35 NZD für zwei Stunden bis 70 NZD für einen ganzen Tag. Eine dreistündige Tour für Einsteiger kostet 150 NZD.

■ **Southstar Shuttle Service Rotorua,** 76 Hawthornden Drive, Rotorua, Tel. +64 (0)2 7654 3038, www.southstaradventures.com. Für Tretfaule bietet Southstar Adventures im Park einen Shuttleservice an. Während einer Saison bringt ein Bus die Biker sechs- bis siebenmal zurück auf den Berg. Eine Einzelfahrt kostet 10 NZD, eine 6er-Karte 40 NZD. Startpunkt ist der Waipa Carpark. Der Veranstalter organisiert auch ein- bis zweiwöchige geführte Mountainbiketouren durch Neuseeland.

Kartenmaterial und Literatur

■ Eine detaillierte Karte mit Informationen über alle ausgebauten Strecken ist in Rotoruas **Bikeläden** und dem **i-Site** erhältlich. Die Karte ist ein Muss, will man in dem zwar kleinen, aber dennoch an Möglichkeiten reichen Gebiet nicht die Orientierung verlieren.

Te Urewera National Park

Der Te Urewera National Park liegt südlich der Bay of Plenty und gilt als **größter Nationalpark der Nordinsel.** Dem Parkgebiet wurde in den 1950er Jahren der Status eines Nationalparks verliehen, da die Vegetation auf großer Fläche als unberührt galt und das auch bleiben sollte. Das Ziel konnte erreicht werden. Der Nationalpark zählt nach wie vor zu den am schwierigsten zugänglichen Gebieten der Nordinsel und beeindruckt durch seine **Vielfalt an Pflanzen und Vögeln.** Die Seen des Parks bieten eine weitere Abwechslung, und von den Erhebungen kann man eine herrliche Aussicht genießen. **Wasser** gibt es aufgrund großer Regenmengen in der Region in Flüssen und diversen Wasserfällen, die malerisch im dichten Busch gelegen sind, zur Genüge. An manchen Stellen hat man tatsächlich den Eindruck, man befände sich mitten in der Wildnis, ohne Zugang zur Außenwelt.

Information

■ **Te Urewera National Park Visitor Centre,** House 2 Aniwaniwa, Corner of SH38 and Aniwaniwa Road, Aniwaniwa, Tel. +64 (0)6 8373803, www.doc.govt.nz.

[>] Dichter Regenwald und Seen prägen das Bild des Te Urewera National Park

035ns pa

Lake Waikaremoana Track (viertägige Wandertour)

Wie kann man sich nur diesen Namen merken? Wir haben uns immer die Eselsbrücke „Why carry Marihuana?" („Warum Marihuana dabei haben?") gebaut und kamen uns dabei vor wie auf einer Anti-Drogen-Kampagne. Ulkigerweise verklärt die Schönheit des Tracks auch so den Blick, denn nicht umsonst ist er ein **Great Walk.** Der anstrengende Anstieg zur **Panekiri Hut** wird mit einem tatsächlich atemberaubenden Blick auf den See und die unendlich weiten Wälder belohnt. Die **Vegetation** unterwegs ist sehr abwechslungsreich, es gibt Birkenwälder, immergrüne, einheimische Rimu-Bäume, dichten Regenwald mit großen Baumfarnen sowie am Seeufer ein bisschen Sumpfland. Die üppige Natur sowie die Abgeschiedenheit des Sees ziehen das ganze Jahr über zahlreiche Wanderer an, obwohl das Gelände relativ schwer zugänglich ist.

Dauer und Schwierigkeitsgrad

Der **46 km** lange Track kann je nach Fitness in drei oder vier Etappen gelaufen werden. Wir empfehlen **vier Etappen,** damit auch ein Abstecher zu den Nebenattraktionen wie den Korokoro-Wasserfällen gemacht werden kann.

Der Weg gilt als **„einfach bis mittel".** Anstrengend ist der Anstieg auf 1180 m zur Panekiri Range am ersten Tag, gut 600 Höhenmeter sind zu bewältigen. Ansonsten verläuft der Weg die meiste Zeit unten am Flussufer entlang.

Anreise

Der Track lässt sich entweder von **Wairoa** im Süden über den SH 38 innerhalb von ca. 1½ Stunden erreichen oder von Norden von **Rotorua** über den SH 38 in ca. 3 Stunden. Von Rotorua kommend, fährt man zwischen Murupara und Aniwaniwa für 90 km eine Schotterstraße, die sich in Serpentinen am Steilufer des Sees entlangschlängelt. Das Auto sollte man laut DOC-Empfehlung am **Waika-**

remoana Motorcamp parken, da dieser vor Dieben sicherer ist als die Ausgangs- und Endpunkte des Tracks. Wer keinen Pkw zur Verfügung hat, kann Aniwaniwa auch bequem mit einem **Überlandbus** von Rotorua aus erreichen. Meist ist die Anbindung dann aber so, dass man eine Nacht im Waikaremoana Motorcamp verbringen muss, damit man am Folgetag die erste Etappe schafft.

Start- und Endpunkt

Der Track beginnt in **Onepoto** und endet an der **Landungsbrücke Hopuruahine.** Es gibt vom Waikaremoana Motorcamp aus zwei Shuttleverbindungen zum Ausgangspunkt, entweder per **Bus** oder mit dem **Wassertaxi.** Auch die Abholung kann per Shuttle erfolgen. Der Transfer per Boot wird vor allem wegen des Blicks über den See empfohlen. Der Preis liegt bei ca. 40 NZD für ein Hin- und Rückfahrticket. Die Fahrt zum Start- und Endpunkt kann im Motorcamp reserviert werden.

Der Tuhoe-Stamm

Das Parkgebiet lag schon vor der Besiedlung durch die Europäer in den Händen des Maori-Stammes der Tuhoe. Heute gibt es an mehreren Stellen **privates Tuhoe-Land,** das vom Nationalpark umgeben ist – eine einzigartige Situation, die es sonst in dieser Häufigkeit und Form in keinem anderen Nationalpark Neuseelands gibt. Besucher werden gebeten, diese Enklaven zu respektieren und auf Privatland nur mit **Genehmigung** des Eigentümers zu zelten oder zu jagen.

Streckenverlauf

Bei einer viertägigen Tour bietet sich folgende Streckeneinteilung an:

■ **1. Tag: Onepoto – Panekiri Hut** (8,8 km, 5 Stunden)

Vom Seeufer aus geht es fast die gesamte Strecke **steil bergauf** durch herrlichen Regenwald bis zur Panekiri Hut. Die anstrengendste Etappe der gesamten Tour, aber mit lohnenswertem Ausblick auf den See.

■ **2. Tag: Panekiri Hut – Waiopaoa Hut** (7,6 km, 3–4 Stunden)

Was man am ersten Tag hinaufläuft, muss man am zweiten Tag wieder **hinunter.** Nicht sehr anstrengend, aber anspruchsvoll für die Kniegelenke, hier eignen sich Wanderstöcke sehr gut. Man hält sich von der Hütte aus südwestlich, die Markierung an den Bäumen kann schon mal unauffällig sein, daher nicht einfach drauflos laufen, sondern Ausschau nach den **roten Pfeilen** halten.

■ **3. Tag: Waiopaoa Hut – Marauiti Hut** (12 km, 4½ Stunden)

Von der Hütte aus läuft man am Waiopaoa-Fluss entlang. Kurz nach dem Start trifft man auf die Abzweigung zu den **Korokoro Falls,** ein Abstecher, den man unbedingt einplanen sollte! Für den Weg dorthin braucht man ca. 30 Minuten und zurück ca. 20 Minuten. Zurück auf dem Hauptweg, geht man eine Weile relativ eben, bis man den Fuß des Berggrats **Whakaneke Ridge** erreicht. Diesen gilt es zu überqueren. Von den Wasserfällen aus erreicht man nach knapp drei Stunden die Marauiti-Hütte.

■ **4. Tag: Marauiti Hut – Hopuruahine Suspension Bridge** (14,1 km, 6½ Std.)

Die letzte Etappe ist die längste, aber auch die einfachste. Nach dem Furten des Flusses hinter der Marauiti Hut,

www.fotolia.de © Jiri Foltyn

überquert man einen Bergsattel und gelangt anschließend wieder ans Seeufer der **Te Totara Bay.** Von hier aus geht der Weg flach am Seeufer entlang. Am Ende des Tracks gilt es den **Hopuruahine-Fluss** zu durchqueren, ein eiskaltes Erlebnis.

Übernachtung

■ **Big Bush Holiday Park,** SH 38, Waikaremoana, Tel. +64 (0)6 8373777, www.lakewaikaremoana.co.nz. Preis auf Anfrage. Seit 17 Jahren bieten die Eigentümer Zeltplätze sowie kleine „Home Units" am Lake Waikaremoana an. Hier erhält man auch Unterstützung bei der Buchung des Wassertaxis.

■ **Unterwegs** hat man die Wahl zwischen einer Übernachtung im **Zelt** für ca. 15 NZD pro Nacht oder in einer **DOC-Hütte** für etwa 35 NZD pro Nacht. Da der Track ein Great Walk ist, ist eine **Vorbuchung** obligatorisch.

Der **Hut Pass** kann entweder online oder im DOC Visitor Centre vor Ort gekauft werden. Die Hütten zu den obigen Etappen sind die Panekiri Hut (1. Tag, 36 Betten), die Waiopaoa Hut (2. Tag, 30 Betten) und die Marauiti Hut (3. Tag, 22 Betten).

Auf der Panekiri Range kann es übrigens auch im Frühjahr oder Herbst **schneien,** daher sollte man unbedingt warme Kleidung mitnehmen! Die Panekiri Hut ist zwar offiziell mit einem Ofen ausgerüstet, dieser ist aber leider immer mal wieder defekt.

Essen und Trinken

Der Proviant muss **selbst mitgenommen** werden. Es gibt keine Lebensmittelgeschäfte oder Einkehrmöglichkeiten. Die letzte Möglichkeit, sich mit Lebensmitteln einzudecken, besteht am **Waikaremoana Motorcamp:** Ein kleiner Laden mit dem Nötigsten.

Anbieter

■ **Walking Legends Guided Walks,** PO Box 267, Whakatane, Tel. +64 (0)7 3125297, www.walkinglegends.com. Wer nicht über eine Campingausrüstung verfügt oder einfach etwas bequemer wandern will, kann dies auf einer viertägigen geführten Tour tun. Übernachtet wird in DOC-Hütten auf dem

^ Ein Abstecher zu den Korokoro Falls lohnt sich!

Track. Das Gepäck wird bis auf einen Tagesrucksack befördert, und für die Verpflegung wird gesorgt. Der Preis pro Person inklusive Transfer von/bis Rotorua beträgt ca. 1450 NZD pro Person.

Kartenmaterial und Literatur

- Kartenmaterial sowie Wanderbeschreibungen sind im Te Urewera National Park Visitor Centre in **Wairoa** oder am Visitor Centre am Track in **Aniwaniwa** erhältlich. Empfohlen wird die LINZ-Karte **„BG 40 Waikaremoana"** der „Topo50 Map Series".
- Ebenfalls lohnenswert ist der DOC-Flyer **„Lake Waikaremoana Great Walk Track"**, der gegen die geringe Gebühr von 2 NZD im DOC Visitor Centre, aber auch zum Download im Internet erhältlich ist (www.doc.govt.nz).

Taranaki Region und River Region

Ähnlich wie die Ostküste werden auch diese beiden Gebiete um den Mount Taranaki sowie um den Whanganui River selten von Touristen besucht. Sie liegen zu sehr **abseits der bekannten Touristenrouten.** Dabei haben beide Regionen viele einzigartige Attraktionen zu bieten.

Die **Taranaki Region** zeichnet sich durch den markanten **Mount Taranaki** mit dem ihn umgebenden **Egmont Na-**

tional Park aus. Das Namenschaos liegt übrigens darin begründet, dass *James Cook* dem Berg den Namen „Mount Egmont" gab, seit einigen Jahren aber wieder der ursprüngliche Maori-Name benutzt wird.

Mount Taranaki ist ein 2518 m hoher, **erloschener Vulkan,** der zu den symmetrischsten Vulkanen der Welt gehört und vor allem dem Fujijama in Japan verblüffend ähnlich sieht. Nach dem Boom in der **neuseeländischen Filmindustrie** durch die „Herr-der-Ringe"-Produktion wurde deshalb auch der Film „The Last Samurai" („Der letzte Samurai") mit *Tom Cruise* hier gedreht.

Fast **kreisrund** ist der Nationalpark, der den Berg umgibt und 1900 als zweiter Nationalpark Neuseelands seinen Status als Naturschutzgebiet erhielt. Der Gipfel des Mount Taranaki ist fast ganzjährig mit **Schnee** bedeckt und bei gutem Wetter sogar vom Zentrum der Nordinsel aus zu sehen. Die Küste hinter dem Berg ist bei **Surfern** beliebt, die Region auf der anderen Seite ist **landwirtschaftliches Gebiet** und nur sehr dünn besiedelt. Den **Maori** ist der Taranaki als mythologischer Ahn heilig, und aufgrund seiner Bedeutung lassen sich hier bis heute viele von ihnen nieder.

Weiter östlich schließt sich die sogenannte **River Region des Whanganui River** an, der vom gleichnamigen **Nationalpark** umgeben ist.

Laut **Mythologie der Maori** gehörte Mount Taranaki einst zu den Vulkanen im Landesinneren und war der Legende nach mit dem Mount Ruapehu verheiratet. Ruapehu wurde aber von Mount Tongariro umworben, während Taranaki auf Jagd war. Nach seiner Rückkehr folgte ein heftiger Kampf zwischen den beiden Bergen, den Taranaki verlor. Im Zorn verließ er das Landesinnere und ging an die Westküste. Der Weg, den er dabei zurücklegte, füllte sich mit Wasser, dem Whanganui River. Dieser entspringt am Mount Tongariro und mündet in der Stadt Wanganui ins Meer.

www.fotolia.de © hardyuno

Ein Zwilling des Fujijama? Mount Taranaki

Taranaki Region und River Region

8	Mount Taranaki	S.120
9	Whanganui Journey (KA)	S.241

0 20 km
Mapiu
Porootarao
Aria
Mokauiti
Tangitu
Piropiro
Waimiha
Hauhungaroa Range
Tihoi
Arataki
Te Pouwhakatutu
Tahorakuri
Oruanui
Wairakei
Aratiatia
Craters of the Moon
Huka Falls
Kinloch
Acacia Bay
Taupo
Western Bay
Te Tuhi Point
Water Airport
Cherry Bay
Lake Taupo
Waitahanui
Iwitahi
Mangatupoto
Otangiwai
Ongarue
Mangakahu Valley
Ohura R.
Ongarue R.
Matiere
Te Koura
Nihoniho
Tuhua
Okahukura
Ohura
Taringamotu
Oruaiwi
1078 Hauhungaroa
Te Hapua
Kuratau Junction
Whareroa
Motutaiko Island
Hatepe
Taumarunui
Manunui
Ngapuke
Moerangi
Kuratau
L. Kuratau
Otunui
Aukopae
Piriaka
Kakahi
Waitetoko
Tokirima
Tokaanu
Motuoapa
Whanganui R.
Owhango
Wanganui River
Turangi
Te Irin
Tongariro River Loop Track
Kirikau
Papakai
Lake Rotoaira
Hukapapa
Taurewa
Whakapapa River
Rangipo
Start of Whanganui River Journey
Retaruke River
Kaitieke
Retaruke
Ketetahi Hot Springs
Tongario Crossing
1967 Tongariro
Tongariro
1727 Makorako
Raurimu
Manawatu
2291 Ngauruhoe
Tongario Northern Circuit
National Park
Waikune
Ruatiti
Whakapapa
Kaimanawa Mountains
Patutu
1708
Bridge to Nowhere
National
Turua
2797 Ruapehu
Warning Road may be closed in winter
Pokaka
Horopito
Park
Manganuiateao R.
Urautoha
Round the Mountain Track
Waiouru Army Training Area
Tohunga Junction
Raetihi
Ohakune
Rangataua
Karioi
Waiouru
Lake Moawhango
Warning Road may be closed in winter
Makaranui
Tangiwai
Erewhon Station
Pipiriki
Tanupara
Rangiwaea Junction
Hihitahi
Moawhango
Jerusalem
Ranana
Matahiwi
Colliero Junction
Opaea
Pukeokahu
Kakatahi
Mataroa
Koriniti Pa
Tauakira
Koeke Junction
Taihape
Taoroa Junction
Ohotu
Atene Skyline Walkway
Parihauhau
Omatane
Tiriraukawa
Utiku
Whakaihuwhaka
Wanganui
Mangaweka
Rariaka
Pohonui
Pukeroa
Otairi
Upper Kawhatau
Kaiwhaiki
Makirikiri
Brunswick
Mangamahu
Ohingaiti
Ruahine
Karewarewa
Upokongaro
Ngaturi
Poukiore
Otamakapua
Westmere
Okoia
Vinegar Hill
Rangiwahia
Marybank
Kauangaroa
Hunterville
Waipuru
Pakihikura
Pemberton
Makaretu
Silverhope
Ashley Clinton
Fordell
Rata
Putorino
Peep-O-Day
Apiti
Whangaehu
Rewa
Umutoi
Tutaenui
Turakina
Bonny Glen
Porewa
Rangitikei
Kiwitea
Utuwai
Ratana
Makirikiri South
Waituna West
Kimbolton
Norsewood
Koitaita
Marton
Tokorangi
Beaconsfield
Crofton
Greatford
Kakariki
Stanway
Komako
Makotuku
Ruahine Range

Den Nationalpark zeichnen **dichter Regenwald** sowie die historische Bedeutung des Flusses aus. Der Fluss wurde zur Zeit der Besiedlung als **Haupthandels- und Reiseweg** ins Zentrum der Nordinsel genutzt. Bis heute gilt er als der längste befahrbare Fluss Neuseelands. Jedoch verkehren hier heute nur Touristenboote, Kanus und Kajaks. Manche Flussabschnitte sind nur per Boot erreichbar, weshalb der Whanganui River oft als eine der besten Wilderness-Erfahrungen im Land angepriesen wird.

Die Taranaki Region eignet sich sehr gut für **Wanderungen.** Der Whanganui National Park ist besonders beliebt für **Kanu- und Flusskajaktouren.**

Kanutour Whanganui Journey siehe Kapitel „Special: Kanu und Kajak“.

Die Stadt Wanganui

Wanganui ist eine der wenigen größeren Städte Neuseelands, die an einem **Fluss** liegen. Der Fluss prägt die Region und verleiht der Stadt ein besonderes Flair. Zahlreiche Cafés, Parks und Gärten liegen am Ufer, das Verweilen am Wasser gehört hier zum Alltag. Wanganui besitzt darüber hinaus zahlreiche **historische Gebäude,** die liebevoll restauriert wurden und die Innenstadt enorm aufgewertet haben.

Irritierend ist die **unterschiedliche Schreibweise** von Nationalpark und Stadt. „Whanganui“ ist die korrekte Maori-Schreibweise. Während der Siedlungszeit trug die Stadt den Namen „Petre“, später nannte man sie dann Wanganui, schrieb den Namen jedoch nach europäischer Schreibweise ohne „h“. Der Nationalpark erhielt in den 1990er Jahren auf Bitte der Maori-Stämme seinen Originalnamen in korrekter Schreibweise zurück, die Stadt behielt die alte Schreibweise jedoch bei.

Von Wanganui aus lassen sich sehr gut **Touren** in die **Nationalparks Mount Egmont** und **Whanganui** planen, da beide von hier einfach zu erreichen sind. Zudem verfügen das lokale Fremdenverkehrsamt sowie das **Whanganui Area Office des DOC** über umfangreiche Informationen zu beiden Parks.

Vor allem für Besteigungen des Mount Taranaki muss man unbedingt auf **gutes Wetter** warten. Wer es bis Wanganui geschafft hat, kann sich auf die regionale Wettervorhersage berufen und von hier aus zügig zum Berg aufbrechen, um am Folgetag den Aufstieg zu wagen. Als weiterer Ausgangspunkt für Touren zum Mount Taranaki eignet sich die Stadt **New Plymouth.**

> Im Nationalpark Whanganui

Unser Tipp für Wanganui

Auf der anderen Seite der Wanganui City Bridge liegt der beliebte, 65 m hohe **Durie Hill,** den man per Aufzug „bezwingen“ kann. Von oben hat man eine **herrliche Aussicht** auf Wanganui und Umgebung. Neben Mount Taranaki kann man bei guter Sicht sogar die Südinsel sehen. Der Aufzug ist fast täglich von 8 Uhr bis 18 Uhr geöffnet.

Praktische Tipps

Outdoorläden

■ **Wilson Hunting and Outdoors,** 222 Victoria Avenue, Wanganui, Tel. +64 (0)6 3487679, www.wilsonshunting.co.nz.

Information

■ **Wanganui i-SITE Visitor Information Centre,** 31 Taupo Quay, Wanganui, Tel. +64 (0)6 3490 508, www.whanganuinz.com.

Übernachten

■ **Tamara Backpackers Lodge**①-②, 24 Somme Parade, Wanganui, Tel. +64 (0)6 3476300, www.tamaralodge.com. Das Backpackers bietet neben Mehrbettzimmern auch Doppel- und Einzelzimmer, auf Wunsch auch mit eigenem Bad. Die Lage direkt am Fluss ist sehr schön, zudem ist das Haus nicht weit vom Stadtzentrum entfernt und hat einen großen Garten. Die Lodge bietet aufgrund der geringen Größe eine familiäre Atmosphäre.

■ **Kingsgate Hotel The Avenue**②, 379 Victoria Avenue, Wanganui, Tel. +64 (0)6 3490044, www.theavenuewanganui.com. Diese Unterkunft liegt direkt an der Hauptstraße des Stadtzentrums und ist daher bestens für eine Übernachtung in Wanganui geeignet.

Essen und Trinken

■ **Element Café**①-②, 26 Victorian Avenue, Wanganui, Tel. +64 (0)6 3457028. Das Café ist zentral gelegen und in einem historischen Steingebäude untergebracht, was in Neuseeland eine echte Rarität ist. Gute Salate und Jakobsmuscheln werden hier serviert.

Egmont National Park

Der 1900 gegründete Egmont National Park ist der **zweitälteste Nationalpark** im Land. Die Fläche des Parks umfasst genau die Oberfläche des kegelförmigen Bergs **Mount Taranaki** mit seinen beiden Nebenvulkanen **Kaitake** und **Pouakai.** Interessant sind die unterschiedlichen Vegetationszonen im Park, die aufgrund der zahlreichen Höhenmeter vorzufinden sind. Starke Regenfälle und das milde Küstenklima sorgen für eine besonders **dichte Vegetation.** Außerdem gibt es ein **Feuchtgebiet** mit seltenen endemischen Pflanzen, die es geschafft haben, auf dem sauren Boden des Vulkans bei niedrigen Temperaturen in der Höhe zu überleben. Für Pflanzenfreunde interessant ist der **Ahukawakawa Swamp** ca. 20 Minuten von der Holly-Hütte entfernt. Außerdem lohnenswert ist ein Besuch der **Westseite** des Parks, weil man hier die schöne Aussicht aufs Meer genießen kann. Wer den Gipfel des Mount Taranaki nicht besteigen will, hat im Park zahlreiche Möglichkeiten zum Wandern. Wer zudem alpine Pflanzen mag und im Frühjahr in Neuseeland ist, sollte unbedingt den **Mangorei Track** zur Pouakai-Hütte nehmen: Ein Blütenmeer der endemischen Foxgloves (Fingerhüte) wartet hier.

Information

- **North Egmont Visitor Centre,** Egmont Road, c/o Post Office, Inglewood 4338, Tel. +64 (0)6 7560 990, egmontvc@doc.govt.nz.

⊡ Wanderer über dem Wolkenmeer

Besteigung des Mount Taranaki (Tagestour)

Der 2518 m hohe Mount Taranaki ist aufgrund seiner Form und Lage ein Berg der besonderen Art. Man findet viele **verschiedene Vegetationszonen** vor, was bei Gipfelbesteigungen in Neuseeland selten ist, und die Lage in unmittelbarer Nähe zum Meer und die damit verbundene **Aussicht** machen den Aufstieg noch schöner. Der Berg ist allerdings **nicht einfach zu besteigen:** Nur bei schönem Wetter, mit Erfahrung im Bergwandern und guter Ausrüstung sollte der Taranaki erklommen werden. Das Wetter hier ist extrem wechselhaft, und durch die exponierte Lage des Berges kann es bei Wetterumschwüngen **lebensgefährlich** werden.

Dauer und Schwierigkeitsgrad

Der extrem steile **Aufstieg** auf den Mount Taranaki dauert ca. **5 Stunden,** der **Abstieg** ca. **3 Stunden.** Vom **Camphouse** bis zum Gipfel sind es 6,5 km, pro Weg werden 1500 Höhenmeter zurückgelegt, eine gewisse **Grundfitness** ist daher unbedingt notwendig. Bergsteiger- und Kletterkenntnisse sind nicht erforderlich. Sollte man den Berg allerdings ungeführt besteigen, wird Erfahrung im Bergwandern empfohlen. Außerdem ist unbedingt ein Helm, im Winter auch Steigeisen und Pickel mitzuführen.

Wie oben erwähnt, sollte der Berg wegen der Wetterschwankungen **nur bei schönem Wetter** bestiegen werden. Zieht schlechtes Wetter auf, selbst ohne Sturm oder starken Regen, ist die Sicht und Orientierung auf dem Berg durch **dichten Nebel** gefährdet. Viele Wanderer sind aufgrund von schlechter Sicht verunglückt, vor allem im oberen Drittel. Die Besteigung gilt wegen der Wegbeschaffenheit und der benötigten Kraftreserven für eine Tagestour als „schwierig“.

Wegen der exponierten Lage des Berges ist es auf dem Gipfel oft **sehr kalt.** Windchill-Temperaturen erreichen hier meist -10 °C, daher sollten unbedingt **warme Kleidung** und **Wechselkleidung** mitgenommen werden. Letztere ist für den Abstieg, denn der Aufstieg ist meistens sehr schweißtreibend, weshalb man sich auf dem Gipfel umziehen sollte.

Anreise

Der Park ist am besten von **Wanganui** aus erreichbar. Die meisten Touristen aus Richtung Inselzentrum oder Wellington kommen von dieser Seite. Wenn man von Auckland oder Hamilton kommt, fährt man alternativ über **New Plymouth.** Aus beiden Richtungen fährt man den SH 3 in Richtung Egmont National Park entlang. In **Egmont Village** biegt man ab und fährt ca. 6 km hinauf zum Visitor Centre in North Egmont. Die Straße endet hier.

Start- und Endpunkt

Der Track beginnt und endet **hinter dem DOC Visitor Centre in North Egmont.** Der Startpunkt ist mit „Summit Track“ ausgeschildert und befindet sich ca. 50 m hinter der Übernachtungshütte **Camphouse.**

Streckenverlauf

Vom Startpunkt folgt man der Markierung bis zur **Tahurangi Lodge.** Über eine hölzerne Treppe führt ein mit Stäben markierter Weg zum Lavagrat **„The Lizard“** auf 2134 m Höhe. Der Grat führt zum **Kratersee,** der fast ganzjährig mit Eis und Schnee bedeckt ist. Der Krater wird überquert, danach führt der Weg

steil hoch auf den Gipfel. Alternativ kann der Gipfel von der Südseite des Bergs von **Dawson Falls** aus erklommen werden. Dieser Aufstieg ist jedoch schwieriger und dauert dementsprechend länger.

Übernachtung

- Da der Anstieg einen ganzen Tag dauert, empfiehlt es sich, vorher in der oben genannten **Camphouse-Hütte** am Visitor Centre auf 936 m Höhe zu übernachten. Die Übernachtung kostet ca. 25 NZD und ist vorher beim Visitor Centre anzumelden.
- **Benvenuti Bed & Breakfast**①-②, 17 Kelly Street, Inglewood, Tel. +64 (0)27 2515287, www.benvenuti.nz. Alternativ zum Camphouse kann man vor/nach dem Aufstieg in diesem B&B übernachten. Die geschmackvoll eingerichtete Holzvilla stammt aus dem Jahr 1932. Inglewood ist ca. 10 km vom North Egmont Visitor Centre entfernt.

Essen und Trinken

Für die Tour muss der gesamte Proviant **selbst mitgenommen** werden, und auch an Wasser muss man denken; empfohlen werden 3 l pro Person. Weder am Visitor Centre noch unterwegs gibt es ein Lebensmittelgeschäft oder Einkehrmöglichkeiten.

Anbieter

- **Adventure Dynamics,** Don Paterson, Tel. +64 (0)6 7513589, www.adventuredynamics.co.nz. Wer sich nicht zutraut, den Berg allein zu besteigen, kann eine geführte Tour buchen. *Don Paterson* ist ein erfahrener und bekannter Bergführer und Outdoorexperte auf der Nordinsel. Eine Einzelperson zahlt ca. 450 NZD, zwei Personen zahlen gemeinsam ca. 600 NZD. Im Winter kommen Extrakosten für Steigeisen und Pickel dazu.

Kartenmaterial und Literatur

- LINZ-Karte **„BJ 29 Mount Egmont/Taranaki"** der „Topo50 Map Series".
- Empfehlenswert ist außerdem der Bergwanderführer **„Taranaki Region Guidebook"** von *Ross Eden,* den der Neuseeländische Alpenverein veröffentlicht hat. Er beinhaltet eine sehr gute Tourenbeschreibung der Gipfelbesteigung und ist im Internet unter www.alpineclub.org.nz erhältlich.

Der Blick über Neuseelands Hauptstadt und ihre Umgebung

041ns sk

Wellington und Wairarapa

Die Umgebung Wellingtons wird von Touristen oft gar nicht wahrgenommen. Die Stadt wird zwar von den meisten auf ihrer Route besucht, doch dass sich auch reizvolle Natur in der Nähe befindet, ist nur wenigen bekann. Der **„grüne Hinterhof" Wellingtons** ist in der Tat sehr interessant, da die Naturschutzgebiete um Neuseelands Hauptstadt herum sehr wild, rau und abenteuerlich sind. Wunderbare **Wandertouren** und **Mountainbikestrecken** findet man hier, und wer erst einmal anfängt zu suchen, hat die Qual der Wahl: Die Kapiti Coast mit ihren weißen Sandstränden (auch sehr gut zum Wellenreiten), die Bergkette der Rimutaka, Tararua und Ruahine Ranges nördlich der Stadt sowie Wairarapa im Südosten mit seinen renommierten Weinanbaugebieten laden zu **Ausflügen** in der Natur ein.

Nicht zu unterschätzen sind die **Naturgewalten** der Region: Starke **Winde** und eine erhöhte **Erdbebengefahr** lassen einen spüren, dass der Mensch im Vergleich zu den Kräften der Natur doch recht klein ist. Wellington liegt exakt auf der indisch-pazifischen Platte, die regelmäßig in Bewegung ist. Man sollte also nicht erschrecken, wenn der Boden unter den Füßen zu „schwimmen" beginnt. Ebenso alltäglich sind hier Windstärken, die einen beispielsweise im Gebirge der Tararua Range nicht mehr aufrecht stehen lassen. Und das ist nicht übertrieben: Es kommt nicht selten vor, dass man sich mit aller Kraft an Bäumen oder Steinen festhalten muss, um im wahrsten Sinne des Wortes nicht wegzufliegen.

Als weiterer Ausgangspunkt für die Rimutaka und Tararua Ranges in der Region Wellington eignet sich sehr gut der Ort Waikanae an der Westküste.

Die Stadt Wellington

Wellington ist eine faszinierende Stadt: Trotz der nur ca. 204.000 Einwohner wirkt sie so urban wie eine Millionenmetropole. Als **Hauptstadt** ist Wellington zwar nicht die größte Stadt des Landes, jedoch politisch und kulturell gesehen das Zentrum Neuseelands. Die Stadt lebt von ihrem **Central Business District,** kurz CBD genannt. Geschäfte, Büros, Kneipen, Theater und Museen sind alle fußläufig zu erreichen. Doch nach 18 Uhr wird die Innenstadt leer, denn die meisten Wellingtonians wohnen in den Außenbezirken.

Malerisch in einem **natürlichen Hafen** gelegen, lebt die Hauptstadt mit Naturgewalten wie Erdbeben und Stürmen, die ihre Einwohner aber kaum berühren. „Windy Wellington" wird die Stadt gern genannt. **Windig** ist es hier deshalb so sehr, weil Wellington im Gebiet der *roaring fourties* („brüllende" oder „stürmische Vierziger") liegt. Im Bereich zwischen dem 40. und 50. Breitengrad herrschen aufgrund der planetaren Zirkulation generell Westwinde vor, auf der Südhalbkugel noch deutlich stärker, da hier nur wenige Landmassen die Winde abbremsen. Besonders in Herbst und Winter kommt es daher zu schweren Stürmen.

Darüber hinaus liegt der Hafen Wellingtons exakt auf einer **geologischen**

Wellington und Wairarapa

🥾	18	Kapakapanui Track	S.127
🚲	19	Karapoti Classic	S.131

0 20 km

Beaconsfield
Kiwitea
Komako
Umutaoroa
Makotuku
Ormondville
Paoanui
Pourerere
Flemington
Whetukura
Wanstead
Wallingford
Blackhead
Pohangina
Raumai
Awahou North
Awahou South
Ruaroa
Dannevirke
Colyton
Tahoraiti
Maharahara
Oringi
Ashhurst
Waiaruhe
Mangatoro
Bird Island
Porangahau Beach
Porangahau
Whakarongo
Papatawa
Waitahora
Motea
Mangatuna
305
Taumatawhakatangihangakoauauotamat
(Longest Mountainname in
Woodville
Ruawhata
Kumeroa
Hopelands
Mangaorapa
Ngawapurua
Ballance
Mangatainoka
Kohinui
Weber
Ti Tree Point
Mangamutu
Coonoor
Waimiro
Wimbledon
Pahiatua
Puketoi Range
Ngaturi
Korora
Waione
Nikau
Herbertville
Kaitawa
Cape Turnagain
Konini
Puketoi
Pongaroa
Hamua
Makuri
Rakaunui
Rongomai
Akitio R.
Pori
Newman
Haunui
Owahanga River
Akitio
Pleckville
Tiraumea
Mara
Owahanga
Alfredton
Castle Hill
Hastwell
Ihuraua
Mauriceville
1000
Kopuaranga
Dreyers Rock
Mataikona
500
Rangitumau
Bideford
Tinui
Whangehu
Tauweru River
Castlepoint
Castle Rock
Masterton
Awatoitoi
Whareama
200
Tauweru
Homebush
Wainuioru
Moreland
Gladstone
Riversdale Beach
Wainuioru River
Uruti Point
Homewood
Te Wharau
Flat Point
Ngakonui
Hinakura
664
Mt. Adams
Honeycomb Rock
Pahaoa R.
Glendhu

Falte, was immer wieder zu leichten bis stärkeren **Erdbeben** führt und der Grund dafür ist, weshalb der Großteil der Stadt in den Berg gebaut wurde. Man fragt sich natürlich, warum es hier trotzdem Hochhäuser gibt. Aber ein Central Business District ohne Hochhäuser? Die Wellingtonians wollten sich die Häuser nicht entgehen lassen und bauten erdbebensicher: auf **Rollfundamenten.**

Alles in allem hat die Stadt jede Menge zu bieten, egal ob im Sommer oder Winter, am Tag oder in der Nacht – in der kleinen Metropole findet man immer etwas, das einem gefällt.

Wellingtons Umgebung eignet sich hervorragend für **Wandertouren** und **Mountainbiketrips.** Von ausländischen Besuchern wird die Gegend nur selten frequentiert. Man kann hier zahlreiche Tagestouren unternehmen, ohne mit Hunderten anderen Besuchern durch Berg und Tal zu wandern. Neben dem Tararua Forest bietet beispielsweise auch die Kapiti Coast wunderbare Wanderoptionen.

Unser Tipp für Wellington

Wellington ist eine Stadt, die auf verschiedenen Ebenen in den Berg gebaut wurde, und eine Stadt von oben zu sehen, hat ja auch generell immer etwas Reizvolles, weshalb sich ein Abstecher mit der berühmten historischen **Cable Car** (Bergstraßenbahn) lohnt.

Die schöne Aussicht lässt sich hier mit einem Spaziergang durch den **Botanischen Garten** der Stadt kombinieren, und zurück kann man entweder laufen oder wieder die Tram benutzen. Es gibt auch ein kleines Museum zur Geschichte der Tram, das nur wenige Meter von der Endhaltestelle entfernt liegt. Der **Eingang zur Cable Car** befindet sich auf dem Lambton Quay etwas versteckt zwischen den Geschäften gegenüber der Grey Street.

- **www.wellingtonnz.com/cablecar**

Praktische Tipps

Outdoorläden

- **Bivouac Outdoor,** 39 Mercer St., Wellington, Tel. +64 (0)4 4732587, www.bivouac.co.nz.

Information

- **Wellington i-SITE Visitor Centre,** Civic Square, Ecke Victoria Street/Wakefield Street, Wellington, Tel. +64 (0)4 8024860, www.wellingtonnz.com.

Übernachten

- **Austin Villa**②, 11 Austin Street, Mt Victoria, Wellington, Tel. +64 (0)4 3858334, www.austinvilla.co.nz. Wellington ist nicht billig, was Unterkünfte betrifft, und die, die billig sind, sind meist sehr abgewohnt (vor allem Backpackers), weshalb sich eine Übernachtung im Bed and Breakfast empfiehlt. Unweit vom Stadtzentrum liegt die Austin Villa im historischen Stadtteil Mount Victoria. Das B&B bietet eine herrliche Aussicht vom Mount Victoria auf die Innenstadt und ist sehr nett eingerichtet.
- **Moana Lodge**①, 49 Moana Road, Plimmerton, Wellington, Tel. +64 (0)4 2332010, www.moanalodge.co.nz. Wer doch lieber im Backpacker, aber trotzdem im angenehmen Ambiente wohnen möchte, sollte dies außerhalb der Stadt im Moana Lodge tun. Ein nettes Backpackers direkt am Strand, ca. 20 Min. von der Innenstadt entfernt. Es gibt einen S-Bahn-Anschluss in die Stadt.

Essen und Trinken

■ **Monsoon Poon**①-②, 12 Blair Street, Wellington, Tel. +64 (0)4 8033555, www.monsoonpoon.co.nz. Ein unter Wellingtonians sehr beliebtes Restaurant: Geboten wird originelle, indisch-asiatische Küche in schöner Atmosphäre. Eine Tischreservierung wird empfohlen. Sehr schön ist auch die Bemerkung auf dem Schild mit den Öffnungszeiten: „Sunday from 5 pm till chef sleepy" („Sonntags von 17 Uhr bis der Koch müde wird").

Tararua Forest Park

Der Tararua Forest Park war der **erste Park mit diesem Status,** der in Neuseeland gegründet wurde (1954). Zwei Drittel der Fläche der Tararua Range wird vom Forest Park eingenommen: Das bedeutet über 100.000 ha. Für die Bewohner Wellingtons kommt der **Vegetation** des Forest Parks und ihrer Pflege eine bedeutsame Rolle zu. Die dort wachsenden Pflanzen sind wichtig für die Reinigung des Wassers, das in Wellingtons *lowlands* (im „Flachland") ankommt, und außerdem werden durch sie Überflutungen vermieden. Interessant ist die Vegetation der **Tararua Range:** Unterschiedliche Natureinflüsse (wie z.B. die starken Winde), unterschiedliche Höhen sowie die variierende Bodenbeschaffenheit haben auf der Ost- und Westseite der Ranges eine interessante Mischung hervorgebracht. Neben den Beech- und Podocarp-Wäldern ist vor allem das neuseeländische Steppengras Tussock verbreitet.

Wind und Regen sorgen für **stark bemooste Bäume,** die der Regisseur *Peter Jackson* für die Filmtrilogie **„Herr der Ringe"** gern als Kulisse nahm (der Kaitoke Regional Park, am Fuß der Tararua Range gelegen, diente z.B. als Kulisse für „Rivendell" – in der deutschen Version „Bruchtal" genannt). Die Tararua Range ist bis zu 1571 m hoch. Der höchste Berg wird wegen seiner Form „Mitre" (Mitra/Bischofsmütze) genannt.

Die unweit von Wellington gelegene alpine und wilde Region bietet zahlreiche Outdoorsportmöglichkeiten, insbesondere für Wanderer und Mountainbiker. Es gibt ein riesiges **Wanderweg- und Bikenetz** mit insgesamt 50 Hütten.

Information

■ **Wellington Visitor Centre,** 18 Manners Street, Wellington, Tel. +64 (0)4 3847770, wellingtonvc@doc.govt.nz.

Kapakapanui Track (Tageswanderung)

Der Kapakapanui ist ein 1100 m hoher **Gipfel** im Südwesten der Tararua Range. Von hier aus kann man bei gutem Wetter die Kapiti Coast, manchmal sogar Kapiti Island sehen. Ebenfalls beeindruckend ist der Blick über die dicht bewachsenen, weitläufigen Hügel der **Tararua Range,** die von hier oben besonders wild und undurchdringlich erscheint. Der Track gibt Einblick in die wilde Landschaft der Bergkette und belohnt mit einer der besten Aussichten, die die Range zu bieten hat, wie Tararua-Kenner gern behaupten. Diese **Aussicht** ist jedoch einem großen Brand zu verdanken, der hier Anfang des 20. Jahrhunderts tobte und die gesamte Kuppe des Kapakapanui freilegte.

Der Track mit seinen Strapazen ist allerdings **nur bei guter Sicht** empfehlenswert. Die steilen, oft sehr matschigen

Passagen lassen sich besser vergessen, wenn man zwischendurch die Kapiti Coast und oben vom Gipfel mit Glück die Marlborough Sounds oder gar Mount Ruapehu sehen kann. Nach **starken Regenfällen** empfiehlt sich die Tour nicht, weil die matschigen Passagen im Hang nur schwer zu bewältigen sind und der Gipfel wahrscheinlich sowieso in Wolken hängt.

Dauer und Schwierigkeitsgrad

Für den Rundwanderweg braucht man **sechs Stunden.** Vom Ngatiawa-Road-End-Parkplatz zur Kapakapnui-Hütte sind es 6,6 km, von der Hütte über die Maymorn Junction bis zur Weggabelung am Ausgangspunkt 7 km.

Viele **steile Passagen** machen den Weg zu einem **„mittelschweren" Track.** Außerdem liegen hier sehr oft **umgestürzte Bäume.** Statt auf direktem Weg hinüber, sollte man besser drumherum laufen, da oft auf halbem Weg kein fester Untergrund zu finden ist. Dann gibt es kein Fortkommen mehr, und man ist sowieso gezwungen, die Bäume zu umlaufen. Generell sollte man für Wanderungen in der Tararua Range **körperlich fit** sein. Neben der Steilheit kommen Matsch und starke Winde hinzu, die das Wandern erschweren und viel Kraft kosten können. Vor allem die Winde sollte man nicht unterschätzen: „Hang on to your hat" („Halten Sie Ihren Hut gut fest"), sagen die Kiwis aus der Region. Ein guter Rat, denn es handelt sich oft um kalte Südwinde, *„southerlies"* genannt, weshalb das Wetter oft plötzlich wechselt. Es kann dann zu Waldbruch und Nebel kommen, was die **Orientierung** erschwert. Daher sind bei Wanderungen in der Tararua Range Grundkenntnisse im Wandern mit **Karte** und **Kompass** zu empfehlen.

Anreise

Von Wellington folgt man dem SH 1 etwa 60 km bis in den Ort **Waikanae.** Im Ort biegt man rechts auf die Akatarawa Road ab. Dieser Straße folgt man etwa 5 km, bis links eine Abzweigung in die Ngatiawa Road kommt. Hier ist das **Ngatiawa Camp** ausgeschildert. Diesen Schildern folgt man, bis man nach ca. 4 km am Ende einer Sackgasse einen **Parkplatz** mit wenigen Häusern erreicht, auf dem man halten kann.

Start- und Endpunkt

Vom Parkplatz aus läuft man über **privates Farmland,** der Weg ist mit Holzpfählen markiert. Dann folgt eine Flussüberquerung, und anschließend gilt es für 20 Minuten weiterzulaufen, bis man an eine Wegkreuzung kommt. Hier ist der Kapakapanui Track **ausgeschildert,** allerdings in zwei Richtungen, da es sich um einen **Rundwanderweg** handelt. Empfehlenswert ist der Weg in **Uhrzeigerrichtung:** Zwar bedeutet das für den Aufstieg mehr Anstrengung, da dieser Weg steiler ist, aber dafür ist der Rückweg sanfter und erholsamer für die Knie. Gewählt wird in dem Fall die **linke Abzweigung,** deren Markierungen steil bergauf führen (nicht den Weg über den Bach nehmen).

▷ Mit Schnee sollte nicht nur im Winter gerechnet werden

042ns wb

Streckenverlauf

Die ersten 1½ Stunden sind **extrem steil,** teilweise muss man an Baumwurzeln entlangkraxeln – *root climbing,* wie die Kiwis sagen würden. Danach wird der Weg stetig einfacher, bis man nach insgesamt 2½ Stunden die **Kapakapanui Hut** erreicht. Von hier aus ist es eine weitere Stunde zum Gipfel des Mount Kapakapanui. Für den Gipfelabstieg ist die **Kreuzung auf dem Bergkopf** zu überqueren. Gefolgt wird den Schildern „Maymorn Junction" und „Renata".

Der Weg führt stetig bergab, mit einigen steilen Abschnitten, die aber recht gut zu bewältigen sind. Nach ca. 3 Stunden sollte man wieder die Kreuzung erreichen, von der man losgelaufen ist. Der Weg führt von hier wieder über das Farmland zurück zum Parkplatz.

Übernachtung

- Wer aus der eintägigen eine zweitägige Tour machen möchte, kann in der **Kapakapanui Hut**① übernachten. Aber aufgepasst: Es gibt nur sechs Betten, und im Sommer tummeln sich hier gern mehr als sechs Personen. Die Hütte kann nicht vorgebucht werden, hier gilt: First come, first served („Wer zuerst kommt, mahlt zuerst").
- **Waikanae Bed & Breakfast**②, 115 Tutere Street, Waikanae Beach, Waikanae, Tel. +64 (0)4 9025829, www.waikanaebeachbandb.co.nz. Wenn man noch in Waikanae bleiben und einen Tag den Strand an der Kapiti Coast genießen will, bietet sich *Helens* Waikanae B&B an. Es liegt unweit vom Meer und bietet eine herrliche Aussicht auf den offenen Ozean.

Essen und Trinken

- Für die Tour muss der gesamte **Proviant selbst mitgenommen** werden.

■ Wer in Waikanae übernachtet, kann im Waikanae Hotel essen gehen; dort gibt es einen Irish Pub sowie ein Steak House: **@bsolute Steak Restaurant,** Ecke Te Moana Road/SH 1, Tel. +64 (0)4 2931 060, www.waikanaehotel.co.nz/absolute-steak.html.

Ausrüstung und Anbieter

■ Unbedingt sollte in der Tararua Range **warme, wind- und regenfeste Kleidung** mitgeführt werden, **Karte** und **Kompass** sowie, falls vorhanden, ein **GPS-Gerät.** Es gibt zwar Markierungen, aber die Erfahrung im Busch hinter Wellington hat gezeigt, dass man im Nebel, bei Regen oder Stürmen schon mal den ein oder anderen Steinhaufen oder Pfahl übersieht. Außerdem kann das Wetter hier extrem schnell umschlagen, weshalb eine Jacke auch im Sommer unbedingt mitzuführen ist.

■ **The Tararua Walk & Mount Bruce Experience,** Hawkhurst, RD 1, Masterton, Tel. +64 (0)6 3774802, www.tararuawalk.co.nz. Einen Anbieter für eine geführte Wanderung auf dem Kapakapanui Track gibt es unseres Wissens leider nicht. Wer aber trotzdem in der Tararua Range geführt wandern möchte, sollte sich an diesen Anbieter wenden. Er organisiert sehr reizvolle Touren zu günstigen Preisen (ab 120 NZD pro Person/Tag).

Kartenmaterial und Literatur

■ Für die Tararua Range und den Kapakapanui Track werden die LINZ-Karten **„BP 32 Paraparaumu"** und **„BP 33 Featherston"** der „Topo50 Map Series" empfohlen. Eine ausführliche Wegbeschreibung vom DOC gibt es leider nicht, nur eine **Kurzbeschreibung** auf der DOC-Website.

Akatarawa Forest

Der Akatarawa Forest ist ein **hügeliges Waldgebiet** zwischen Upper Hutt und der Kapiti Coast im Bereich Greater Wellington. Insgesamt 14.000 ha groß ist die Fläche des **Naherholungsgebietes** der neuseeländischen Hauptstadt. Der Wald untersteht nicht dem DOC, sonst dürfte man hier nicht den Aktivitäten frönen, die in dieser Region so beliebt sind: **Quadbiking** und **Allradwagen** fahren. Neben Wanderern und Mountainbikern ist das ehemalige Waldnutzungsgebiet ein beliebtes Ziel für Motorsportfans. Motorsportler brauchen eine Genehmigung fürs Fahren im Akatarawa Forest, Outdoorsportler nicht.

Der Wald wurde von den Siedlern in Wellington zur Holzgewinnung genutzt. Bis in die 1960er Jahre baute man neben den einheimischen auch ausländische Baumarten an, daher befinden sich die Strecken im hügeligen Gelände oft auf den alten Wirtschaftswegen der Waldarbeiter. Infos zum Akatarawa Forest erteilt das Büro Greater Wellington (GW).

Information

■ **Wellington i-SITE Visitor Centre,** Civic Square, Ecke Victoria Street/Wakefield Street, Wellington, Tel. +64 (0)4 8024860, www.wellingtonnz.com.

▷ Blick vom Kapakapanui-Gipfel über die Tararua Range

Karapoti Classic (halbtägige Mountainbiketour)

Diese Tour im Akatarawa Forest im Norden Wellingtons ist etwas ganz Besonderes: eine Fahrt zur Wiege des neuseeländischen Mountainbikesports! Hier wurde das **erste offizielle Mountainbikerennen** des Landes ausgetragen. Ganz unbescheiden und mangels Konkurrenz wurde es auch gleich zur nationalen Meisterschaft erklärt. Initiiert, geplant und während vieler Jahre organisiert (sowie manchmal auch gewonnen) wurde das Rennen von den **Gebrüdern Kennett,** den neuseeländischen Ikonen des Mountainbiking. Mittlerweile ist das Rennen ein etablierter Bestandteil des neuseeländischen Rennzirkus, die limitierten 1000 Startplätze sind stets heiß begehrt. Nichtsdestotrotz ist das Rennen auch für Amateure attraktiv geblieben, die letzten Zieleinfahrten werden genauso frenetisch gefeiert wie die der Sieger. Und wer nicht um die vordersten Plätze mitfahren kann, hat ja vielleicht Chancen auf einen der **Sonderpreise:** für den bestangezogenen Fahrer oder den Fahrer mit dem größten Pech am Renntag.

Das Rennen wird Jahr für Jahr auf derselben Strecke ausgetragen, und zwischen den Rennen ist das Gebiet auch für die Allgemeinheit zugänglich. Diese Tour ist aber **nichts für Anfänger,** sondern nur fitten und erfahrenen Bikern zu empfehlen.

Dauer und Schwierigkeitsgrad

Die Karapoti Classic hat eine Gesamtlänge von **45 km** und die Fahrtzeit beträgt je nach Kondition und Stärke **vier bis acht Stunden.** Die Tour wird als **Schwierigkeitsgrad 4+** eingestuft. Insgesamt sind über 1100 Höhenmeter zu überwinden, und es gibt unterwegs einige Tragepassagen.

043ns jr

Karapoti Classic

Anreise

Von Wellington geht es zunächst ca. 35 km in nordöstlicher Richtung auf dem SH 2 nach **Upper Hutt** und weiter nach **Brown Owl.** In Brown Owl zweigt die Akatarawa Road nach links ab und führt weiter nach Norden. Nach weiteren 6 km biegt man nach links in die **Karapoti Road** ab. Hier startet das Karapoti-Classic-Rennen, mit der Durchquerung des Akatarawa Rivers – die Brücke wird traditionell ignoriert. Die Karapoti Road führt aber noch weitere 2 km in westlicher Richtung in das Tal hinein und endet an einem großen **Parkplatz,** dem Start- und Endpunkt dieser Tour.

Start- und Endpunkt

Da es sich um einen Rundweg handelt, beginnt und endet die Tour am oben erwähnten **Parkplatz** an der Karapoti Road.

☒ Pause!

Streckenbeschreibung

Vom Parkplatz am Ende der Karapoti Road geht es zunächst auf einer unbefestigten Piste weiter in westlicher Richtung hinein in die **Karapoti Gorge** (Karapoti-Schlucht). Der Weg schwenkt bald nach Norden, und nach 6 km zweigt rechter Hand ein Weg ab (Hukinga Road). Diese ersten 6 km sind nicht schwierig, es ist aber **Vorsicht** geboten, da dieser Teil der Strecke bei Fahrern von **Geländemotorrädern** sehr beliebt ist. Sobald man Motorengeräusche hört, sollte man schleunigst Platz machen, die Motorradfahrer können recht rücksichtslos (und schnell) sein. Die nun folgende, etwa 30 km lange Runde führt entgegen dem Uhrzeigersinn über drei kräftezehrende **Anstiege** (Deadwood, Devil's Staircase/Titi, Dopers Hill), einen extrem technischen und verblockten **Downhill** (Rock Garden) und durch einige Flüsse. Auf einigen Passagen werden die meisten wahrscheinlich ihre Räder tragen oder schieben müssen – besonders bei oder nach Regen eine äußerst rutschige Angelegenheit. Die letzte Abfahrt führt wieder an die obige Wegkreuzung, von dort geht es auf demselben Weg die 6 km zurück zum **Startpunkt.**

Ausrüstung und Anbieter

- **Mud Cycles,** 424 Karori Road, Karori, Wellington, Tel. +64 (0)4 4764961, www.mudcycles.co.nz. Es gibt mehrere Fahrradläden in Wellington. Leihräder und geführte Touren gibt es z.B. bei Mud Cycles. Hardtails mit Federgabel kosten ca. 60 NZD pro Tag. Mud Cycles liegt in einem Vorort von Wellington.
- **Karte, Kompass** und, wenn möglich, **GPS** sind auf dieser Tour unerlässlich, denn die Wege sind nicht markiert.

Kartenmaterial und Literatur

- Empfohlen wird die LINZ-Karte **„BP 32 Paraparaumu"** der „Topo50 Map Series". Die Strecke ist ausführlich im bereits erwähnten Mountainbike-Führer „Classic New Zealand Mountain Bike Rides" von *Paul, Simon* und *Jonathan Kennett* beschrieben. Eine **Übersichtskarte** kann man unter www.gw.govt.nz/section552.cfm herunterladen.

019ns rj

3 Wandern und Biken auf der Südinsel

Atemberaubende Mountainbiketour am Lake Wakatipu

Marlborough

Die **Marlborough Sounds** liegen **im Norden der Südinsel** und erinnern an zerklüftete Fjorde. Die Region ist jedoch nicht durch Gletscher entstanden, sondern durch Bewegungen der Erdplatten. Diese senkten sich, sodass sich die Täler der Region genau wie in der Bay of Islands mit Wasser füllten. In der Geografie bezeichnet man eine solche Landschaftsform als **Ria.** Die Küste der Sounds misst insgesamt 1500 km. Hier existieren lange **Meeresarme,** viele **Halbinseln** und abgelegene **Inseln,** die Zuflucht für viele Meerestiere und Vögel bieten. Das üppige Grün der Marlborough-Hügel, das Gelb der Sandstrände und das Blau des Meeres ergeben ein wunderbares Farbenspiel, das jährlich zahlreiche **Touristen** aus dem In- und Ausland anzieht. Viele reiche Neuseeländer haben sich hier in den letzten Jahren Refugien für Millionenbeträge bauen lassen – oft auf entlegenen Meeresarmen, die nur per Boot zugänglich sind. Die gesamte Region ist sehr dünn besiedelt und nur schwer mit Verkehrsmitteln erreichbar, was ebenfalls einen gewissen Reiz ausmacht.

Die Stadt Picton

Picton ist zugleich Ausgangsort und Endstation einer Reise über die Südinsel Neuseelands. Hier befindet sich der **Fährhafen** der Interislander-Fähren, die zwischen der Nord- und Südinsel verkehren. Fast jeder Tourist kommt hier entweder von Wellington aus an oder

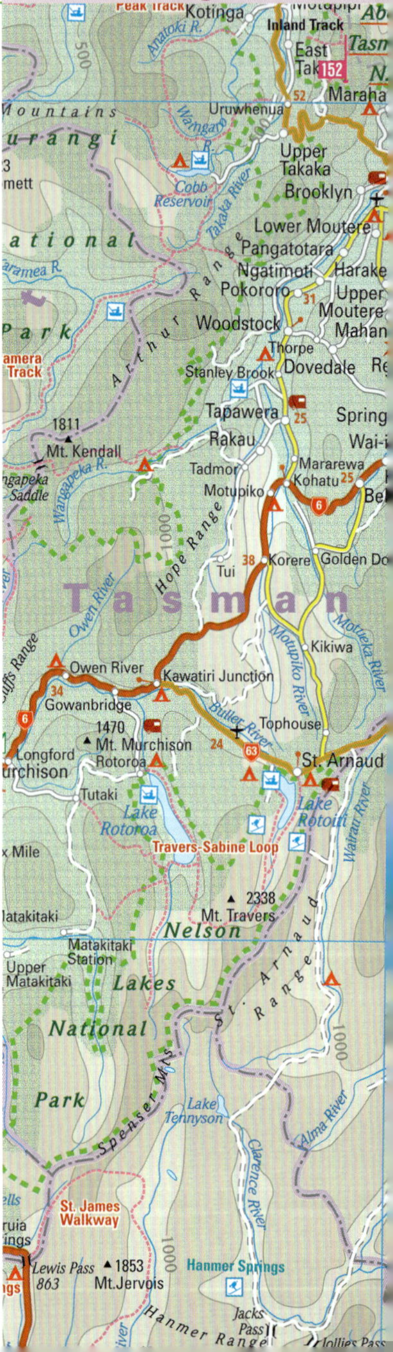

0
20 km
©Reise Know-How 2016
NZ_Outdoor_13
Tasman Bay
Tonga Is.
Abel Tasman CoastTrack
Adele Is.
Sandy Bay
Kaiteriteri
Riwaka
Motueka
Mariri
Tasman
Ruby Bay
Marybank
Rabbit Is.
Mapua
Nelson Wine Country
Stoke
Nelson
Richmond
Hope
Brightwater
Wakefield
Dun Mountain Walkway
Cable Bay Walkway
Cable Bay
Delaware Bay
Pepin Is.
Whangamoa
Wakapuaka
Hira
Bay View
Cape Soucis
Croisilles Harbour
Okiwi Bay
Carluke
Rai Valley
Canvastown
Pelorus Bridge
Havelock
Duncan Bay
Nydia Track
French Pass
Current Basin
Admiralty Bay
Elaine Bay
Maud Is.
Tawhitinui Reach
Titirangi Bay
Beatrix Bay
Chetwode Islands
Forsyth Island
Cape Jackson
Endeavour Inlet
Queen Charlotte Track
Manaroa
Pelorus Sound
Waitaria Bay
Kenepuru Head
Kenepuru
Portage
Queen Charlotte Sound
West Head
Anakiwa
Waikawa
Picton
Linkwater
Glasgow
Mount Pleasant
Koromiko
Robertson Point
Para
Rarangi
Tuamarina
Cloudy Bay
Marshlands
Spring Creek
Grovetown
Okaramio
Rapaura
Marlborough Wine Country
Renwick
Woodbourne
Blenheim
Riverlands
Fairhall
Wither Hills Walkway
White Bluffs
Big Lagoon
Wairau Valley
Hillersden
Wairau River
Pelorus River
Lee River
Wairoa River
Richmond Range
Nelson
Wakamarina R.
Kaituna
Dashwood
Seddon
Clifford Bay
Blind River
Lake Grassmere
Cape Campbell
Marlborough
2120 Pinnacle
Waihopai River
Branch River
Spray River
Awatere River
Omaka River
Flaxbourne River
Ward
Mirza
Needles Point
Wharanui
2885 Tapuaenuku
Clarence River
Kekerengu
2026 Severn
Saxton River
Molesworth
2256 St. Bernard
Inland Kaikoura Range
Seaward Kaikoura Range
Parikawa
Clarence
Acheron River
Dillon River
Mangamaunu
Half Moon Bay
Hapuku
Kaikoura
South Bay
Peketa
Kaikoura Pen. Walkway
Whale Watching
Kaikoura Peninsula
1747 Mt. Tinline
Mt. Lyford Village
22 Nydia Track S.146
23 Queen Charlotte Track S.142
24 Marlborough Sounds (SK) S.249

setzt mit der Fähre von hier auf die Nordinsel über. Die ehemalige Hochburg für Walfänger im 18. und 19. Jahrhundert ist heute für die meisten ein einfaches **Hafenstädtchen,** das als Durchgangsort im Gedächtnis bleibt. Wer aber Zeit hat und sich für die Region Marlborough interessiert, wird schnell feststellen, dass sich hier wahre Kleinode für **Natur-, Outdoor- und Gourmetfreunde** auftun. Picton ist das Zentrum für Touristen, die den **Queen Charlotte Track** erkunden möchten. Ebenfalls attraktiv sind die **Bootstouren** vor Ort, die Einblick in die Meereswelt der Sounds geben. Vor allem ein Besuch auf einer der vorgelagerten Inseln ist eine kleine Reise wert. Wegen des guten Weins der Region (Montana-Weine), der Neuseeland im internationalen Weingeschäft Ruhm einbrachte, ließen sich in den letzten Jahren außerdem hervorragende Gastronomen in Marlborough nieder. Eine **Weintour** in dieser Gegend ist unbedingt zu empfehlen. Ein Halbtagesausflug kostet ca. 69 NZD pro Person und ist buchbar unter: www.soundsconnection.co.nz.

Unser Tipp für Picton

Die Marlborough Sounds erlebt man am besten vom Wasser aus. Die Firma Dolphin Watch Ecotours bietet sehr gute geführte Ausflüge in die Sounds an. Man kann eine reine **Delfintour** buchen und mit Delfinen schwimmen gehen oder eine Rundfahrt durch den **Queen Charlotte Sound** mit Abstecher auf die Vogelinsel **Motuara Island** buchen. Die Firma verspricht, dass man mit neunzigprozentiger Sicherheit unterwegs auf Delfine und Seerobben stößt. Wir konnten tatsächlich mehrere beobachten. Dolphin Watch wird von qualifizierten Meeresbiologen geleitet und hat bereits mehrere Preise im Bereich des Ökotourismus gewonnen.

Dolphin Watch Ecotours, Picton Foreshore, Picton, Tel. +64 (0)3 5738040, www.naturetours.co.nz.

Praktische Tipps

Outdoorläden

■ **Picton Sportsworld,** 8 High Street, Picton, Tel. +64 (0)3 5736963, www.sportsworld.co.nz/stores/marlborough/picton-sportsworld.

Information

■ **Picton i-site Visitor Centre,** The Foreshore, Picton, Tel. +64 (0)3 5203113, www.marlboroughnz.com.

Übernachten

■ **The Villa Backpackers Lodge**①, 34 Auckland Street, Picton, Tel. +64 (0)3 5736598, www.thevilla.co.nz. The Villa ist eines der legendärsten Backpackers Neuseelands, da es in einer herrlichen alten

› The Villa Backpackers Lodge, eine renommierte Unterkunft in Picton

Holzvilla untergebracht ist und besondere Festivitäten ausrichtet, so zum Beispiel ein Weihnachtsfest für Gäste. Neben den klassischen Mehrbettzimmern gibt es auch Doppel- und Einzelzimmer sowie Doppelzimmer mit eigenem Bad.

■ **The Yacht Club**②-③, 25 Waikawa Road, Picton, Tel. +64 (0)3 5737002, www.theyachtclub.co.nz. Hotelunterkünfte sind in Picton recht teuer. Der Yacht Club liegt zentral und hat größtenteils sehr schöne Zimmer mit Meerblick. Alternativ kann man auf die Hotels in den Sounds ausweichen, die recht gut per Wassertaxi erreichbar sind und in herrlicher Umgebung liegen.

Essen und Trinken

■ **The Barn Café**①-②, 48 High Street, Tel. +64 (0)3 5737440. Die kleine, typisch neuseeländische Kneipe liegt in der Einkaufsstraße Pictons. Diese Art von Pub-Café ist in Neuseeland kaum mehr zu finden, urig, mit typischem, gutem neuseeländischen Pub-Essen und viel Nippes aus früheren Zeiten.

Queen Charlotte Sound

Der Queen Charlotte Sound ist vor allem wegen des gleichnamigen **Tracks** bekannt, der sich über 71 km fast an der gesamten Küstenlinie entlang erstreckt. Wanderweg und Sound ziehen neben Wanderern vor allem Seekajaker und seit wenigen Jahren auch Mountainbiker an. Von Anfang März bis Ende November wird der gut einen Meter breite Weg von **Wanderern** und **Mountainbikern** gleichzeitig genutzt, was bereits zu diversen Auseinandersetzungen und heftigen Diskussionen geführt hat. Trotzdem muss man sagen, dass der Track dadurch einen ganz besonderen Status gewonnen hat, denn es gibt keinen weiteren derart populären Wanderweg in Neuseeland, der sowohl Wanderern als auch Mountainbikern offensteht. Im Outdoorsport

047ns ar

Queen Charlotte Sound

0
4 km
©Reise Know-How 2016
NZ_Outdoor_14
Mount Stokes
1203
Titirangi Rd
Punga Cove
Punga Cove Resort
Camp Bay
DOC-Zeltplatz Camp Bay
Endeavour Inlet
Ship Cove
Schoolhouse Bay
Resolution Bay
Motuara Island
Long Island
Queen Charlotte Sound
Pickersgill Island
Blumine Island
Blumine Island Campsite
Kenepuru Rd
Bay Of Many Coves (Miritu Bay)
Arapawa Island
Ratimera Bay
Ratimera Bay Campsite
Black-wood Bay
Sound
1000
800
600
400
200
0 m
Mountainbike-Track
Seekayaking
Road
DOC-Büro/Info
Parkplätze
Hotel
Campingplatz

sollte man sich nicht nur der Natur, sondern auch Gleichgesinnten gegenüber respektvoll verhalten und ihnen mit **Toleranz** begegnen, egal ob sie auf zwei Rädern oder zu Fuß unterwegs sind.

Information

■ **Picton i-site Visitor Centre,** The Foreshore, Picton, Tel. + 64 (0)3 5203113, www.qctrack.co.nz.

Queen Charlotte Track (ein- bis dreitägige Mountainbiketour)

Der Queen Charlotte Track ist mit 71 km die **längste Singletrail-Strecke Neuseelands.** Er bietet eine atemberaubende Aussicht auf die Fjordlandschaft der Marlborough Sounds. Viele Abschnitte sind wunderbar flüssig zu fahren, es gibt aber auch einige schwierige und steile Passagen. Eine Besonderheit ist, dass der Weg explizit **für Wanderer und Biker** konzipiert und angelegt wurde (*dual-use,* mit Ausnahme des ersten Teilstücks von Meretoto/Ship Cove zum Kenepuru Saddle, das in der Hochsaison von Dezember bis Februar für Biker gesperrt ist). Das bedeutet für Biker, dass man stets darauf vorbereitet sein muss, plötzlich hinter der nächsten Biegung auf eine Gruppe Wanderer zu stoßen. **Vorausschauendes Fahren** und **Rücksichtnahme** sind hier also besonders wichtig, um das gute Verhältnis zwischen Wanderern und Bikern nicht zu strapazieren.

Dauer und Schwierigkeitsgrad

Wer den Weg in seiner ganzen Länge fahren möchte, muss für die ca. **71 km 12 bis 14 Stunden** Fahrtzeit einrechnen. Da man unterwegs an mehreren Stellen ein **Wassertaxi** besteigen oder verlassen kann, ist es jedem selbst überlassen, die ganze Strecke oder nur eine Teilstrecke zu fahren. Viele Fahrer kürzen den Weg ab, indem sie auf dem mittleren Teilstück zwischen **Kenepuru Saddle** und **Te Mahia** auf die Straße ausweichen.

Der Schwierigkeitsgrad des Queen Charlotte Track ist mit „3+" angegeben. Er erfordert eine **gute Kondition** und – insbesondere auf der mittleren Etappe – eine **gute Beherrschung des Fahrrads.**

Bei **Regen** wird der Track zu weiten Teilen **unbefahrbar,** der Lehmboden verwandelt sich dann in eine schmierige Rutschbahn. An den ausgesetzten Stellen direkt am Steilhang ist das Fahren dann nicht nur äußerst schwierig, sondern regelrecht gefährlich.

Anreise

Picton liegt am äußersten Nord-Ost-Zipfel der Südinsel. Wer von der Nordinsel anreist, kommt fast unweigerlich durch Picton hindurch, da hier die **Fähre** von Wellington anlegt. Auf der Südinsel sind es beispielsweise mit dem **Auto** von Christchurch aus 340 km nach Norden, immer an der Ostküste entlang. Alternativ fährt von Christchurch aus ein Zug. Der **Coastal Express** bietet die Möglichkeit, die fantastische Landschaft ganz entspannt vorbeigleiten zu lassen. In unmittelbarer Nähe von Picton liegt ein kleiner **Flughafen,** ein weiterer befindet sich in **Blenheim,** in 45 km Entfernung.

[>] Der Queen Charlotte Track ist sowohl unter Wanderern als auch unter Bikern beliebt

Start- und Endpunkt

Der Queen Charlotte Track folgt größtenteils dem Höhenrücken zwischen Queen Charlotte Sound und Kenepuru Sound nördlich von Picton. Start- bzw. Endpunkt sind **Ship Cove** und **Anakiwa.** Die meisten Biker und Wanderer fahren bzw. gehen den Weg in **südwestlicher Richtung.** Der erste Anstieg aus Ship Cove hinaus ist gleich sehr steil und beinhaltet eine längere **Schiebepassage,** daher beginnen viele die Tour in einer der südlich von Ship Cove gelegenen Buchten wie z.B. **Resolution Bay** oder **Endeavour Inlet.** Zudem ist der Streckenabschnitt zwischen Ship Cove und Punga Cove zwischen Dezember und Februar **für Biker gesperrt.**

Zum Ausgangspunkt des Tracks – nach Ship Cove oder zu einer der folgenden Buchten – kommt man von Picton aus per **Wassertaxi.** Alle Anbieter legen von der großen Promenade in **Picton** ab, direkt hinter dem London Quay.

Achtung: Die Ablegestelle der Wassertaxis ist nicht identisch mit dem Terminal der Interislander Ferry zwischen Wellington und Picton. Wer mit der Fähre in Picton ankommt, folgt der Auckland Street ein paar Hundert Meter in Richtung Picton und biegt dann nach links in den London Quay und von dort in die Promenade ein.

Streckenverlauf

■ **Ship Cove – Punga Cove:** 27 km, 5 Stunden, 400 Höhenmeter

Die Etappe windet sich zunächst lang und steil durch dichten Regenwald auf den ersten Höhenzug. Oben angekommen, wechseln sich **kurze Anstiege** und **Abfahrten** ab, und genauso schnell verändert sich die Landschaft: Farnwälder, Orchideen und immer wieder der überwältigende Ausblick über grünes Farmland hinab auf den Fjord. Dieser Teil der Strecke verläuft oft über Privatland, dementsprechend häufig muss abgestie-

046ns ri

045ns msa

gen werden, um das Bike über **Gatter** zu heben oder **Tore** zu öffnen und wieder zu schließen.

Achtung: Diese Etappe ist für Biker **von Dezember bis Februar gesperrt.**

- **Punga Cove – Portage:** 21 km, 4 Stunden, 900 Höhenmeter

Blick vom Queen Charlotte Track über die Sounds

Die zweite Etappe ist im Charakter deutlich rauer. Der Weg führt relativ hoch über dem Fjord durch offenes Buschland und führt zum Teil sehr nahe am Abhang vorbei. Das bedeutet eine **fantastische Aussicht,** verlangt aber auch etwas mehr **Sicherheit auf dem Bike,** will man nicht einen großen Teil der Strecke schieben. Dazu ist diese Etappe auch merklich hügeliger, und man legt daher deutlich mehr Höhenmeter zurück.

- **Portage – Anakiwa:** 20 km, 4 Stunden, 600 Höhenmeter

Die letzte Etappe ist das **Singletrail-Sahnestück** der Tour. Zwar muss man es sich wieder mit einem harten Anstieg vom Start weg erarbeiten, aber dann schlängelt sich der Weg auf und ab durch **majestätischen Regenwald,** immer wieder unterbrochen durch die schöne Aussicht auf den Fjord.

Wer sich die mittlere Etappe nicht zutraut oder generell nur zwei Tage auf dem Queen Charlotte Track verbringen möchte, kann einen Teil der Strecke auf der **Kenepuru Road** zurücklegen, beliebt ist der Abschnitt zwischen **Kenepuru Saddle** (bei Punga Cove) und **Te Mahia** (hinter Portage).

Übernachtung

- **DOC-Zeltplatz Camp Bay**①, Punga Cove. Einfacher Zeltplatz mit Wasser und Toiletten. Gegen eine geringe Gebühr dürfen die Duschen des Punga Cove Resort von Campern benutzt werden.
- **Punga Cove Resort**①-③, Punga Cove, Endeavour Inlet, Rural Bag 408, Picton, Tel. +64 (0)3 5798561, www.pungacove.co.nz. Eine der wenigen Hotelanlagen in den Sounds, die vom Backpacker bis zum Luxusapartment unterschiedliche Unterkunftsmöglichkeiten bieten. Malerische Lage am Wasser.

■ **DOC-Zeltplatz Cowshed Bay**①, Portage. Klassischer DOC-Campingplatz, einfacher Standard.

■ **The Walker's Lodge**①, RD 2, Picton, Tel. +64 (0)3 5734309, www.portage.co.nz. Unmittelbar neben dem Portage Resort Hotel gelegen, bietet der Backpacker bei gleicher Lage am Wasser Unterkünfte für den kleinen Geldbeutel.

■ **The Portage Resort Hotel**②-③, RD 2, Picton, Tel. +64 (0)3 5734309, www.portage.co.nz. Terrassenförmige Hotelanlage im Kenepuru Sound mit herrlichem Blick aufs Wasser. Großzügige Zimmer sowie Ferienapartments sind buchbar. Mit Restaurant und Café. Verleih von Seekajaks.

■ **Te Mahia Bay Resort**②-③, RD 2, Picton, Tel. +64 (0)3 5734089, www.temahia.co.nz. Freundliche Ferienunterkunft mit Motel Apartments und Ferienwohnungen der gehobenen Mittelklasse.

Essen und Trinken

Proviant und **Wasser** für unterwegs sollten auf jeden Fall auf dem Rad **mitgenommen** werden. In den Resort Hotels an den Endpunkten der Tagesetappen kann man natürlich in den jeweiligen angeschlossenen Restaurants oder Cafés einkehren. In **Punga Cove** und **Portage** gibt es kleine Läden für den Notfall, in Portage zusätzlich einen kleinen Takeaway.

Ausrüstung und Anbieter

■ **Marlborough Sounds Adventure Company,** London Quay, Picton, Tel. +64 (0)3 5736078 oder innerhalb Neuseelands Tel. 0800 283283 (kostenlos), www.marlboroughsounds.co.nz. Komplettpakete für Tagestouren kosten 135 NZD. Eine zweitägige Tour schlägt mit 480 NZD zu Buche, die dreitägige Tour inklusive Übernachtungen in Punga Cove und Portage kostet, abhängig von der Zimmerkategorie, bis zu 995 NZD. Alle Preise beinhalten die Kosten für die Bikemiete, den Transport zum und vom Track sowie – falls nötig – den Gepäcktransport. **Achtung:** Bei Regen werden grundsätzlich wegen der Gefährlichkeit der Strecke keine Räder verliehen!

Marlborough Sounds Adventure haben auch ein geführtes, dreitägiges Programm im Angebot, bestehend aus Wandern, Seekayaking und Mountainbiking. Die Preise inklusive Transport, Guide, Materialmiete, Lunchpaket und Übernachtung liegen zwischen 635 und 995 NZD.

■ **Beachcomber Fun Cruises,** London Quay, Picton, Tel. +64 (0)3 5736175 oder innerhalb Neuseelands Tel. 0800 624526 (kostenlos), www.beachcombercruises.co.nz. Der Beachcomber ist ein Wassertaxi und bietet verschiedene Optionen für Fahrer mit eigenem Rad. Er folgt festen Fahrplänen und legt um 9.30 Uhr morgens in Picton ab. Die einfache Fahrt nach Ship Cove oder Resolution Bay kostet etwa 65 NZD. Das Wassertaxishuttle hat außerdem einen Gepäcktransport für Mehrtagestouren im Programm. Dieser beinhaltet den Transfer zum Startpunkt, den Transport des Gepäcks zu den Übernachtungspunkten und optional den Rücktransport von Torea Bay oder Anakiwa nach Picton, wo das Gepäck am letzten Tag wieder bereitliegt. Die Preise für diese Tickets liegen bei 95 NZD. Beachcomber bietet zudem auch eine kürzere Tagestour von Torea Bay nach Anakiwa für 69 NZD an.

Wer möchte, kann sich am Ende der Tour wieder nach Picton bringen lassen. Bei den Tickets mit Gepäcktransport ist dies im Preis inbegriffen, für Selbstfahrer kostet das Ticket etwa 45 NZD. Alternativ kann man aber auch bequem mit dem Fahrrad die 23 km von Anakiwa nach Picton zurücklegen. Alle Fahrten sollten im Voraus gebucht werden.

Kartenmaterial

■ Die guten Wegmarkierungen machen eine Karte auf dieser Tour nicht unbedingt notwendig. Wer trotzdem nicht ohne fahren möchte, findet mit der DOC-Karte **„Marlborough Sounds"** im Maßstab 1:100.000 einen guten Überblick.

■ Mehr Details zeigen die Karten der „Topo50 Map Series" **„BQ 28 Havelock", „BQ 29 Waikawa"** und **„BP 29 Endeavour Inlet",** die alle drei zusammen die gesamte Strecke abdecken.

Nydia Track (zweitägige Wanderung)

Wem der Queen Charlotte Track zu voll erscheint, der sollte auf den noch nicht überlaufenen Nydia Track in den **westlichen Sounds** ausweichen. Der Weg verbindet die **Kaiuma Bay** nahe Havelock mit dem **Tennyson Inlet.** Der Nydia Track ist ein alter *bridle path,* d.h., er wurde früher von den Siedlern für Holzfällarbeiten genutzt. Er führt durch **verschiedene Waldarten.** Man sieht große Rimu-Bäume, aber auch Farmland und Gebüsch (*shrubland* genannt) werden durchwandert. Da man zwei Bergsättel überquert, bietet sich bei guter Sicht ein herrlicher Ausblick aufs Meer. Auch die Lage der Unterkunft auf halber Strecke in der Nydia Bay lohnt die Anstrengung, die der Track mit sich bringt. Da es sich nicht um einen Rundwanderweg handelt, müssen Hin- und Rücktransport vorher organisiert werden.

Dauer und Schwierigkeitsgrad

Der Nydia Tack ist **27 km** lang und gilt als „mittelschwer", was auf steile Passagen und das Wandern auf **schmalen, oft sehr matschigen Trampelpfaden** zurückzuführen ist. Man sollte **körperlich fit** sein und mehrstündige Wanderungen in unwegsamem und steilem Gelände bewältigen können.

Eine Besonderheit des Tracks ist, dass der Weg von Wanderern und Bikern **gleichzeitig** genutzt wird. Das bedeutet für Wanderer, dass man stets darauf vorbereitet sein muss, plötzlich hinter der nächsten Biegung auf einen **Mountainbiker** stoßen zu können. Etwas **Vorsicht** und **Toleranz** sind daher geboten, um das Verhältnis zwischen Wanderern und Bikern nicht zu strapazieren.

Anreise

Den Nydia Track erreicht man am besten über die Ortschaft **Havelock.** Sie liegt auf halber Strecke zwischen Nelson und Blenheim am SH 6.

Start- und Endpunkt

Unsere Beschreibung beginnt in der **Kaiuma Bay.** Diese liegt 33 km von Havelock entfernt. Man folgt dem SH 6 ca. 10 km in Richtung Nelson. Auf der rechten Seite führt eine Brücke über den Rai River. Diese nutzt man und biegt rechts auf die **Kaiuma Bay Road,** der man bis zum Ende in der Kaiuma Bay folgt. Hier befindet sich der **Parkplatz,** von dem der Nydia Track losgeht.

Der Track endet am Parkplatz in der **Duncan Bay.** Von hier führt die **Tennyson Inlet Road** auf kurvenreicher Strecke über den Opouri-Sattel durch den Richmond Forest Park, wird hier zur **Opouri Road** und endet auf dem SH 6 im **Rai Valley.** Von der Duncan Bay bis zum SH 6 sind es 27 km. Am Highway angekommen kann man rechts weiter nach Nelson und links weiter nach Havelock, Blenheim oder Picton fahren.

Wer den **Transfer** zum Start- und Endpunkt nicht mit dem eigenen Fahrzeug organisieren kann, hat die Möglichkeit, dies über die Betreiber der Unterkunft **On The Track Lodge** zu tun, die direkt am Nydia Track in der Nydia Bay liegt. Die Eco Lodge betreibt für ca. 125 NZD einen **Shuttleservice und Gepäckservice** von Havelock zur Lodge (Kontaktdaten siehe „Übernachtung").

> Herrliche Ausblicke entlohnen die Anstrengung auf den steilen Passagen

048ns aa

Streckenverlauf

Man kann den Weg von beiden Seiten aus laufen. Die Beschreibung unten beginnt in der Kaiuma Bay. Die Tagesetappen gestalten sich wie folgt:

- **1. Tag: Kaiuma Bay – Nydia Bay** (ca. 4 Stunden, 12,8 km)

Vom Parkplatz in der Kaiuma Bay führt der Weg anfänglich durch Farmland zum steilen Anstieg auf den 387 m hohen Kaiuma-Sattel, einem der wohl **schönsten Aussichtsplätze** in den Sounds. Von hier führt der Weg ebenso steil hinunter zur **Nydia Bay.** In der Bay erreicht man eine Weggabelung. Je nach Übernachtungswunsch muss hier entschieden werden, wie es weiter geht. Wer in der **Nydia Lodge** übernachten will, muss ca. 1,5 km zur Lodge laufen. Diesen Wegabschnitt muss man morgens dann wieder zurückwandern. Wer im Backpackers **Te Mahoerangi** übernachtet, bleibt auf dem Weg. Von hier ist es nur noch ca. 1 km bis zur Unterkunft.

- **2. Tag: Nydia Bay – Duncan Bay** (ca. 4 Stunden, 13,5 km)

Vom Backpackers wandert man in Richtung **DOC-Campingplatz** weiter. Das Wandern hier ist mäßig anstrengend, man läuft durch Farmland und Gebüschabschnitte. Hinter dem Camp führt der Weg steil bergauf auf den 347 m hohen Nydia-Sattel. Hat man diesen überquert, geht es auf der anderen Seite wieder sehr steil bergab hinunter zum **Tennyson Inlet.** Unten angekommen, umwandert man küstennah den Berg unterhalb des Nydia-Sattels bis man den Parkplatz in der **Duncan Bay** erreicht.

Übernachtung

Die Nydia Bay bietet auf der Wanderung von der Kaiuma Bay Richtung Duncan Bay zwei Übernachtungsmöglichkeiten:

■ Die **Nydia Lodge des DOC**①-②: Die Lodge ist sehr groß und kann bis zu 50 Personen aufnehmen. Von kleinem Nachteil ist die etwas abschüssige Lage. Man muss vom Nydia Track ca. 1,5 km zur Lodge laufen.

On The Track Lodge①-②, PO Box 65010, Havelock 7154, Tel. +64 (0)3 5798411, www.onthetracklodge.nz. Das Haus ist ein Erlebnis der besonderen Art. Es liegt einen guten Kilometer von der Abzweigung in der Nydia Bay entfernt. Die Unterkunft wurde ursprünglich als Backpacker von Umweltaktivisten erbaut, die in der Marlborough Region wegen ihres Engagements einen sehr guten Ruf genießen. In der vielfach gelobten Eco Lodge kommt man als Tramper unter anderem in den Genuss, eine warme Mahlzeit bestellen zu können. Auch ein Frühstück kann gebucht werden.

■ Wer den Track **andersherum** wandert, kann im **Nydia Camp** auf dem DOC-Campingplatz übernachten. Wer alternativ in einer der beiden obigen Unterkünfte bleiben möchte, muss mindestens eine weitere Stunde vom Camp zum Backpackers und ca. 1½ Stunden zur Lodge laufen.

Essen und Trinken

■ Wie erwähnt, können Gäste von **On The Track Lodge** vor Ort essen. Wer sich selbst verpflegen will, kann dies selbstverständlich tun, wie in jedem anderen Backpacker auch. Wer die **Nydia Lodge** anpeilt, muss seinen **eigenen Proviant** mitbringen. Auch in der Kaiuma und der Duncan Bay gibt es keine Geschäfte oder Restaurants.

Ausrüstung und Anbieter

Man hat die Wahl, auf der Hälfte des Tracks zu zelten oder im Backpackers bzw. in einer DOC Lodge zu übernachten. Daher sollte die **Ausrüstung der Übernachtungsvariante entsprechend** zusammengestellt werden.

■ **Wilderness Guides,** Picton Railway Station, 3 Auckland Street, Picton, Tel. +64 (0)3 5735432, www.wildernessguidesnz.com. Der Nydia Track wird vom Veranstalter Wilderness Guides aus Picton als geführte Wanderung angeboten. Die Übernachtung erfolgt in einem charmanten Gästehaus in der Nydia Bay. Es müssen nur gute Wanderstiefel, ein größerer Tagesrucksack mit Wechselkleidung und Utensilien für die Übernachtung mitgenommen werden. Für alles andere wird gesorgt.

Kartenmaterial

■ Die DOC-Karte (Parkmap) **„The Marlborough Sounds"** im Maßstab 1: 100.000 gibt einen guten Überblick über die gesamte Strecke. Außerdem findet man auf der Rückseite der Karte neben den Informationen über Flora und Fauna der Sounds auch eine kleine **Streckenbeschreibung** zum Nydia Track. Wegen der guten Markierung ist diese recht grob aufgelöste Karte für die Tour ausreichend. Wer mehr Details wünscht, sollte auf die LINZ-Karten **„BQ 28 Havelock"** und **„BP 28 Te Aumiti"** zurückgreifen.

Kajaktour Marlborough Sounds siehe Kapitel „Special: Kanu und Kajak".

> Nelson ist eine bunte Stadt mit einem ebensolchen Völkchen

Nelson

Die Region Nelson reicht vom Nordwesten der Südinsel bis ins Landesinnere an den Rand der Südalpen und verläuft dabei größtenteils an der Küste entlang. Sie ist bekannt für ihr **sonnenreiches, warmes Klima,** das unserem Mittelmeerklima ähnelt.

Die ganze Küstenregion der nördlichen Südinsel gilt als sonnenverwöhnt und fruchtbar. Hier wird neben Obst und Gemüse auch Wein und Hopfen angebaut. Die **Wein-** und **Biererzeugnisse** der Gegend konnten sich in den letzten Jahren weltweit durch ihre Qualität einen Namen machen. Das Klima lockte in den vergangenen Jahrzehnten nicht nur Landwirte, sondern auch zahlreiche **Auswanderer** und **(Lebens-)Künstler** an, die unter der Sonne Neuseelands ihrer Kreativität freien Lauf lassen.

Bei der Region handelt es sich um eines der **bedeutendsten Outdoorgebiete** des Landes, das **drei Nationalparks** mit unterschiedlichen geografischen Gegebenheiten beherbergt: Von malerischen Sandstränden über dichten Regenwald bis zu rauen Bergketten, glasklaren Seen und tiefen Wasserschluchten findet man hier Abwechslung pur, die im Kleinen den Facettenreichtum des gesamten Landes widerspiegelt.

Neben der hier beschriebenen Stadt Nelson sind **Motueka, Takaka, St. Arnaud** und **Murchison** weitere wichtige Orte für einen Start in die umliegenden Nationalparks.

www.fotolia.de © pure-life-pictures

Nelson

	20	Heaphy Track	S.160
	21	Abel Tasman Coast Track	S.155
	25	Abel Tasman National Park (SK)	S.252
	26	Dun Mountain Trail	S.154
	27	Lake Angelus Track	S.163

Die Stadt Nelson

Den Namen hat die Region ihrer größten Stadt Nelson zu verdanken, in der ca. 40.000 Menschen leben. Die Stadt gilt als wichtigstes **Handelszentrum** im Norden der Südinsel und zählt mit ca. 2400 Sonnenstunden im Jahr bei Neuseeländern und Touristen zu den beliebtesten Städten des Landes.

Nelson, die Geburtsstadt des berühmten Atomphysikers **Ernest Rutherford,** ist heute beliebter Wohn- und Arbeitsort von Natur- und Sportbegeisterten, Künstlern, Freischaffenden und Aussteigern, was der Stadt und ihrer Umgebung ein farbenfrohes Image verleiht.

Empfehlenswert sind eine Besichtigung der **Galerien** der Stadt (Adressen und Empfehlungen gibt es bei der Touristeninformation) und ein Besuch im **Wearable Art Museum** (dem Museum für Mode als Kunstobjekt). Samstags sollte man über den Wochenmarkt schlendern, auf dem sich vom Winzer und Maler über den deutschen Metzgermeister bis hin zum Shiatsu-Masseur das komplette bunte Völkchen der gesamten Region trifft.

■ **World of Wearable Art & Classic Cars Museum,** 95 Quarantine Road, Nelson, Tel. +64 (0)3 5474573, www.wowcars.co.nz.

Unter Natursportinteressierten gilt Nelson heute als **Outdoorbasis der Region,** von wo aus jedes Jahr Zehntausende von **Wanderern** und **Seekajakern** in die umliegenden Nationalparks aufbrechen. Die Infrastruktur der Stadt bietet hervorragende Möglichkeiten zur Planung und Durchführung verschiedener Aktivitäten. Ausgezeichnete Buchläden und Outdoorausrüster verfügen über das notwendige Material und Know-how für Touren aller Art.

Unser Tipp für Nelson

Der kleine Fluss **Matai River** schlängelt sich aus den Bergen des Nelson Lake National Park kommend durch die ganze Stadt und mündet an der Footbridge in die Tasman Bay. Der Weg am Fluss zieht täglich zahlreiche Bewohner Nelsons an, die hier spazieren gehen und Sport treiben. Die Flusswindungen sowie die ansprechende Vegetation samt Bergkulisse erinnern an Szenen aus dem Film „Herr der Ringe“, wenngleich an dieser Stelle nie gedreht wurde. Das Land bietet zahlreiche dieser märchenhaften Flecken. Am Fluss entlang kann man sich z.B. vor einer mehrtägigen Tour durch einen langen Spaziergang oder einen Ausdauerlauf auf die kommenden Tage vorbereiten oder nach einer Tour entspannen.

Praktische Tipps

Outdoorläden

■ **ALP Sports,** 220 Hardy Street, Nelson, Tel. +64 (0)3 5468536.

Information

■ **Nelson i-SITE Visitor Centre,** Millers Acre Centre, 77 Trafalgar Street, Nelson, Tel. +64 (0)3 5482 304, www.nelsonnz.com.

Übernachten

■ **The Palace Backpackers**①, 114 Rutherford Street, Nelson, Tel. +64 (0)3 5484691, www.thepalace.co.nz. Empfehlenswert für Low-Budget-Reisende. Untergebracht in einer der typisch viktoria-

nischen Holzvillen Neuseelands, überblickt man von dieser Seite der Rutherford Street die gesamte Stadt. Die alte Villa liegt etwas abgelegen, bietet dafür aber eine familiäre Atmosphäre.

■ **Sussex House B&B**②, 238 Bridge Street, Nelson, Tel. +64 (0)3 5489972. Wer es etwas komfortabler möchte, sollte dieses Bed and Breakfast ausprobieren. Das Haus ist unweit vom Stadtzentrum malerisch am Flüsschen Matai River gelegen.

Essen und Trinken

■ **The Smokehouse**①-②, Sheds 2 & 3, Mapua Wharf, Mapua, Nelson/Richmond, Tel. +64 (0)3 5402280, www.smokehouse.co.nz. Wer in Nelson übernachtet, bevor es auf große Tour in den Nationalpark geht, sollte sich vorher eines der köstlichen Fischgerichte aus der Region nicht entgehen lassen. In diesem schön gelegenen Restaurant mit Meerblick kann man vor allem geräucherte, aber auch frische Fischspezialitäten genießen.

Der Tui ist ein neuseeländisches Wappentier

Abel Tasman National Park und Golden Bay

Der Abel Tasman National Park gehört zu den drei bekanntesten Nationalparks des Landes. Dies liegt wohl vor allem an dem milden, sonnenreichen Klima sowie an der direkten Meerlage. Vor allem die goldenen **Sandstrände** des Parks sind sehr beliebt und die **ungewöhnlichen Granitfelsen** in den Meeresbuchten sowie die **abwechslungsreiche Vegetation** beeindrucken den Betrachter. Besonders interessant sind die riesigen Baumfarne und die Vielfalt an Vögeln: Mit Glück kann man hier einen **Tui** entdecken, eines der neuseeländischen Wappentiere.

Die sogenannten *inlets* (Sandbuchten) im Park sind mit Vorsicht zu genießen. Da die Gezeiten und Strömungen sehr ausgeprägt sind, sollte man sich vor der Begehung einer Bucht über die **Uhrzeiten von Ebbe und Flut informieren,** da man ansonsten die Durchquerung eines *inlets* oder die Befahrung der Bucht per Kajak nicht schafft.

Der 1942 gegründete Park ist von der Fläche her der kleinste Neuseelands und wurde nach dem **Entdecker Neuseelands,** dem holländischen Seefahrer *Abel Tasman,* benannt. Bei einer Fläche von 22.530 ha erstreckt er sich entlang der Küste über 65 km. Die Strände und der legendäre **Abel Tasman Coast Track** ziehen ganzjährig zahlreiche Outdoorsportler und Touristen an. Jedes Jahr laufen den Coast Track laut Angaben des DOC ca. 30.000 Wanderer, hinzu kommen Tagestouristen, die mit dem Boot in den Park kommen und dort längere **Spaziergänge** machen, sowie **Kajaker,** die

Kajaktour im Abel Tasman N.P. siehe Kapitel „Special: Kanu und Kajak".

den Park vom Wasser aus nutzen. Statistisch gesehen gilt Abel Tasman als der beliebteste Nationalpark des Landes.

Aufgrund der hohen Touristenzahlen wurden im Park zahlreiche Wege angelegt und Hütten, Anlegestellen etc. errichtet, worunter seine **Ursprünglichkeit** stark **gelitten** hat. Dies mindert zwar ein wenig den Reiz der wilden Küstenvegetation, schützt aber den Park vor allzu extremen Schäden durch den Massentourismus.

Die **Golden Bay** ist landesweit als eine der **„alternativsten" Regionen** im Land bekannt. Hier leben überwiegend Sonnenliebhaber, Aussteiger und Künstler. Die Bewohner der Golden Bay haben sich bewusst für die Region entschieden, denn wer hier lebt, kommt nicht so einfach wieder aus dem Nordwestzipfel der Südinsel weg – jeder Weg ist von hier aus ein weiter. Doch wer einmal in der Golden Bay war, versteht, dass man gar nicht unbedingt wieder weg will. Das Landschaftsbild der Region ist geprägt von gelben Sandstränden, einer schönen, teilweise felsigen Küstenlinie und sanften Hügeln weiter im Landesinneren.

Der Abel Tasman National Park und die Golden Bay bietet besonders gute Bedingungen zum **Seakayaking** und **Wandern.**

Information

■ **Nelson Regional Visitor Centre,** Millers Acre, 77 Trafalgar Street, Nelson, Tel. +64 (0)3 5469339, www.nelsonnz.com.

☑ Die Küstenregion zieht jährlich Tausende von Besuchern an

049ns ar

Dun Mountain Trail (eintägige Mountainbiketour)

Diese spannende eintägige **Bergtour** von/bis Nelson steigt bis zu einer Höhe von 878 m zum Dun Mountain auf und folgt dabei Neuseelands erster Eisenbahnlinie. Dun Mountain ist 1129 m hoch und gilt als einer der markantesten Berge in der Umgebung von Nelson. Vom Coppermine-Sattel wird man mit einem atemberaubenden Blick auf die malerische Tasman Bay belohnt. Ebenfalls als Belohnung lockt eine **grandiose Abfahrt** hinunter Richtung Nelson, die zu den längsten in ganz Neuseeland zählt. Wer bergige Touren gewohnt ist oder sie als Herausforderung betrachtet, kommt hier in den Genuss einer außergewöhnlichen Tagestour mit dem Mountainbike.

Auf dem Weg gibt es keine Möglichkeit, **Trinkwasser** aufzufüllen. Daher bitte unbedingt ausreichend Wasser mitführen. Der **Handyempfang** ist auf diesem Trail **sehr schlecht.** Daher sollten für eventuelle Notfälle ein Erste-Hilfe-Pack sowie ausreichend Proviant und warme Kleidung mitgeführt werden.

Dauer und Schwierigkeitsgrad

Die **38 km** lange Tour wird aufgrund ihres Anstiegs und der Abfahrt mit Grade 3–4 (mittel bis schwer) eingestuft. Zwei Drittel der Runde sind mit Grade 3 markiert, die Abfahrt mit Grade 4, da es sich um einen Single Trail handelt, der aber trotzdem gut zu fahren ist, sofern es nicht zu nass ist. Wer das Radeln von Höhenmetern nicht gewohnt ist und sich nicht fit genug für eine solche Herausforderung fühlt, sollte die Tagestour meiden. Alle anderen werden auf dieser Tour einen grandiosen Tag erleben. Und da es sich um eine **Rundtour** handelt, braucht man nur ein gutes Mountainbike zu mieten und kann unkompliziert von Nelson aus starten und wieder dorthin zurückfahren.

Anreise

Der Trail startet am **Codgers MTB Park** südlich des Vororts The Brook und westlich von Maitai. Die Brook Street startet als Verlängerung der Tasman Street südlich der Nile Street im Stadtzentrum.

Start- und Endpunkt

Der Startpunkt befindet sich **südlich der Innenstadt** (siehe „Anreise“) und endet am **Maitai Motor Camp** an der Matai Valley Road. Entweder man fährt von dort zurück zur Brook Street oder folgt der Maitai Valley Road zurück ins Stadtzentrum. Wer die Tour geführt unternehmen oder nur ein Fahrrad mieten möchte, kontaktiert am besten Biking Nelson:

- **Biking Nelson,** Tel. +64 (0)21 861725, www.bikingnelson.co.nz.

Streckenverlauf

Der Weg folgt der ursprünglichen **Bahnstrecke** durch den **Codgers Mountain Bike Park** und schlängelt sich dann den Berg hinauf durch neuseeländischen *birch forest.* Kurz nach Coads Creek wechselt die Vegetation vom üppigen Busch zu verkümmertem Manuka-Bewuchs. Die **Erde** ist hier unfruchtbar und durch ihre Mineralien **farblich schattiert,** ähnlich wie man es stellenweise auch in Otago vorfindet. Die letzten 200 Höhenmeter führen zum **Coppermine Saddle** (878 m) und bieten dort eine großartige Aussicht bis zum Maitai-Tal. Von hier geht es meistens bergab zum **Maitai Dam.** Dieser Abstieg gilt unter Mountainbikern als eines der besten Flow-Erlebnisse Neuseelands. Die Landschaft ist atemberaubend und im unteren Teil recht steil. Am Maitai Dam angelangt sind es knapp 4 km bis **Smiths Ford,** wo man auf die Smith Ford Bridge trifft. Das letzte Stück zum Maitai Motor Camp ist ca. 3 km lang. Hier kann man entscheiden, ob man zurück zur Brook Street fährt oder direkt zurück in die Stadt.

Unterkunft/Essen und Trinken

- siehe Stadtbeschreibung Nelson.

Kartenmaterial und Literatur

- Ausführliche Infos findet man auf der Website des NZ Cycle Trails: **www.nzcycletrail.com/trails/dun-mountain-trail.**

Abel Tasman Coast Track (viertägige Wanderung)

Küstenwanderwege gehören weltweit immer zu den beliebtesten Wanderstrecken, daher ist der Abel Tasman Coast Track auch der am meisten bewanderte Track Neuseelands. Der Weg ist einer der neuen **Great Walks** des Landes (siehe Exkurs „Great Walks"), und obwohl der Track genau wie der gesamte Nationalpark ganzjährig sehr touristisch und sehr frequentiert ist, ist er doch unbedingt empfehlenswert. Die malerische Küstenlinie, die vorgelagerten Inseln und die üppige Vegetation im Hinter-

☐ Die Torrent Bay im Abel Tasman National Park

land lassen die vier Tage zu einem gelungenen Outdoorerlebnis werden.

Um die Vielfalt des Tracks kennenzulernen, empfiehlt es sich, **vier Etappen** zu laufen. Wer weniger Zeit hat, aber dennoch auf dem Track unterwegs sein möchte, kann problemlos per **Wassertaxi** in eine der Buchten fahren und die Strecke zurück nach Marahau laufen. So lassen sich problemlos ein Tagesausflug oder eine sogenannte **Overnight-Wanderung** (eine zweitägige Wanderung mit einer Übernachtung) durchführen.

Dauer und Schwierigkeitsgrad

Der Abel Tasman Coast Track gehört zu den einfacheren Wanderwegen im Land, das bedeutet jedoch nicht, dass es nicht anstrengend wird. Vom Schwierigkeitsgrad wird er als **„leicht“** eingestuft, dennoch gibt es auf manchen Tagesetappen ordentliche **Steigungen.** Ein gutes Maß an körperlicher **Fitness** für eine vier- bis fünftägige Tour sollte vorhanden sein. **Vorsicht** geboten ist in den sogenannten großen *inlets:* In der Torrent Bay, der Tonga Bay und der Bark Bay müssen die **Gezeiten** z.B. berücksichtigt werden, damit die Sandbuchten ohne Komplikationen durchquert werden können. Der Wasserstand im Abel Tasman National Park weist bei Ebbe und Flut Differenzen von bis zu drei Metern auf. Die **Awaroa Bay** kann generell nur bei Ebbe durchlaufen werden, daher ist es ratsam, sich einen **Übernachtungspunkt** zu suchen, der ungefähr mit den geplanten Tagesetappen und Gezeiten übereinstimmt. Die aktuellen **Uhrzeiten** von Ebbe und Flut werden stets an den Nationalparkhütten ausgehängt oder sind beim DOC Visitor Centre in Nelson erhältlich.

Anreise

- **Per Pkw/Camper:** Wer von Nelson oder Motueka aus kommt, folgt den Schildern des Abel Tasman National Parks nach **Marahau.** Der Ort liegt ca. 18 km nördlich von Motueka und ist sehr gut ausgeschildert. Auf der Fahrt nach Marahau kommt man an zahlreichen **Weingütern** und **Kunsthandwerkshöfen** vorbei. Wer Zeit hat, sollte hier unterwegs einen Abstecher machen. Von Nelson aus muss man ca. 70 Minuten Fahrzeit einplanen, von Motueka aus sind es nur 20 Minuten.
- **Per Bus:** Sowohl von Nelson als auch von Motueka fahren regelmäßig öffentliche Busse nach Marahau. Von den Endpunkten des Abel Tasman Tracks in Totaranui und Wainui Bay fahren Busse nach **Takaka.** Die Abfahrtzeiten können beim DOC Office in Nelson erfragt werden. Der Preis für eine Busfahrt beträgt ca. 15 NZD von Motueka nach Marahau und von Totaranui nach Takaka. Von Nelson aus zahlt man ca. 20 NZD zum Startpunkt in Marahau.

Start- und Endpunkt

In **Marahau** angekommen, braucht man nur den **Schildern** zum Abel Tasman Coast Track zu folgen. Der Anfang liegt ca. 1 km außerhalb des Ortskerns, dort gibt es auch einen Parkplatz, auf dem die meisten Busse halten. Unsere Beschreibung endet in **Totaranui.** Wer einen weiteren Tag anhängen möchte, kann bis zur **Wainui Bay** laufen. In Totaranui gibt es ein Visitor Centre. Von hier aus kann

[›] Sonne, Strand und Meer machen die Region zu einem attraktiven Wanderziel

man entweder mit dem Wassertaxi zurück nach Marahau fahren, oder man nimmt den Bus nach Takaka.

Streckenverlauf

Die Etappen selbst sind nicht lang, doch links und rechts des Weges warten zahlreiche kleine **Naturwunder,** an denen man keinesfalls vorbeilaufen sollte.

■ **1. Tag: Marahau – Torrent Bay** (4½ Stunden, 18 km)

Die längste und anstrengendste Etappe, dichter Regenwald wird durchwandert. Im Flussbett des Torrent River befindet sich zwischen großen Granitfelsen **Cleopatra's Pool,** ein etwa ein Meter tiefes, natürliches Becken. Ein Abstecher von ca. 15 Minuten hierher ist zu empfehlen.

■ **2. Tag: Torrent Bay – Bark Bay** (3 Stunden, 12 km)

Auf diesem Abschnitt sollte man den Abstecher zu den **Cascade-Wasserfällen** nicht versäumen. Ein Abenteuer stellt die *swing bridge* über Falls River dar.

■ **3. Tag: Bark Bay – Awaroa Bay** (3 Stunden, 15 km)

Auf dieser Etappe kann man seltene **Steinbilder der Maori** sehen. Sie befinden sich in der linken von zwei Höhlen am Ende von **Onetahuti Beach,** einem der schönsten Strände im Park. Ein kleiner Weg mit Markierung führt hier in den Regenwald. Die Höhle befindet sich direkt hinter dem Flusslauf.

■ **4. Tag: Awaroa Bay – Totaranui** (2 Stunden, 10 km)

Hier bitte unbedingt die **Gezeiten** beachten, da die Bucht wegen **Strömungsgefahr** nur zwei Stunden vor und nach dem Ebbetiefpunkt durchquert werden kann! Nicht entgehen lassen, sollte man sich eine Pause in der herrlich gelegenen **Awaroa Lodge** (gutes Essen und herrlicher Ausblick). **Achtung:** Die Lodge liegt nicht auf dem Weg, die ausgeschilderte Abzweigung ist jedoch nicht zu übersehen.

Übernachtung

Am besten kann man die Buchten und Küstenabschnitte **unterwegs** beim **Zelten** genießen. Für Camper stehen zehn **DOC-Campingplätze** entlang des Tracks zur Verfügung. Für die beschriebene viertägige Tour eignen sich die Campingplätze in der Torrent, Bark und Awaroa Bay (Preis ①).

Alternativ ist die Übernachtung in **Nationalparkhütten** möglich. Für eine zwei- bis dreitägige Tour eignen sich die Torrent Bay Hut, die Bark Bay Hut sowie die Awaroa Hut. Die Torrent Bay Hut verfügt nur über acht Betten, Bark Bay dagegen über 34 und Awaroa über 26. Insgesamt gibt es vier Nationalparkhütten an der Küste (Preis ①).

Wer keine Campingausrüstung dabei hat, kann sich in den unter „Anbieter" erwähnten **Beachfront Lodges** einbuchen.

Für Leute mit größerem Budget ist eine Unterbringung in der Awaroa Lodge empfehlenswert. Diese **Eco Lodge** ist ein Hotel der gehobenen Mittelklasse. Die Lage, das Essen sowie das Ambiente sind unschlagbar. Wer für mehrere Tage eine feste Unterkunft im Nationalpark sucht, ist hier richtig. Von hier aus können neben Tageswanderungen auch Kajakausflüge unternommen werden. Die Ausrüstung ist vor Ort leihbar.

Awaroa Lodge②-③, Awaroa Bay, Abel Tasman National Park, Tel. +64 (0)3 5288758, www.awaroalodge.co.nz.

Egal, ob man im Zelt oder in einer Hütte übernachten möchte, im Abel Tasman National Park ist eine **gebührenpflichtige Anmeldung** der Übernachtungen aufgrund des **Great-Walk-Status** obligatorisch. Wer sich nicht vor Antritt einer Tour beim DOC angemeldet hat, muss mit einem Bußgeld rechnen (siehe Exkurs „Great Walks").

Vor der Wanderung empfiehlt sich aufgrund der Nähe zu Marahau eine **Übernachtung in Motueka.** Das White Elephant Backpackers Hostel liegt ca. 400 m vom Stadtzentrum entfernt und bietet neben den klassischen Zimmeraufteilungen auch Doppelzimmer mit eigenem Bad an. Darüber hinaus können hier Tagesausflüge mit Transfer in den Nationalpark gebucht werden.

- **White Elephant Backpackers Hostel**①, 55 Whakarewa Street, Motueka, Tel. +64 (0)3 5286 208, www.whiteelephant.co.nz.

Essen und Trinken

Wer mehr als eine Tagestour einplant und nicht in Lodges untergebracht ist, muss seinen **Proviant** für die gewünschte Zeit **selbst mitbringen. Wasser** gibt es auf den Campingplätzen und in den Hütten. Für unterwegs sollte ausreichend Wasser mitgenommen werden, wichtig ist dies vor allem in den warmen Monaten, denn dann wird es auf dem Coast Track sehr heiß.

Das einzige Café, das als Rastmöglichkeit auf dem Track angelaufen werden kann, ist die bereits erwähnte **Awaroa Lodge.** Vom Snack über verschiedene Kaffeespezialitäten bis hin zum kompletten Menü ist hier alles erhältlich.

Anbieter

- **Wilsons Abel Tasman,** Motueka, Tel. +64 (0)3 5282027, www.abeltasman.co.nz. Wer nicht ohne Guide losziehen möchte, sollte sich an die Abel Tasman Wilson's Experience Company wenden. Diese bietet geführte Wanderungen von ein bis fünf Tagen auf dem Track an. Optional können auch kombinierte Touren gewählt werden, auf denen nicht nur gewandert, sondern auch Kajak gefahren wird. Untergebracht sind die Teilnehmer in den firmeneigenen Beachfront Lodges (Mittelklasseunterkünfte). Der Preis für eine dreitägige Tour beträgt ca. 1400 NZD pro Person inklusive Übernachtung, Verpflegung und Transport. Wilson's Experience bietet auch maßgeschneiderte Pakete für Leute an, die im Alleingang wandern, aber die Transfers und Übernachtungen in den Beachfont Lodges vorbuchen möchten.
- **Wassertaxi:** Wer nicht über Takaka, sondern per Wassertaxi nach Marahau zurückgebracht werden möchte, sollte sich vorher über die Abfahrtzeiten in den einzelnen Buchten erkundigen oder eine Buchung vornehmen. Der Preis pro Fahrt und Person beträgt ca. 45 NZD. Die Rückfahrt Richtung Marahau erfolgt in der Regel gegen 14 Uhr. Abel Tasman Aqua Taxi, Tel. +64 (0)3 5278083, www.aquataxi.co.nz.

Kartenmaterial und Literatur

- Für die Wanderung eignen sich die LINZ-Karten **„BP 25 Motueka"** und **„BN 25 Totaranui"** der „Topo50 Map Series".
- Beim DOC Visitor Centre ist die **„Abel Tasman Coast Track Brochure"** erhältlich. Diese steht auch zum Download auf der DOC-Website (www.doc.govt.nz, dort als Suchbegriff „Abel Tasman Coast Track" eingeben).

www.fotolia.de © Patrik Stedrak

Kahurangi National Park

Der erst 1996 gegründete Kahurangi National Park ist der **zweitgrößte Nationalpark Neuseelands.** Er besticht durch zahlreiche **Besonderheiten,** weshalb der Maori-Name, der ihm verliehen wurde, sehr passend ist: *Kahurangi* bedeutet übersetzt „wertvolle Besitztümer".

Der Park verfügt über die **vielfältigste Fauna** sowie über das größte **Höhlen- und Karstgebiet** des Landes, darüber hinaus befinden sich auf dieser großen Fläche mehrere **unterschiedliche Vegetationsformen.** Von Küstenlandschaft über alpine Gebirgszüge bis hin zu Steppenwiesen und tropischen Regenwaldabschnitten findet sich hier das, was Neuseeland so besonders macht: die Vielfalt. Wie im Te Urewera National Park auf der Nordinsel befindet sich auch hier im Park eine *wilderness area,* die nicht von Menschenhand verändert oder beeinflusst wird. Es führen auch keine Wege dorthin, die Natur wird an diesem Ort ganz sich selbst überlassen. Um diesen Reichtum an Flora und Fauna im Kahurangi National Park erleben und genießen zu können, bietet sich hervorragend eine **Wanderung** an.

Information

- **Golden Bay Area Office,** 62 Commercial Street, Takaka, Tel. +64 (0)3 5250026, goldenbayao@doc.govt.nz.

Der Heaphy River im Kahurangi-Nationalpark

Heaphy Track (fünftägige Wanderung)

Der Heaphy Tack ist der **längste Great Walk Neuseelands.** Obwohl auch er sehr beliebt ist und gut frequentiert wird, muss der Weg in einem Outdoorbuch unbedingt vorgestellt werden, da er den Gesamtcharakter des Kahurangi National Parks widerspiegelt. Einen weiteren Reiz macht die **Streckenführung** aus, denn für Wanderer ist es herrlich, von einer Küste zur anderen zu laufen. Man durchwandert eine weitläufige Fläche von der **Golden Bay** bis zur **Westküste.** Im Anschluss an die Wanderung bietet sich ein mehrtägiger Aufenthalt in Karamea an. Die Umgebung hat einiges zu bieten: So ist beispielsweisedas nahe gelegene Höhlensystem unbedingt einen Besuch wert, und auch die fantastische Lage am Meer bietet nach der Wanderung Erholung und Spaß pur.

Dauer und Schwierigkeitsgrad

Der **82 km** lange Heaphy Track ist einer der leichten Great Walks. Er ist **hervorragend ausgebaut und beschildert.** Alle Flüsse kann man auf befestigten Übergängen und Brücken überqueren. Die meisten Leute wandern die Strecke in fünf Tagen. Den anstrengendsten Teil absolviert man bereits am ersten Tag, hier werden ca. 800 Höhenmeter bewältigt. Der restliche Verlauf ist vergleichsweise einfach und hat nur wenige Steigungen. Der letzte Abschnitt ist sogar komplett flach, da er direkt an der Küste entlangführt.

Wetter

Im Kahurangi National Park gibt es auf den exponierten Karsthöhen fast ganzjährig **Nachtfrost,** nur in den Hochsommernächten nicht. In den Wintermonaten liegt auf dem Peddy Saddle oft **Schnee.** Wer erfahren ist und Winter-

ausrüstung mitführt, kann den Heaphy Track aber auch im Winter laufen.

Anreise

Da es sich beim Heaphy Track um einen **Einwegtrack** handelt, gibt es zwei Anreisevarianten:

- **Per Pkw/Camper:** Am praktischsten ist es, den Wagen in **Karamea** abzustellen und mit den öffentlichen Verkehrsmitteln nach Nelson und von dort mit einem Shuttle zum Weganfang nach **Bainham** bei Collingwood zu fahren. So kann man am Ende der Tour das eigene Fahrzeug zur Weiterfahrt nutzen. Nach Karamea fährt man von Westport aus über den SH 67, der an der Küste entlang führt, bis **Waimaire,** danach wird der Highway zur normalen Straße. Von Westport bis Karamea sind es knapp 100 km.
- **Per Shuttle:** Wer keinen Mietwagen oder kein Wohnmobil hat, nutzt am besten den Shuttleservice. Aufgrund der Beliebtheit des Heaphy Tracks haben sich in den vergangenen 15 Jahren **zahlreiche Shuttleanbieter** in **Collingwood, Takaka** und **Nelson** sowie auf der anderen Trackseite in **Karamea** niedergelassen. An beiden Enden gibt es Telefonzellen, von wo aus man nach der Ankunft kostenlos einen Shuttlebus anrufen kann. Da die Anbieter in dieser Region oft wechseln, sehen wir an dieser Stelle von einer konkreten Nennung ab. Die aktuellen Anbieter kann man aber in den örtlichen Visitor Centres erfragen.

Überquerung von „swing bridges" – auf neuseeländischen Tracks fast alltäglich

Start- und Endpunkt

Der Weg kann von beiden Seiten aus gelaufen werden. Von **Karamea** aus fährt man 15 km nördlich zum Kohaihai River. Der Track beginnt hier am **Kohaihai Shelter.** Auf der **Collingwood-Seite** fährt man ca. 28 km ins Aorere Valley. Der Track beginnt hier an der **Brown Hut.** Dementsprechend sind die genannten Punkte dann je nach Richtungsverlauf auch die Endpunkte des Tracks. Unsere Wegbeschreibung führt von Osten nach Westen über den **Perry Saddle** an die Westküste.

Streckenverlauf

Für eine fünftägige Tour empfiehlt sich folgende Etappeneinteilung:

- **1. Tag: Brown Hut – Perry Saddle Hut** (16 km, 5½ Stunden)

  Wanderung mit anstrengendem Anstieg durch Mischwälder auf den Perry Saddle.
- **2.Tag: Perry Saddle Hut – Saxon Hut** (14 km, 4½ Stunden)

  Wanderung über die Karsthöhen des Kahurangi National Parks.
- **3. Tag: Saxon Hut – MacKay Hut** (12 km, 3½ Stunden)

  Weiteres Wandern über tussockbewachsene Karstebenen.
- **4. Tag: MacKay Hut – Heaphy Hut** (20 km, 6 Stunden)

  Abstieg durch den Wald zum Heaphy River. An der Heaphy Hut gibt es in der Flussmündung eine Lagune, die sich hervorragend als Badestelle eignet.
- **5. Tag: Heaphy Hut – Kohaihai Shelter** (16 km, 4½ Stunden)

  Der letzte Abschnitt kann teilweise direkt auf dem Strand gelaufen werden. Typisch sind hier die endemischen Nikau-Palmen, die dem Track ein tropisches Aussehen verleihen. Auf eins sollte auf dieser Etappe allerdings unbedingt geachtet werden: Am Crayfish Point, ca. 3 Stunden von der Heaphy Hut entfernt, wurde vor einigen Jahren ein Teil des Weges weggewaschen. Der Strecke führt hier momentan am oberen Strandende entlang, ist jedoch bei Flut **nicht begehbar,** daher muss an der Lewis- oder Heaphy-Hütte der Gezeitenkalender beachtet werden, damit man Crayfish Point nicht zur Zeit des Wasserhochstandes erreicht.

Übernachtung

Die meisten Shuttlebusse sind selbst von Nelson aus vor 12 Uhr an der Brown Hut, daher kann man am Vortag der Tour zwischen einer Übernachtung in **Nelson, Takaka** oder **Collingwood** wählen. Jeder der Orte verfügt über Backpackers und Bed-and-Breakfast-Unterkünfte. Am bequemsten ist es natürlich, in Collingwood zu übernachten. Hier empfiehlt sich das einzige Hostel im Ort:

- **Somerset House**①, Gibbs Road, Collingwood, Tel. +64 (0)3 5248624, www.backpackerscollingwood.co.nz.

Unterwegs kann in den **DOC-Hütten** oder auf den **DOC-Campingplätzen** übernachtet werden. Da der Heaphy Track ein Great Walk ist, muss dafür ein **Hut Pass** erworben werden. Das ist wie bei den anderen Great Walks entweder online möglich oder über das örtliche DOC Visitor Centre.

Es gibt insgesamt sieben Hütten und neun Campingplätze im Wandergebiet, für die obige Streckeneinteilung eignen sich aber die folgenden Hütten am besten:

- **Perry Saddle Hut** (24 Betten)
- **Saxon Hut** (16 Betten)
- **James MacKay Hut** (26 Betten)
- **Heaphy Hut** (28 Betten)

In **Karamea** eignet sich das Last Resort, das sowohl *budget accommodation* mit Mehrbettzimmern anbietet als auch schöne Doppelzimmer der Mittelklasse. Von Vorteil ist hier das Restaurant/Café im Haus. Nach fünf Tagen National Park und Tütenessen kommt man hier voll auf seine Kosten.

- **Last Resort**①-②, 71 Waverley Street, Karamea, Tel. +64 (0)3 7826617, www.lastresort.co.nz.

Essen und Trinken

Für die gesamte Wanderung muss der Proviant **selbst mitgeführt** werden. In **Collingwood** und **Karamea** gibt es aber kleine Geschäfte und Restaurants, in denen man sich vor oder nach der Tour eindecken und stärken kann. In Karamea empfiehlt sich das oben erwähnte Restaurant im Last Resort.

Anbieter

- **Kahurangi Guided Walks,** Dodson Road, RD1, Takaka, Tel. +64 (0)3 3914120, www.kahurangiwalks.co.nz. Wer sich nicht zutraut, lange allein im Nationalpark zu wandern, kann auch eine geführte Tour über diesen Kahurangi-Spezialisten buchen.

Kartenmaterial und Literatur

- Im Internet lässt sich eine **Übersichtskarte des DOC** herunterladen, die einen guten Überblick über die Wegführung und die Etappen gibt. Unterwegs sollte man aber stets eine topografische Karte dabei haben. Folgende Kartenblätter der „Topo50 Map Series" sind zu empfehlen: **„BN 23 Paturau River", „BP 23 Gouland Downs"** und **„BP 22 Heaphy Beach".**

☐ Himmlischer Anblick: Lake Angelus

Nelson Lakes National Park

Der Nelson Lakes National Park ist einer der Nationalparks, die von aus Richtung Nelson und Blenheim kommenden Touristen gern wortwörtlich links liegen gelassen werden. Doch dies geschieht ganz zu Unrecht, denn der Park bietet die Möglichkeit für **herrliche Wanderungen in den nördlichen Alpen** der Südinsel. Die Gipfel sind nicht so hoch wie im Süden, versprechen aber dennoch eine spektakuläre Aussicht auf die Seen, die dem Park seinen Namen gegeben haben: den **Lake Rotoiti** und den **Lake Rotoroa.** Im Winter eignen sich die Wandertreks gut zum **Schneeschuhlaufen** und **Tourenskiing.** Die von Gletschern geformte Region verfügt über ein markantes Markenzeichen: Die Baumgrenze des Gebirges endet sehr abrupt und gradlinig wie eine gezeichnete Linie auf dem Papier. Im Nelson Lakes National Park befindet sich übrigens die **Quelle** des berühmten Wildwasserflusses **Buller River,** und aufgrund der Seen und der zahlreichen Flüsse ist er unter Anglern sehr beliebt.

Information

- **Nelson Lakes Visitor Centre,** View Road, St. Arnaud, Tel. +64 (0)3 5211806, nelsonlakesvc@doc.govt.nz.

Lake Angelus Track (dreitägige Wanderung)

Wer eine schöne Wanderung im Nelson Lakes National Park unternehmen und dabei den Charakter des Parks kennenlernen möchte, ist auf dem Lake Angelus Track sehr gut aufgehoben. Im Gegensatz zum beliebten Traverse Sabine Circuit, der sechs Tage dauert, bekommt

www.fotolia.de © vombat martin

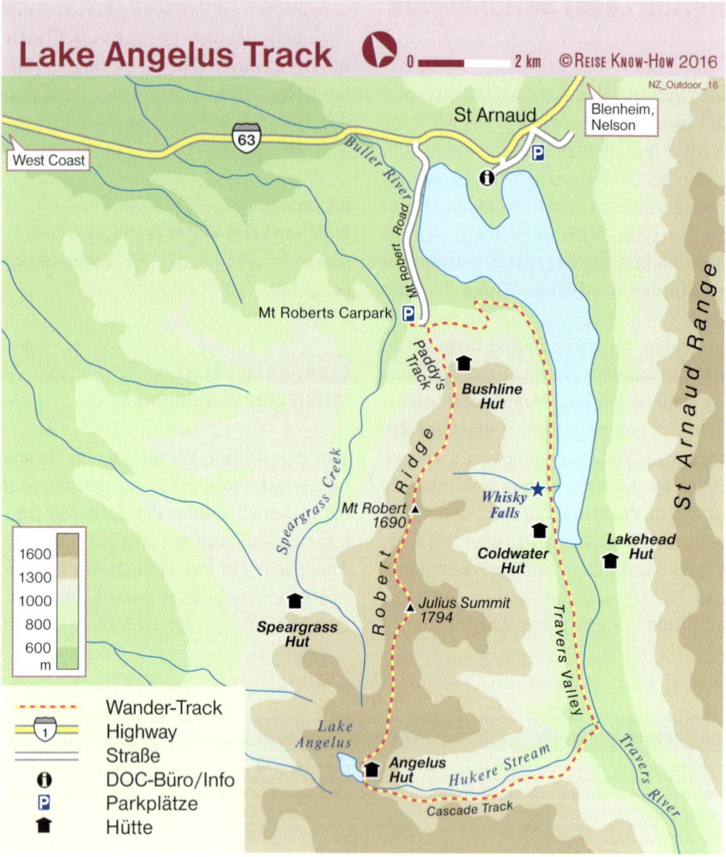

man hier eine **alpine Wanderung** durch alle Besonderheiten der Landschaft in relativ kurzer Zeit geboten. Der Weg ist **einfach zugänglich** und sehr beliebt, da auch das Ziel, der Lake Angelus selbst, besonders reizvoll ist. Wanderungen zu **Bergseen** oder an ihnen entlang haben generell einen außergewöhnlichen Charakter, Wasserbecken wie der Lake Angelus in einer unbewohnten Felslandschaft beeindrucken aber besonders.

Dauer und Schwierigkeitsgrad

Die Tour gilt als **„mittelschwer“**, da man es in den ersten zwei Tagen mit einem **alpinen Anstieg** und einer **Gratwanderung** zu tun bekommt. Man sollte daher also auf jeden Fall schwindelfrei sein. Der Weg kann in zwei bis drei Tagen gelaufen werden. Wir empfehlen, **drei Tage** einzuplanen, da mindestens vier Stunden im alpinen Gelände nötig sind, um die Gegend auch in Ruhe genießen zu können. Wer dennoch zügiger unterwegs sein möchte, kann nach der ersten Etappe zum See hinauf den Abschnitt von der Angelus Hut über die Coldwater Hut bis zum Ende zur Mount Robert Road in einem durchlaufen.

Anreise

St. Arnaud liegt am SH 63 und ist in ca. eineinhalb Stunden von Nelson und Blenheim aus erreichbar.

Start- und Endpunkt

Gestartet wird am **Mount-Robert-Parkplatz.** Diesen erreicht man von St. Arnaud, indem man den SH 63 ungefähr 2 km in Richtung Westen entlangfährt. Dann biegt links die **Mount Robert Road** ab, die zum Parkplatz führt. Die Wanderung endet auch wieder auf der Mount Robert Road, allerdings **nördlich** vom Parkplatz. Wer sein Auto dort abgestellt hat, muss die Straße ca. 1000 m nach links zum Parkplatz hinauflaufen. In der Hochsaison bietet **Nelson Lakes Shuttles** auch einen Transfer von St. Arnaud zum Mount Robert Carpark an.

Streckenverlauf

Es gibt insgesamt drei Routen, die zum Lake Angelus hinaufführen. Der vorgestellte **Rundwanderweg** verbindet zwei dieser Routen miteinander: Über die Robert Ridge wird aufgestiegen, und über den Cascade/Lakeside Track geht es zurück.

Für eine dreitägige Tour empfiehlt sich folgende Etappeneinteilung:

■ **1. Tag: Mt Robert Road – Angelus Hut** (ca. 6 Stunden, 12,2 km)

Auf einem Weg namens **Paddy's Track** führt der erste Abschnitt hoch zur **Bushline Hut,** von wo aus man einen herrlichen Ausblick auf St. Arnaud und den Lake Rotoiti hat. Nachdem man **Mount Robert** erreicht hat, geht es auf dem Grat, **Robert Ridge** genannt, weiter am Julius Summit vorbei runter zum **Lake Angelus.** Der See liegt auf 1610 m. Nach der Bushline Hut sollte **ausreichend Wasser** mitgeführt werden, da es auf dem Grat keine Wasserstellen gibt.

■ **2. Tag: Angelus Hut – Coldwater Hut** (5 Stunden, 9,4 km)

Der zweite Tag ist geprägt von Flüssen und Wasserfällen am Wegesrand, weshalb der Track auch den Namen **Cascade Track** trägt. Der Weg führt vom See aus steil ins **Hukere-Flussgebiet** hinunter. Nach der Baumgrenze geht es kontinuierlich bergab ins **Travers Valley,** wo man den Hukere River überquert. In Richtung Norden führt der Weg dann weiter zur **Coldwater Hut.**

■ **3. Tag: Coldwater Hut – Mount Robert Road** (4 Stunden, 8 km)

Die letzte Etappe führt am westlichen Seeufer des **Lake Rotoiti** entlang. Unterwegs gibt es nach ca. eineinhalb Stunden einen Wasserfall, die **Whisky Falls.** An der Mount Robert Road angekommen, braucht man weitere 15 bis 20 Minuten zurück zum Parkplatz.

Übernachtung

Unterwegs kann, wie in der Wegbeschreibung angegeben, in der **Angelus Hut** (26 Betten) und der **Coldwater Hut** (12 Betten) übernachtet werden. Angelus Hut wurde 2009 erneuert. Seitdem muss vom 15.10. bis 30.4. jede Übernachtung vorgebucht werden. Vom 1.5. bis 14.11. gilt die Hütte als „serviced", d.h. sie wird von einem Warden betrieben. Für eine Übernachtung auf der Hütte ist zu jeder Saison ein **Backcountry Hut Ticket** notwendig, das beim **Nelson Lakes Visitor Centre** in St. Arnaud erhältlich ist (siehe oben).

■ **Alpine Lodge/Alpine Chalet**①-②, Main Rd., St. Arnaud, Tel. +64 (0)3 5211869, www.alpinelodge.co.nz. Vor und nach der Wanderung übernachtet man am besten in St. Arnaud, z.B. in diesem Mittelklassehotel. Backpacker können das nebenan gelegene Alpine Chalet, das zum Hotel gehört, nutzen. Neben Mehrbett- gibt es auch Doppelzimmer.

Essen und Trinken

Für die gesamte Wanderung muss der **Proviant selbst mitgeführt** werden. In St. Arnaud gibt es ein kleines **Geschäft** und ein **Café/Restaurant** im Hotel Alpine Lodge. **Wasser** muss, wie in der Wegbeschreibung erwähnt, auf der ersten Tagesetappe ausreichend mitgeführt werden.

Anbieter

Der Lake Angelus Track wird unseres Wissens **nicht als geführte Tour** angeboten. Es gibt aber einen Anbieter aus der Golden Bay, der sowohl Tagestouren als auch Wochenendtouren im Nelson Lakes National Park organisiert.

■ **Top of the South Tours,** 1013 SH 60 Takaka Hill, Motueka, Tel. +64 (0)3 5289414, www.topofthesouth.co.nz.

Wie oben erwähnt, bietet Nelson Lakes Shuttles einen **Transfer** zu den Startpunkten der umliegenden Wanderwege und zurück. Dieser kann entweder telefonisch oder per E-Mail vorgebucht werden.

■ **Nelson Lakes Shuttles,** PO Box 75, St. Arnaud, Nelson Lakes, Tel. +64 (0)3 5211900, www.nelsonlakesshuttles.co.nz.

Kartenmaterial und Literatur

■ Als Topokarte empfehlen sich die LINZ-Karten **„BR 24 Kawatiri"** und **„BS 24 Mount Robert"** der „Topo50 Map Series".

■ Beim örtlichen **DOC-Büro** ist außerdem das **Infoblatt** „Approaches to Angelus" zum Track erhältlich, es kostet 1 NZD. Man findet es auch online auf der DOC-Website (www.doc.govt.nz).

Christchurch und Canterbury

Christchurch gilt als Hauptstadt der Südinsel. Man könnte sie auch als **„Headquarter für Outdoorer"** bezeichnen. Zahlreiche Organisationen, Tourenanbieter und Hobby-Outdoorer leben in Christchurch und der Region Canterbury. Das liegt unter anderem daran, dass die Stadt selbst durch **zentrumsnahe Parks** spannende Outdoor-

Erdbeben in Christchurch

Christchurch und Umgebung wurde **2010** und **2011** innerhalb von sechs Monaten gleich zweimal von einem schweren Erdbeben heimgesucht. Das letztere verwüstete die Innenstadt Christchurchs zu großen Teilen. Ca. 200 Menschen starben in den Trümmern. Da der **Wiederaufbau** teilweise bis heute andauert, ist es ratsam, sich vor Aufsuchen der gelisteten Anbieter im Raum Christchurch telefonisch zu erkundigen, ob das alltägliche Geschäft wieder in Betrieb ist oder nicht. Auch Unternehmungen in der Natur in und um Christchurch sollten nur nach **Rücksprache** mit öffentlichen Stellen wie z.B. dem DOC durchgeführt werden. Da die Umgebung teilweise sehr hügelig ist, kam es zu zahlreichen Erdrutschen, die bestimmte **Bereiche unzugänglich** machten, was bis heute zu veränderten Wegverläufen führt. Infos dazu sind unter www.doc.govt.nz verfügbar.

optionen bietet und zudem nur eineinhalb Stunden von den Alpen entfernt liegt. Man braucht sich nur in einen Bus oder ins Auto zu setzen und ist schnell in fantastischen Kletter-, Ski-, Wander- und Kajakgebieten. Neben der Natur kann man aber auch das interessante **Stadtleben** genießen, das Christchurch mit seinen Künstlern und Kulturschaffenden zu bieten hat.

Neben dem Outdoorsport hat die Region ein zweites Merkmal: Canterbury ist eine traditionelle **Agrarregion.** Wo in früheren Zeiten hauptsächlich Vieh gehalten und Getreide angebaut wurde, trifft man heute verbreitet auf **Olivenhaine** sowie auf **Zuchtwild- und Straußenfarmen.**

Die Stadt Christchurch

Christchurch wird gern als die **„englischste“ Stadt** der Südhalbkugel bezeichnet, und das zu Recht. Zur Zeit der Besiedelung durch die Briten wurde hier eine der ersten **Universitäten** des Landes gegründet – im klassischen englischen Stil natürlich. In dem Gebäude der Universität befindet sich heute das städtische Kultur-, Mode- und Kunstzentrum Arts Centre.

Daneben findet man zahlreiche **Spuren der „englischen Art“** wie das Flüsschen Avon, auf dem im Oxfordstil gestakt wird, oder die alten Gärten und Parks, die an Südengland erinnern.

Die Einwohner Christchurchs sprechen gern von der „falschen“ und der „richtigen“ Seite der Stadt, was sich an **Einkommen** und **Stadtbild** festmacht. Die Stadtviertel an der Küstenseite sind die teilweise etwas benachteiligten, die Viertel westlich der Innenstadt die wohlhabenderen. Dennoch haben die Ostbezirke wie Sumner und Featherston einen besonderen Reiz, denn hier hat man das **Meer** und die **Port Hills,** Christchurchs Outdoor-Eldorado, unmittelbar vor der Haustür.

Weitere wichtige Orte für einen Start in die Alpen der Region Canterbury sind beispielsweise **Arthur's Pass, Methven** und **Geraldine.**

Unser Tipp für Christchurch

Der Strand des Viertels Sumner (**Sumner Beach**) hat etwas Besonderes. Irgendwie erinnert er an alte Zeiten, an einen Strand, den in den 1920er Jahren Familien am Wochenende besuchten, um zu picknicken. Sumner Beach bietet **Erholung,** hier kann man die Beine baumeln lassen, das Meer genießen und es sich in einem der **Cafés** und **Restaurants** gut gehen lassen. Der Strand ist sehr gut mit den öffentlichen Stadtbussen erreichbar, die alle vom zentralen Busbahnhof der Innenstadt, dem **City Exchange,** abfahren.

In Christchurch ist das **Hauptbüro des Neuseeländischen Alpenvereins** ansässig. Wer Karten braucht oder sich gute Kletterbücher und Wanderführer kaufen möchte und diese nicht im Reisebuchladen MapWorld vorfindet, sollte hier anrufen oder vorbeigehen. Die Literatur kann vorher online auf der Website des Vereins eingesehen, aber auch bestellt werden.

■ **New Zealand Alpine Club Inc.,** Unit 6, 6 Raycroft St., Opawa, Tel. +64 (0)3 3777595, www.alpineclub.org.nz.

Hokitika
Seaview
Arahura
Takutai
Kaniere
Mananui
Lake Mahinapua
Rimu
Mahinapua Walkway
Kaniere Water Race Track
Ruatapu
Kokatahi
Lake Kaniere
Lake Kaniere Walkway
Kowhitirangi
Ross
Hokitika River
Arahura River
Inchbonnie
Jacksons
Otira
Arthur's Pass
Arthur's Pass 924
Arthur's Pass National Park
Temple Basin
Taipo River
Ka Tiritiri o te Moana
2400 Mt. Murchison
Waimakariri R.
Bealey Village
Black Range
Craigieburn
Broken River
Mt. Cheeseman
Mt. Olympus
Lake Selfe
Porter Heights
Lake Coleridge
Lake Lyndon
Castle Hill Village
Kakapotahi
Lake Ianthe
Waitaha
Herepo
Harihari
Smyth Range
Waitaha River
Wanganui River
Whitcombe River
Rolleston Range
Birdwood Range
Avoca River
Wilberforce River
Mathias River
Ragged Range
Rakaia River
Wilberg Range
Poerua River
Perth
Southern Alps
2781 Mt.Arrowsmith
Clyde River
Lawrence River
Cameron River
Lake River
Lake Coleridge
Mount Hutt Range
Rakaia Gorge Walkway
Mt. Hutt
North Branch
Aoraki
Mt. Cook
Havelock River
Erewhon Station
Potts River
Lake Heron
2333 Mt.Taylor
Taylors Stm.
Alford Forest
Methven
Highbank
Windwhistle
Macaulay River
Godley River
2545 The Thumbs
Two Thumb Range
Lake Clearwater
Hakatere
Mt. Somers Walkway
Harper Range
Lake Emma
Staveley
Springburn
Lyndhurst
Bush River
Mesopotamia Station
Rangitata River
Mount Somers
Ashburton Forks
Forest Creek
Ben McLeod Range
Canterbury
2246 Mt.Musgrave
Montalto
Mayfield
Greenstreet
Winchmore
Round Hill
Lake Tekapo
Four Peaks Range
Peel Forest
Ruapuna
Westerfield
Lagmhor
Ashburton
Tinwald
Lismore
Winslow
Arundel
Carew
Willowby
Sherwood Downs
Lake Tekapo
Tripp Settlement
Woodbury
Flemington
Hinds
Eiffelton
Ashburton Walkway
Ashwick Flat
Opuha
Opuha River
Orari Bridge
Geraldine
Ealing
Rangitata Island
Lowcliffe
Waterton
Longbeach
Sawdon Stm.
Kimbell
Allandale
Fairlie
Burkes Pass
Gapes Valley
Winscombe
Hilton
Orari
Orton
Coldstream
Cricklewood
Opihi R.
Winchester
Te Awa
Upper Waitohi
Waitohi
Totara Valley
Clandeboye
Grays River
Dalgety Range
Tengawai R.
Albury
Mt. Nessing
Pleasant Point
Temuka
Arowhenua
Sutherlands

29 Avalanche Peak S.172

30 Little River Rail Trail S.170

31 Mount Peel S.177

Praktische Tipps

Outdoorläden

■ **Bivouac,** Unit 3, 81 Clarence Street, Tower Junction, Christchurch, Tel. +64 (0)3 3418062, www.bivouac.co.nz. Der Laden gehört zur renommierten Bivouac-Kette und verfügt über eine gut sortierte Auswahl an Outdoorbekleidung und -ausrüstung.

■ **MapWorld,** 35 Morrhouse Avenue, Addington, Christchurch, Tel. +64 (0)3 3745399, www.mapworld.co.nz. MapWorld ist *der* Reisebuchladen Christchurchs, mit hervorragendem Kartensortiment für die Süd- und Nordinsel sowie sämtlichen Wander- und Kletterführern für Neuseeland.

Information

■ **Christchurch i-site Visitor Centre,** Botanic Gardens, Rolleston Avenue (neben dem Canterbury Museum), Christchurch, Tel. + 64 (0)3 3799629, www.christchurchnz.com.

Übernachten

■ **YHA Christchurch**①, Rolleston House, 5 Worcester Boulevard, Christchurch, Tel. +64 (0)3 3666 564, www.yha.co.nz. Das zum neuseeländischen Jugendherbergsverband gehörende Hostel liegt zentral direkt gegenüber dem Arts Centre. Es ist kleiner als die meisten Christchurch Hostels und damit nicht ganz so anonym.

■ **Driftwood House**②, 14 Driftwood Lane, Waimairi Beach, Christchurch, Tel. +64 (0)3 3826965, www.driftwoodhouse.co.nz. Wer es etwas komfortabler mag, sollte dieses Bed and Breakfast ausprobieren. Das Haus liegt außerhalb der Stadt an der Küste in der Nähe des Bottle Lake Forest Park. Modern, mit toller Aussicht und den Möglichkeiten, Stadt und Strand zu genießen.

Essen und Trinken

■ **Annie's Wine Bar**①-②, 13 Hereford Street, Christchurch, Tel. +64 (0)3 3650566, www.annieswinebar.co.nz. Wer sich ein bisschen verwöhnen lassen möchte und gerne Wein trinkt, sollte zu Annie's gehen. Nach Tagen in der Natur tut es richtig gut, mal wieder etwas Zivilisation zu erleben. Das Essen ist mittags übrigens günstiger als abends.

Little River Rail Trail (eintägige Radtour)

Der Trail von Christchurch nach Little River folgt zum Großteil der alten Eisenbahnlinie aus dem 19. Jahrhundert zwischen Hornby und Little River. Man passiert die Orte **Prebbleton, Lincoln, Motukarara** und **Birdlings Flat** und erlebt herrliche Ausblicke auf die Bans Peninsula und aufs Meer. Der Weg führt durch eine Landschaft im Wandel der Zeit, deren erste Siedler hier vor über 1000 Jahren sesshaft wurden. Wer **Vögel** mag, sollte ein Fernglas mitnehmen, da es am **See Ellesmere** ca. 150 Vogelarten gibt.

Dauer und Schwierigkeitsgrad

Der **50 km** lange Weg ist flach und **leicht zu radeln,** von Hornby nach Lincoln fährt man auf Asphalt, von Ahuriri nach Little River auf planiertem Schotter. Ein ganzer Tag sollte für die Radtour eingeplant werden. Zu beachten ist, dass es zwischendurch Abschnitte auf der Landstraße **ohne Radweg** gibt. Wer mit Kindern oder Senioren unterwegs ist, sollte hier besonders umsichtig fahren.

Anreise

Der Rail Trail kann direkt vom Stadtteil **Hornby/Christchurch** aus gefahren werden. Dorthin gelangt man über den SH 76. Aktueller Startpunkt ist der **Parkplatz** an der **Shands Road** 400 m südlich der Kreuzung Halswell Junction Road/ Shands Road.

Start- und Endpunkt

Der Startpunkt befindet sich in **Hornby** (siehe „Anreise“). Die Radtour endet am **Little River auf der Banks Peninsula.** Von dort kann man sich vom Anbieter Cycle Hire Tours abholen lassen. Dieser vermietet auch Räder.

- **Cycle Hire Tours,** Tel. +64 (0)3 3775953, www.cyclehire-tours.co.nz.

Streckenverlauf

Die alte Eisenbahnstrecke zwischen Marshs Road Prebbleton und Lincoln enthält einen Abschnitt, der ursprünglichen eine **Bahntrasse** war, komplett mit Schienen und einer kleine Brücke. **Lincoln** ist Universitätsstadt und hat eine Reihe von **historischen Gebäuden,** die durchaus einen Besuch wert sind. Danach folgt eine Mischung aus On-Road und Off-Road-Abschnitten bis Ahuriri. Hier radelt man durch die flache **Canterbury-Ebene** und hat Richtung Westen bei gutem Wetter Sicht auf die atemberaubende Kulisse der neuseeländischen Südalpen. Der Weg endet am historischen Little River Bahnhof.

Unterkunft

- siehe Stadtbeschreibung Christchurch.

Essen und Trinken

- siehe Stadtbeschreibung Christchurch. Auf dem Weg gibt es keine Möglichkeit, **Trinkwasser** aufzufüllen. Daher bitte unbedingt ausreichend Wasser mitführen.

Kartenmaterial und Literatur

- Ausführliche **Infos** findet man auf der Website des NZ Cycle Trails: www.nzcycletrail.com/trails/little-river-trail.

Arthur’s Pass National Park

Überblick

Der 1929 gegründete Arthur’s Pass National Park war der erste Nationalpark der Südinsel. Durch den Park führt der State Highway 73, der über den 920 m hohen Pass, der dem Park seinen Namen verleiht, eine **Alpenüberquerung** möglich macht – eine von nur drei Stellen auf der Südinsel, wo die Alpen per Straße überquert werden können. Arthur’s Pass liegt nicht auf der klassischen Südinselroute von Christchurch über Kaikoura, Nelson, die Westküste, Queenstown und Dunedin, daher wird er von Touristen häufig nicht angesteuert. Das Besondere an diesem Park ist aber, dass es sich um einen **Alpinpark** in Reinstform handelt. Sobald man in den Park hinein fährt, ist man von einem imposanten **Gebirge** umgeben, und **Schluchten** und **Bergflüsse** unterstreichen das Bild. Spätestens, wenn man den kleinen Ort Arthur’s Pass Village erreicht, weiß man dann auch, wo man sich befindet, denn hier reihen sich Wanderer an Bergsteiger und Bergsteiger an Wanderer.

Interessant sind die **unterschiedlichen Vegetationsarten** im Park. Die Ostseite ist geprägt von der neuseeländischen Baumart *beech*, die Westseite aufgrund der erhöhten Regenmengen von dichtem Regenwald mit Baumfarnen und Moosen. Eine weitere Besonderheit des Parks ist, dass man ihn mit dem Zug erreichen kann: Der sogenannte **Tranz Alpine-Zug** verbindet Christchurch mit der Stadt Greymouth an der Westküste. Auf dem Weg dorthin wird der gesamte Nationalpark durchquert. Der Zug hält auch in Arthur’s Pass Village.

Information

■ **Arthur's Pass National Park Visitor Centre,** SH 73, Arthur's Pass, Tel. +64 (0)3 3189211, arthurspassvc@doc.govt.nz.

Avalanche Peak (Tageswanderung)

Wer nicht allzu viel Zeit hat, um im Arthur's Pass National Park zu verweilen, sollte die hier beschriebene Tagestour wagen. Sie gibt einen **ausgezeichneten Einblick in die Schönheit des Parks** und bietet eine wunderbare Aussicht über die Alpinkette, die immerhin 16 Zweitausender aneinanderreiht. Bitte beachten, dass der Weg nicht markiert ist. Zudem muss man sich vorher beim DOC-Office registrieren.

Dauer und Schwierigkeitsgrad

Die Rundwanderung dauert ungefähr **7 Stunden** und gilt als **„schwer"**. Man muss **Bergwandererfahrung** mitbringen und in guter körperlicher Verfassung sein, da es sich um eine lange, anspruchsvolle Tour mit der Überwindung von 1100 Höhenmetern auf dem Anstieg handelt. Die Tour sollte nur bei **gutem Wetter** ohne Sichtprobleme oder starke Winde gelaufen werden, da einige Wegabschnitte sonst lebensgefährlich werden können. Außerdem sollte man ein gutes **Orientierungsvermögen** mitbringen, da der Gipfelabschnitt über der Baumgrenze nicht immer komplett markiert ist. In der **Winterzeit** sollte der Track nur von sehr erfahrenen Bergwanderern und nach **Rücksprache** mit Mitarbeitern des lokalen DOC Visitor Centre gelaufen werden. Es können sich vermehrt **Lawinen** lösen, da der Gipfel sehr exponiert liegt.

Anreise

Man erreicht **Arthur's Pass Village** über den SH 73 aus Richtung Christchurch oder Greymouth. Von **Christchurch** ca. zwei, von **Greymouth** ca. 1½ Stunden Fahrt.

Start- und Endpunkt

Die Wanderung startet vom **Parkplatz des DOC Visitor Centre,** hinter dem ersten Haus vor der Avalanche-Creek-Brücke. Sein Fahrzeug kann man auf dem Parkplatz stehen lassen.

Der Endpunkt der Wanderung liegt ca. 1 km westlich von Arthur's Pass Village, direkt gegenüber vom Fluss **Punchbowl Creek.** Von hier kann man gemütlich zum Parkplatz zurücklaufen.

Streckenverlauf

Der Aufstieg erfolgt über den **Avalanche Peak Track,** der Abstieg über den **Scotts Track.** Wer es weniger anstrengend möchte, kann auch den Scotts Track rauf und runter laufen, da dieser weniger steil und anspruchsvoll ist als der erstere. Der Weg führt am Fluss entlang steil bergauf. Dort, wo der Fluss sich gabelt, sollte man den **linken Abzweig** nehmen und von hier aus geht es dann bis auf 1200 m zur **Baumgrenze.** Für diesen Abschnitt benötigt man ca. 1½ Stunden. Das DOC rät, an dieser Stelle umzukehren, sollte die Sicht schlecht sein oder man den bis-

▷ Alpinpark in Reinstform: Arthur's Pass National Park

Avalanche Peak

0 — 400 m ©Reise Know-How 2016

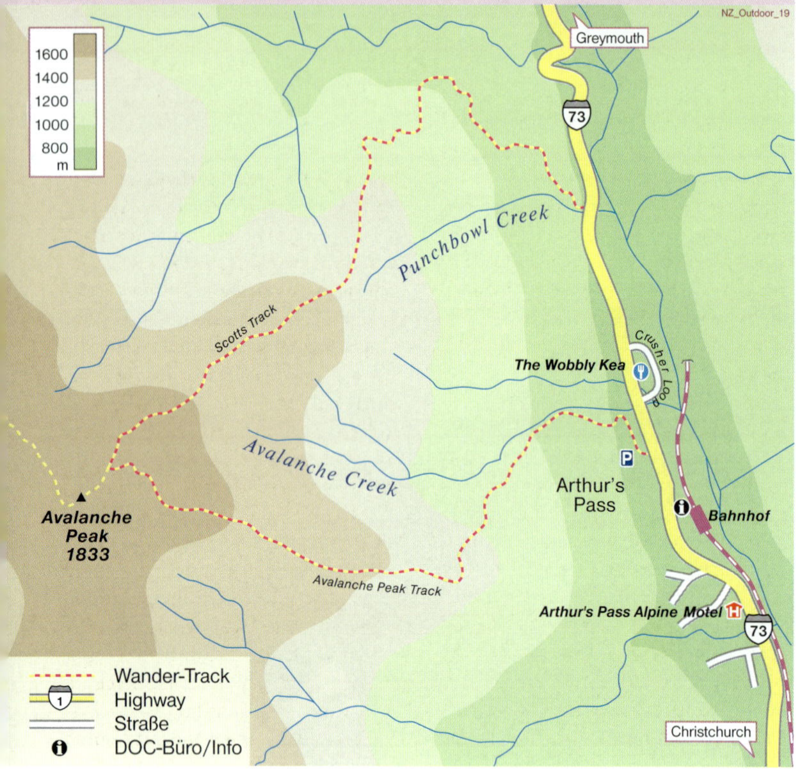

herigen Anstieg zu anstrengend finden, denn der restliche Weg wird noch schwieriger.

Von der Baumgrenze geht es über einen **Grat** weiter, der auf 1680 m Höhe ausläuft. Vom **Avalanche Peak Ridge** geht es auf den **Gipfel,** der auf 1833 m liegt. Das letzte Stück zum Gipfel muss dann wieder bis zum Scotts Track zurückgelaufen werden. Von der Baumgrenze bis auf den Gipfel sollte man ca. zwei Stunden einplanen. Abgestiegen wird über den **Scotts Track,** der nordöstlich vom Gipfel wegführt. Man muss daher den richtigen Grat erwischen und **nicht Richtung Mount Rolleston** absteigen. Halten Sie sich **Richtung Mount Cassidy,** der Weg trifft beim Punchbowl Creek auf die Straße, die nach rechts ca. 1 km zurück bis nach Arthur's Pass Village führt.

Übernachtung

■ **Arthur's Pass Alpine Motel**①-②, 52 Main Road, State Highway 73, Arthur's Pass Village, Tel. +64 (0)3 3189233, www.apam.co.nz. Das Motel ist eine typisch neuseeländische Bergpension. Es gibt Einzel- und Doppelzimmer mit eigenem Bad.

Essen und Trinken

Für die Tagestour muss der gesamte **Proviant selbst mitgenommen** werden. Es gibt keine Einkehrmöglichkeit. Vor allem sollte viel **Wasser** mitgeführt werden. Nach der Tour kann man im Restaurant **The Wobbly Kea** in der Main Road speisen. Das gemütliche Lokal ist ganztägig geöffnet. Traditionelles neuseeländisches *cooked breakfast* wird hier noch frisch zubereitet, ebenso wie leckere Kuchen und „slices" zum Nachmittagstee.

Anbieter

- Unseres Wissens gibt es keinen Anbieter, der diese Tour oder andere Tracks im Arthur's Pass National Park geführt anbietet. Man kann immer im **DOC Centre** nachfragen, ob sich ein **Ranger** zur Verfügung stellt oder ob dort jemand als Guide empfohlen wird. Zum Zeitpunkt der Drucklegung konnte uns jedoch niemand genannt werden.

Kartenmaterial und Literatur

- Als Topokarte empfiehlt sich die LINZ-Karte **„BV 20 Otira"** der „Topo50 Map Series". Außerdem ist die Wegbeschreibung auf einem **Infoblatt** beim **DOC-Büro** in Arthur's Pass Village erhältlich. Auf der Website des DOC (www.doc.govt.nz) kann man sich den „Route Guide 5, Avalanche Peak-Crow River" ebenfalls herunterladen.
- Wer länger im Nationalpark bleiben und weitere Touren ins Auge fassen möchte, sollte sich den **Bergwanderführer „Arthur's Pass Region Guidebook"** von *Graeme Kates* beim New Zealand Alpine Club besorgen.

Peel Forest und Rangitata River

Das sogenannte **McKenzie Country** in Canterbury ist für Touristen selten ein Anlaufpunkt, da es auf den ersten Blick flach und eintönig erscheint. Fakt ist jedoch, dass es bis in die ersten Hügel oder gar zu den ersten höheren **Gipfeln** nur wenige Autominuten sind. Dasselbe trifft auch auf den kleinen, aber sehr beeindruckenden Forest Park **Peel Forest** zu, der in unmittelbarer Nähe zum Ort Geraldine liegt. Peel Forest ist einer der wenigen **Mischwälder** im Land. Besonders verbreitet sind die Podocarp-Koniferen, die früher in der Region eine große Fläche einnahmen, sowie zahlreiche alte Totara-Bäume. Die ältesten können auf dem **Big Tree Walk** bestaunt werden – einer der Bäume ist angeblich 1000 Jahre alt. Heute sind leider nur noch ca. 700 ha Wald übrig. Bekannt geworden ist der Forest Park unter anderem durch seinen früheren Bewohner **Samuel Butler,** einen Briten, der im 19. Jahrhundert in Neuseeland Schafe züchtete, aber aufgrund der Landvergabe nur noch Boden im Gebirge zugeteilt bekam. Er wurde damit zum Pionier des *high country sheep farmings* (Bergbauernhof für die Schafszucht). Seine Farm „Mesopotamia" existiert auch heute noch und ist über die Peel Forest Road erreichbar.

Die Region Peel Forest ist extrem dünn besiedelt und gewinnt dadurch an Wildnisatmosphäre. Der Blick von den Höhen auf die umliegenden **Alpen** ist herrlich und der wilde **Rangitata-Fluss** beeindruckt durch seine Größe und sein Tempo. Der 120 km lange Fluss gehört zu den beliebtesten **Wildwasserflüssen** des Landes und ist einer der sogenannten **braided rivers** („umsäumte Flüsse"). Dabei handelt es sich um Flüsse, die im Tal ein Flussbett schaffen, das bis zu fünf Kilometer breit werden kann und mehrere Nebenflüsse bildet. Diese Flüsse kommen hauptsächlich auf der Südinsel vor und entstehen durch große Mengen von Gletscherwasser, das im Frühjahr aus den Südalpen kommt. Auf dem Weg ins Tal wird dabei viel Geröll und Holz mitgeführt. Das Wasser sucht sich dadurch in den nur dünn besiedelten Tälern zahlreiche Wege, um ins Meer zu gelangen. Diese breiten Flussbetten prägen das Landschaftsbild der Südinsel.

Rangitata ist durch das Zusammentreffen der Flüsse **Clyde** und **Havelock** entstanden. Er stürzt, aus den Bergen kommend, in eine Schlucht, die **Rangitata Gorge.** Der obere Flussabschnitt beeindruckt durch die umgebende Landschaft, die auch im zweiten Teil der **Filmtrilogie „Herr der Ringe"** zu sehen ist.

Information

- **Raukapuka Area Office,** North Terrace, Geraldine, Tel. +64 (0)3 6931010.

Cave Stream Scenic Reserve

Wer vom Wandern und Biken genug hat, kann im Cave Stream Scenic Reserve zum **Höhlenforscher** werden. Es liegt ein paar Kilometer nördlich von Castle Hill am SH 73 zwischen der Broken-River-Brücke und dem Craigieburn Forest Park. In jeweils einer halben Stunde erreicht man die beiden Höhleneingänge. Die Höhle kann auf der kompletten Länge von fast 600 m durchwatet werden. Die Durchquerung dauert etwa eine Stunde. **Achtung:** Die Höhlendurchquerung macht viel Spaß, darf aber keinesfalls auf die leichte Schulter genommen werden. Ein absolutes Muss sind eine – am besten wasserdichte – Taschenlampe plus Reservebatterien, warme Kleidung und stabile Schuhe. Kleidung und Schuhe werden auf jeden Fall nass, also sollte man noch etwas zum Wechseln dabei haben. Die Wanderung ist **für kleine Kinder absolut ungeeignet.** Nicht nach **starken Regenfällen** oder bei andere Anzeichen von Hochwasser durchqueren (verfärbtes, schaumiges Wasser, Schutt im Wasser, „rollende" Geräusche). Das Wasser im tiefsten Teil (nach der ersten Biegung vom stromabwärts gelegenen Höhlenende) ist normalerweise hüfttief. Die empfohlene Richtung ist **stromaufwärts.** Das Department of Conservation bietet auf seinen Webseiten für das CS Scenic Reserve eine PDF-Broschüre zum Download an.

⊡ Kajaker in einer Stromschnelle auf dem Rangitata River

Mount Peel (Tageswanderung)

Die schönste Wanderung im Peel Forest ist die Tour von einem „Peel-Berg“ zum nächsten: Der Anstieg erfolgt durch typischen Podocarp-Wald hinauf zum **Mount Peel.** Von dort hat man bei gutem Wetter Sicht auf den **Mount Cook,** den nahe gelegenen **Mount Somers** sowie den **Rangitata River,** der sich vom Gebirge aus hinab durchs Tal bis zum Meer schlängelt. Vom Mount Peel geht es dann zum **Middle Mount Peel,** und der Abstieg verläuft anschließend über den **Little Mount Peel.**

Dauer und Schwierigkeitsgrad

Die 10,7 km lange Wanderung gilt als **sehr anstrengende, „mittelschwere“** Tagestour, die verkürzt werden kann, indem man nur den Little Mount Peel von Blandswood aus besteigt und denselben Weg wieder zurückläuft. Ansonsten handelt es sich um eine mindestens 10-stündige Rundwanderung mit einer Höhendifferenz von über 1700 m für den Auf- und Abstieg.

Wetter

Das Wetter in den Peel-Forest-Bergen ist recht **regenreich,** daher sollte man sich auf **matschige Wege** einstellen, die das Gehen im steilen Gelände zur Herausforderung werden lassen. Hier haben sich **Gamaschen** bewährt. Außerdem verzeichnet Peel Forest durchaus auch im Frühjahr und Herbst **Schneefälle,** daher sollte unbedingt warme Kleidung mitgenommen werden.

Anreise

Peel Forest erreicht man über den SH 72. Der Forest Park ist ab dem State Highway ausgeschildert. Von **Norden**

057ns pfopc

Mount Peel

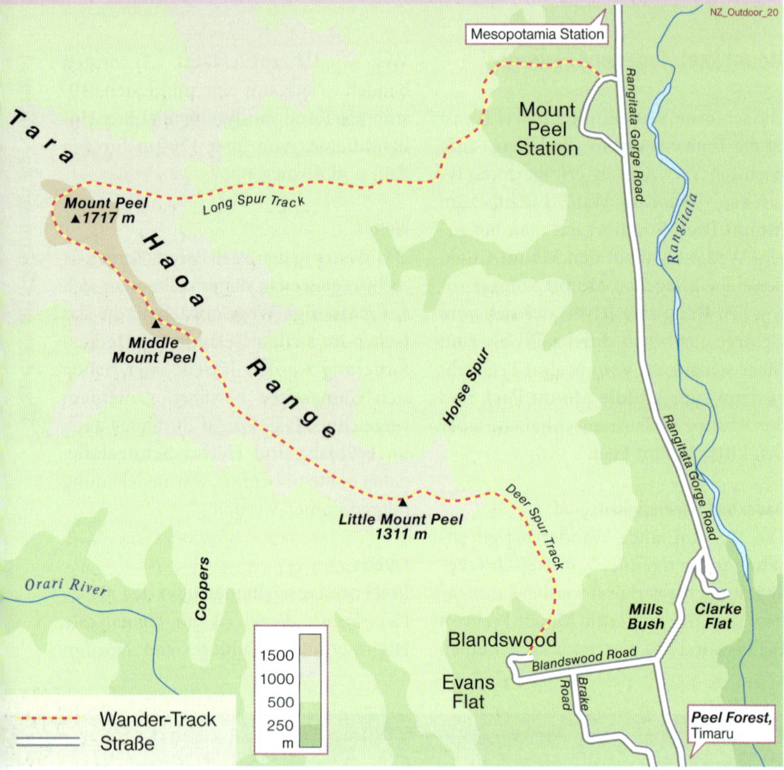

biegt man die nächste Straße gleich hinter Arundel rechts ab. Von **Süden** kommend, liegt die Abzweigung 12 km nördlich von Geraldine, und man biegt links in die **Coopers Creek Peel Forest Road.** Bis in den Forest Park sind es von hier weitere 18 km.

Start- und Endpunkt

Der Aufstieg kann als **Hin- und Rückwanderung** von **Blandswood** aus über Little Mount Peel angegangen werden. Das hat den Vorteil, dass man sich unterwegs entscheiden kann, ob man überhaupt noch weiter zum Mount Peel hinauf möchte.

Wer eine **Rundwanderung** plant, startet von der **Mount Peel Station** aus, einer alten, recht herrschaftlichen Farm. Nicht verwirrt sein, wenn man den Schildern zur Mount Peel Station folgt und plötzlich vor einem prachtvollen Steingebäude steht. Es handelt sich trotzdem um eine Farm. Das Haus ist eines der klassischen Gebäude aus dem 19. Jahrhundert, die zur Besiedlungszeit von erfolgreichen Großfarmern erbaut wurden. Auf dem Farmgelände befindet sich auch eine **alte Steinkirche** mit aufwendigen Buntglasfenstern.

Die Farm ist ca. 8 km von Blandswood entfernt. Da die Tageswanderung in Blandswood endet, sollte man vorher den **Rückweg** zum Auto **organisieren.** Das DOC-Büro erteilt diesbezüglich gern Auskunft.

An der Mount Peel Station angelangt muss man den Farmer um **Erlaubnis** bitten, das Fahrzeug **zu parken.** Der Farmer weist einem einen geeigneten Platz auf dem Allradfahrweg zur Hütte am Parsons Creek zu. Von der Farm bis zum Weganfang sind es weitere drei Kilometer. Hinter der Hütte geht es geradeaus zum **Long Spur Track.** Der Track geht vom Hauptweg ab und führt bergauf über die Nordwest-Flanke zum **Gipfel des Mount Peel.**

Streckenverlauf

Der Aufstieg erfolgt von der **Mount Peel Station** über den **Long Spur Track** hinauf auf den Mount Peel. Der Weg führt auf einen **Grat** hinauf, der auf einen Bergsattel stößt. Vom Bergsattel aus beginnt der Aufstieg von 600 Höhenmetern auf den Gipfel von Mount Peel (1717 m). Der Anstieg ist hart, da **sehr steil** und in der zweiten Hälfte sehr steinig. Oben angekommen, kann man eine sehr schöne **Aussicht** über die Southern Alps genießen. Der Long Spur Track führt als leichte Gratwanderung weiter über **Middle Mount Peel** zu **Little Mount Peel.** Nur das Stück vom Middle Mount Peel runter auf den 1311 m hohen Little Mount Peel ist extrem steil, ansonsten lässt sich die Strecke gut laufen. Von Little Mount Peel geht es dann auf dem **Deer Spur Track** ca. zwei Stunden bergab nach Blandswood, wo die Tour endet. Wie oben erwähnt, muss berücksichtigt werden, dass der Start- und Endpunkt ca. 8 km auseinander liegen. Der **Transfer** sollte daher gut geplant werden.

Übernachtung

Am besten eignet sich zum Übernachten der **Peel Forest Campground** (Clark Flat, Peel Forest), der einzige Campingplatz im Peel Forest Park. Neben normalen Zeltplätzen gibt es auch Stellplätze für

www.fotolia.de © Patrik Stedrak

☐ Steineiben sind typische Bäume der Region

www.fotolia.de © kiravolkov

Camper und Wohnwagen sowie kleine Cabins für Leute, die keine Campingausrüstung haben. Anmelden kann man sich leider nicht am Campingplatz selbst, sondern nur im Peel Forest Store, ca. 4 km östlich die Straße hinunter.

■ **Peel Forest Store,** 1202 Peel Forest Road, Peel Forest, Tel. +64 (0)3 6963567, www.peelforest.co.nz.

Essen und Trinken

Eine geringe Auswahl an Lebensmitteln und typisch neuseeländischem Bistroessen bekommt man im **Peel Forest Café and General Store** am Parkeingang, ca. 18 km von der Abzweigung des SH 72 entfernt. Ansonsten bieten sich Einkaufsmöglichkeiten in **Geraldine** an. Der Proviant für die Tour sollte daher selbst mitgenommen werden.

Kartenmaterial und Literatur

■ Als Topokarte empfiehlt sich die LINZ-Karte **„BY 19 Arundel"** der „Topo50 Map Series". Außerdem ist die Wegbeschreibung auf einem **Infoblatt** beim **DOC-Büro** in Geraldine erhältlich, und auf der Website des DOC kann die **„Peel Forest Park Tracks Brochure"** heruntergeladen werden (www.doc.govt.nz).

Der Rangitata River im Sommer

Westküste und Mount Cook

So langsam rückt man nun bis ins Herzstück der Südalpen vor: Die wilde Westküste und die faszinierenden Alpen bilden hier ein sehr imposantes Naturschauspiel.

Die **Westküste** erstreckt sich über 600 km von Karamea im Norden bis hinunter nach Haast und ist an keiner Stelle breiter als 70 km. Die **Alpen** bilden ein parallel zur Küstenlinie verlaufendes Naturband.

Alle Nationalparks auf der Küstenseite stoßen bis zu den Alpen vor, und aus den Bergen heraus reichen die Gletscher durch dichten Regenwald bis fast an die Küste. Auf der anderen Seite des Gebirges befindet sich der **Mount Cook National Park** mit dem höchsten Berg des Landes, dem Mount Cook (3754 m), von den Maori *Aoraki* genannt.

Weitere wichtige Orte für einen Start in die umliegenden Nationalparks sind **Mount Cook Village, Franz Joseph** und **Punakaiki.**

Die Stadt Hokitika

Es ist nicht leicht, eine Stadt oder vielmehr eine der Ortschaften an der Westküste herauszupicken, die an dieser Stelle vorgestellt werden kann. Wir haben uns für Hokitika entschieden, da der Ort ein **typisch neuseeländisches Küstenflair** hat. Seine Bewohner sind *coasties* (neuseeländisches Englisch für „Westküstenbewohner"), eine etwas schwerer zugängliche Sorte Neuseeländer mit viel Herz und meist wenig Worten, die an einem auf den ersten Blick nicht besonders attraktiven Fleckchen leben. Doch Hokitika hat viel **Geschichte** und viel Natur zu bieten. Ein idealer Ort zum Ausruhen, Planen und Entdecken – auch der schönen Strände wegen.

In unmittelbarer Nähe zu Hokitika gibt es zwei Seen, die sehr gut zum Kanufahren geeignet sind, aber auch gern von Anglern besucht werden: **Lake Mahinapua** und **Lake Kaniere.**

Unser Tipp für Hokitika

In Hokitika sollte man die Gelegenheit am Schopf packen und das **Jadehandwerk der Maori** einmal näher begutachten, denn hier gibt es die Manufaktur „The Traditional Jade Company", in der man Maori-Schnitzern bei der Arbeit zusehen, mit ihnen reden und dabei vieles über die langjährige polynesische Kunst erfahren kann. Die Flüsse um Hokitika bilden nach wie vor das Ressourcenzentrum für den Rohstoff Jade, in Englisch *greenstone*, auf Maori *pounamu* genannt. Das Verarbeiten der Jade ist laut neuseeländischem Gesetz den Maori vorbehalten. Diejenigen, die den Beruf des Jadeschnitzers tatsächlich erlernen, gehören zu einer ausgewählten Gruppe, den *Kaitiaki*. Sie besitzen aufgrund ihrer Fähigkeiten hohes Ansehen innerhalb der jeweiligen Maori-Stämme.

Einen Jadeanhänger sollte man sich übrigens, dem Maori-Brauch folgend, immer nur als **Geschenk** geben lassen, da die Form des Steins eine tiefere Bedeutung trägt, die nur durch das Schenken seinen Wert erhält (z.B. Glück, Neu-

Westküste und Mount Cook

- 28 Fox River Cave and Ballroom Overhang Walk S.185
- 32 Okarito Trig Walk S.187
- 33 Okarito Lagune (K) S.187
- 34 Mueller Hut Route S.192

NZ_Outdoor_21
28
Kaipakati Point
Perpendicular Point
Dolomite Point
Pancake Rocks and Blowhole
Punakaiki
Paparoa National Park
Barrytown
Mt. Ryall
Blackball
Point Elizabeth
Pt. Elizabeth Walkway
Rapahoe
Runanga
Cobden
Taylorville
Greymouth
Karoro
South Beach
Paroa
Gladstone
Camerons
Dobson
Boddytown
Rutherglen
Shantytown
Stillwater
Ngahere
Nelson Creek
Kaimata
Moana
Kumara Junction
Kumara
Dillmanstown
Lake Brunner
Bell Hill
Te Kinga
Rotomanu
Kaihinu
Seaview
Hokitika
Takutai
Arahura
Mananui
Lake Mahinapua
Kaniere
Mitchells
L. Poerua
Inchbonnie
Taramakau River
Ruatapu
Mahinapua Walkway
Rimu
Kaniere Water Race Track
Ross
Kokatahi
Jacksons
Lake Kaniere Walkway
Kowhitirangi
Lake Kaniere
Arahura River
Hokitika River
Taipo River
Aickens
Otira
Arthur's Pass
Kakapotahi
Lake Ianthe
Waitaha
Ka Tiritiri o te Moana
Temple Basin
Arthur's Pass National Park
Herepo
Harihari
Smyth Range
Waitaha River
Wanganui River
Whitcombe River
Mt. Murchison
Waimakariri R.
Poerua River
Wilberg Range
Southern Alps
Rolleston Range
Wilberforce River
Birdwood Range
Black Range
Avoca River
Realey Village
Craigieburn
Broken River
Mt. Cheeseman
Mt. Olympus
Ragged Range
Mathias River
Rakaia River
Lake Selfe
Porter Heights
Lake Coleridge
Mt. Arrowsmith
Clyde River
Lawrence River
Cameron River
Lake River
Castle Hill Village
Lake Pearson
Cave Stm.
Porters Pass
Lake Lyndon
Springfield
Havelock River
Erewhon Station
Potts River
Lake Heron
Mount Hutt Range
Mt. Hutt
Macaulay River
Thumb Range
The Thumbs
Lake Clearwater
Mt. Taylor
Taylors Stm.
North Branch
Rakaia Gorge Walkway
Whitecliffs
Glentunnel
Glenroy
Windwhistle
Bush River
Mesopotamia
Harper
Hakatere
Mt. Somers
Alford
Perth

058ns aa

anfang, Reichtum o.Ä.). The Traditional Jade Company liegt im Ortskern in der Tancred Street Nummer 2.

Praktische Tipps

Outdoorläden

In Hokitika gibt es leider kein reines Outdoor- oder Sportgeschäft. Die Schuhgeschäfte **Oliver's Shoe Store** in der Weld Street und **Oliver's Shoe Market** im Nachbarort Greymouth führen Wanderschuhe und ein bisschen Outdoorbekleidung.

Information

- **Westland i-SITE Visitor Centre,** The Carnegie Building, Hamilton Street, Hokitika, Tel. +64 (0)3 7556166, www.west-coast.co.nz.

⌃ Westküstenpanorama nördlich von Hokitika

Übernachten

- **Stumper's Bar and Café**①, Accomodation, 2 Weld Street, Hokitika, Tel. +64 (0)3 7556154, www.stumpers.co.nz. Das bereits seit Langem hier ansässige Restaurant bietet seit kurzer Zeit auch Unterkünfte an. Es gibt Mehrbettzimmer, aber auch Zimmer mit eigenem Bad. Im Café kann man sehr gut frühstücken, aber auch zu anderen Tageszeiten speisen, eine ideale Kombination.
- **Beachfront Hotel Hokitika**②, 111 Revell Street, Hokitika, Tel. +64 (0)3 7558344, www.beachfronthotel.co.nz. Das Beachfront Hotel ist das einzige richtige Hotel von Hokitika und liegt direkt im Ortskern am Strand. Zum Hotel gehört ein Restaurant mit schönem Blick aufs Meer.

Essen und Trinken

- Nicht nur als Übernachtungsmöglichkeit (s.o.), sondern auch als Restaurant ist **Stumper's Bar and Café** empfehlenswert, denn es ist sowohl bei Touristen als auch bei Einheimischen sehr beliebt, was neben der zentralen Lage vor allem an der Auswahl und Qualität der Gerichte liegt.

Paparoa National Park

Der Paparoa National Park wurde erst in den 1980er Jahren aufgrund der massiven Ressourcenausbeutung des Gebietes gegründet. Der Park liegt zwischen den alten **Bergbaustädten Westport** und **Greymouth** in einer der Westküstenregionen, in denen traditionell intensive **Forstwirtschaft** betrieben wurde. Um einen weiteren Abbau zu verhindern, wurde dem Gebiet der Status eines Nationalparks verliehen.

Landschaftlich unterscheidet sich der Park dadurch von den anderen, dass sich in dem vorhandenen Kalkgestein ein einzigartiges, weitläufiges **Höhlensystem** ausbilden konnte. Man findet ein wunderschönes **Karstgebiet** mit Schluchten, unterirdischen Flüssen und Höhlen vor, die sich auf engstem Raum befinden. Besonders attraktiv und beliebt sind die sogenannten **Pancake Rocks** („Pfannkuchenfelsen") in Punakaiki am Dolomite Point, die aufgrund der Erosion durch das Meerwasser wie geschichtete Pfannkuchen aussehen. Sie gehören zu den beliebtesten Touristenattraktionen auf der Südinsel. Neben dem Besuch der Pancake Rocks ist der Park besonders zum **Wandern** geeignet, aber auch **Kanufahren** auf dem Pororari River und **Canyoning** in den Kalksteinhöhlen ist hier sehr gefragt.

Information

■ **Punakaiki Field Centre,** SH 6, Punakaiki, Tel. +64 (0)3 7311895, punakaikivc@doc.govt.nz.

Fox River Cave and Ballroom Overhang Walk (halbtägige Wanderung)

Der Track ist identisch mit dem ersten Viertel des bekannten **Inland Pack Track.** Wer länger im Park wandern will, kann den Weg auch fortsetzen und den ganzen Inland Pack Track laufen, der insgesamt zwei Tage dauert. Besonderes Merkmal der Tour sind die **River Caves,** Karsthöhlen, die allerdings nur vom Eingangsbereich aus bestaunt werden können. Von einem Eintreten und Laufen in den Höhlen ist abzuraten, da man sich sehr schnell verlaufen kann. Ebenfalls beeindruckend ist der **Ballroom Overhang,** ein Felsüberhang über dem Fox River mit einer Badestelle, an der man bei schönem Wetter in Regenwaldidylle ein Bad nehmen kann. Die Wanderung muss als Hin- und Rückweg gelaufen werden, es gibt leider keine Möglichkeit für eine Rundwanderung. Wer möchte, kann auch unter dem Felsüberhang übernachten, was recht beliebt ist.

Dauer und Schwierigkeitsgrad

Der Hinweg zum Ballroom Overhang dauert mit Pausen an den Höhlen ca. **zwei Stunden** und ist inklusive Abstecher knapp **6 km** lang. Der Weg wird als „einfach" eingestuft.

Da man auf dem Track mehrere Male den Fluss furten muss, sollte man sich beim DOC-Office vor allem nach starken Regenfällen nach dem **Wasserstand** erkundigen. Dieser kann nach Niederschlägen das Queren der Flüsse enorm erschweren oder gar unmöglich machen.

Anreise

Man erreicht **Punakaiki** und den Weganfang ganz einfach über den SH 6, der die Westküste entlangführt. Punakaiki liegt 46 km von **Westport** und 43 km von **Greymouth** entfernt.

Start- und Endpunkt

Die Wanderung startet vom **Tiromoana-/Fox-River-Parkplatz** am SH 6, ca. 13 km nördlich von Punakaiki.

Streckenverlauf

Der erste Abschnitt führt auf dem **Inland Pack Track** entlang, der sich bald gabelt. Auf der rechten Flussseite führt ein Abstecher nach oben zu den Tropfsteinhöhlen der Fox-Schlucht, den **Fox River Caves.** Drei Höhlen gibt es hier, die man im Eingangsbereich mit einer Taschenlampe erkunden kann. Zurück auf dem Inland Pack Track gelangt man bald an den Fluss **Dilemma Creek,** der zu furten ist. Ab hier ist der **Ballroom Overhang** ausgeschildert. Auf dem letzten Abschnitt ist der Fluss mehrfach zu durchqueren.

Übernachtung

■ **Te Nikau Retreat**①, Hartmount Place, Punakaiki, Tel. +64 (0)3 7311111, www.tenikauretreat.co.nz. Dieses ungewöhnliche Backpackers Resort bietet ein herrliches Fleckchen zum Übernachten. Mitten im Regenwald liegen mehrere Häuschen mit unterschiedlichen Übernachtungsmöglichkeiten. Es gibt Einzel-, Doppel- und Mehrbettzimmer sowie herrliche polynesische Schlafhütten für Paare. Wer mit dem Überlandbus unterwegs ist, kann sich vom Hostel kostenlos am Parkplatz in Punakaiki abholen lassen, da es von dort noch 3 km bis zu der Unterkunft sind.

059ns aa

■ **Punakaiki Resort**②-③, State Highway (SH) 6, Punakaiki, Tel. +64 (0)3 7311168, www.punakaiki-resort.co.nz. Wer etwas mehr Geld aufwenden kann, sollte unbedingt in diesem Hotel übernachten, das sich in Punakaiki direkt am Meer befindet. Die Lage ist atemberaubend und die Zimmer sehr schön eingerichtet, alle mit Blick aufs Meer.

Essen und Trinken

Für die Wanderung muss der **Proviant selbst mitgenommen** werden. Zurück in Punakaiki, kann man entweder in einem der **Cafés** direkt an den **Pancake Rocks** am Dolomite Point essen oder abends im Restaurant des Hotels **Punakaiki Resort.** Letzteres ist nicht ganz billig, bietet aber einen herrlichen Ausblick aufs Meer (Adresse s.o.).

Kartenmaterial und Literatur

■ Als Topokarte empfiehlt sich die LINZ-Karte **„BS 19 Punakaiki"** der „Topo50 Map Series". Außerdem ist die Wegbeschreibung auf dem **Infoblatt** zum Inland Pack Track beim **DOC Visitor Centre** in Punakaiki erhältlich.

☐ Die Pancacke Rocks, eine der zahlreichen Attraktionen an der Westküste

Westland National Park

Der Westland National Park ist einer der Nationalparks Neuseelands, die zum **Weltkulturerbe** Southwest New Zealand gehören, ein Gebiet, das drei Nationalparks umfasst (siehe auch „Fiordland National Park"). Der Park zeichnet sich vor allem durch seine kontrastreichen Landschaften aus: Die alpine Falte teilt die Region in eine **alpine bis hochalpine Fläche** mit zahlreichen Gletschern, Wasserfällen und Flüssen sowie eine **Ebene** mit Regenwäldern, Seen und Sumpfgebieten. Die **Dichte dieser Landschaftsformen** macht das Gebiet umso beeindruckender. Hinzu kommt die raue Westküste, die immer wieder fasziniert. Unterwegs hat man stets Ausblick aufs Meer und bei guter Sicht auf die herrliche Bergkette der Südalpen.

Information

■ **Westland Tai Poutini National Park Visitor Centre,** Main Road, Franz Josef Glacier, Tel. +64 (0)3 7520796, westlandnpvc@doc.govt.nz.

Okarito Trig Walk und Paddeln auf der Okarito-Lagune (Tagestour)

Wandern im Westland National Park bedarf sehr guter **Bergwanderkenntnisse,** auch **Orientierungssinn** sowie Kenntnisse über das Wandern im **Firn** und auf **Gletschern** sind hier gefragt. Da die meisten Tracks schwere Touren sind, haben wir uns für eine Tour am Rande des Parks entschieden, der aber all das widerspiegelt, was Westland zu bieten hat – nur von einer größeren Distanz aus: **vergletscherte Berge, Meer, Regenwald** und **Sumpfgebiet.** In dieser Region bietet sich ein kombinierter Outdoortag aus Wandern und Paddeln an. Die **Okarito-Lagune** ist nur wenigen Touristen ein Begriff, die meisten zieht es zu den Gletschern. Ohne Letztere versäumen zu müssen, sollte zusätzlich die erwähnte Tour ausprobiert werden. Die Wanderungen zu den **Gletscheröffnungen** dauern hin und zurück nur ca. 1½ Stunden, außerdem sind beide Gletscher recht überlaufen, es reicht, wenn einer von beiden angeschaut wird – auch schon aus ökologischer Sicht.

Der Okarito-Tag bietet etwas ganz Besonderes: den Blick aufs Meer und die Alpen, die Lagune und einen Einblick in ein einzigartiges Sumpfgebiet mit vielfältiger Flora und Fauna in fantastischer Szenerie.

Dauer und Schwierigkeitsgrad

Die Kurzwanderung dauert ca. **90 Minuten** und gilt als **„einfach"**. Die **Paddeltour** kann von **zwei bis vier Stunden** gebucht werden. Wer etwas über Flora und Fauna des über 3000 ha großen Sumpfgebietes erfahren will, sollte eine **geführte Tour** buchen. Das Wasser der **Lagune** ist einfach zu paddeln, bei vorangegangenen Stürmen und Regenfällen kann das Gewässer auch Grad 2 bekommen. Der Ausflug ist eine „Gutwetteraktivität", bei nassem Wetter sind die Berge meist verhangen, sodass einem der Blick auf die Alpen verwehrt bleibt. Außerdem ziehen sich die Tiere im Sumpfgebiet bei schlechtem Wetter gern zurück, sodass man auch die Fauna des Gebietes kaum kennenlernen kann.

Anreise

Okarito liegt 25 km nördlich vom Franz Josef Glacier. Vom SH 6 biegt zwischen Lake Mapourika und Lake Wahapo eine Straße an die Küste ab. Von hier aus sind es 13 km bis Okarito.

Start- und Endpunkt

Die Wanderung startet am südlichen Ende der Straße **The Strand.** Dort gibt es einen kleinen **Parkplatz,** von wo aus man wieder ein paar Schritte Richtung Ort zurückgeht und rechts in den Wanderweg einbiegt (siehe DOC-Beschilderung).

Streckenverlauf

Vom Parkplatz aus folgt man 10 bis 15 Minuten lang dem einsehbaren Pfad, bis man linker Hand zu einer Abzweigung kommt, die zum **Aussichtspunkt „The Trig Platform"** führt. Der Name weist darauf hin, dass sich hier ein sogenannter Trigonometrischer Punkt befindet, ein genau festgelegter Beobachtungspunkt, der in der Landvermessung eine wichtige Rolle spielt. Der Weg geht steil hinauf zum Aussichtspunkt. Zurück geht es auf demselben Weg. Der Kanu-/Kajakverleih **Okarito Nature Tours** liegt ebenfalls an der Straße The Strand und ist daher nicht zu verfehlen. Auf der Lagune selbst kann man nach Belieben paddeln. Die Mitarbeiter von Okarito Nature Tours weisen einen auf Wunsch auf die interessantesten Plätze hin – je nach Jahres- und Brutzeiten.

> Wandern mit dem Franz-Josef-Gletscher im Rücken

Übernachtung

■ **Chateau Franz Backpackers**①, 8–10 Cron Street, Tel. +64 (0)3 7520738, www.chateaufranz.co.nz. Das nette Hostel empfiehlt sich für Globetrotter mit kleinerem Geldbeutel. Neben den klassischen Mehrbettzimmern werden auch Doppel- und Einzelzimmer angeboten.

■ **Punga Grove**②, Cron Street, PO Box 85, Franz Josef Glacier, Tel. +64 (0)3 7520001, www.pungagrove.co.nz. Das beliebte, zentral gelegene Motel ist umgeben von einem Regenwaldgarten. Es bietet moderne Zimmer mitten in Franz Josef zu einem angemessenen Preis. Neben den Standardzimmern gibt es auch Ferienapartments.

Essen und Trinken

■ **Blue Ice Restaurant and Bar**①-②, 5 Main Road, State Highway (SH) 6, Franz Josef Glacier, Tel. +64 (0)3 7520707. Das im Ortskern gelegene Lokal ist ein guter Treffpunkt für Jung und Alt. Unten im Haus liegt das Restaurant und oben eine Bar mit Poolbillardtischen, Pizza-Auswahl und Snacks für die jüngere Generation. Bei schönem Wetter sieht man von hier aus auch den Franz-Josef-Gletscher.

Anbieter

■ **Okarito Nature Tours,** 1 The Strand, Okarito, Tel. +64 (0)3 7534014, www.okarito.co.nz. Bei diesem Anbieter können entweder geführte Paddeltouren oder Boote für Selbstfahrer gemietet werden. Man kann Kajaks und Kanus ausleihen, wobei nur zwei Kanus im Bestand sind (diese kann man reservieren). Um einen besseren Einblick in Flora und Fauna der Lagune zu erhalten, empfiehlt sich eine geführte Tour. Die Preise liegen bei 90 NZD pro Person für eine geführte Tour, ein Boot kostet für einen halben Tag 60 NZD.

Kartenmaterial und Literatur

■ Als Topokarte empfehlen sich die LINZ-Karte **„BW 15 Okarito"** (für die Wanderung) sowie **„BW 16 Whataroa"** (bildet die ganze Lagune ab) der „Topo50 Map Series".

Aoraki/Mount Cook National Park

Aoraki/Mount Cook ist der einzige Nationalpark und Ortsname Neuseelands, der sowohl den Maori- als auch den englischen Namen trägt. *Aoraki* ist der Maori-Name für Neuseelands höchsten Berg, den **Mount Cook.** Den Maori ist der Berg heilig, und wie in allen anderen Bergen der Südalpen auch, sehen sie in diesem Gipfel den **Kopf eines ihrer Vorfahren,** weshalb traditionsbewusste Maori niemals den Gipfel eines heiligen Bergs betreten würden. Aufgrund der Maori-Politik besitzt der Park sowohl den **Maori-Namen** als auch den Namen Mount Cook National Park.

Dem Gebiet des heutigen Nationalparks wurde dieser Status in den 1950er Jahren verliehen, es galt aber bereits vorher als geschütztes Naturgebiet. Mount Cook National Park ist der einzige Nationalpark Neuseelands ohne Wald. **Eis und Fels** prägen sein Aussehen. Noch heute sind knapp 40 % der Gesamtfläche vergletschert.

Insgesamt gibt es im Park 19 Gipfel, die über 3000 m hoch sind, der Park ist daher Hauptanziehungspunkt für Bergsteiger aus aller Welt. Dabei stellen nicht die Höhe, sondern die Art des Gebirges sowie die schwierigen Wetterbedingungen die Herausforderung dar.

Eine besonders interessante Fauna gibt es hier oben nicht, die **Flora** hingegen hat malerische Alpenblumen zu bieten. Besonders beliebt sind die endemischen Blumen **Mount Cook Lilly** und **Mount Cook Buttercup.**

Wer sich nicht unbedingt auf einen der alpinen Tracks begeben will, sollte es

060ns as

dennoch nach **Mount Cook Village** wagen. Das Bergörtchen spiegelt etwas von der einzigartigen alpinen Atmosphäre im Park wider. Die Nähe zu den 3000ern lässt staunen, und selbst ein Spaziergang auf den ersten Kilometern der umliegenden zehn Tracks lässt das Naturfreundeherz schneller schlagen. Außerdem lädt das **Sir Edmund Hillary Alpine Centre** im Hermitage Hotel zu einer interessanten alpinen Zeitreise ein. Das 7,5 Millionen NZD teure **Alpenmuseum** behandelt die Bergsteiger- und Transportgeschichte in der Mount-Cook-Region von ihren Anfängen bis heute, außerdem sind ein 3-D-Kino und ein Planetarium vorhanden. Das Centre ist täglich von 10 bis vorerst 20 Uhr geöffnet (im Sommer meistens länger und im Winter etwas kürzer, daher bitte unbedingt nachfragen). Wem es in Mount Cook Village gefällt, der kann hier übrigens leider keinen Grundbesitz erwerben, um sich ein Eigenheim zu bauen. Das Land steht komplett unter Naturschutz und untersteht dem DOC. Wer hier wohnen will, muss also bei einem der ansässigen 120 Bewohner Unterschlupf finden. Außer für **Wanderer** sind der Nationalpark und die umliegende Region auch für **Kletterer** und **Mountainbiker** interessant. Sogar **Kayaking** kann man im Nationalpark betreiben. Es gibt auf dem Mueller-Gletschersee eine geführte Tagestour in atemberaubender Landschaft.

■ Infos zum **Glacier Sea Kayaking** erteilt *Charlie Hobbs* vom **Old Mountaineers Café** in Mount Cook Village. Weitere Informationen findet man unter www.mtcook.com.

Aoraki/Mount Cook bei Sonnenuntergang

Information

■ **Aoraki/Mount Cook National Park Visitor Centre,** 1 Larch Grove, Mount Cook Village, Tel. +64 (0)3 4351186, mtcookvc@doc.govt.nz.

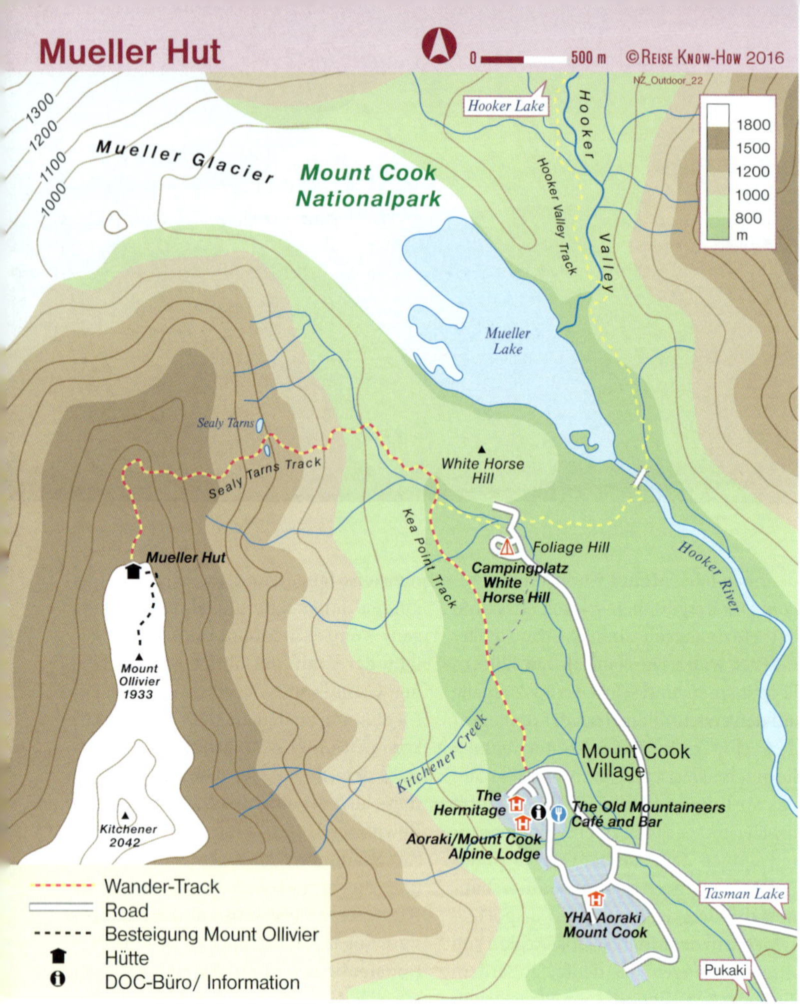

Mueller Hut Route (zweitägige Wanderung)

Es gibt nur wenige Touren im Park, die einen in relativ kurzer Zeit an einen derart herrlichen Ort bringen, wo man den Bergen so nah sein kann, ohne Bergsteigen zu müssen. Eine Nacht in der **Mueller Hut** ist ein alpines Erlebnis der besonderen Art. Sonnenauf- und -untergang, die Geräusche abgehender Lawinen und knackendes Eis sowie der atemberaubende Blick auf den **Mount Cook** und den **Mount Sefton** bringen einem die neuseeländischen Südalpen näher. Die Mueller Hut ist eine der modernsten

Berghütten in den neuseeländischen Alpen. 2003 wurde sie als Nachfolgerin von vier vorangegangenen Hütten neu eröffnet, eingeweiht von **Sir Edmund Hillary** persönlich. Dieser erklomm in jungen Jahren von hier aus seinen ersten Berg, den **Mount Ollivier.** Dieser kann von der Hütte aus in ca. 30 Minuten ohne Bergsteigerausrüstung bestiegen werden. Wer noch weiter will, sollte nicht ohne die passende Ausrüstung und Kenntnisse fortsetzen.

Dauer und Schwierigkeitsgrad

Der Weg zur Mueller Hut kann an einem langen Tag oder mit einer Übernachtung in zwei Tagen absolviert werden. Der einfache Weg ist **6,8 km** lang. Die gut 1000 m Aufstieg zur Hütte werden als **„schwer"** eingestuft, vor allem für diejenigen, die den Weg an einem Tag hin- und zurücklaufen wollen. Körperliche **Fitness** und Ausdauer sowie **Erfahrung im Bergwandern** sind unbedingte Voraussetzung. Allerdings benötigt man weder Bergsteigerkenntnisse noch -ausrüstung.

Für den Aufstieg braucht man ca. **vier bis fünf Stunden,** für den Abstieg nur drei Stunden. Wer den 1933 m hohen **Mount Ollivier** erklimmen möchte, sollte mindestens eine weitere Stunde für den Auf- und Abstieg mit einrechnen. Bei **Schnee** sollte die Tour nur mit erfahrenen Bergführern gelaufen werden, da auf der **Sealy Range** hohe **Lawinengefahr** besteht. Ohne Ortskenntnisse kann das fatale Auswirkungen haben.

Auch wer die Tour an nur einem Tag laufen möchte, sollte sich aus **Sicherheitsgründen** im DOC-Office eintragen, sodass die Bergführer wissen, wer im Gebirge unterwegs ist.

Anreise

Mount Cook Village erreicht man über den SH 8 von **Christchurch** oder **Queenstown** kommend, indem man am Südzipfel von Lake Pukaki auf den SH 80 abbiegt. Die Straße, eine Sackgasse, endet in **Mount Cook Village.** 55 km sind es auf der sogenannten **Mount Cook Road** von der Kreuzung am See bis zum Bergort. Die Straße ist durchgehend asphaltiert und fast ganzjährig gut zu befahren.

Start- und Endpunkt

Die Wanderung startet und endet in einer Linkskurve (auf der rechten Seite des Bürgersteigs), die am nördlichen Ortsausgang auf den Parkplatz des Hermitage Hotels führt. Manche Wanderer übernachten alternativ auf dem **Campingplatz White Horse Hill** und laufen morgens von dort aus los. Dies empfiehlt sich für Leute, die am selben Tag auf- und wieder absteigen wollen, da man so fast zwei Drittel des Weges spart, jedoch keine Höhenmeter.

Streckenverlauf

In Mount Cook Village folgt man dem **Kea Point Track,** bis man hinter dem Campingplatz White Horse Hill auf den **Sealy Tarns Track** stößt. Von hier aus geht es 400 m steil bergauf durch Gebüsch und Bergwiesen zu den **Sealy Tarns.** *Tarns* sind kleine Alpenseen, die in Neuseelands Bergen zahlreich vorhanden sind. Bei sonnigem Wetter spiegelt sich sehr schön das Bergpanorama im Wasser. Sobald man Sealy Tarns passiert hat, gibt es nur noch Fels und Stein. Auch die Markierung ändert sich hier: Es gibt nur noch Steinhaufen zur Orientierung. Auf dem Grat der Bergkette

Sealy Range angekommen, kann man den Blick auf den imposanten **Mueller-Gletscher** genießen. Von den Tarns zur Mueller Hut braucht man ca. zwei Stunden. Von der Hütte zum **Gipfel des Mount Ollivier** folgt man über einen steinigen Aufstieg dem Bergrücken. Ganz oben befindet sich ein großer Stein, der den Gipfel markiert und bereits aus der Ferne zu sehen ist. Wer von hier aus auf der **Sealy Range** weiterlaufen möchte, sollte **Bergsteigerkenntnisse** haben und eine **gute Ausrüstung** mitführen.

Übernachtung

■ Wer die Tour in zwei Tagen laufen will, übernachtet in der **Mueller Hut**①. Die Hütte verfügt über 28 Betten und einen Gasofen, der aber nur im Sommerhalbjahr zur Verfügung steht. In den Sommermonaten wohnt hier auch ein *warden,* der über einen eigenen Bereich verfügt. Betten kann man hier nicht vorbuchen, wer zuerst kommt, mahlt zuerst. Für die Übernachtung braucht man dennoch einen **Hüttenpass,** der im Visitor Centre unten im Ort erhältlich ist. Jeden Abend kommt um 19 Uhr ein Rundruf aus dem Visitor Centre in der Hütte an und es wird nachgefragt, wie viele Leute in der Hütte übernachten. Dabei wird auch das Wetter für den nächsten Tag durchgegeben, eine wichtige Maßnahme, die Leben retten kann. Daher sollte unbedingt um 19 Uhr auf den Rundruf geachtet werden.

■ **YHA Aoraki Mount Cook**①, Ecke Bowen Drive/Kitchener Drive, Mount Cook, Tel. +64 (0)3 4351 820, www.yha.co.nz. Mount Cook Village hat nur eine begrenzte Auswahl an Unterkünften. Für den schmalen Geldbeutel empfiehlt sich der Fünf-Sterne-Backpacker des neuseeländischen Jugendherbergswerkes. Hier gibt es sogar eine Sauna zum Aufwärmen nach den kalten Stunden im Gebirge.

■ **Aoraki/Mount Cook Alpine Lodge**②, 107 Bowen Drive, Mount Cook Village, Tel. +64 (0)3 4351 860, www.aorakialpinelodge.co.nz. Eine preisgünstige Hotelalternative bietet die Aoraki/Mount Cook Alpine Lodge. Die Unterkunft wird von einem der wenigen „uransässigen" Paare im Ort geleitet, was ihr eine wirklich authentische Atmosphäre verleiht. Informationen aus erster Hand sind hier garantiert.

Essen und Trinken

Für die Wanderung muss der **gesamte Proviant mitgenommen** werden. Es gibt keine Einkehrmöglichkeit. Vor allem sollte **viel Wasser** mitgeführt werden, da es auf der zweiten Etappe über den steinigen Geröllaufstieg kaum möglich ist, an Wasser zu kommen. Zurück in Mount Cook Village, kann man gleich am Trekende neben dem DOC Visi-

▷ Die Mueller Hut mit Blick auf den Mount Cook

tor Centre im Old Mountaineers Café essen – herrlicher Ausblick und Kaminfeuer inbegriffen.

■ **The Old Mountaineers Café and Bar**①, Larch Grove, Mount Cook Village, Tel. +64 (0)3 4351890, www.mtcook.com/restaurant.

Anbieter

■ **Active Adventures,** Queenstown, Tel. +64 (0)3 4500414, www.activeadventures.com. Wer diese Tour gern geführt unternehmen möchte, kann bei Active Adventures anfragen. Preis und Optionen auf Anfrage.

Kartenmaterial und Literatur

■ Als Topokarten für die Region sind **„BY 15 Birch Hill"** sowie **„BX 15 Fox Glacier"** der „Topo50 Map Series" notwendig.

■ Außerdem ist die Wegbeschreibung auf einem **Infoblatt** beim DOC-Büro in Mount Cook Village erhältlich.

■ Wer länger im Nationalpark bleiben will und weitere Touren ins Auge fasst, sollte sich beim New Zealand Alpine Club den Bergwanderführer **„Aoraki Mount Cook Guidebook"** von *Alex Palman* besorgen (https://alpineclub.org.nz).

Central Otago mit Wanaka und Queenstown

Das südliche Zentrum der Südinsel ist geprägt von seinen **Seen** und der abwechslungsreichen, oft **bergigen Landschaft.** Im letzten Jahrhundert waren Otago und die Southern Lakes hauptsächlich von Goldsuchern besiedelt, da es hier ansonsten schlichtweg nichts gab, was Siedler hätte halten können, zumal die kleinen Orte auch nur schwer von außerhalb zu erreichen waren. Trotz der fruchtbaren Böden in der Region betrieben die Siedler zur Goldrauschzeit kaum Landwirtschaft.

Die Sommer sind heiß und trocken, die Winter meist kalt. Die Kombination aus günstiger Wetterlage und fruchtbarem Boden nutzten vor ca. zehn Jahren

061ns as

Central Otago mit Wanaka und Queenstown

Wandern	35	French Ridge Track – am Fuße des Mount Aspiring	S.206
Wandern	37	Routeburn Track	S.208
Wandern	38	Rob Roy Glacier Track	S.203
Radfahren	39	Plantation Trails/ Sticky Forest	S.201
Radfahren	40	Otago Central Rail Trail	S.211

0 20 km

NZ_Outdoor_23
Haast Pass 564
Makarora River
Young Range
Makarora
Hunter River
Barrier Range
Ben Ohau
Lake Ohau
Ohau
2337 Mt. St. Mary
Twizel
Pukaki River
Ohau River
Tekapo River
Grays River
Grampian Mts
Dalgety Range
Clearburn
Lake Benmore
Stony R.
Dingle Burn
Ahuriri River
1905 Mt. Melina
Lake Hawea
Omarama
Omarama R.
Benmore
Lake Aviemore
Kirkliston Range
Lindis Pass
Otematata
Aviemore
Lake Waitaki
Gladstone
Lake Hawea
Hawea Flat
Maungawera
Albert Town
Lindis Peak 1226
Puzzling World
Luggate
Lindis R.
Lindis Valley
St Bathans Range
Dunstan Creek
Hawkdun Range
Clear Stream
Otematata River
Kurow
Hakataramea
Awakino
Otiake
Otekaieke
2010 Kohurau
Kurow R.
Queensberry
Pisa Range
Mt. Pisa
Tarras
Ardgour
St. Bathans
Cambrian
Lauder R.
Ida Burn
1692 Mt. Ida
Ida Range
Otekaieke R.
Livingstone
Dansey Pass
Kyeburn Diggins
Bendigo
Lake Dunstan
Dunstan Mountains
Hills Creek
Idaburn
Becks
Oturehua
Lauder
Wedderburn
Naseby
Kye Burn
1643 Mt. Pisgah
Kakanui R.
Kakanui Mts
Cromwell
Manuherikia
Ida Valley
40
Omakau
Ophir
North Rough Ridge
Ranfurly
Kyeburn
Bannockburn
Chatto Creek
Poolburn
Raggedy Range
Gimmerburn
Waipiata
Kokonga
Shag River
Clyde
Mutton-town
Springvale
Moa Creek
Orangapai
Tiroiti
Morrison
Earnscleugh
Galloway
Alexandra
Hamilton
Patearoa
Green Valley
1695 Obelisk
Hope R.
Poolburn Reservoir
Rock and Pillar Range
Hyde
Fruitlands
Rough Ridge
Ridge
Macraes Flat
Gorge Creek
Manorburn Reservoir
Roxburgh
Taieri River
Paerau
Rock and Pillar
Dunback
Greenland Reservoir
Ngapuna
Moonlight
Taieri
Nenthorn R.
Otago
Coal Creek Flat
1124 Pinelheugh
Middlemarch
Lake Onslow
Roxburgh
Teviot R.
1015 Soutra Hill
Sutton
736 Hummock
Dumbarton
Teviot
Lammermoor Range
Matarae
Pukerangi
Taieri Gorge
Merton
Ettrick
Millers Flat
Stream

einige Landwirte für ein Experiment: Sie betrieben neben dem **Obst- und Gemüseanbau** erfolgreich **Weinbau.** Die Qualität des Weins brachte ihnen Ruhm und Geld ein. Durch den **wirtschaftlichen Aufschwung,** den die Region in den letzten Jahren erfuhr, sind Otago und die Southern Lakes stark expandiert, was zu **extrem hohen Immobilienpreisen** führte. Die herrliche Landschaft sorgt zudem in dieser ruhigen und dennoch dynamischen Region für eine **hohe Lebensqualität.** Bis vor Kurzem wirkten die ehemaligen **Goldgräberstädtchen** wie verschlafene Nester, jetzt gewinnen sie durch den Wirtschaftsaufschwung wieder an Ansehen.

Für Outdoorer ist die Gegend ein Paradies: Mittendrin liegt die – wie die Neuseeländer gern behaupten – **Fun- und Outdoorhauptstadt** der südlichen Hemisphäre: **Queenstown.** Die Stadt und Umgebung haben diesem Motto folgend ein gutes Marketingkonzept geschnürt, sodass fast jeder Neuseelandbesucher auch in Queenstown hält, dadurch ist das Örtchen sehr **touristisch** geworden. Dennoch sollten Natur- und Sportbegeisterte diese Gegend nicht meiden. Der malerische See umgeben von Bergketten, zahlreichen Flüssen und dünn besiedelten Tälern sind ein Muss. Ein weiterer wichtiger Ort für natursportliche Aktivitäten in der Region ist **Alexandra,** kurz „Alex“ genannt.

Wanaka am gleichnamigen See

www.fotolia.de © willcao911

Die Stadt Wanaka

Als Ausgangspunkt für die ausgewählten Aktivitäten der beiden Regionen haben wir uns für Wanaka entschieden. Im Gegensatz zu Queenstown kommt man hier direkt in den **Mount Aspiring National Park.** Die Stadt ist außerdem weniger überlaufen, aber ebenso schön am See und am Fuße des Gebirges gelegen, und nach **Otago** ist es auch nur ein Katzensprung.

Wanaka gehört mittlerweile zu den **teuersten Städten der Südinsel,** was die Lebenshaltungskosten betrifft. Als **Outdoorstadt** hat sie sich schon lange etabliert. Die High School im Ort bietet bereits seit Jahren Outdoorsport als Schulfach an, die Fachhochschule von Dunedin hat für die Ausbildungsgänge der „School of Adventure" hier ihre Basis und zahlreiche Bergsteiger sowie Wassersportaktive leben aufgrund der Nähe zu den lokalen Bergen und Flüssen hier in der Stadt.

Besonders geeignet ist Wanaka für **Bergsportbegeisterte.** Von Wandern über Bergsteigen bis zum Mountainbiking ist hier alles möglich. Darüber hinaus gibt es hier für jede Outdoorsportart viele Anbieter, die **geführte Touren** und **Kurse** zu erschwinglichen Preisen anbieten.

Unser Tipp für Wanaka

Ein **Spaziergang am See** ist ein Muss in Wanaka. Von hier unten kann man die komplette Szenerie des Städtchens genießen. Der Weg beginnt links von der **Roys Bay,** Wanakas Hauptstrand. Er führt am **Edge Water Resort Hotel** vorbei, passiert den Weinberg **Rippon Vineyard** und läuft dann terrassenförmig auf eine Anhöhe, von wo aus man einen herrlichen Blick auf den See, die umliegenden Berge und das Städtchen Wanaka hat. Für den Weg braucht man hin und zurück eineinhalb bis zwei Stunden.

Praktische Tipps

Outdoorläden

- **Outside Sports,** 17–23 Dunmore Street, Wanaka, Tel. +64 (0)3 4437966, www.outsidesports.co.nz. Outside Sports bietet neben dem normalen Verkauf auch Ausrüstung zum Verleih an. Das Sortiment reicht von Mountainbikes über Campingausrüstung bis hin zu Kletter- und Bergsteigerzubehör. Darüber hinaus bietet der Laden im Winter einen Shuttletransfer in die umliegenden Skigebiete und im Sommer in den Mount Aspiring National Park, der ansonsten ohne Vierradantrieb nur schwer zu erreichen ist.

Information

- **Lake Wanaka i-SITE Visitor Centre,** 103 Ardmore Street, Wanaka, Tel. +64 (0)3 4431233, www.lakewanaka.co.nz.

Übernachten

- **YHA Wanaka Purple Cow**①, 94 Brownston Street, Wanaka, Tel. +64 (0)3 4431880, www.yha.co.nz. Purple Cow bietet neben Mehrbettzimmern, auch Betten in Zimmern mit eigenem Bad und Küchenzeile sowie Doppelzimmer an, die auch als Einzelzimmer genutzt werden können, teilweise sogar mit Blick auf den See.
- **Edgewater Resort**②, Sargood Drive, Wanaka, Tel. +64 (0)3 4438311, www.edgewater.co.nz. Das nette Mittelklassehotel liegt unmittelbar am See am Rand der Ortschaft. Neben Standardzimmern kann man auch kleine Apartments buchen.

■ **Peak Sport Chalet**②, 36 Hunter Crescent, Wanaka, Tel. + 64 (0)3 4436990, www.peak-sportchalet.co.nz. Gegründet und geleitet wird das Peak Sport Chalet von Deutschen, die vor vielen Jahren nach Neuseeland ausgewandert sind. Angeboten werden ein kleines Studio für ein bis zwei Personen sowie ein Chalet für bis zu vier Personen. Beide Wohneinheiten sind geschmackvoll eingerichtet. Auf Wunsch kann Frühstück dazugebucht werden.

Essen und Trinken

■ **Francesca's Italian Kitchen**①-②, 93 Ardmore Street, Wanaka, Tel. +64 (0)3 4435599, www.fransitalian.co.nz. Ein modernes Restaurant für Freunde der italienisch-mediterranen Küche. Es bietet mehr als nur Pizza, vor allem die Primi (Vorspeisen) und Nachtische sind wunderbar. Da viele dieses Urteil teilen, wird empfohlen, einen Tisch zu reservieren.

Plantation Trails/Sticky Forest (halbtägige Mountainbiketour)

Direkt hinter den letzten Häusern Wanakas beginnt das kleine, aber feine **Trailnetzwerk Plantation Trails/Sticky Forest.** Ein Nachmittag geht hier wie im Flug vorbei. Für wagemutige und erfahrene Biker stimmt das sogar wortwörtlich, da es einige Trails mit Sprüngen, Rampen und weiteren abenteuerlichen Konstruktionen gibt.

Dauer und Schwierigkeitsgrad

Das ganze Gebiet ist sehr klein. Die einzelnen Wege sind oft nur mehrere Hundert Meter lang, es gibt aber über 30 von ihnen und sie machen viel Spaß, sodass am Ende des Tages – je nach Kondition – doch einige Dutzend Kilometer auf dem Tacho stehen können.

Der **Schwierigkeitsgrad** bewegt sich zwischen 3 und 6. Auf der **„Lake Wanaka Cycling Map“** (siehe „Kartenmaterial“) sind die Wege in grün (leicht), blau (mittel) und schwarz (schwer) unterteilt. Die Wege der höheren Klassen dürfen nicht unterschätzt werden. Ein **stabiles Rad, Helm** und **Protektoren** sowie genügend **Fahrpraxis** sind unerlässlich, um schwere Verletzungen zu vermeiden.

Besonders bei den **ersten Erkundungsfahrten** sollte man vorsichtig sein. Nicht alle Wege sind auf der Karte verzeichnet und ehe man es gemerkt hat, ist man sonst auf einen Grad-6-Weg abgebogen und segelt unvorbereitet und unkontrolliert durch die Luft. Hat man es bei der ersten Fahrt ruhig angehen lassen, ist man aber in kurzer Zeit wieder am Beginn des Tracks und kann das Rad dann laufen lassen. **Vorsicht:** Nicht alle Wege sind Einbahnstraßen, man muss immer damit rechnen, dass andere Fahrer gerade bergauf unterwegs sind.

Start- und Endpunkt

Den einfachsten Zugang in das Plantation-/Sticky-Forest-Gebiet hat man vom Ende der **Rata Street,** 3 km von der Visitor Information in Wanaka entfernt. Zunächst geht es auf der **Lakeside Road** in nordöstlicher Richtung am See entlang. Nach ein paar Hundert Metern zweigt die **Beacon Point Road** halbrechts ab und führt genau nach Norden. Nach einem weiteren Kilometer biegt man nach rechts auf die **Aubrey Road** ab und trifft 500 m weiter auf die Rata Street, die nach links abbiegt und der man bis zum Ende folgt.

Streckenverlauf

In dem Wust von Wegen gibt es natürlich **keinen vorgeschriebenen Streckenverlauf,** und je nach Fahrpraxis, Motivation und Können wird sich jeder auf anderen Teilstücken am wohlsten fühlen. Unser Tipp ist es, sich zunächst zu **The Hub** aufzumachen, einem Knotenpunkt, von dem aus viele Wege in verschiedenen Schwierigkeitsgraden starten.

Am Endpunkt der Rata Street hält man sich zunächst rechts in Richtung Waldrand. Dort ist der Beginn bzw. das Ende von **Hoe Down (1).** Oben angekommen folgt man **Easy Street (3)** nach links, fährt dann **Venus (8)** wieder hinunter, folgt noch **Thread the Needle (22)** und fährt dann auf dem **Sidle Track (25)** in Richtung **The Hub.** Dort hat man dann viele Möglichkeiten zur Auswahl. Zurück geht es am Ende wieder über „Hoe Down“ zur Rata Street.

Die **Zahlen in Klammern** bezeichnen die Nummern, mit denen die einzelnen

Wege auf der **„Lake Wanaka Cycling Map“** verzeichnet sind. Ohne die Karte ist man trotz des kleinen Gebiets hoffnungslos verloren. Bis auf „Easy Street“, der grün (leicht) markiert ist, sind alle Strecken bis hierher als „mittel“ eingestuft.

Ausrüstung und Anbieter

- **Outside Sports,** 17–23 Dunmore Street, Wanaka, Tel. +64 (0)3 4437966, innerhalb Neuseelands Tel. 0800 754926 (kostenlos), www.outsidesports.co.nz. Ein Leihrad kostet 50 NZD am Tag.
- **Freeride NZ,** Tel. 0800 743369 kostenlos (in NZ), mobil +64 (0)21 02707462, www.freeridenz.com. Hier werden z.B. geführte Mountainbiketouren mit dem Schwerpunkt Downhill angeboten. Downhill-Halbtagestouren kosten 249 NZD. Die Angebote verstehen sich jeweils inklusive der Bikemiete. Längere Touren zwischen drei Tagen und drei Wochen sind ebenfalls im Angebot, allerdings gibt es generell keine Touren im Sticky Forest. Kunden werden von ihrer Unterkunft abgeholt.

Kartenmaterial

- Die **„Lake Wanaka Cycling Map“** ist für 4 NZD in der Visitor Information und in allen Bikeläden in Wanaka erhältlich. Neben dem hier vorgestellten Gebiet beinhaltet sie noch weitere Bikestrecken in der Umgebung von Wanaka. Es ist nur eine Übersichtskarte, aber sie ist für die Orientierung und das Finden der richtigen Wege ein absolutes Muss. Bis man gemerkt hat, dass **Norden** auf dieser Karte **links** statt oben ist, kann sie allerdings eher verwirren als helfen.

Mount Aspiring National Park

Mount Aspiring National Park wurde in den 1960er Jahren als zehnter Nationalpark Neuseelands gegründet. Die **Maori** kamen früher von der Westküste aus her, um in den Bergen und den umliegenden Flüssen nach **Jade** zu suchen.

Schon Ende des 19. Jahrhunderts begann hier der **Tourismus,** und es wurden geführte Wanderungen angeboten. Der Park mit seinem **alpinen Charakter** zieht seither Wanderfreunde und Bergsteiger magisch an.

▷ Der „Zuckerguss“ auf der Traumlandschaft: der Rob-Roy-Gletscher

Der Park ist benannt nach dem **Mount Aspiring,** der in seiner Form ans Matterhorn erinnert. Er ist mit 3033 m der einzige Berg über 3000 m außerhalb des Mount Cook National Parks.

Neben den Bergen besticht der Park durch seine **malerischen Täler,** die das **Wandern** für Menschen **jeden Alters** ermöglichen, ohne dass auf ein Bergpanorama verzichtet werden muss. Wer es sachte mag, bleibt in den Tälern, alle anderen können 500 bis 2000 Höhenmeter überwinden, um die Landschaft von oben zu bestaunen. Oberhalb der Baumgrenze gibt es diverse Alpenblumen, Steppengras sowie Bergpapageien, **Keas.**

Information

■ **Wanaka Area Office,** Ardmore Street (am Ortsausgang Richtung Hawea), Wanaka, Tel. +64 (0)3 4437660, wanakavc@doc.govt.nz.

Rob Roy Glacier Track (Tageswanderung)

Es gibt **Mount Rob Roy,** den **Rob Roy Glacier** und den **Rob Roy Stream.** Die Wanderung führt durch das **Matukituki-Tal** hinauf in die Berge zu einem Plateau. Von hier genießt man den guten Blick auf den imposant gelegenen Rob-Roy-Gletscher, der aus dem Bergsee un-

Rob Roy Glacier Track und French Ridge Track

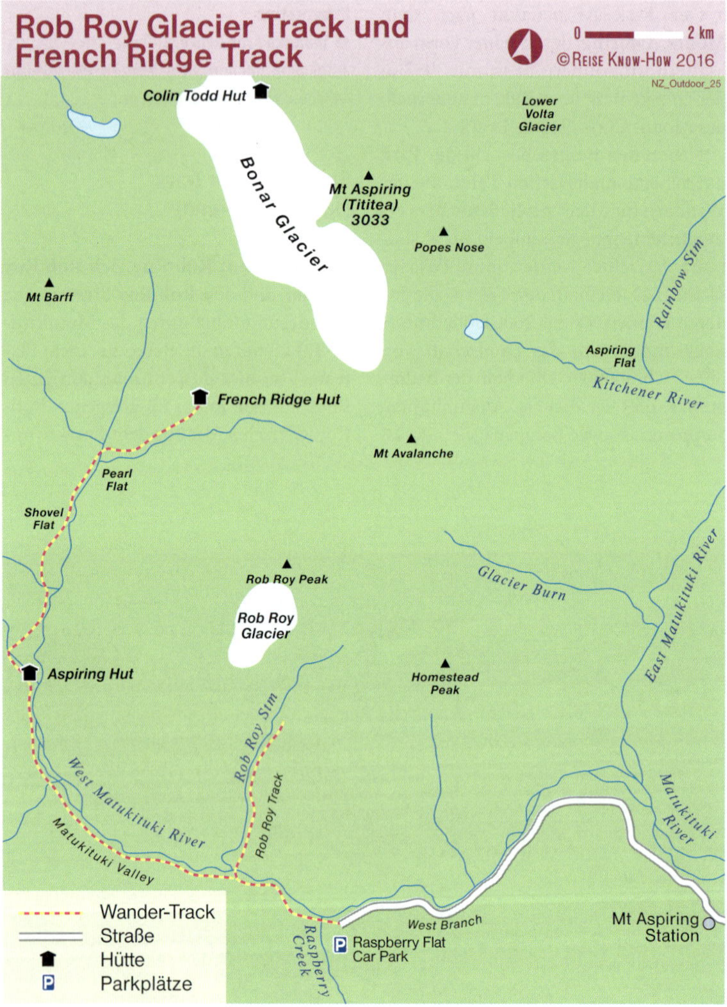

terhalb des 2644 m hohen Gipfels des Mount Rob Roy gespeist wird. Der Wanderweg führt durch eine Schlucht und dichten Buchenwald, immer wieder mit Blick auf den Rob-Roy-Fluss, auf Fels und Schneefelder. Bei gutem Wetter hat man bei der Fahrt in den Nationalpark und zurück einen wunderbaren Blick auf den **Mount Aspiring.**

Dauer und Schwierigkeitsgrad

Der Hinweg zum Aussichtsplateau dauert mit Pausen knapp **zwei Stunden.** Hin und zurück sind es **11,4 km.** Der Weg ist **kein Rundweg** und muss daher in umgekehrter Richtung zurückgelaufen werden. Er gilt als „mittelschwer".

Wetter

Die Tour ist am besten **zwischen Dezember und April** zu laufen. Ansonsten sollte man mit **Schnee** und auf dem Plateau bis in den November mit **Lawinen** rechnen. Auch das Furten des Flusses kurz vor Erreichen des Plateaus kann bei Starkregen und während der **Schmelzzeit im Frühjahr** gefährlich werden.

Anreise

Man erreicht das **Matukituki Valley** in ca. einer Stunde, und zwar am besten von **Wanaka** aus. Vom westlichen Ortsausgang fährt man den Schildern zum Mount Aspiring National Park folgend in Richtung **Skigebiet Treble Cone.** Die Straße ist bis zur **Glendhu Bay** geteert, später bleibt sie bis zum Parkplatz Schotterstraße. Die **Mount Aspiring Station,** das historische, nach wie vor bewohnte Bauernwohnhaus (auch „Old Homestead" genannt) der alteingesessenen Farmersfamilie *Aspinall*, ist das letzte Haus auf dem Weg zum Ausgangspunkt. Von hier aus sind es 11 km bis zum Parkplatz, dem **Raspberry Flat Car Park.**

Ab der Mount Aspiring Station sind **mehrere kleine Flüsse** zu durchfahren. Bei starken Regenfällen ist das mit normalen Pkw nicht mehr möglich. Es empfiehlt sich, mit einem Allradwagen zu fahren oder einen Shuttleservice in Anspruch zu nehmen (Infos erteilt die Tourist Information in Wanaka, siehe oben).

Start- und Endpunkt

Die Wanderung startet und endet am **Raspberry-Flat-Parkplatz** am Ende der Matukituki Road.

Streckenverlauf

Vom Parkplatz aus führt der Weg ca. 15 Minuten relativ flach zu einer *swing bridge*, die den **Matukituki River** überquert. Nach der Brücke geht es 30 Minuten steil bergan durch eine **Schlucht,** von wo aus man immer wieder **herrliche Ausblicke** auf das Tal, den Fluss und im oberen Teil auch auf den Gletscher und die umliegenden Schneefelder hat. Nach gut eineinhalb Stunden passiert man die **Baumgrenze,** überquert den **Rob-Roy-Fluss** und wandert auf Trampelpfaden und steinigem Untergrund bis zum Plateau. Der Rob Roy Track endet hier. Vom **Plateau** aus sollte man nicht ohne Bergsteigerausrüstung weiterlaufen.

Übernachtung

Siehe Ortsbeschreibung Wanaka.

Essen und Trinken

Für die Wanderung muss der Proviant **selbst mitgenommen** werden. Zurück in Wanaka, kann man eines der zahlreichen Cafés und Bistros aufsuchen oder zum Verwöhnen das oben beschriebene Restaurant **Francesca's Italian Kitchen.**

Anbieter

- Der Weg kann auch geführt gelaufen werden. Der Veranstalter **Ecowanaka** (www.ecowanaka.co.nz) bietet naturkundliche Trekkingtouren im Nationalpark an. Um Vorbuchung wird gebeten. Der Transfer zwischen Unterkunft und Nationalpark ist inklusive. Eine geführte Tagestour ab zwei Personen kostet ca. 275 NZD pro Person.

Kartenmaterial und Literatur

- Als Topokarte empfiehlt sich die LINZ-Karte **„F39 Matukituki"** der „Topographic Map 260 Series".
- Das **Infoblatt „Matukituki Valley Tracks"** wird im **DOC-Büro** in Wanaka ausgehändigt.

French Ridge Track – am Fuße des Mount Aspiring (zweitägige Tour)

Der Mount Aspiring ist mit gerade einmal 3033 m der höchste Berg des Mount Aspiring National Parks. *Tititea,* „glänzender Gipfel", wird er von den Maori genannt. Von einheimischen Bergsteigern wird er gern als **Juwel der Southern Alps** beschrieben. Weit gereiste Bergsteiger sehen aufgrund der Form und der geraden Flanken, über die der Gipfel direkt erreichbar ist, eine große Ähnlichkeit mit dem **Matterhorn.** Trotz seiner mittleren Höhe ist die Besteigung des Mount Aspiring nicht leicht. Wer dem Berg dennoch „näherkommen" möchte, kann bis zur **French Ridge Hut** aufsteigen, dort übernachten und wieder ins **Matukituki Valley** zurücklaufen. Der Weg ist von alpinem Charakter und bedarf guter Fitness.

Dauer und Schwierigkeitsgrad

Wer vom Tal aus aufsteigt, sollte gut vorbereitet sein, der **16,5 km** lange Anstieg zur French Ridge Hut ist **sehr steil** und daher sehr anstrengend. Knapp 1000 Höhenmeter sind auf **Wurzel- und Geröllboden** bzw. -hängen zu überwinden. Aufgrund der Länge des Anstiegs empfiehlt sich eine Übernachtung in der French Hut. Einen Rundweg gibt es nicht, sodass der **Hin- auch Rückweg** ist. Das Klettern an bepflanzten Hängen wird von Neuseeländern übrigens gern *root-climbing* genannt.

Wetter

Am besten eignen sich die Sommermonate **Dezember bis Mitte März,** doch auch hier sollte stets der **Wetterdienst** konsultiert werden. Außerdem herrschen am Mount Aspiring häufig kräftige bis zum Teil starke **Winde,** dadurch kann das Wetter schnell umschlagen.

Anreise

Siehe „Rob Roy Glacier Track".

Start- und Endpunkt

Der Start- und Endpunkt ist der **Raspberry-Flat-Parkplatz.**

Streckenverlauf

Der Auf- und Abstieg erfolgt in zwei Etappen über die **Pearl Flat** zur **French Ridge** und am nächsten Tag von dort wieder zurück.

Von Pearl Flat überquert man den Fluss zum Ostufer hin über die **Liverpool Stream Swing Bridge.** Nach weiteren 10 Minuten talaufwärts folgt eine zweite *swing bridge,* die das erneute Überqueren des Flusses ermöglicht. Im Anschluss geht es steil durch neuseeländischen Busch bis hinauf auf den **Bergkamm.** Am Ende führt der Weg über 1 km offenes Grasland überhalb der Baumgrenze zur **French Ridge Hut.**

Übernachtung

■ Übernachtet wird in der **French Ridge Hut** auf 1480 m. Für die Übernachtung benötigt man einen **Hüttenpass,** der im DOC Visitor Centre in Wanaka erhältlich ist. In der Hütte können 20 Personen übernachten, Vorbuchungen werden leider nicht angenommen.

Essen und Trinken

Als Bergsteiger ist auf eine **ausreichende, nährstoffreiche Ernährung** zu achten. Der gesamte Proviant muss auf ungeführten Touren **selbst mitgenommen** werden. Zurückgekehrt in die Zivilisation nach Wanaka, kann man in eines der zahlreichen Cafés und Bistros gehen und sich verwöhnen lassen (siehe Beschreibung „Wanaka").

Anbieter und Ausrüstung

Geführte Touren werden unseres Wissen nicht zur French Ridge Hut angeboten. Neben Standardausrüstung sollte ein **Notbiwak** mitgeführt werden.

Kartenmaterial und Literatur

■ Als Topokarte ist **„CA 11 Aspiring Flats"** der „Topo50 Map Series" zu empfehlen.

■ Wer weitere Touren am und um den Mount Aspiring ins Auge fasst, sollte sich den Bergwanderführer **„Mount Aspiring Region Guidebook"** von *Allan Uren* und *Mark Watson* beim New Zealand Alpine Club besorgen (siehe „Christchurch").

☐ Auch, wenn er ganz harmlos guckt: Keas haben es faustdick hinter den (unsichtbaren) Ohren!

Routeburn Track (dreitägige Wanderung)

Das Besondere am Routeburn Track ist, dass er **zwei Nationalparks** miteinander **verbindet.** Hinzu kommt, dass man in nur wenigen Tagen einen wunderbaren Einblick in die Landschaften beider Parks erhält. Der Nachteil des Tracks ist die **hohe Besucherzahl:** Über 10.000 Wanderer laufen hier übers Jahr verteilt. Um die Wandererströme etwas zu reglementieren, gehört Routeburn zu den **Great Walks.**

Die Tour besticht durch ihre **Naturschönheiten.** Der alpine Charakter, die abwechslungsreiche Vegetation sowie die Seen und Wasserfälle bieten das **Flair der neuseeländischen Südinsel,** das man sich vor der Reise vorgestellt hat – vorausgesetzt, das Wetter spielt mit und man kann etwas sehen!

Wer den Routeburn Track im frühen oder ausgehenden **Winter** bei relativ humanen Schneemengen laufen möchte, um den Massen zu entkommen, muss sich vorher unbedingt beim DOC über die **Lawinengefahr** informieren. Alle Tracks, die ins Fiordland gehen, sind hoher Lawinengefahr ausgesetzt. Auf dem Routeburn Track gibt es insgesamt 32 Wegabschnitte, die häufig von Lawinen verschüttet werden.

Lake Mackenzie

Dauer und Schwierigkeitsgrad

Der Routeburn Track ist insgesamt ca. **32 km** lang und wird von den meisten in drei Tagen gelaufen. Er wird als „einfach bis mittelschwer" eingestuft. Bei nassem Wetter werden einige Wegabschnitte extrem **matschig,** was anstrengend zu laufen ist. Vorsicht ist auf der ersten Etappe geboten, denn dort kann es bei vorangegangenem starken Regen im steilen Aufstiegsabschnitt zu **Steinschlag** kommen. Aufgrund einer früheren Geröllawine sitzen hier Steine locker, die sich im Regen lösen können.

Anreise

Der Weg ist **kein Rundwanderweg** und kann in **beide Richtungen** gelaufen werden. Die meisten beginnen im **Mount Aspiring National Park,** so wie hier beschrieben. Da man am Ende einen **Rücktransport** braucht, sollte man sich vorher darum kümmern. Einen sehr guten und professionellen Shuttleservice für die südliche Südinsel bietet die Firma Tracknet (siehe „Anbieter").

Wer mit einem **Mietwagen** oder **Camper** unterwegs ist, reist von **Wanaka** aus über den SH 6 nach **Queenstown** an. Dort übernachtet man am besten vor Beginn der Tour und lässt sich morgens per Shuttle zum Trackbeginn hinter **Glenorchy** bringen. Nach dem Ende der Tour an der sogenannten *divide* (geologische Wasserscheide) organisiert man sich am besten einen Transfer nach **Te Anau,** wo man auch eine Übernachtung vorbuchen sollte. Wer noch einige Tage weiterwandern will, kann den Routeburn Track auch mit dem **Greenstone Track** oder **Caples Track** verbinden und kommt auf diesem Weg wieder zurück nach Glenorchy.

Start- und Endpunkt

Die Wanderung startet am **Routeburn Shelter,** nordwestlich vom Ort **Glenorchy.** Das Ende des Tracks befindet sich an der sogenannten *divide* am Hollyford River im **Fiordland National Park.**

Streckenverlauf

Folgende Etappen haben sich als Streckenaufteilung bewährt:

■ **1. Tag: Routeburn Shelter – Routeburn Falls Hut** (8,8 km, ca. 3 Stunden)

Diese Etappe ist durch das **Überquerung von Flüssen** geprägt, zwei Hängebrücken inklusive. Darüber hinaus liegt in diesem Abschnitt der sicherlich **anstrengendste Teil** der gesamten Wanderung. Nach Durchwandern der **Routeburn-Schlucht** läuft man durch eine **Tussock-Graslandschaft** und trifft nach insgesamt ca. 6 km auf eine **Weggabelung.** Von hier aus geht es links bergauf, 400 Höhenmeter sind zu überwinden. Übernachtet wird in der **Routeburn Falls Hut** knapp oberhalb der Baumgrenze und unterhalb der **Routeburn-Wasserfälle** mit herrlichem Blick ins Tal.

■ **2. Tag: Routeburn Falls Hut – Mackenzie Hut** (11,3 km, ca. 5 Stunden)

Die zweite Etappe gilt als die schönste, da man den **Harris Saddle** in einer Höhe von 1250 m überquert. Vorbei an den **Routeburn Falls,** die durch ihre Höhe beeindrucken, wandert man durch ein geschütztes Feuchtgebiet, teilweise auf Holzplanken. Vor dem Erreichen der Hütte geht es am Etappenende steil bergab zum **Lake Mackenzie.**

■ **3. Tag: Mackenzie Hut – The Divide** (12 km, ca. 5 Stunden)

Nach einer anfangs ebenen Passage führt der Weg langsam, aber stetig über mehrere Kilometer bergab. Unterwegs kommt man an den beeindruckenden **Earns Falls** vorbei und erreicht später den **Lake Howden.** Von hier aus sind es nur noch 4 km durch dichten Regenwald bis zum Ende des Tracks.

Übernachtung

Unterwegs wird in der **Routeburn Falls Hut** (48 Betten) und der Lake MacKenzie Hut (50 Betten) übernachtet.

Die Touristenstadt **Queenstown** bietet von günstigen Unterkünften bis hin zur Luxusvariante unzählige Übernachtungsmöglichkeiten. Empfehlen möchten wir das Backpackers Alpine Lodge. Es ist klein, aber in zentraler Lage und hat eine sehr nette Atmosphäre.

■ **Alpine Lodge Backpackers**①, 13 Gorge Road, Queenstown, Tel. +64 (0)3 4427220, www.alpinelodgebackpackers.co.nz.

Im Fiordland-Hauptort **Te Anau** bietet sich nach der Wanderung ein Aufenthalt in einem Motel oder Bed and Breakfast an. Zum Beispiel im

■ **Anchorage Motel**②, 47 Quintin Drive, Te Anau, Tel. +64 (0)3 2497256, www.teanaumotel.co.nz.

Essen und Trinken

Für die Wanderung muss der **Proviant selbst mitgenommen** werden. Angekommen in Te Anau, empfiehlt sich ein Abendessen im Restaurant Redcliff Café.

■ **Redcliff Café**①, 12 Mokonui Street, Te Anau, Tel. +64 (0)3 2497431.Das Lokal ist in einem alten, gemütlichen Siedlerhaus untergebracht und besitzt vor allem wegen seiner Wild- und Lammgerichte einen sehr guten Ruf. Tischreservierung empfohlen.

Blick auf das abendlich illuminierte Queenstown

Anbieter und Ausrüstung

■ **Ultimate Hikes,** PO Box 259, Queenstown, Tel. +64 (0)3 4428200 www.ultimatehikes.co.nz. Der Veranstalter bietet eine Mehrtageswanderung auf dem Track an. Preis pro Person ca. 1325 NZD.

■ **Tracknet-Shuttle:** Einen sehr guten und professionellen Shuttleservice für die südliche Südinsel bietet die Firma Tracknet. Die Transfers lassen sich im Voraus im Internet buchen: www.tracknet.net.

Kartenmaterial und Literatur

■ Für diesen Great Walk benötigt man zwei Karten der „Topo50 Map Series": **„CB 10 Glenorchy"** und **„CB 09 Hollyford".**

■ Zusätzlich ist die Great-Walk-Beschreibung **„Routeburn Track Brochure"** des DOC im DOC Visitor Centre in Wanaka oder als kostenloser Download auf der DOC-Website erhältlich (www.doc.govt.nz).

Central Otago

Central Otago ist unserer Meinung nach bis heute **unverfälscht neuseeländisch** geblieben. Die landwirtschaftlich geprägte Region spiegelt die neuseeländische Alltagskultur sehr gut wider, und durch die dünne Besiedelung werden soziale Werte wie **Gemeinschaft** und **Solidarität** nach wie vor großgeschrieben. Wer hier in der Erntezeit mithilft oder zu Besuch ist, wird schnell integriert. Landschaftlich hat die Region vor allem eines zu bieten: viele, viele **Hügel.** Zwischen Alpen und Küste wechseln sich interessante **Schieferfelsen** mit grünen Hügelketten und trockenen Landstrichen ab. Mancherorts findet man auch flaches Weideland vor. Darüber hinaus prägt der **Lake Dunstan,** ein großer Staudamm, der sich von Clyde bis Cromwell erstreckt, die Region. Ein Teil der Ortschaft Cromwell musste für den Bau des Staudammes geflutet und die Einwohner umgesiedelt werden, was damals zu vielen Konflikten führte. Heute ist der See beliebter Ausflugsort und wird stark von **Wassersportlern** genutzt.

Information

■ **Central Otago Area Office,** 43 Dunstan Road, Alexandra, Tel. +64 (0)3 4402040.

Otago Central Rail Trail (dreitägige Mountainbiketour)

Der Otago Central Rail Trail war einer der ersten Fernradwege Neuseelands. Heute gehört er zum NZ Cycle Trail und führt in einem großen Bogen über 150 km auf einer ehemaligen Bahntrasse von Clyde nach Middlemarch. Er durchquert dabei Central Otago, eine der trockensten Regionen Neuseelands. Die **karge Landschaft** und der weite Ausblick lassen einen das Gefühl grenzenloser **Abgeschiedenheit** erleben. Technisch sowie konditionell stellt die Strecke **keinerlei Herausforderung** dar. Da es sich um eine ehemalige Eisenbahnstrecke handelt, sind alle Steigungen moderat, und der Belag ist eben und frei von Hindernissen. Außer Radfahrern, Wanderern und Reitern gibt es keinen Verkehr. Ein Verfahren ist unmöglich, denn es geht fast immer geradeaus, der Track ist immer klar erkennbar und überdies hervorragend beschildert. Etwas Abwechslung in die stellenweise sehr langen Geraden bringen die Tunnel, Brücken und Viadukte, die im Verlauf der Strecke, besonders auf dem mittleren Abschnitt, durch- bzw. überquert werden. Insgesamt eine lohnende Tour für alle, die beim Fahren nicht nur auf das nächste Hindernis lauern, sondern den Blick und die Gedanken während der Fahrt auch mal für längere Zeit schweifen lassen möchten.

Die **Region Central Otago** erlebte um 1860 eine kurze stürmische Blütezeit, als Goldfunde in Gabriel's Gully einen veritablen Goldrausch auslösten. Er währte nur wenige Jahre, ermöglichte aber den Bau der Bahnstrecke und machte Dunedin, erst 1848 gegründet, für kurze Zeit zur größten Stadt Neuseelands. Manche **„Überbleibsel" des Goldrauschs** sind immer wieder entlang der Strecke des Otago Central Rail Trails zu sehen, auch wenn sie vielleicht auf den ersten Blick nicht als solche zu erkennen sind: Die **Bewässerungsanlagen,** die Landwirtschaft in der wüstenartigen Gegend überhaupt erst möglich machen, gehen größtenteils auf Kanäle und Konstruktionen zurück, die ursprünglich für die Goldgewinnung gebaut wurden. Nach dem Ende des Goldrauschs bildeten sie das Rückgrat für die einsetzende landwirtschaftliche Nutzung Central Otagos, die ohne die existierenden Anlagen wirtschaftlich nie rentabel gewesen wäre.

In unmittelbarer Nachbarschaft zum Otago Central Rail Trail versteckt sich übrigens noch ein **gänzlich anderes Mountainbikegebiet:** der **Naseby Forest.** Ein Waldgebiet, vollgepackt mit 50 km sehr abwechslungsreichen **Singletrails** mit enorm viel Flow. Namen wie „Rollercoaster" („Achterbahn") sprechen wohl für sich. Naseby liegt 16 km nördlich von **Ranfurly,** zu erreichen über den SH 85 und die **Gimmerburn Naseby Road.** Der Wald wird aktiv bewirtschaftet, aus diesem Grund und wegen der Waldbrandgefahr kommt es immer wieder zu Sperrungen. Aktuelle Informationen gibt es immer im Royal Hotel Naseby.

- **Royal Hotel Naseby,** Earne Street, Naseby, Tel. +64 (0)3 4449990, www.naseby.co.nz.

Dauer und Schwierigkeitsgrad

Je nach sportlichem Anspruch sollte man für die **150 km** des Otago Central Rail Trails zwei bis vier Tage einplanen. Der Schwierigkeitsgrad ist 2-. Lediglich die eigentliche Länge der Strecke, die pralle Sonne, die seltenen Möglichkeiten, die Wasserflaschen aufzufüllen, sowie die mitunter extrem langen Geraden können anstrengend sein.

Anreise

Der Otago Central Rail Trail kann aus beiden Richtungen befahren werden.

Wer aus Richtung **Queenstown** oder **Wanaka** kommt, wird eher in **Clyde** starten, wer von **Dunedin** aus anreist, eher in **Middlemarch.** Eine sehr empfehlenswerte Art der An- oder Abreise von Middlemarch ist die Fahrt mit der **historischen Eisenbahn.** Die schöne Strecke führt von Middlemarch durch das **Tal des Taieri River** nach **Dunedin.** Wenn es irgendwie möglich ist, sollte man die Fahrt auf einen **Sonntag** legen. An allen anderen Tagen fährt die Bahn aus nicht nachvollziehbaren Gründen nicht bis zur Endhaltestelle nach Middlemarch, sondern beendet die Fahrt 20 km davon entfernt in **Pukerangi,** einem Punkt in der Landschaft, der nicht mehr ist als der Ort, an dem der Zug hält und wieder abfährt. Mehr Informationen zu Fahrplänen und Preisen findet man unter www.taieri.co.nz.

An-/Abreise Clyde

Von **Wanaka** bis Clyde sind es 79 km. Man fährt den SH 84 in östlicher Richtung und folgt dann dem SH 6 nach Süden bis Cromwell. Dort biegt man zunächst auf den SH 8B und dann auf den SH 8 nach Clyde ab.

Von **Queenstown** bis Clyde beträgt die Strecke 86 km. Der SH 6A und der SH 6 führen nach Osten nach Cromwell, von dort weiter wie bei der Anfahrt ab Wanaka beschrieben.

Wer aus dem **Fiordland** kommt, wird zunächst über den SH 94 und den SH 6 nach **Queenstown** fahren und von dort nach Clyde weiterfahren.

An-/Abreise Middlemarch

Wer darauf angewiesen ist, mit dem Auto zum Trailhead zu fahren, muss von **Dunedin** aus 80 km zurücklegen. Die Strecke führt auf dem SH 87 zunächst nach Westen und biegt dann nach Norden und führt direkt nach Middlemarch.

Von **Christchurch** bis Middlemarch sind es 380 km. Zunächst geht es auf dem SH 1 nach Süden bis Palmerston und von dort auf dem SH 85 nach Norden. In Dunback biegt man nach links auf die Ritchie Road ab. Diese Straße führt im Verlauf als Macraes Road, Moonlight Road und Cardigan Street E schließlich nach Middlemarch.

Wer mit dem **Zug** anreist, aber an einem Wochentag fährt, muss an der Haltestelle **Pukerangi Station** aussteigen. Von dort führt die Pukerangi Road auf den SH 87, auf dem es noch 9 km weiter nach Norden bis Middlemarch geht.

Catch-A-Bus bieten einen **Shuttleservice** entlang des Rail Trails. So kann man beispielsweise das Auto und den Rest des Gepäcks in Dunedin stehen lassen, per Shuttle nach Clyde fahren und über den Rail Trail und mit dem Zug nach Dunedin zurückkehren (siehe „Anbieter").

Start- und Endpunkt

- **Trailhead Clyde:** Der Beginn des Rail Trails in Clyde liegt an der Kreuzung SH 8/Springvale Road.
- **Trailhead Middlemarch:** Die Middlemarch Station liegt zwei Straßen östlich des SH 87 an der **Snow Avenue.** Zufahrt über die Mold Street oder die Aberafon Street. Der Rail Trail beginnt ca. 400 m nördlich.

Streckenverlauf

Die vorgeschlagene Tour führt in drei Tagen **von Clyde nach Middlemarch.** Die Zeitangaben sind sehr subjektiv und hängen hauptsächlich vom Wind und den sportlichen Ambitionen ab. Wenn der Wind aus der falschen Richtung weht, tut er das für die Dauer der gesamten Tour.

- **Clyde – Lauder** (44 km, 4 Stunden, +160 Höhenmeter)

Der Abschnitt zwischen Clyde und Alexandra führt noch größtenteils durch ein städtisches Gebiet und ist nicht sehr reizvoll. Ab **Alexandra** ändert sich das, die Häuser treten zurück und machen dem Panoramablick Platz, der den Rail Trail ausmacht. Es geht zunächst mäßig bergauf, eine Brücke überquert den **Manuherikia River** und über **Chatto Creek** und **Omaku** erreicht man schließlich Lauder. Bis auf eine kurze Abfahrt nach Omaku geht es auf dieser Etappe entweder bergauf oder geradeaus.

- **Lauder – Ranfurly** (48 km, 4 Stunden, +290 Höhenmeter, -190 Höhenmeter)

Die zweite Etappe ist die schönste der Tour. Sie bietet in Form von Tunneln und Brücken die größte **Abwechslung,** man überfährt den **höchsten Punkt** der Tour und hat einen spektakulären Ausblick. Für die Durchquerung der Tunnel ist es empfehlenswert, eine **Taschenlampe** dabei zu haben.

■ **Ranfurly – Middlemarch** (59 km, 4 Stunden, -220 Höhenmeter)

Die letzte Etappe ist zwar die längste, führt aber fast immer geradeaus und bergab. Wieder gibt es einige **Brücken** zu über- und einen **Tunnel** zu durchqueren sowie viel Zeit, den Blick in die Ferne schweifen zu lassen. Ein Höhepunkt ist die Durchquerung der landschaftlich sehr schönen, schroffen **Taieri Gorge,** eine der wenigen Stellen am Rail Trail mit Bäumen.

Viele alte **Kilometersteine** können unterwegs verwirren, zeigen sie doch z.B. bei Alexandra die Zahl 206. Die Entfernungsangaben haben nichts mit dem Rail Trail in seiner jetzigen Form zu tun, sondern zeigen die Entfernung nach **Wingatui** an, der Stelle, an der die historische Central-Otago-Bahnlinie von der Hauptlinie abzweigte.

Übernachtung

■ **Dunstan House**②, 29 Sunderland Street, Clyde, Tel. +64 (0)3 4492295, www.dunstanhouse.co.nz. Die Unterkunft befindet sich im ältesten Steinhaus Central Otagos. 1900 erbaut, diente es viele Jahre als Hotel, lag dann lange in einem Dornröschenschlaf und wurde ab 1968 wieder in seiner ursprünglichen Funktion genutzt.

■ **Hartley Arms Backpackers/B&B**①, 25 Sunderland Street, Clyde, Tel. +64 (0)3 4492700, www.hartleyarms.co.nz. Etwas günstiger und sehr familiär kann man im Hartley Arms Backpackers nächtigen. Das kleine historische Haus mit seinem schönen Garten bietet aber nur Platz für maximal zehn Gäste.

■ **Lauder Hotel**①, 3313 Lauder-Omaku Road (SH 85), Lauder, Tel. +64 (0)3 4473706, www.lauderhotel.co.nz. Direkt am Rail Trail gelegen, kann man direkt auf die Veranda rollen und einen ersten Drink zu sich nehmen. Nach einem herzhaften Essen im hauseigenen Pub wartet dann eines der vier einfachen, aber gemütlichen Zimmer, damit man sich für die nächste Etappe erholen kann.

■ **Big Sky Cottage**①-②, 14 Lauder-Matakanui Road, Lauder, Tel. +64 (0)21 506774, www.bigskycottage.co.nz. Wer ein paar Tage an einem Ort bleiben oder besonders ungestört übernachten möchte, findet im Big Sky Cottage von *Celia* und *Paul* ein großzügiges Ferienhaus für Selbstversorger. Die liebevoll eingerichteten Zimmer bieten Platz für maximal vier Personen.

■ **Old Po Backpackers**①, 11 Pery Street, Ranfurly, Tel. +64 (0)3 4449588, www.oldpobackpackers.co.nz. Für den kleinen Geldbeutel gibt es in Ranfurly den Old Po Backpackers. Garantiert kein Art déco, aber saubere Zimmer und sehr freundliche, hilfsbereite Eigentümer.

■ **Strath Taieri Hotel**①, Snow Avenue, Middlemarch, Tel. +64 (0)3 4643800, www.strathtaierihotel.com. Die erfolgreiche Bewältigung des Rail Trails kann man 200 m hinter dessen Ende direkt in der Bar des Strath Taieri Hotels begießen. Wer dann nicht mehr laufen kann, findet hier auch ein paar sehr einfache Zimmer.

■ **Gladbrook Station**②, 860 Gladbrook Road, RD 2, Middlemarch, Tel. +64 (0)3 4643888, www.gladbrookstation.co.nz. Die historische Schaffarm 5 km außerhalb von Middlemarch ist seit 130 Jahren im Besitz der Familie *Wilkie.* Heute bietet sie zwei liebevoll mit historischen Möbeln eingerichtete Gästezimmer sowie einfachere Übernachtungsmöglichkeiten in einem Nebengebäude.

WICHTIG: Alle Übernachtungsmöglichkeiten haben nur wenige Zimmer und sollten unbedingt vor der Tour gebucht werden.

> T-Shirt-Verzierung nach der Biketour

Essen und Trinken

Hinter jeder „Station" auch einen Ort zu vermuten, am besten mit einem netten Pub oder Café für eine schnelle Stärkung zwischendurch, ist ein Anfängerfehler, der sich schnell bitter rächen kann. Das Gegenteil ist nämlich der Fall: Viele Bahnhöfe versorgten die umliegenden Farmen und waren mitnichten an eine Ortschaft gebunden. Fast alle sind mittlerweile Ruinen, und von einem Pub muss man die meiste Zeit träumen. **Ranfurly** ist, von den Start- und Endpunkten abgesehen, die einzige nennenswerte Stadt an der Strecke mit ein paar Einkaufsmöglichkeiten.

Hier eine Liste mit ein paar möglichen Punkten zum **Einkehren** während der vorgestellten Tour:

- **Chatto Creek Tavern**①, State Highway (SH) 85, Chatto Creek.
- **Lauder Hotel** (siehe „Übernachtung").
- **Forry's Bar & Café**①, 8 Charlemont Street, Ranfurly, Tel. +64 (0)3 4449900.
- **Hyde Café**①, Eaton Street, Hyde, Tel. +64 (0)3 4444688.
- **Kissing Gate Café**①, State Highway (SH) 87, Middlemarch.

Ausrüstung und Anbieter

- **Trail Journeys,** 16 Springvale Road, Ecke SH8/Springvale Road, Clyde, Tel. +64 (0)3 4492150, innerhalb Neuseelands: Tel. 0800 800724 (kostenlos), www.trailjourneys.co.nz. Räder können für 50–70 NZD pro Tag gemietet werden, und es werden sowohl geführte als auch ungeführte Touren angeboten.
- **Altitude Adventures,** 88 Centenniel Avenue, Alexandra, Tel. +64 (0)3 4488917, www.altitudeadventures.co.nz. Mieträder kosten 40 bis 60 NZD pro Tag, der Preis für eine viertägige Tour inklusive Transport von Queenstown, Fahrrad, Übernachtungen und Gepäcktransport beträgt ca. 695 NZD.
- **Rail Trail Services,** Mold Street, Middlemarch, Tel. +64 (0)3 4643355, www.railtrail.co.nz. Sehr individuelle Planungen für ungeführte Touren. Rail Trail Services organisieren die Miete eines Bikes, den Transport, die Unterkunft und die Verpflegung. Die Preise variieren sehr stark mit den Anforderungen, von einer Low-Budget-Backpacker-Tour bis hin zu einer Gourmetreise in Luxusunterkünften ist alles möglich. Für eine dreitägige Tour sollte man ungefähr mit einem Preis ab 455 NZD rechnen.
- **Catch-A-Bus,** PO Box 11059, Dunedin, Tel. +64 (0)3 4799960, www.catchabus.co.nz. Shuttleservice und Gepäcktransport entlang des Rail Trails.

Kartenmaterial

- Um den richtigen Weg zu finden, benötigt man auf dem Trail keine Karte. Eine für die grobe Orientierung völlig ausreichende **Broschüre** und **Übersichtskarte** gibt es in allen Informationsstellen, z.B. in Clyde, Alexandra und Middlemarch. Darüber hinaus gibt es im Internet unter **www.otagorailtrail.co.nz** gute Karten für die einzelnen Etappen.

Southland

„No traffic jams. No queues. No worries." Mit diesem Slogan wirbt die Fremdenverkehrszentrale von Southland. Die Region am äußeren Südwestzipfel Neuseelands wird von nur **wenigen Touristen** besucht. Bis zum Milford Sound schaffen es zwar noch einige, und selbst dann meist nur von Queenstown aus. Bis hinunter nach **Gore, Invercargill** oder gar in die **Catlins** zieht es jedoch meist nur Langzeitreisende und Einheimische.

Die Region hält, was sie verspricht: Hier ist es **leer, ruhig** und man kann hier entspannt die **Seele baumeln lassen.** Statistisch kommt hier nur eine Person auf 30 ha Land und wie in allen Randgebieten Neuseelands fühlt man sich auch in Southland, als hätte man das **Ende der Welt** erreicht. Zudem bietet die Gegend landschaftlich das, was Neuseeländer gern immer wieder in Werbeslogans verpacken: **Regenwald, Bergszenerien, Gletscher** und **wilde Küste.** Aus europäischer Sicht sind diese in einem sehr ursprünglichen und wilden Zustand – seien es die Fjorde und Bergketten des Fiordlands, das Western Southland mit seinen Surfstränden und ökologischem Lifestyle oder die Catlins mit ihrem versteinerten Wald.

Weitere wichtige Orte für Outdooraktivitäten in der Region Southland sind **Manapouri** und **Invercargill.**

▷ Im „Land der langen weißen Wolke": Lake Te Anau im Morgennebel

Die Stadt Te Anau

Te Anau ist das Tor zum **Fiordland National Park.** Zahlreiche Wandertracks starten von hier oder sind von hier aus einfach zu erreichen. **Milford Track, Kepler Track** und **Hollyford Track** seien an dieser Stelle erwähnt, um nur eine Auswahl der bekanntesten zu geben. Ein Grund, warum sich Te Anau gern als **Wandererhauptstadt der Welt** bezeichnet. Der örtliche, gleichnamige See liegt malerisch vor dem Bergpanorama der **Murchison Mountains** und ist der größte See der Südinsel. Der Maori-Name *te ana-au* bedeutet übersetzt in etwa „Höhlen des wirbelnden Wassers" und bezieht sich auf ein am See gelegenes, beeindruckendes Höhlensystem mit unterirdischen Flüssen und Wasserfällen.

Te Anau zieht übrigens nicht nur Wanderer an, sondern auch **Kajaker,** die zum Paddeln auf den Seen Te Anau und Manapouri und den umliegenden Fjorden herkommen, trifft man hier an.

Unser Tipp für Te Anau

Höhlen sind faszinierend und bei vielen Outdoorern beliebt, auch wenn sie technisch gesehen nicht direkt „draußen" sind. Wer als Neuseelandtourist bisher nicht die Gelegenheit hatte, in **Hokitika** oder **Waitomo** eine der **Glühwürmchenhöhlen** zu besichtigen, sollte dies in Te Anau schnellstens nachholen. Die Besichtigung kann allerdings nur über einen Sightseeinganbieter durchgeführt werden.

Die Tour beginnt mit einer **Bootsfahrt** über den **Lake Te Anau** und führt per Boot durch ein **unterirdisches Höhlensystem,** in dem man in abgelegenen, dunklen Höhlenbuchten die faszinierenden neuseeländischen **Glühwürmchen** sehen kann. Es handelt sich hier nicht um Würmchen, wie man sie bei uns vorfindet, sondern um **Mücken im Larvenstadium,** „Arachnocampa luminosa" genannt. Sie kommen vorwiegend in

36 Hollyford Track S.221

0 20 km

Lake McKerrow
Skippers
Lake Alabaster
Dart River
Rees-Dart Track
Lochnogar
Park
36
Darran Mts
Humboldt Mts
Hollyford River
2816
Mt. Earnslaw
Rees River
Centaur Peak
2518
Milford Sound
Paradise
Routeburn Track
Homer Tunnel
Hollyford
2474
Mt. Christina
2348
Mt. Bonpland
Kinloch
Glenorchy
Richardson Mts
Skippers
Skipper Road
Coronet Peak
1651
Coronet Peak
Lake Erskine
Lake Gunn
Cascade Creek
Ailsa Mts
Caples R.
Pigeon Is
Caples Track
Glade House
Greenstone Track
Pig Is
Lake
Moke Creek
Arthurs Point
Arrowtown
Lake Hayes
Knobs Flat
Livingstone Mts
Queenstown
Frankton
Kelvin Heights
Walter Peak Station
Cecil Peak Station
Wakatipu
Earl Mts
Eglinton River
Thomson Mts
1922
Mt. Turnbull
Von River
The Remarkables
Remarkables
Anau
North Mavora Lake
Mavora Walkway
Lochy River
South Mavora Lake
Whitestone R.
Mararoa River
1968
Eyre Peak
Eyre Mountains
Kingston
Fairlight
Eyre Creek
Irthing Stm
Garston
Athol
Nokomai
Parawa
1270
West Dome
The Key
Oreti River
Mid Dome
1478
Five Rivers
Cattle Flat
Mataura River
Dome Burn
Garvie Mts
Nevis River
Mossburn
Hamilton Burn
Castlerock
Lumsden
Aparima River
Wendonside
Waikaia
Freshford
Waiparu
Josephville
Waimea
Balfour
Longridge
Riversdale
Taringatura Hills
Dipton Steam
Oreti River
Otapiri Steam
Dipton
Ohai
Opio
Nightcaps
Benmore
Hokonui
Mandeville
Wreys
Kauana
Scotts
Wairio
Centre Bush
2347
Mt. Alta
Harwich Is
West Wanaka
Stevensons Arm
Matukituki R.
Treble Cone
Harris Mts
Glendhu Bay
Wanaka
Albert Town
Maunga
Puzzling World
Motatapu River
Cardrona
Cardrona River
Mt. Cardrona
1934
Crown Range
Cardrona
Queensberry
1963
Mt. Pisa
Pisa Range
Mt. Pisa
Crown Terrace
Lowburn
Kawarau
Ripponvale
Gibbston
Cromwell
Bannockburn
Nevis Crossing
Clyde
Earnscleugh
1695
Obelisk
Gorge Creek
Coal Creek Flat
Umbrella Mts
1455
Whitecomb
Waikaia River
Pomahaka R.
Ettrick
Dunrobin
Heriot
Crookston
Greenvale
Crossnans Corner
Kelso
Wendon
Pyramid
Otama
Waikaka
Waikaka R.
Maitland
Waikoikoi
Knapdale
Tapanui
Southland

067ns ar

feuchten Gegenden vor und ziehen mit ihrem Leuchten andere Insekten an, die an ihren klebrigen Fäden hängen bleiben und so verspeist werden können. Die Tour dauert ca. zweieinhalb Stunden.

■ **Real Journeys,** www.realjourneys.co.nz, Tel. +64 (0)3 2497416.

Praktische Tipps

Outdoorläden

■ **Outside Sports Te Anau,** 38 Town Centre, Te Anau, Tel. +64 (0)3 2498195, www.outsidesports.co.nz.

Information

■ **Te Anau i-site Visitor Information Centre,** Lakefront Drive, Te Anau, Tel. +64 (0)3 2498900, www.fiordland.org.nz.

Übernachten

■ **Cosy Kiwi Bed and Breakfast**②, 186 Milford Road, Te Anau, +64 (0)3 249 7475, www.cosykiwi.com. Das gemütliche Haus verfügt über sechs Gästezimmer und befindet sich nur zehn Minuten vom See entfernt. Die Gastgeber leben seit 35 Jahren in Te Anau und stehen für Empfehlungen und Rückfragen gern zur Verfügung.

■ **Rosies Backpacker Homestay**①, 23 Tom Plato Drive, Te Anau, Tel. +64 (0)3 2498431. Wer es doch etwas günstiger mag, findet hier ein nettes, sehr familiäres Backpackers mit gemütlicher Einrichtung, in dem man Musikinstrumente und Bücher als Ausgleich zum Outdoorsport findet. Das Backpackers ist in den Monaten Juni und Juli geschlossen.

Essen und Trinken

■ **Redcliff Café**①-②, 12 Mokonui Street, Te Anau, Tel. +64 (0)3 2497431, www.theredcliff.co.nz. Das Lokal ist in einem alten, heimeligen Siedlerhaus untergebracht und besitzt vor allem wegen seiner Wild- und Lammgerichte einen sehr guten Ruf. Eine Tischreservierung wird empfohlen.

⌃ Postkartenpanorama am Milford Sound

Fiordland National Park

Das Fiordland (deutsch: Fjordland) gehört zu den größten Wildnisgebieten der südlichen Hemisphäre und wie Mount Cook, Mount Aspiring und Westland National Park zum **Southwest New Zealand Weltkulturerbe,** insgesamt sind das 10 % der gesamten Landfläche Neuseelands. Im äußersten Südwesten der Südinsel gelegen, erstreckt sich das 1,2 Mio. ha große Areal, das kaum per Auto zugänglich ist. Die einzigen Hauptstraßen, die ins Fiordland führen, enden am Lake Manapouri in der Nähe des Doubtful Sound und am Milford Sound.

Der in den 1950er Jahren gegründete Nationalpark besticht durch die **vielfältige Schönheit seiner Natur.** Seen, Flüsse und wilde Fjorde sowie beeindruckende Bergketten machen das Fiordland zu einem Naturgebiet der besonderen Art. Aufgrund der weitläufigen, unberührten Fläche konnten **Flora und Fauna** so weiterexistieren, wie sie es schon vor vielen Millionen Jahren taten. Ungefähr 700 einheimische Pflanzenarten sowie zahlreiche endemische Tiere wie den Tahake-Vogel, ein flügelloser Bergvogel, wurden bisher hier gefunden. Auch die **(Unter-)Wasserwelt** der Fjorde ist besonders. Die enormen Mengen an Regenwasser vermischen sich kaum mit dem Meereswasser der Fjorde, sondern schwimmen auf der Oberfläche, wodurch das Wasser die so ungewöhnliche dunkelgrüne Farbe erhält. Außerdem ist das Regenwasser im Vergleich zum Meerwasser recht warm, was dazu führt, dass sich an der Oberfläche eine weltweit einzigartige Wassertierwelt bildet. Durch die starken Regenfälle im Fiordland gelangen viele Pflanzenreste von den steilen Berghängen an den Ufern der Sounds ins Wasser. Das hat zur Folge, dass selbst farbige Korallen bis ins obere Drittel des Meerwassers gelangen, da sie sich durch Filtration von Plankton ernähren.

Information

■ **Fiordland National Park Visitor Centre,** Lakefront Drive, Te Anau, Tel. +64 (0)3 2497924, fiordlandvc@doc.govt.nz.

Hollyford Track (viertägige Wanderung)

Wer eine Mehrtageswanderung im Fiordland plant, hat die Qual der Wahl, denn ein hochkarätiger Wanderweg reiht sich hier an den nächsten. Besonders reizvoll ist nach wie vor der Hollyford Track, einer der **Great Walks.** Ohne viele Höhenmeter überwinden zu müssen, kann man hier mitten durch das Fiordland zur Meeresküste wandern und das alpine Bergmassiv der **Darren Mountains** sowie zahlreiche Flüsse und die herrliche Seenlandschaft des Southlands kennenlernen. Der Weg führt durch das von Gletschern gebildete **Hollyford Valley** am **Hollyford River** entlang und endet kurz nach dem **Lake McKerrow,** der einstmals ein Fjord war, bevor er durch Sedimentablagerungen vom Meer abgeschnitten wurde.

Dauer und Schwierigkeitsgrad

Die Wanderung dauert vier Tage, und es werden insgesamt **56 km** durch sogenannten *lowland forest* (Auwald) im grünen Hollyford Valley zurückgelegt. Die Tour gilt wie alle Great Walks als „einfach". Es gibt jedoch einige **Flussüber-**

querungen, die nach starken Regenfällen gefährlich werden können, vor allem Wegabschnitte im Gebiet des **Demon Trail.** Daher sollte man im Vorfeld unbedingt beim DOC Office Informationen zur Wegbeschaffenheit einholen.

Da der Hollyford Track eine Talwanderung ist, kann der Weg auch im **neuseeländischen Winter** gelaufen werden. Wenn alle umliegenden Höhenwege im Schnee liegen, ist dieser Track besonders reizvoll.

Anreise

Mit dem **Auto** braucht man von Te Anau aus zwei Stunden bis zum Road End der Lower Hollyford Road. Man folgt dazu ab Te Anau dem SH 94 in Richtung **Milford Sound.** An der Kreuzung Marian Corner biegt man rechts auf die **Milford Road** und folgt den Schildern zum **Hollyford Valley.** Alternativ kann man schon am Vortag der Tour anreisen und in **Gunn's Camp,** 8 km vor dem Parkplatz am Road End, übernachten. Hier gibt es neben Zeltplätzen klassisch-neuseeländische Cabins.

Start- und Endpunkt

Die Wanderung beginnt am **Ende der Lower Hollyford Road,** dem „Road End", und endet in der **Martins Bay.**

Am Ausgangspunkt in der Lower Hollyford Road gibt es einen **Parkplatz,** auf dem man sein Auto abstellen kann. Da es sich nicht um einen Rundwanderweg handelt, muss der **Rücktransport** vorher organisiert werden. Es gibt **zwei Möglichkeiten,** um wieder zum Parkplatz oder nach Te Anau zurückzukommen: Entweder bucht man einen **Jetboat-Shuttleservice** (siehe „Anbieter") oder einen **Flug** mit Air Fiordland von der Martins Bay Lodge aus (www.airfiordland.co.nz). Allerdings sind Flüge generell nicht nachhaltig und zudem sehr teuer, weshalb wir den Bootservice empfehlen möchten.

Streckenverlauf

■ 1. Tag: **Road End – Lake Alabaster Hut** (19,5 km, 6 Std.)

Die erste Etappe ist sehr lang und daher anspruchsvoll. Viele Wanderer teilen die Etappe und wandern zuerst nur bis zur **Hidden Falls Hut** und am zweiten Tag weiter zur Lake Alabaster Hut. Doch wer früh startet, am besten vom Gunn's Camp aus, hat einen ganzen Tag, um die 19 km zurückzulegen. Gleich am Anfang folgt eine Flussüberquerung des **Humboldt Creek,** danach beginnt offiziell der **Hollyford Track.** Besonders schön ist der Weg, sobald er an der Mündung des Swamp Creek in den Hollyford River mündet, denn er führt am Fluss entlang, und man hat von hier einen herrlichen Blick auf die Darren Mountains. Man geht über eine *swing bridge,* zwei Wasserfälle werden passiert und der **Little Homer Saddle** überquert, von dem aus man den höchsten Berg des Fiordlands sehen kann, den 2723 m hohen **Mount Tutoko.**

■ 2. Tag: **Lake Alabaster Hut – Demon Trail Hut** (14,7 km, 5 Std.)

Der zweite Tag führt über einen Wegabschnitt, der nur einmal im Jahr vom DOC gewartet wird. Umgefallene Bäume und matschige Passagen sind daher an dieser Stelle fast ganzjährig vorzufinden. Hier sollte man nach farbigen **Wegmarkierungen** Ausschau halten, die an den Bäumen befestigt sind. Schön ist auf dieser Etappe der **Blick auf McKerrow Island,** eine Insel, am Anfang des Lake

McKerrow gelegen, auf der sich auch eine Wanderhütte befindet. Bei starken Regenfällen sollte man nicht auf die Insel gehen, da man riskiert, dort nach der Pause oder der Übernachtung wegen zu hohem Wasserstand festzusitzen.

■ 3. Tag: **Demon Trail Hut – Hokuri Hut** (9,6 km, 5 Std.)

Dieser Abschnitt war ein alter Viehpfad, der jedoch teilweise recht **steinig** ist. Auch hier ist bei regnerischem Wetter Vorsicht geboten, da die erhöhten Wassermengen das Furten erschweren oder gar unmöglich machen. Zudem wird der Weg bei **Regen** sehr schlammig. Aufgrund des schwierigen Terrains braucht man für den relativ kurzen Abschnitt verhältnismäßig lange. Die Hokuri Hut ist etwas abseits vom Weg gelegen, hier bitte die Augen offen halten.

■ 4. Tag: **Hokuri Hut – Martins Bay** (13,5 km, 5 Std.)

Kurz nach dem Start muss der **Hokuri Creek** überquert werden. Dies sollte an der Flussmündung geschehen oder, vor allem nach Regen, alternativ weitere 20 Minuten entfernt über die Drahtseilhilfe. Der letzte Abschnitt führt nach ca. zwei Stunden vom Seeufer weg am Rollfeld von Air Fiordland vorbei und endet nach weiteren eineinhalb Stunden am Strand der **Martins Bay.** Der Weg führt noch weiter an der **Big Bay** entlang und schließt über die sogenannte Pyke – Big Bay Route am **Alabaster Lake** den Kreis. Dieser Weg ist allerdings schlecht markiert und extrem abgelegen, weshalb nur erfahrene Wanderer diese Verlängerung angehen sollten.

Übernachtung

Während der Tour übernachtet man den obigen Etappen folgend in diesen Hütten:

■ **Alabaster Hut** (26 Betten)
■ **Demon Trail Hut** (12 Betten)
■ **Hokuri Hut** (12 Betten)
■ **Martins Bay Hut** (12 Betten)

Vor und nach der Tour kann entweder in **Te Anau** übernachtet werden oder im Hollyford Camp, auch **Gunn's Camp** genannt. Vorbuchungen werden hier nur schriftlich angenommen, es gibt keinen Telefonanschluss. Wer sein Zelt mitbringt, findet hier

www.fotolia.de © Patrik Stedrak

☐ Blick ins Hollyford Valley

außerhalb der Hochsaison aber meistens auch ohne Reservierung einen Platz. Außerdem muss der eigene Schlafsack mitgebracht werden, auch wenn man eine Cabin bucht, denn Bettwäsche gibt es hier nicht. Zum Camp gelangt man vom SH 94 (Milford Road) aus. An der Kreuzung Marian Corner führt rechter Hand eine Straße ins Hollyford Valley. Nach ungefähr 8 km erreicht man sein Ziel.

- **Gunn's Camp,** Hollyford Valley, Private Bag, Te Anau, www.gunnscamp.org.nz

Essen und Trinken

Der **Proviant** für die Wanderung muss **selbst mitgenommen** werden. Am **Gunn's Camp** gibt es einen kleinen Kiosk mit dem Nötigsten, frische Sachen findet man hier jedoch nicht. Zurück in **Te Anau** empfiehlt sich ein Essen im **Redcliff Café** (siehe Stadtbeschreibung Te Anau).

Anbieter

- **Hollyford Track,** PO Box 360, Queenstown, Tel. +64 (0)3 4423000, www.hollyfordtrack.com. Der Great Walk wird vom Veranstalter aus Queenstown geführt angeboten. Eine Tour von drei Tagen Dauer kostet pro Person ca. 1795 NZD. Hollyford Track ist auch der Anbieter des Jetboat-Shuttleservices. Dieser Transfer ist allerdings nur nach Rücksprache mit dem Veranstalter möglich, wenn das Boot noch freie Plätze zur Verfügung hat. Den Preis erfährt man ebenfalls auf Anfrage.
- **Tracknet** bietet von Oktober bis Mai von Te Anau aus einen **Bus-Shuttleservice** an, den man unter www.tracknet.net online vorbuchen kann.

Kartenmaterial und Literatur

- Als topografische Karte sind **„CB 09 Hollyford"** und **„CA 09 Alabaster Pass"** der „Topo50 Map Series" zu empfehlen.
- Eine **Wegbeschreibung** inklusive zweidimensionaler Übersichtskarte ist beim **DOC-Büro** vor Ort erhältlich oder im **Internet** von der DOC-Internetpräsenz als kostenloser Download zu beziehen (www.doc.govt.nz, „Hollyford Track Brochure").

Stewart Island

Stewart Island ist das leicht vergessene Anhängsel Neuseelands, ein Stück „Wildnis im Meer", das von *James Cook* irrtümlicherweise als „Südkap" bezeichnet wurde, denn er dachte, Stewart Island gehöre zum Festland. Erst Anfang des 19. Jahrhunderts entdeckten Fischer, dass es sich um eine Insel handelt. 1809 wurde sie dann von einem Offizier namens *William Stewart* kartografiert und als „Stewart's Island" bezeichnet.

Die Insel gilt neben der Nord- und Südinsel als **drittgrößte Insel Neuseelands.** Sie ist ca. 40 mal 70 km groß, doch nur knapp 400 Einwohner leben in **Oban,** dem **einzigen Städtchen** auf der Insel. Die Uhr tickt hier langsamer als an irgendeinem anderen Ort in Neuseeland. Die Menschen in Oban leben **mit der Natur,** dem Wetter und den Gezeiten, **weit ab von den Großstädten.**

› Wildniswandern auf Stewart Island

Wer Oban verlässt, begibt sich geradewegs in die Natur: **Dichter Regenwald,** eine **artenreiche Vogelwelt** und **zerklüftete Küsten** sind von Wind und Regen geprägt. Wer hier zu Fuß unterwegs ist, muss sich auf matschige Pfade einlassen. Damit sind nicht nur einige Schlammstellen gemeint, sondern man kann hier über mehrere Kilometer knietief im Matsch versinken. Ein Abenteuer der besonderen Art – Natur pur.

Interessant ist jedoch, dass dieses abgelegene Eiland hervorragend zum **Baden** und **Tauchen** geeignet ist. An kaum einer anderen Stelle ist das Wasser in Neuseeland so warm wie hier. Dies liegt vor allem an der Tatsache, dass die Insel in einer Strömung des australischen **Great Barrier Reefs** liegt, das für warme Wassertemperaturen sorgt.

Die Stadt Oban/ Halfmoon Bay

Wie schon erwähnt, ist Oban eher ein Örtchen als eine Stadt. Der Inselort ist in einer malerischen **Bucht** namens Halfmoon Bay gelegen und stellt sowohl für die Einheimischen aus der Umgebung als auch für Touristen das kommerzielle und soziale Zentrum der Insel dar. Es gibt wenig in Oban, doch das Nötigste an **Infrastruktur,** um den Alltag bewältigen zu können, ist da. Es gibt einen Supermarkt, verschiedene Unterkunftsmöglichkeiten sowie ein Café und Restaurant. Wer länger auf Stewart Island oder in Oban bleiben will, sollte wissen, dass es auf der Insel **keine Bankautomaten** gibt. Einige der Geschäfte vor Ort

069ns rr

Stewart Island

Freshford
Josephville
Waimea
Balfour
Waiparu
Heriot
Crookston
Greenvale
Longridge
Wendon
Crossnans Corner
Riversdale
Pyramid
Waikaka
Otama
Taringatura Hills
Dipton
Ohai
Birchwood
Opio
Nightcaps
Benmore
Hokonui Hills
Mandeville
Maitland
Waikoikoi
Scotts Gap
Wreys Bush
Centre Bush
Kauana
Otapiri
Wairio
South Hillend
Lime-hills
Whiterigg
Knapdale
Waikaka Valley
Aparima
McNab
Otikerama
Waipahi
Gore
Pukerau
Drummond
Winton
Hokonui
Waimumu
Otautau
Oreti Plains
Browns
Spring-hills
Waitane
Charlton
Kaiwera
Ferndale
Otaraia
Isla Bank
Fairfax
Tussock Creek
Hedgehope
Mataura
Otahuti
Gropers Bush
Waianiva
Ryal Bush
Mabel Bush
Brydone
Longwood Range
Waipango
Waimatuku
Wrights Bush
Grove Bush
Edendale
Otaitai Bush
Thornbury
Makarewa Junction
Dacre
Menzies Ferry
Wyndham
713
Longwood
Wallacetown
Redan
Mokoreta
Riverton
Lorneville
Woodlands
Colac Bay
West Plains
Kennington
Seaward Downs
Oraka Pt
Howells Pt
Invercargill
Mokoreta River
Mokoreta
Pig Island
Otatara
Glenham
Oreti Beach
Tisbury
Mokotua
Kapuka
Mataura Island
Forest Range
Escape Reefs
Woodend
Waimatua
Motu Rimu
Gorge Road
Waimahaka
New River Estuary
Steep Head
Awarua
Waituna Lagoon
Quarry Hills
Awarua Bay
Tokanui
Greenhills
Ocean Beach
Tiwai Point
Niagara
Bluff
Aluminium Smelter
Fortrose
Haldane
Lookout Point
Toetoes Bay
Otara
Waikawa
Progress Valley
Dog Island
Waipapa Point
Slope Point
Foveaux Strait
Bluff Harbour
Haldane Bay
Porpoise Bay
The Brothers Point
Saddle Point
Ruapuke Island
980
Mt. Anglem
Bird Island
Green Island
Gull Rock Point
Henrietta Bay
Hazelburgh Group
41
Rakiura Track
225
Muttonbird Islands
Ryans Creek
Oban (Halfmoon Bay)
681
Ulva Island
Bench Island
Paterson Inlet
Carter Passage
The Neck
Bird Sanctuary
Ulva Island Marine Reserve
Big Glory Bay
266
Stewart Island (Rakiura)
Adventure Hill
Port Adventure
Shelter Point
Breaksea Islands
Surveyors Bay
Owen Head
41 Rakiura Track S.230

www.fotolia.de © wildnerdpix

nehmen sogar nur **Bargeld,** eine Zahlung mit Kreditkarte wird nicht überall akzeptiert.

Oban ist der **Ausgangspunkt** für alle Outdoorfreunde auf Stewart Island. Alle Informationen und Anbieter für Aktivitäten finden sich hier und man kann bequem in den nahe gelegenen **Nationalpark** aufbrechen oder per **Kajak** in See stechen.

⌃ Neuseeländisches Rotkehlchen (ohne rotes Kehlchen)

Unser Tipp für Oban

Für Naturfreunde ist ein Ausflug auf die im Paterson Inlet befindliche **Ulva Island,** eine der **Vogelinseln** Neuseelands, empfehlenswert. Doch auch wen Vögel nicht sonderlich reizen, sollte hierher fahren. Die Insel steht unter Naturschutz und ist autofrei, weiße **Sandstrände** und klares, seichtes Wasser sowie dichter **Regenwald** lassen den Ausflug zu einem besonderen Naturerlebnis werden. Man kann per Wassertaxi für ca. 35 NZD auf die Insel übersetzen, die Fahrt dauert nur ca. 10 Minuten.

Oder man schließt sich einer **geführten Tour** an und bekommt so einen umfassenden Einblick in Flora und Fauna.

Transfers mit einem Wassertaxi sowie auch geführte Touren werden beispielsweise von der Firma RuggedyRange™ angeboten.

■ **Ruggedy Range™ Wilderness Experience,** Ecke Main Road/Dundee Street, Stewart Island, Tel. +64 (0)3 2191066, www.ruggedyrange.com.

Praktische Tipps

Information

■ **Stewart Island Visitor Information Centre,** 12 Elgin Terrace, Stewart Island, Tel. +64 (0)3 212 7660, www.stewartislandexperience.co.nz.

Übernachten

■ **Jo and Andy's Bed and Breakfast**①, 22 Main Road, Stewart Island, Tel. +64 (0)3 2191230, jarik sem@clear.net.nz. Diese kleine Pension ist eine Übernachtung wert. Die Ausstattung entspricht dem Standard, nichts Besonderes, aber mit viel Flair. Gemütlich, klein, urig und voller Bücher.

■ **South Sea Hotel**②, The Waterfront, Stewart Island, Tel. +64 (0)3 2191059, www.stewart-island.co.nz. Das einzige Hotel auf Stewart Island. Neben den Standardzimmern gibt es kleine Apartments sowie ein Restaurant im Haus.

Essen und Trinken

■ **Church Hill Restaurant and Oyster Bar**①-②, 36 Kamahi Road, Stewart Island, Tel. +64 (0)3 2191123, www.churchhill.co.nz. Früher gab es hier auch Filme zu sehen, heute ist das Lokal für seine gute Küche und auch Unterkunft bekannt.

Rakiura National Park

Der Name der Maori für Stewart Island ist *Rakiura*. Übersetzt bedeutet er „glühender Himmel". Man vermutet, dass sich der Name auf die beeindruckenden **Sonnenuntergänge** sowie das häufig auftretende **Polarlicht** zurückführen lässt, die man von der Insel aus beobachten kann. Rakiura National Park ist der jüngste Nationalpark Neuseelands. 2002 wurde er als vierzehnter und einziger Insel-Nationalpark gegründet und nimmt fast 90 % der Inselfläche ein – ein riesiges Areal also. Aufgrund seiner Weitläufigkeit und Abgeschiedenheit wird der Park für viele **Naturschutz- und Auswilderungsprojekte** von Tieren genutzt. So brüten die fast ausgestorbenen **Kakapo-Papageien** wieder hier. Darüber hinaus leben gleich mehrere **Kiwi-Arten** auf der Insel. Ebenfalls bieten Sandstrände, Felsklippen, Wälder, Sumpfgebiete und eine bis zu 1000 m hohe Bergregion eine Vielfalt an Landschaftsformen, die die Insel zu einem reizvollen Wildnis- und Naturerlebnis machen. Besucher von Stewart Island nennen den Aufenthalt auf der Insel häufig als ihr schönstes Neuseeland-Reiseerlebnis.

Information

■ **Rakiura National Park Visitor Centre,** Main Road, Halfmoon Bay, Tel. +64 (0)3 2190009, ste wartislandfc@doc.govt.nz.

Rakiura National Park

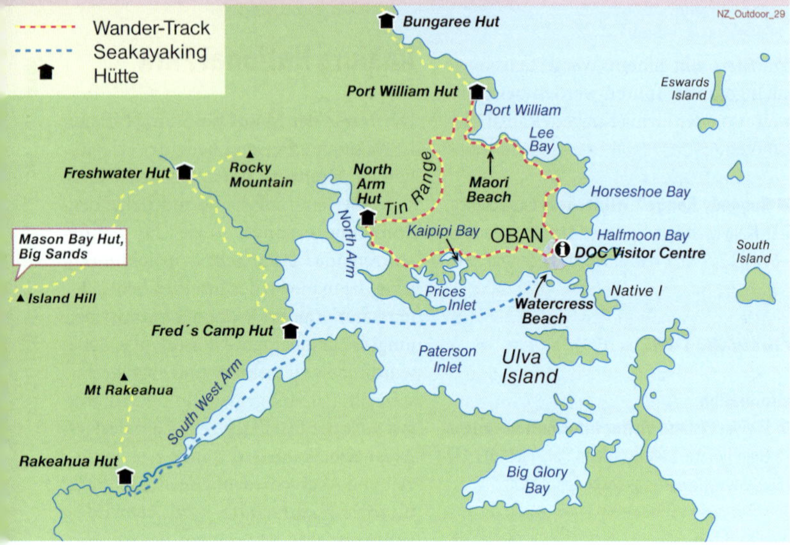

Rakiura Track (dreitägige Wanderung)

Zahlreiche Wanderungen laden Besucher ein, die Wildnis der Insel näher kennenzulernen und am besten geht das auf einer mehrtägigen Tour. Der Rakiura Track ist ein weiterer Track der **Great Walks.** Der Weg ist eine Mischung aus **Küsten- und Inlandswanderweg** und bietet daher einen schönen Ausblick aufs Meer sowie Einblick in die Vielfalt von Flora und Fauna der Insel. Man wandert sowohl durch Regenwald als auch über die Inselbergkette und an der Küste entlang – ein dreitägiger Querschnitt durch das südliche Eiland Neuseelands.

Dauer und Schwierigkeitsgrad

Auf der Tour werden insgesamt ca. **36 km** gelaufen, wovon sieben Kilometer Straße sind. Die Tour ist ein Great Walk und gilt daher als „einfach", ist aber dennoch anspruchsvoll und bedarf einer **guten körperlichen Fitness.**

Anreise

Stewart Island erreicht man entweder per Fähre oder per Flugzeug. Am besten und ökologischsten erreicht man die Insel per **Fähre** von **Bluff** aus. Die Überfahrt durch die raue **Foveaux Strait** dauert eine Stunde. Wer schnell seekrank wird, sollte vorher entsprechende Medikamente einnehmen. Die Abfahrt erfolgt im Hafen am **Bluff Visitor Terminal** in der Foreshore Road und endet am **Stewart Island Visitor Terminal** in Oban in der Halfmoon Bay. Pro Person dürfen maximal zwei Gepäckstücke mitgenommen werden. In Bluff kann man Gepäck am Fährhafen im Schließfach deponieren. Es werden täglich zwischen 8 und 19 Uhr drei Überfahrten in beide Richtungen angeboten. Eine Fahrt kostet ca. 75 NZD pro Person.

■ **Stewart Island Experience,** PO Box 89, Stewart Island, Tel. +64 (0)3 2127660, www.stewartislandexperience.co.nz.

Wer **fliegen** möchte, kann dies von **Invercargill** aus tun. Obwohl Stewart Island nur 30 km von Invercargill entfernt liegt, muss man trotzdem ca. 215 NZD für einen Hin- und Rückflug bezahlen. Da es sich um recht kleine Maschinen handelt, darf man nicht auch mehr als 15 kg Gepäck mitnehmen. Auf Stewart Island gelandet, wird man mit einem Shuttle nach Oban in der Halfmoon Bay gebracht, von wo aus man bequem seine Unterkunft oder die Touristeninformation aufsuchen kann. Es gibt täglich zwischen 8 und 17 Uhr drei Flüge in beide Richtungen.

■ **Stewart Island Flights,** Invercargill Airport, Invercargill, Tel. +64 (0)3 2189129, www.stewartislandflights.com.

Start- und Endpunkt

Die Wandertour startet am **DOC Visitor Centre** in der **Halfmoon Bay.** Hinter dem Besucherzentrum biegt man rechts zur Promenade ab und folgt der Straße über mehrere Hügel hinweg an der **Horseshoe Bay** vorbei zur **Lee Bay,** dem Eingang zum **Rakiura National Park.** Die Tour endet auf der **Kaipipi Road,** die zurück in die Halfmoon Bay führt und dort auf die Main Road stößt, die einen geradewegs wieder ins Ortszentrum bringt.

Streckenverlauf

■ Tag 1: **Halfmoon Bay bis Port William Hut** (12 km, ca. 4 Stunden)

Vom Eingang des Nationalparks aus folgt man der Küste bis zum **Little River** und überquert diesen. Dann geht es um den **Peter's Point** herum bis zum **Maori Beach,** wo sich früher zwei Sägewerke befanden. Hier bleibt man wegen der

☐ Junger neuseeländischer Seelöwe

www.fotolia.de © WearyTraveller77

Gezeiten am besten auf dem ausgeschilderten Pfad. Bei Flut kann man nicht am Maori Beach entlanglaufen. In diesem Fall kann man aber am nördlichen Ende des Strands das Inlet alternativ über eine Brücke überqueren und folgt an der nächsten Kreuzung, die auch einen Weg zum North Arm ausweist, dem rechten Weg zum alten **Port William,** wo übernachtet werden kann. Früher existierte hier eine große Maorisiedlung, und Ende des 19. Jahrhunderts wurde Port William von Walfängern als Basis genutzt.

■ Tag 2: **Port William Hut bis North Arm Hut** (12 km, ca. 6 Stunden)

Am nächsten Tag muss der Weg zur **Kreuzung** zurückgelaufen werden. Von hier aus folgt man der Beschilderung zum **North Arm.** Es geht durch abwechslungsreichen Regenwald steil bergauf auf die sogenannte **Tin Range,** eine Hügelkette. Oben erreicht man einen Aussichtsturm, der Wanderer mit einem wunderbaren Ausblick belohnt: Auf der einen Seite kann man das Paterson Inlet überblicken, auf der anderen Seite die Tin Range. Von hier oben führt der Weg nach unten zur **North Arm Hut,** die in unmittelbarer Nähe zum Strand liegt.

■ Tag 3: **North Arm Hut bis Halfmoon Bay** (12 km, ca. 4 Stunden)

Am letzten Tag wird die Strecke zum Küstenweg. Man läuft einen Großteil der letzten Etappe am **Paterson Inlet** entlang und kann die Strände sowie das Meer genießen. In den Buchten des Inlets standen früher mehrere Sägewerke, von denen allerdings heute nichts mehr übrig ist. An den betreffenden Orten wird aber wiederholt auf die alte Holzverarbeitung hingewiesen, so gab es z.B. ein Sägewerk in der Sawdust Bay und zwei Werke in der Kaipipi Bay. Dort waren um 1860 angeblich sogar 100 Menschen beschäftigt.

Von der **Kaipipi Bay** führt der Track weg vom Wasser auf die **Kaipipi Road,** eine der ehemals wichtigsten Straßen auf Stewart Island. Sie führt geradewegs in die Halfmoon Bay.

Übernachtung

Der obigen Beschreibung folgend, wird unterwegs in der **Port William Hut** (20 Betten) und der **North Arm Hut** (24 Betten) übernachtet. Für Schlafmöglichkeiten in der Halfmoon Bay siehe Ortsbeschreibung Oban.

Essen und Trinken

Für die Wanderung muss der **Proviant selbst mitgenommen werden.** Zurück in Oban, empfiehlt sich ein Essen im örtlichen **Church Hill Restaurant** (siehe Ortsbeschreibung Oban).

Anbieter

■ Die Wanderung kann auch als geführte Tour über den bereits weiter oben erwähnten Anbieter **Ruggedy Range™** gebucht werden (siehe oben „Ulva Island-Tipp"). Eine geführte Mehrtagestour wie hier beschrieben kostet pro Person ca. 970 NZD.

Kartenmaterial und Literatur

■ Zu empfehlen sind die Karten **„CH 10 Foveaux Strait"** und **„CH 09 Mount Anglem".**

■ Darüber hinaus ist beim **DOC** eine **Wegbeschreibung** mit Karte erhältlich, die unter dem Namen „Rakiura Track Brochure" auch zum Download auf der DOC-Website (www.doc.govt.nz) zur Verfügung steht.

▷ Sonnenuntergang auf Stewart Island

www.fotolia.de ©Zonenschein

www.fotolia.de © juancat

4 Special: Kanu und Kajak

Paddler in seinem Element

Kanufahren

Wenn man in Neuseeland von *canoeing* spricht, ist meistens eigentlich **Kayaking** gemeint. Das bei uns verbreitete Paddeln im Kanadier-Kanu wird in Neuseeland nämlich eher selten betrieben, und das, obwohl Neuseeland zahlreiche Seen zu bieten hat. Die Flüsse vor Ort sind meist zu wild für Kanus, und auch auf See hat sich das Kanufahren im Kanadier nicht bewährt. Aufgrund dieser geografischen Gegebenheiten ist daher das Kajakfahren geläufiger als das Kanufahren.

Es gibt nur wenige **Gebiete** im Land, wo man auf Kanufahrer trifft, dort allerdings sehr geballt: Auf dem **Whanganui River** im Whanganui National Park sowie in der **Okarito-Lagune** und dem **Lake Mapourika** an der Westküste der Südinsel, nahe der Ortschaft Franz Josef Village.

Wieder im Kommen ist das Fahren in **klassischen Maori-Kanus.** In großen Holzbooten kamen die Maori im 14. Jahrhundert von den polynesischen Inseln nach Neuseeland. Die Kunst des Kanubaus konnte mit Mühe von wenigen überliefert werden. Dem traditionellen Kanubau folgend, bieten Maori-Veranstalter heute Tagestouren im Waka, so die Maori-Bezeichnung für Kanu, an.

Beste Jahreszeit

Kanutouren sind von **Oktober bis Mai** möglich, denn in dieser Zeit haben die Verleihstationen geöffnet. Wer anderweitig an ein Kanu kommt und kühles Wasser und Regenfälle nicht scheut, kann selbst in den **Wintermonaten** bei schönem Wetter aufs Wasser. In dieser Zeit hat der Regenwald ein ganz besonderes Flair.

Ausrüstung

Wer eine Kanutour plant, sollte sich das Kanu über einen **Veranstalter vor Ort** leihen. Die Boote werden auf Wunsch von der Verleihstation zum Ausgangspunkt der Tour gebracht und am Ankunftsort wieder abgeholt. **Schwimmwesten, wasserdichte Kanister** oder **Beutel** sowie **Paddel** werden ebenfalls gestellt.

Folgende Dinge sollten mitgebracht werden:

- Anti-Mückenspray
- Sonnenschutzcreme
- wasserfeste Sandalen oder Wassersportschuhe
- Funktionsunterwäsche
- Campinggeschirr
- Abfalltüte oder -behälter

Neuseeländer ziehen zum Kanu- und Kajakfahren meist ein langärmeliges Funktionsshirt, eine lange Funktionsunterhose und darüber ein T-Shirt und Shorts an.

Unterkünfte

Die meisten Kanufahrer **zelten** entlang des Flusses. Wer weniger Gepäck mitnehmen möchte, kann unterwegs auch in **DOC-Hütten** übernachten. Vor Antritt der Tour sind die **Hüttengebühren** in einem der umliegenden DOC-Offices zu bezahlen. **Campingausrüstung** inklusive Schlafsäcke können meist auch über die Kanu-Verleihstationen gemietet werden. Man sollte allerdings vorher kurz nachfragen, ob Leihmaterial zur Verfügung steht.

Literatur

Da Kanuwandern in Neuseeland nicht so verbreitet und beliebt ist wie bei uns, gibt es bisher keinen lokalen Kanuwanderführer. Lediglich für die **Whanganui River Journey** gibt es eine umfassende Broschüre vom DOC, die als Printversion und auch online erhältlich ist.

Kartenmaterial

Wie im Kapitel „Wandern" beschrieben (siehe „Wo welchen Natursport betreiben?" im Abschnitt „Natursport in Neuseeland"), eignen sich auch fürs Kanufahren am besten die Topokarten der **LINZ** („Topographic Map 260 Series").

Seekajak

Neuseelands Küsten lassen weder für Kajakanfänger noch für Profis Wünsche offen. Auf beiden Inseln des Landes findet man jede Menge Möglichkeiten, um das Land vom Kajak aus kennenzulernen. Auf dem Meer können neben der Küste abgelegene Inseln mit beeindruckender Flora und Fauna entdeckt werden. Generell gilt, dass man mit dem Kajak in sehr **entlegene Winkel** kommt, die kaum zu Fuß, geschweige denn mit einem Fahrzeug erreichbar sind. Kajaker sind der Meinung, dass man nirgendwo so allein und so **nah an der Natur** ist wie auf dem Wasser. Es steht auf jeden Fall fest, dass das Reisen mit dem Kajak ein Naturerlebnis der besonderen Art ist, denn hier vereinigen sich Abenteuer, Wildniserfahrung und das Gleiten auf

C30ns aa

⊡ Beeindruckend, aber nicht für Paddler zu bezwingen: die Huka Falls bei Taupo

dem Wasser auf einfache Weise zum beliebten „Flow“. Darunter versteht man eine Art „Tätigkeitsrausch“, den Psychologen und Erlebnispädagogen gern im Outdoorsport für das völlige Aufgehen in der Bewegung heranziehen.

Seakayaking ist meistens **sicherer als Wildwasserfahren,** weil man nicht so sehr darauf angewiesen ist, das Boot in eine der wechselnden Richtungen eines Flusslaufs zu bringen. Darüber hinaus sind die Boote **stabiler** als Wildwasserkajaks.

Wer ungeführte Touren plant, sollte sich in Neuseeland mit **Wasserbeobachtung** beschäftigen. Das Meer sieht vom Strand aus immer ruhiger aus, als es tatsächlich ist, und vor allem nach Stürmen kann es zu einer Herausforderung werden. Hinzu kommt der Einfluss der **Gezeiten,** man sollte sich daher stets nach den Uhrzeiten von Ebbe und Flut informieren. Nach Stürmen wird das Meerwasser auch bei Ebbe an die Küste getrieben und wenn z.B. der Wind aus Norden, die Flut aber aus Süden kommt, entstehen ein hoher **Wellengang** und heftige **Strömungen,** die nicht unterschätzt werden dürfen. Eine gute Übersicht zu Neuseelands Gezeiten bietet die Website www.linz.govt.nz/hydro.

Darüber hinaus sollte man sich im Seekajak immer **sichtbar** machen: Das Tragen von bunten Schwimmwesten, Kopfbedeckungen und farbigen Paddelschaufeln ist vor allem in Gegenden mit viel Bootsverkehr wie der Cook Strait (Marlborough Sounds, Abel Tasman National Park) ratsam.

Kayaking

Kayaking als Freizeitsport wurde übrigens von einem Deutschen erfunden: Der Unternehmer **Johann Klepper** kaufte den Bootsentwurf „Delfin“ des Architekturstudenten **Alfred Heurich** und entwickelte daraus Serienkajaks, die nach einem Kentern leicht wieder zu drehen waren. Er gab den Booten seinen Namen und erreichte mit dem Klepper-Modell die Einführung von Kayaking als Disziplin bei den Olympischen Spielen von 1936.

Beste Jahreszeit

Die besten Monate zum **Paddeln** sind in Neuseeland **September bis Mai.** Allgemein sollte zu jeder Jahreszeit der **Wasserpegel** für die geplante Tour abgefragt werden. Die teils heftigen Wetterumschwünge können gerade auf dem Wasser tödlich werden, wenn durch starke Regenfälle sonst ruhige Gewässer plötzlich geflutet werden. Informationen hierzu erhält man auf der Website von Environment Canterbury.

- **www.ecan.govt.nz** (Suchbegriff „River flows“)

Generell gilt bei Mehrtagestouren, dass **Puffertage** zur Sicherheit eingebaut werden sollten, damit man bei schlechtem Wetter an einer Stelle warten kann, bis die Wetterlage sich bessert.

[>] Vom Wasser aus bieten sich ganz neue Perspektiven

001ns sk

Einstufung und Entfernungen

Die Einteilung der Gewässer in Schwierigkeitsgrade entspricht bei Wassersportlern in Neuseeland dem **europäischen Einstufungssystem. Flüsse** werden in die Grade I bis VI unterteilt, für die **Küstengebiete** gibt es in Neuseeland keine offizielle Einstufung. Der neuseeländische **Seekajakverband KASK** verweist jedoch auf seiner Website auf die notwendige Erfahrung in bestimmten Gebieten.

- **www.kask.org.nz**

Alles, was über dem Grad VI liegt, gilt zwar als **gefährlich,** jedoch nicht als unbefahrbar. Die Bewältigung solcher Gewässer hängt vom Mut und Können der Fahrer ab. Wie bei allen anderen Outdooraktivitäten auch, ist es beim Kayaking wichtig, eine Tour auszuwählen, die dem eigenen Können entspricht.

- **Grad I:** Fließendes Gewässer mit kleinen Wellen, kaum Hindernisse (z.B. Felsen oder Bäume)
- **Grad II:** Leichte Schnellstellen mit Wellen von bis zu einem Meter. Kanäle durch Strömungen sind klar erkennbar. Das Boot muss nicht mit Körpereinsatz und Technik durch die Strömung gebracht werden, sondern „fließt“ durch den Kanal hindurch.
- **Grad III:** Strömungen mit höheren, unregelmaßigen Wellen und engen Passagen. Das Beherrschen der Drehtechnik ist hier notwendig.
- **Grad IV:** Schwierige Schnellstellen, die kontrollierte Bewegungen und das Durchfahren von Strömungen notwendig machen.
- **Grad V:** Sehr lange, schwierige bis wilde Strömungen. Gekonntes Navigieren durch Flüsse ist notwendig.
- **Grad VI:** Extreme Strömungen mit gefährlichen Hindernissen wie beispielsweise Wasserfälle. Nur für Experten zu empfehlen, mit größeren Gefahren verbunden.

017ns aa

Die meisten Tourenbeschreibungen geben die **Entfernung** auf dem Wasser in Kilometern an. Manche verwenden jedoch nautische Meilen. Eine **nautische Meile** entspricht 1,85 km. Auch bei Zeitangaben werden neben der normalen Stundenzahl nautische Meilen gebraucht. Diese drückt man im Wassersport in **Knoten** aus. Ein Knoten entspricht den jeweiligen nautischen Meilen pro Stunde.

In den Tourenbeschreibungen in diesem Buch wird die Entfernung in Kilometern und die Dauer in Stunden bzw. Minuten angegeben.

⌃ Wasserwandern auf dem Whanganui River

› Maori-Boot

Ausrüstung

Da es eine Vielzahl von **Verleihstationen** in Neuseeland gibt, wäre es unsinnig, das eigene Boot nach Übersee zu verschiffen, zumal die Transportkosten keinesfalls rentabel oder gerechtfertigt sind. In allen Seekajak- und Kajakgebieten kann man Boote für einen Tag und länger ausleihen. Sie werden auf Wunsch zum Ausgangspunkt der Tour gebracht und am Ankunftsort wieder abgeholt. Ebenfalls verliehen werden **Paddel, Schwimmwesten, wasserdichte Transportboxen** oder **-säcke.**

Bei manchen Anbietern kann man auch die komplette **Campingausrüstung** mit dazu buchen. Informationen hierzu sollte man vor der Tour einholen, damit man weiß, was selbst mitzubringen ist. Wie bei allen Outdooraktivitäten, muss bei Übernachtungen in Hütten und Zelten stets **Campinggeschirr** sowie **Proviant** mitgeführt werden, da die Hütten nie bewirtschaftet sind und unterwegs auch kaum Verpflegungsmöglichkeiten oder Lebensmittelläden vorzufinden sind. Nützlich sind beim Paddeln außerdem die unter „Kanu" aufgeführten Ausrüstungsgegenstände.

Eine gute Anlaufstelle für Selbstfahrer, die für längere Zeit ein Kajak mieten wollen, ist die Firma Paddler Zone in Christchurch. Sie bietet verschiedene Kajakmodelle auch für drei Wochen oder länger zum Verleih an. Darüber hinaus kann man über Paddler Zone **Kurse** buchen.

■ **PaddlerZone,** 311b Blenheim Road, Upper Riccarton, Christchurch 8041, Tel. +64 (03) 3413017, www.paddlerzone.co.nz.

www.fotolia.de © gbarba

Fünf ausgewählte Paddeltouren

Im Folgenden stellen wir fünf Touren vor, die sowohl vor allem für Einsteiger ohne Erfahrung zum Erlebnis der besonderen Art werden, weil man Neuseeland vom Wasser aus noch mal mit ganz anderen Augen wahrnimmt. Have a go!

Nordinsel

Whanganui Journey (drei- bis fünftägige Tour)

Obwohl es eine Tour auf dem Wasser ist, zählt die Whanganui Journey zu den **Great Walks.** Wasserwandern in dieser Art ist in Neuseeland einmalig, da es sonst kein Gewässer gibt, wo man in ähnlicher **Abgeschiedenheit** eine derart sichere Mehrtagestour unternehmen kann. Die Kanutour kann als fünftägige Tour von Taumarunui bis Pipiriki oder als dreitägige Tour von Whakahoro bis Pipiriki durchgeführt werden. Die einfachste Anbindung erfolgt über Veranstalter in Ohakune. Diese bringen einen von dort aus per Shuttle in den Nationalpark. Besonderheiten unterwegs sind die **Schluchten** und erodierten **Felsformationen** am Ufer sowie die verlassene Betonbrücke **„Bridge to Nowhere"** („Brücke ins Nirgendwo"), die mitten im Park steht. Sie wurde in den 1930er Jahren erbaut, um den Siedlern im Mangapurua-Tal einen Straßenzugang zum Fluss zu verschaffen. Aufgrund der unwirtlichen Umgebung zogen die Siedler jedoch mit den Jahren fort, weshalb die Brücke heute mitten im Regenwald steht und das „Nichts" mit dem „Nichts" verbindet. Die Brücke kann auf einer 40-minütigen Wanderung von der Mangapurua-Landungsstelle aus erreicht und bestiegen werden.

Dauer und Schwierigkeitsgrad

Wie oben erwähnt, sind verschiedene Tourlängen möglich. Am häufigsten wird jedoch die Strecke von **145 km** gepaddelt, die innerhalb von fünf bis sechs Tagen zu schaffen ist. Der Whanganui River hat den **Grad I bis II** und ist daher auch für unerfahrene Kanufahrer geeignet. Bei **plötzlichen Regenfällen** steigt der Pegel jedoch rasant an, und Stromschnellen können auftreten. Sollte ein Ansteigen der Wassermenge beobachtet werden, empfiehlt es sich, an Land zu gehen und abzuwarten, was mit dem Fluss passiert. Selbst wenn es vor Ort nicht regnet, kann sich der **Wasserstand** über Nacht um mehrere Meter verändern, da zahlreiche Zuflüsse aus der Region im Whanganui River enden. Boote sollten daher über Nacht stets angebunden werden, denn auch wenn sie abends am Ufer auf festem Untergrund liegen, kann dieser am nächsten Morgen durch Regenfälle in der Region überflutet sein. Man sollte auch immer im Hinterkopf haben, dass man die Tour nicht mehr abbrechen kann, sobald man **Whakahoro** passiert hat, denn von hier bis Pipiriki gibt es **keinen Zugang** zum Fluss. In Notfällen wird man hier per Boot rausgeholt.

Beste Jahreszeit

Während der neuseeländischen Sommerferien im Dezember und Januar ist der Fluss voll mit einheimischen Touristen. Es empfiehlt sich daher ein Zeitpunkt **außerhalb der Hochsaison,** da die Hütten- und Zeltplätze schnell ausgebucht sind. Im Herbst schwankt der Wasserstand aufgrund von Regenfällen stark, weshalb unerfahrene Kanufahrer sich eine andere Zeit aussuchen sollten. Es gibt auch Paddler, die die Tour im Winter machen. Bei schönem Wetter ist es tagsüber richtig mild, und die sowieso schon unbesiedelte Region erscheint einem noch unberührter – auf jeden Fall ein besonderes Erlebnis.

Anreise

Da sicher kaum ein Tourist aus Übersee mit dem eigenen Kanu anreist, muss man sich sein Sportgerät vor Ort mieten und wird dann vom Verleiher auch in den Park gefahren und nach der Tour wieder abgeholt.

Start- und Endpunkt

Entweder startet man in der Cherry Grove bei **Taumarunui** oder in **Whakahoro.** Von beiden Orten führt die Flusswanderung flussabwärts bis nach Pipiriki, wo man die Anlegestelle nicht verfehlen kann. Der Kanuverleiher wartet hier und bringt einen wieder nach Ohakune zurück. Die Abfahrt erfolgt bei der Anreise meist um 7.30 Uhr in Ohakune, die Abholung in Pipiriki nach Beendigung der Tour meist um 14 Uhr.

Streckenverlauf

Für eine fünftägige Tour eignen sich folgende Etappenabschnitte:

- **1. Tag:** Cherry Grove – Ohinepane (22 km)
- **2. Tag:** Ohinepane – Whakahoro (35 km)

Sehenswert sind auf dieser Etappe die Ohuru-Wasserfälle und die Nui Poles – ein ehemaliges Maori-Totem.

■ **3. Tag:** Whakahoro – John Coull (37,5 km)

■ **4. Tag:** John Coull – Tieke Kainga (29 km)

An diesem Tag steht die Wanderung zur „Bridge to Nowhere" an.

■ **5. Tag:** Tieke Kainga – Pipiriki (21,5 km)

Für die dreitägige Tour sind die beiden letztgenannten Etappen ideal. Alternativ kann die Tour natürlich auch beliebig gestaltet werden, da es noch sieben weitere Übernachtungsplätze gibt, die zum Teil nicht so stark frequentiert werden wie die unten genannten.

Übernachtung

Übernachtet werden kann auf **Zeltplätzen** und in **Hütten.** Wer die fünftägige Tour macht, kommt nicht drum herum, im Zelt zu schlafen, da es im oberen Flussabschnitt keine Hütten gibt. Wer nur drei Tage ab Whakahoro fährt, hat die Möglichkeit, ausschließlich in Hütten zu übernachten. Die Übernachtung im Zelt kostet pro Person 15 NZD, der Hütten-Pass für die Strecke Taumarunui – Pipiriki kostet pro Person für vier Nächte 160 NZD.

Für die obigen Etappen können folgende **Plätze** angefahren werden: Ohinepane (nur Zelten möglich), Whakahoro (12 Betten), John Coull (24 Betten) und Tieke Kainga (20 Betten).

Essen und Trinken

Für die Tour muss der gesamte **Proviant selbst mitgenommen** werden. Es gibt unterwegs weder ein Lebensmittelgeschäft noch Einkehrmöglichkeiten.

Anbieter

■ **Canoe Safaris,** 6 Tay Street, Ohakune, Tel. +64 (0)6 3859237, www.canoesafaris.co.nz. Es gibt verschiedene Anbieter, die geführte Paddeltouren anbieten. Flexibel und erfahren sind Canoe Safaris, die Kajaks und Kanus zum Verleih (allerdings aus Sicherheitsgründen nicht an Solo-Paddler) und Transfers in den Nationalpark anbieten. Außerdem hat Canoe Safaris eine Lizenz des DOC und kann so auch den Great Walk Pass ausstellen. Für geführte Touren gibt es die Option einer zwei-, drei-, vier- und fünftägigen Tour. Wer die wilde Natur des Parks kennenlernen möchte, sollte sich für eine Tour ab drei Tagen entscheiden. Die anderen Paddeltouren führen nicht in den Park hinein. Die gesamte Ausrüstung wird gestellt, und auch Selbstfahrer können sich ihre Campingausrüstung über Yeti Tours buchen. Die Preise betragen für eine dreitägige Tour ca. 795 NZD, für fünf Tage ca. 1095 NZD pro Person. Die Miete für ein Kanu kostet z.B. für fünf Tage ca. 195 NZD.

Kartenmaterial und Literatur

■ Kartenmaterial sowie Flussfahrtbeschreibungen sind im **Wanganui Conservancy Office,** im **Visitor Centre in Ohakune** und **Taumarunui** oder als PDF-Download auf **www.doc.govt.nz** erhältlich.

■ Für ausführliche Informationen empfiehlt sich der Kauf der Broschüre **„Guide to the Whanganui River",** herausgegeben von der Whitewater NZ Association. Diese kostet ca. 10 NZD und ist mit Glück auch in den lokalen DOC-Zentren erhältlich (bitte vorher anrufen).

■ Für die gesamte River Journey braucht man drei Karten: die LINZ-Karten **„BH 33 Retakune", „BH 32 Tokirima"** und **„BJ 32 Pipiriki"** der „Topo50 Map Series". Wer nur drei Tage unterwegs sein will, benötigt nur die beiden letztgenannten Karten.

Seakayaking in der Bay of Islands (Tagestour)

Dies ist ein erlebnisreicher **Ganztagestrip** durch die Bay of Islands. Von **Paihia** aus startet man in den 16 km langen Meeresarm, in dem es 144 Inseln gibt. Hier kann man auf einer der vorgelagerten Inseln halten und **baden** sowie **Flora und Fauna** der Bay of Islands vom Kajak aus erleben: Mangrovenwälder, Wasserfälle und zahlreiche Fische und Vögel gibt es hier zu entdecken.

Dauer und Schwierigkeitsgrad

Die Tour dauert ca. **sechs bis sieben Stunden,** insgesamt werden **12 km** gepaddelt. Die Bay of Islands hat in dem angefahrenen Bereich maximal den **Schwierigkeitsgrad II** und ist daher auch für Anfänger geeignet.

Start- und Endpunkt

Gleichgültig, ob man sich ein Kajak ausleiht oder eine geführte Tour bucht, gestartet wird vom **Coastal Kayakers Depot** in der Te Karuwha Parade, Ti Bay,

gegenüber vom Shipwreck Museum. Dort kommt man am Ende der Tour dann auch wieder an.

Streckenverlauf

Gepaddelt wird vom Depot aus zur Wüsteninsel **Motumaire Island,** die sich sehr gut für eine Lunchpause eignet. Anschließend geht es weiter zum Ufer am **Waitangi Museum,** wo im 19. Jahrhundert der berühmte Vertrag von Waitangi geschlossen wurde. Von hier kann man zum **Waitangi Ästuar** (das ist eine trichterartig erweiterte Flussmündung) paddeln und hinauf zum lokalen **Mangrovenwald,** wo man Einblick in ein faszinierendes Ökosystem erhält. Abschließend werden die **Haruru-Wasserfälle** angesteuert. Mutige Wasserratten können sogar unter den Wasserfall paddeln.

www.fotolia.de © m_haberstock

Anbieter

- **Coastal Kayakers,** Te Karuwha Parade, Ti Bay, Waitangi (gegenüber vom Shipwreck Museum), Paihia, Bay of Islands, Tel. +64 (0)9 4028105, www.coastalkayakers.co.nz. Der Seekajakspezialist bietet die beschriebene Strecke als geführte Tour an. Im Angebot ist außerdem eine Einführung in die Technik sowie die komplette Ausrüstung enthalten. Die Tour wird ganzjährig jeden Tag angeboten, sofern sich mindestens zwei Personen anmelden. Der Preis für die Tagestour liegt bei 139 NZD.
- Die gleiche Tour kann auch **eigenständig** mit einem geliehenem Kajak gepaddelt werden. Coastal Kayakers bietet Boote zum Verleih an. Der Preis pro Tag beträgt 50 NZD, allerdings werden die Boote nicht an Einzelfahrer ausgeliehen, sondern es müssen sich immer **mindestens zwei Leute** gemeinsam anmelden. Es gibt Einer- und Zweierkajaks, auf Wunsch kann zusätzlich gegen eine Gebühr von 15 NZD eine **Schnorchelausrüstung** geliehen werden. **Campingausrüstung** wird ebenfalls verliehen, dafür sollte man aber vorher unbedingt anrufen und abklären, ob die gewünschte Ausrüstung auch vorrätig ist.

Kartenmaterial und Literatur

- Die **Seekarte** von LINZ für die Bay of Islands trägt die Nummer 5125. In Ergänzung sollte die LINZ-Karte **„AV 29 Russell“** der „Topo50 Map Series“ dazu gekauft werden, da man so die Küstenlinie noch besser ablesen kann.

☐ 144 Inselchen gibt es in der Bay of Islands

Lake Taupo (halbtägige Kajaktour)

Der Lake Taupo ist mit einer Fläche von über 600 km² der **größte See Neuseelands.** Er entstand vor 26.500 Jahren als Folge einer gewaltigen vulkanischen Eruption. Der letzte große Ausbruch des immer noch aktiven Vulkans fand um 180 n. Chr. statt. Man sollte den See unbedingt mit dem Kanu oder Kajak erkunden. Das klare Wasser und die beeindruckende Aussicht auf die Umgebung Taupos inklusive der Vulkane des Tongariro National Park locken in den Sommermonaten zu Recht zahlreiche Ausflügler an.

031ns kk

Eine recht junge Attraktion am Ufer des Lake Taupo sind die **Felsenbilder** an einer 10 m hohen Klippe, die nur vom See aus sichtbar sind. Die Reliefs und die begleitenden Skulpturen wurden in den späten 1970er Jahren vom jungen **Maori-Künstler** *Matahi Whakataka-Brightwell* erschaffen, der mit dieser Arbeit das Ende seiner zehnjährigen Lehrzeit markieren und seinen Lehrmeistern Tribut zollen wollte. Die Arbeit ist nicht nur wegen ihrer Größe besonders, sondern auch aufgrund der Tatsache, dass die Maori zwar verschiedene Materialien wie Holz, Jade oder Knochen für ihre Schnitzarbeiten verwenden, aber normalerweise keinen Stein. Somit bietet diese Tour einen in mehrfacher Hinsicht ungewöhnlichen Blick auf die Kunst der Maori und zeigt insbesondere, dass es sich hier um eine **gelebte Tradition** handelt, die nach wie vor von Generation zu Generation weitergegeben wird.

Dauer und Schwierigkeitsgrad

Die Länge der Tour hängt davon ab, wo man das Boot zu Wasser lässt. Hier vorgestellt ist eine Halbtagestour von **9 km** Länge. Die Strecke ist **einfach** und auch für Anfänger zu bewältigen.

Anreise

Taupo liegt im Herzen der Nordinsel am nordöstlichen Zipfel des Lake Taupo. Die Entfernung von Auckland hierher beträgt 280 km (über den SH 1 in südlicher Richtung). Von Rotorua sind es 80 km auf dem SH 5. Wer von Wellington kommt, fährt ebenfalls auf dem SH 1, von dort sind es 370 km.

☐ Maori-Carvings am Ufer des Lake Taupo

Start- und Endpunkt

Start- und Endpunkt ist die **Jerusalem Bay,** 9 km westlich von Taupo. Auf der Tongariro Street (SH 1/SH 5) geht es zunächst für ein paar Hundert Meter in nördlicher Richtung. Direkt nach Überquerung des Waikato Rivers biegt man nach links in die Norman Smith Street ab und am Ende der Straße wieder nach links in die Acacia Bay Road. **Achtung:** Nach fast 3 km geradeaus durch offenes Gelände kommt man wieder in bebautes Gebiet, und hier biegt die Acacia Bay Road auf einmal scharf links ab. (Wer die Kreuzung verpasst, ist plötzlich auf der Wakeman Road.) Man folgt der Acacia Bay Road für weitere 3 km. Nach der Kreuzung mit dem Parawera Drive erreicht man die Parawera sowie die Jerusalem Bay.

Streckenverlauf

Von der Jerusalem Bay aus folgt man ganz einfach der **Küstenlinie** in südlicher Richtung. Die Felsenbilder erreicht man nach 4,5 km, sie sind nicht zu übersehen. Zurück gelangt man auf demselben Weg.

Ausrüstung und Anbieter

- **Taupo Kayaking Adventures,** Taupo, Tel. +64 (0)2 74801231, http://tka.co.nz. Bietet für 100 NZD eine geführte Halbtagestour zu den Felsenbildern an. Treffpunkt ist an der Unit 2, 876 Acacia Bay Road, Acacia Bay, Taupo.

Kartenmaterial

- Die Kunstwerke am Felsen sind auch ohne Karte zu finden, wer trotzdem gern wissen möchte, wo er ist, braucht die LINZ-Karte **„BG 36 Taupo"** der „Topo50 Map Series". Die Felsenbilder sind am westlichen Rand, wer die Tour ausdehnen möchte, benötigt zusätzlich die Karte **„T18 Kuratau".**

Südinsel

Marlborough Sounds (halbtägige bis dreitägige Seekajaktour)

Die über 1000 km lange Küste der Marlborough Sounds bietet fantastische Voraussetzungen für Seekajaker. In vielfach **geschützten Abschnitten** kann man vom Wasser aus den Anblick der grünen Hügel der Marlborough-Bergkette bestaunen oder die zahlreichen **Buchten und Inseln** in den Sounds ansteuern. Da die Sounds extrem dünn besiedelt sind, erlebt man beim Paddeln mehrere Tage relativ unberührte Natur vom Wasser aus und begegnet mit großer Wahrscheinlichkeit **Delfinen,** zahlreichen **Meeresvögeln** und **Rochen.** Von der Infrastruktur her gesehen ist das beste Paddelgebiet der **Queen Charlotte Sound.** Wer es etwas ruhiger mag, sollte im **Kenepuru Sound** paddeln. Fortgeschrittene können sich in den **Pelorus Sound** oder in die Gegend um **D'Urville Island** herum wagen. Letztere ist sehr zerklüftet, liegt aber schon weiter draußen im Meer und ist daher stärkeren **Strömungen** ausgesetzt als die Küstenregion.

☒ Spektakuläre Farben in den Marlborough Sounds

Dauer und Schwierigkeitsgrad

Halb- oder Ganztagestouren können problemlos **eigenständig** durchgeführt werden. Das Paddeln in den von Picton aus gesehen ersten Buchten ist bei gutem, beständigem Wetter im **Grad I bis II** möglich. Wer jedoch auch die hinteren Küstenabschnitte der Sounds anfahren will, ist bis zu vier Tagen unterwegs und sollte die Hilfe eines **Guides** in Anspruch nehmen. Das Wissen um Strömungen und Kreuzungspunkte in den abgelegeneren Buchten ist unabdingbar, weshalb unerfahrene Paddler nicht ungeführt in die äußeren Gebiete der Sounds fahren sollten.

Auch der **Bootsverkehr** in den Sounds ist für Paddler nicht zu unterschätzen. Als Selbstfahrer sollte man sich vorher unbedingt die grundlegenden Vorfahrtsregeln und Verhaltensweisen auf dem Wasser aneignen. Hinzu kommt, dass sich die **Gezeiten** hier so stark bemerkbar machen wie sonst nirgends in Neuseeland: In den Sounds sowie in der gesamten Cook Strait gibt es ein besonders starkes West-Ost-Gefälle bei den Gezeiten, was in der Cook Strait zu den bekannten **starken Strömungen** führt, die die Wasserstraße zwischen Nord- und Südinsel selbst für Fähren oft unbefahrbar macht. Wer in einer Bucht übernachten oder mehrere Stunden verweilen möchte, sollte daher sein Kajak ausreichend weit auf den Strand ziehen oder es anbinden. Vor allem in der Region um **French Pass** sind die Gezeiten stark ausgeprägt. Was ebenfalls in den Sounds schnell zur Gefahr werden kann, sind plötzlich aufkommende **Winde** und **Nebel.** Daher gilt auch hier, dass man vorher unbedingt die Wettervorhersage abfragen und beachten sollte.

Anreise

Picton liegt am äußersten Nord-Ost-Zipfel der Südinsel. Wer von der Nordinsel anreist, kommt fast unweigerlich durch Picton hindurch, da hier die **Fähre** von Wellington anlegt. Auf der Südinsel sind es beispielsweise mit dem **Auto** von Christchurch aus 340 km nach Norden, immer an der Ostküste entlang. Alternativ fährt von Christchurch aus ein Zug. Der **Coastal Express** bietet die Möglichkeit, die fantastische Landschaft ganz entspannt vorbeigleiten zu lassen. In unmittelbarer Nähe von Picton liegt ein kleiner **Flughafen,** ein weiterer befindet sich in **Blenheim,** in 45 km Entfernung.

Wer vom **Portage Resort Hotel** aufbrechen möchte, kann ein Wassertaxi zur Torea Bay nehmen und von dort per Shuttlebus zum Hotel fahren.

Alternativ bietet sich die Anreise mit dem Auto über die Kenepuru Road nach **Portage Bay** an. Öffentliche Busverbindungen gibt es hier nicht. Die Kenepuru Road biegt bei Linkwater von der Verbindungsstrecke zwischen Picton und Havelock (Queen Charlotte Drive genannt) ab. Sie ist bis zum Ende am Kenepuru Head asphaltiert, danach folgt nur noch eine enge, kurvenreiche Schotterstraße. Aufgepasst: Die gesamte Kenepuru Road hat es in sich! Auf der 30 km langen Strecke zum Portage Resort Hotel reiht sich eine Serpentine an die andere. Auch sonst unempfindlichen Mägen wird es auf dieser Fahrt gerne flau.

Start- und Endpunkt

Das Schöne an den Sounds ist, dass man direkt von Picton aus lospaddeln kann. Allerdings muss man hier mit **regem Schiffsverkehr** rechnen. Wem das zu heikel erscheint, der sollte sich raus nach **Grove Arm** oder auch von einem Wassertaxi zur gewünschten Bucht bringen lassen. Dafür ist eine Vorbuchung notwendig. Geführte Tagestouren starten meist in der ersten Bucht, dem Grove Arm, von wo zurück nach Picton gepaddelt wird. Um ein Gefühl für die Sounds und seine Gewässer zu bekommen, empfiehlt es sich, bei Mehrtagestouren von Picton aus Richtung **Punga Cove** zu paddeln, da die abgelegeneren Buchten einem mehr abverlangen. Per Wassertaxi kommt man dann vom Endpunkt aus wieder zurück nach Picton. Ort, Termin und Uhrzeit sollten mit dem jeweiligen Transportunternehmen vorher abgeklärt werden.

Streckenverlauf

Wie bereits erwähnt, ist der **Queen Charlotte Sound** für die meisten Touristen am einfachsten zu paddeln, weshalb hier die Infrastruktur auch am besten ist. Für eine ein- bis dreitägige Tour empfehlen sich folgende **Streckenabschnitte:**

- **Grove Arm – Mistletoe Bay**
- **Mistletoe Bay – Kumutoto Bay**
- **Kumutoto Bay – Ratimera Bay**

Erfahrene Paddler sollten sich in die äußeren Sounds wagen. Hier empfiehlt sich ein Start in **Ship Cove.** Von dort kann man über **Motuara Island** – die Insel, auf der *James Cook* die britische Flagge hisste und Neuseeland zum britischen Kronland erklärte – in die **Resolution Bay** paddeln. Danach fährt man folgende Abschnitte:

- **Resolution Bay – Blumine Island**
- **Blumine Island – Punga Cove**

Die angegebenen Strecken sind nur eine **Empfehlung,** die bei Wetterumschwüngen aber nicht einzuhalten sind. Vor allem Abstecher auf die Inseln sind bei aufkommendem Wind und Nebel gefährlich.

Übernachtung

Wer die Sounds auf einer Mehrtagestour per Kajak erleben möchte, sollte unterwegs zelten. Dafür eignen sich am besten die **Campingplätze des DOC.**

- **Mistletoe Bay:** Mistletoe Bay Trust, Te Mahia
- **Kumutoto Bay:** Kumutoto Bay Campsite
- **Ratimera Bay:** Ratimera Bay Campsite
- **Resolution Bay:** Schoolhouse Bay
- **Blumine Island:** Blumine Island Campsite
- **Punga Cove:** Camp Bay

Alternativ kann man auf der letzten vorgestellten Tour in Punga Cove im Backpackers oder den Luxusapartments des Punga Cove Resort übernachten.

- **Punga Cove Resort**①-③, Punga Cove, Endeavour Inlet, Rural Bag 408, Picton, Tel. +64 (0)3 579 8561, www.pungacove.co.nz.

Essen und Trinken

Für eine mehrtägige Paddeltour empfiehlt sich die **Mitnahme des Proviants** für die gesamte Tour. An heißen Tagen muss an ausreichend **Wasser** gedacht werden. Wer die obigen Plätze anfährt, kann nur in Punga Cove einkaufen oder im Restaurant des Resort Hotels essen gehen. Keiner der anderen Campingplätze verfügt über Einkehr- oder Einkaufsmöglichkeiten.

Delfine begleiten die Paddeltour (mit ein bisschen Glück)

Ausrüstung und Anbieter

Die Marlborough Sounds Adventure Company verleiht **Seekajaks.** Eine weitere Station der Firma findet sich im Portage Resort Hotel im Kenepuru Sound. Von hier aus kann man auch bequem in die hinteren Abschnitte der Sounds aufbrechen. Die Tagesmiete beträgt ca. 50 NZD, pro Person wohlgemerkt, nicht pro Kajak.

Die Adventure Company bietet auch **geführte Paddeltouren** an. Diese dauern halbe, ganze, zwei oder drei Tage. Es gibt auch kombinierte Touren, auf denen z.B. ein Tag gewandert, ein Tag gepaddelt und ein Tag Mountainbike gefahren wird. Eine hervorragende Möglichkeit, um einen umfassenden Einblick in die Region der Marlborough Sounds zu gewinnen und gleichzeitig den Queen Charlotte Track zu erleben.

- **Marlborough Sounds Adventure Company,** London Quay, Picton, Tel. +64 (0)3 5736078, www.marlboroughsounds.co.nz.
- **West Bay Water Transport,** 1 Auckland Street, Ferry Terminal, Picton, Tel. +64 (0)3 5735597. West Bay Water Transport ist einer der größten Wassershuttle-Services in den Sounds, mit regelmäßigen Verbindungen von Picton nach Torea Bay sowie in andere Buchten im Queen Charlotte Sound.

Kartenmaterial und Literatur

- Die DOC-Karte (Parkmap) **„Marlborough Sounds“** 1:100.000 gibt einen guten Überblick über die gesamte Strecke. Mehr Details zeigen die Karten der „Topo50 Map Series“ **„BQ 28 Havelock“, „BQ 29 Waikawa“.**
- Wer bis nach Ship Cove möchte, benötigt zusätzlich die LINZ-Karte **„BP 29 Endeavour Inlet“.** Wer Seekarten lesen kann, sollte sich das LINZ-Hydrokartenblatt **„NZ 615 Marlborough Sounds“** dazu kaufen.

Seakayaking im Abel Tasman National Park (ein- bis dreitägige Tour)

Das warme Klima, die schönen Sandstrände, die küstennahen Übernachtungsmöglichkeiten, die Vegetation und die beeindruckende Stein- und Küstenformation machen den Abel Tasman National Park zu **einem der besten Seakayakinggebiete** des Landes. Die zahlreichen kleinen, der Küste vorgelagerten Inseln, die vom Coast Track nur aus der Ferne zu sehen sind, können per Kajak hautnah erlebt werden. Die Wahrscheinlichkeit, hier eine Robbe oder einen Delfin zu sehen, ist relativ hoch.

Da man an zahlreichen Stellen am Strand oder auf den umliegenden Inseln immer wieder Halt machen kann, empfiehlt es sich, **Badekleidung** mitzunehmen. Auch wer zwischendurch im Park wandern will, sollte seine Badekleidung nicht vergessen, da es an verschiedenen Flussstellen herrliche Möglichkeiten gibt, ins kühle Nasse einzutauchen.

[>] Die Paddler sind gerade baden ...

Dauer und Schwierigkeitsgrad

Im Abel Tasman National Park kann man kurze Ausflüge von einem halben Tag oder auch mehrtägigen Paddeltouren machen. Da es im Nationalpark einen Wassertaxiservice gibt, kann man sich in eine bestimmte Bucht bringen lassen und je nach vorhandenem Zeitbudget zurück nach Marahau paddeln. Wer mehr als drei Tage im Park an der Küste entlangpaddeln möchte, sollte wissen, dass Onetahuti die letzte Möglichkeit für das Wassertaxi bietet, die Kajaks aufzuladen.

Küstenlinie und Buchten im Abel Tasman National Park überschreiten im vorderen, zugänglicheren Teil nie den zweiten Grad. Da auch Paddler, die allein ohne Guide unterwegs sind, vor Beginn der eigenen Tour eine ausführliche Einführung in Ausrüstung, Technik, Wetterbedingungen und Wasserbeschaffenheit erhalten, ist die Durchführung auch für wenig erfahrene Kajaker kein Problem. Wer sich nicht allein auf See traut, kann einen eintägigen Kurs besuchen, bevor er selbst in den Park aufbricht oder man bucht eine komplett geführte Kajaktour für ein bis drei Tage.

Anreise

- **Per Pkw/Camper:** Wer von Nelson oder Motueka aus kommt, folgt den Schildern des Abel Tasman National Parks nach **Marahau.** Der Ort liegt ca. 18 km nördlich von Motueka und ist sehr gut ausgeschildert. Auf der Fahrt nach Marahau kommt man an zahlreichen **Weingütern** und **Kunsthandwerkshöfen** vorbei. Wer Zeit hat, sollte hier unterwegs einen Abstecher machen. Von Nelson aus muss man ca. 70 Minuten Fahrzeit einplanen, von Motueka aus sind es nur 20 Minuten.

■ **Per Bus:** Wer keinen Pkw oder Camper hat, kann über Abel Tasman Kayaks den Transfer zur Verleihstation buchen. Der Veranstalter bucht seine Teilnehmer bei Abel Tasman Coachlines ein. Abholungsort und -zeit werden bei der Buchung bekannt gegeben. Der Preis für für eine Hin-/Rückfahrkarte von/nach Nelson beträgt ca. 40 NZD, von/nach Motueka ca. 28 NZD.

Start- und Endpunkt

Die **Kajakstation von Abel Tasman Kayaks** ist in Marahau sehr gut ausgeschildert, sie liegt ca. 100 m hinter dem Strand auf der linken Straßenseite. Zur Anmietung der Boote muss man sich morgens pünktlich um 8.30 Uhr dort einfinden. Die Bootrampe liegt nur ein paar Meter vom Büro von Abel Tasman Kayaks entfernt, hier erfolgt der Einstieg. Gepaddelt wird bei einer zweitägigen Tour bis zur Torrent Bay, bei einer dreitägigen Tour bis zur Mosquito Bay, von wo aus man mit dem Wassertaxi zurück nach Marahau gebracht wird.

Bei der Buchung wird die Abholung per Wassertaxi von der vorher festgelegten Endstation notiert. Kajaker und Boote sollten in der jeweiligen Bucht gegen 14 Uhr abfahrbereit stehen.

Streckenverlauf

Für eine dreitägige Paddeltour empfiehlt sich folgende Streckeneinteilung:

■ **1. Tag: Marahau – Anchorage Bay** (4 Stunden, 12 km)

Schöne Etappe, auf der man die beeindruckenden Granitfelsen und Inseln rund um Adele und Fisherman Island erkunden kann.

■ **2. Tag: Anchorage Bay – Bark Bay** (6 Stunden, 20 km)

Hier passiert man eine der malerischsten Buchten des Parks, die Torrent Bay. Lange, breite Sandstrände mit üppigem Regenwald im Inland bilden vom Wasser aus ein faszinierendes Farbenspiel.

■ **3. Tag: Bark Bay – Mosquito Bay/ Tonga Island Marine Reserve** (4 Stunden, 15 km)

Im Marine Reserve kann man mit etwas Glück Seerobben beobachten.

Übernachtung

Am besten kann man die Küstenlandschaft beim **Zelten** genießen. Wer keine Campingausrüstung dabei hat, kann sich diese für die Kayakingtage beim Veranstalter ausleihen. Das einzige, was man nicht leihen kann, sind **Teller, Tasse** und **Besteck.** Insgesamt gibt es zehn DOC-Campingplätze entlang des Abel Tasman Coast Tracks. Für zwei- bis dreitägige Touren eignen sich die Campingplätze in der **Anchorage Bay** und der **Bark Bay** (Preis ①). Zu beachten ist, dass sich der Campingplatz Torrent Bay für Kajaker nicht eignet, da dieser aufgrund der Gezeiten nicht immer zugänglich ist.

Alternativ ist die Übernachtung in **Nationalparkhütten** möglich. Für eine zwei- bis dreitägige Tour eignen sich die **Anchorage Hut** (24 Betten) sowie die **Bark Bay Hut** (34 Betten). Insgesamt gibt es vier Nationalparkhütten an der Küste, die mit dem Kajak erreichbar sind (Preis ①).

Egal ob man im Zelt oder in einer Hütte übernachten möchte, im Abel Tasman National Park ist eine **gebührenpflichtige Anmeldung** der Übernachtungen obligatorisch. Wer sich nicht vor Antritt einer Tour beim DOC angemeldet hat, muss mit einem Bußgeld rechnen (siehe auch Exkurs „Great Walks"). Vor und nach der Paddeltour empfiehlt sich aufgrund der Nähe zu Marahau eine Übernachtung im White Elephant Backpackers Hostel in Motueka (siehe „Abel Tasman Coast Track").

Essen und Trinken

Wer mehr als eine Tagestour einplant und als Selbstfahrer unterwegs ist, muss seinen Proviant für die gewünschte Zeit **selbst mitbringen.** Hier draußen gibt es keine Cafés und Restaurants in Strandnähe. An ausreichend **Wasser** sollte gedacht werden, damit man nicht immer an den Strand paddeln muss, wenn Durst aufkommt. Beim Kayaking muss nicht an Platz oder Gewicht gespart werden. Selbst auf einer drei- bis viertägigen Tour ist in den Transportkanistern ausreichend Platz für Lebensmittel und Wechselkleidung.

Ausrüstung und Anbieter

- **Abel Tasman Kayaks,** RD2, Marahau, Tel. +64 (0)3 5278022, www.abeltasmankayaks.co.nz. Abel Tasman Kayaks bietet moderne, hochwertige Ein- oder Zweisitzerkajaks, Paddel und Ersatzpaddel, Aufbewahrungskanister, Schwimmwesten und Schwämme. Der Preis pro Person beträgt 65 NZD pro Tag. Je mehr Tage man bucht, desto günstiger wird die Leihgebühr. Zubuchbar sind nützliche Ausrüstungsgegenstände wie etwa Schnorchel, Müllsäcke, wasserdichte Kameraboxen und aufblasbare Schlafmatten, Schlafsäcke oder Zelte und Kocher für diejenigen, die überhaupt keine Campingausrüstung mit sich führen. Generell ist darauf zu achten, dass die geliehenen Boote am Abholtag bis 14 Uhr bereit sein müssen. Die Kosten für die Abholung betragen ungefähr 35 NZD pro Boot, die Rückfahrt per Wassertaxi kostet 35 NZD pro Person im Einer-Kajak, 40 NZD für ein Zweier-Kayak zzgl. 15 NZD pro Gepäckstück.
- Wer in der Gruppe eine **geführte Tour** buchen möchte, wendet sich an einen der zahlreichen Kajakanbieter in der Region. Abel Tasman Kayaks bietet ebenfalls geführte Paddeltouren von zwei Tagen an, die Übernachtung erfolgt allerdings in Zelten. Ein Rundumprogramm inklusive Guide, Ausrüstung, Transfers, Übernachtung im Zelt und Vollverpflegung kostet ca. 450 NZD pro Person.
- Wer eine **kürzere Tour** von ein bis zwei Tagen mit Übernachtung in einer Mittelklasse Beachfront Lodge buchen möchte, wendet sich besser an die Mutterfirma von Abel Tasman Kayaks, die **Wilsons Abel Tasman** (Kontaktdaten siehe „Abel Tasman Coast Track", S. 155).

Kartenmaterial und Literatur

- Für die Paddeltour eignen sich die LINZ-Karten **„BP 25 Motueka"** und **„BN 25 Totaranui"** der „Topo50 Map Series".
- Beim DOC Visitor Centre ist die **„Abel Tasman Coast Track Brochure"** erhältlich. Diese steht auch zum Download auf der DOC-Website (www.doc.govt.nz, dort als Suchbegriff „Abel Tasman Coast Track" eingeben).
- Wer Seekarten lesen kann, sollte sich noch das LINZ-Hydrokartenblatt **„NZ 614 Tasman Bay"** dazukaufen.

5 Abenteuer Neuseeland von A bis Z

www.fotolia.de © weltreisendertj

< Maori-Skulptur in Whakarewarewa bei Rotorua auf der Nordinsel

Anreise

Mit dem Schiff

Vor noch nicht allzu langer Zeit reisten die meisten Besucher noch per Schiff nach Neuseeland. Nur wenige Fluggesellschaften flogen das Land von Europa aus an, und wenn, dann dauerte auch der Flug mit Zwischenstopps mehrere Tage und war extrem teuer. Heute ist es sozusagen umgekehrt: Wer heutzutage per Schiff anreisen möchte, muss neben jeder Menge Zeit auch **viel Geld** mitbringen. Eine Möglichkeit für eine Schiffspassage ist die Fahrt mit einem **Frachter.** Diese nehmen meist nur zwischen ein und vier Passagieren mit, bieten aber einen hohen Standard. Die Fahrt dauert ca. vier bis sechs Wochen und kostet pro Strecke ungefähr 5000 €. Abfahrten ab Deutschland sind ab Bremerhaven oder Hamburg möglich, alternativ ab Le Havre in Frankreich oder Dünkirchen in Belgien. Informationen hierzu können beim Schweizer Reiseveranstalter Globoship eingeholt werden:

- **Globoship,** Neuengasse 30, CH-3001 Bern, Tel. +41 (0)31 3130004, www.globoship.ch.

Mit dem Flugzeug

Die schnellste Flugverbindung von Deutschland nach Neuseeland dauert ca. 25 Stunden. Es gibt aber auch Verbindungen mit mehrfachem Umsteigen, bei denen man bis zu 40 Stunden unterwegs ist. Neuseeland wird von verschiedenen Airlines angeflogen.

Tarife und Verbindungen

Je nach Fluggesellschaft, Jahreszeit und Aufenthaltsdauer in Neuseeland bekommt man ein Economy-Ticket von Deutschland, Österreich oder der Schweiz hin und zurück nach Auckland für etwa **1300 €** (inkl. aller Steuern, Gebühren und Entgelte).

Preiswertere Flüge sind mit **Jugend-** und **Studententickets** (je nach Fluggesellschaft alle jungen Leute bis 29 Jahre und Studenten bis 34 Jahre) möglich. Außerhalb der Hauptsaison gibt es einen Hin- und Rückflug von Frankfurt nach Auckland ab etwa 1000 €. **Kinder** unter zwei Jahren fliegen ohne Sitzplatzanspruch für etwa 10 % des Erwachsenenpreises, ansonsten werden für ältere Kinder die regulären Preise je nach Fluggesellschaft um bis zu 25 % ermäßigt. Ab dem 12. Lebensjahr gilt der Erwachsenen- oder ein Jugendtarif (s.o.).

Wer gerne sowohl **Neuseeland** als auch **Australien** bereisen möchte, kann sich ein Angebot für sogenannte **Gabelflüge** erstellen lassen. Diese kosten oft den gleichen Preis wie ein normaler Flug. So kann man z.B. von Frankfurt nach Sydney fliegen, von Sydney nach Auckland und ab Auckland wieder zurück nach Frankfurt.

Indirekt sparen kann man als Mitglied eines **Vielflieger-Programms** wie www.staralliance.com (Mitglieder u.a. Air New Zealand, ANA All Nippon Airlines, Asiana Airlines, Air China, Lufthansa und Singapore Airlines, Thai Airways), www.skyteam.com (Mitglieder u.a. Korean Air und Vietnam Airlines) sowie www.oneworld.com (Mitglieder u.a. British Airways, Cathay Pacific Airways, Qantas). Die Mitgliedschaft ist kostenlos. Die gesammelten Meilen von Flügen bei Airlines innerhalb eines Verbundes reichen dann vielleicht beim nächsten Urlaub schon für einen Freiflug. Bei Einlösung eines Gratisfluges ist langfristige Vorausplanung nötig.

In der Regel starten alle Flüge nach Neuseeland von Deutschland aus ab **Frankfurt,** selten auch von **München, Hamburg** oder **Düsseldorf.** Von der Schweiz aus fliegt man ab **Zürich** und aus Österreich von **Wien.**

Nicht alle Fluggesellschaften haben **Zubringerverträge** mit Lufthansa, Swiss Air oder Austrian Airlines, was bei der Entscheidungsfindung eine Rolle spielen kann, da sich durch die Anreise zum Flughafen die **Gesamtkosten** erhöhen. Einige Airlines fliegen von größeren Flughäfen auch über London oder Paris.

Mini „Flug-Know-How"

Check-in

Nicht vergessen: Ohne einen gültigen **Reisepass** kommt man nicht an Bord eines Flugzeuges (das gilt auch für Kinder).

Bei den meisten internationalen Flügen muss man **zwei bis drei Stunden vor Abflug** am Schalter der Fluggesellschaft eingecheckt haben. Je nach Fluggesellschaft kann man das in der Regel ab 23 Stunden vor dem Flug **zu Hause** im Internet erledigen und muss am Flughafen nur noch die ausgedruckte Boardkarte mit dem Barcode nach unten auf den Scanner legen und sein Gepäck an dem entsprechenden Schalter abgeben. Reist man nur mit Handgepäck, kann man je nach Fluggesellschaft nach einer kurzen Prüfung gleich durch die Schranke in den Boardingraum.

Gepäck

In der Economy Class darf man pro Person in der Regel ein **Handgepäckstück** bis zu 7 kg in die Kabine mitnehmen (nicht größer als 55 x 40 x 20 cm) und bei Bedarf zusätzlich ein Gepäckstück bis zu 23 kg einchecken. In der Business Class sind es pro Person meist zwei Handgepäckstücke (insgesamt nicht mehr als 12 kg) und ein Gepäckstück bis zu 30 kg. Man sollte sich beim Kauf des Tickets über die Bestimmungen der Airline informieren.

Beim Packen des Handgepäcks sollte man darauf achten, dass man **Getränke** oder **vergleichbare Substanzen** (Gel, Parfüm, Shampoo, Creme, Zahnpasta, Suppe, Käse, Lotion, Rasierschaum etc.) nur in geringen Mengen bis zu jeweils 100 ml mit ins Flugzeug nehmen darf. Diese Substanzen muss man separat in einem durchsichtigen Plastikbeutel transportieren, den man beim Durchleuchten in eine der bereit stehenden Schalen auf das Fließband legen sollte. Auch das **Notebook** oder **Smartphone** muss in eine solche Schale gelegt werden.

Aus Sicherheitsgründen dürfen **spitze Gegenstände** aller Art, also auch Taschenmesser, nicht im Handgepäck untergebracht werden. Diese sollte man unbedingt daheim lassen oder im aufzugebenden Gepäck verstauen, sonst werden sie bei der Sicherheitskontrolle einfach weggeworfen. Darüber hinaus gilt, dass leicht entzündliche **Gase** in Sprühdosen (Schuhspray, Campinggas, Feuerzeugfüllung) und **Feuerwerkskörper** etc. nicht im Koffer oder dem Handgepäck transportiert werden dürfen.

Von einen Verschließen des Gepäcks mittels eines **Vorhängeschlosses** wird abgeraten, da das Gepäck von dem Flughafenpersonal bei Auffälligkeiten beim Durchleuchten durchsucht werden können muss.

Airlines

Im Folgenden werden Airlines vorgestellt, die sich insbesondere für Outdoorsportler eignen, da sie die **Mitnahme von Sportgeräten** erlauben, oft gegen einen nur geringen Aufpreis.

Die Sportausrüstung gilt als **Sondergepäck** und muss vorher bei der Airline angemeldet werden. Alle Fluglinien weisen darauf hin, dass Sportgeräte gut verpackt werden sollten. Bei **Fahrrädern** empfiehlt sich ein Fahrradkoffer mit seitlichen Tragegriffen. Beim Verpacken sollten vorher die Pedale abmontiert werden. Fahrradtaschen und -koffer sind im Handel ab ca. 200 € oder online unter www.fahrrad.de erhältlich.

Bei **innerneuseeländischen Flügen** mit Air New Zealand werden **Fahrräder** kostenlos mitgenommen, wenn das Gesamtgewicht nicht die zulässige Freigepäcksgrenze für Sportzubehör von 10 kg extra überschreitet. Sonst fällt ein Aufschlag von ca. 50 € pro Kilogramm an.

Einige Airlines wie beispielweise **Air New Zealand** oder Singapore Airlines verfügen über eine Economy-Zwischenklasse, die einen **größeren Sitzabstand** bietet. In dieser sogenannten „Premium Economy Class" hat man einen Abstand von 102 cm zum Vordersitz, was besonders für groß gewachsene Leute attraktiv ist. Air New Zealand erlaubt außerdem über die USA-Route ein **Gepäckgewicht** von zweimal 23 kg mitzuführen, insge-

100ns aa

samt dürfen demnach 46 kg pro Person mitgenommen werden. Dabei darf ein Koffer allerdings nicht schwerer als 32 kg sein. **Sportgepäck** wird **kostenfrei** mitgenommen, muss aber bei der Buchung im Vorfeld **angemeldet** werden. Die Route führt über **Amerika,** Stopps in Los Angeles, San Francisco, Hongkong und in der Südsee sind möglich. Die **Asienroute** führt über London und Hongkong. **Zubringerflüge** zwischen deutschen Flughäfen mit Lufthansa sind inklusive.

- **www.airnewzealand.de**

Die Fluglinie **Singapore Airlines** genießt wegen ihrer hervorragenden Qualität und der schnellen Verbindungen einen sehr guten Ruf. Dafür gehört sie aber auch zu den teuersten Airlines, die Neuseelandflüge anbieten. Die Route führt direkt über Singapur nach wahlweise **Auckland** oder **Christchurch.** Bei einem mehrstündigen Aufenthalt in Singapur ist eine **kostenlose Stadtrundfahrt** sowie eine **ermäßigte Übernachtung** in ausgewählten Hotels möglich. Zubringerflüge zwischen deutschen Flughäfen mit Lufthansa sind zubuchbar. Die **Mitnahme von Outdoorsportgeräten** ist nach Gewicht geregelt. Als Freigewicht zählen 30 kg, in der Premium Economy-Klasse 35 kg. Wer ein **Fahrrad** mitnehmen möchte, muss prüfen, wie viel Kilogramm er insgesamt als Gepäck aufgeben will. Wird das Freigewicht überschritten, zahlt man für das **Übergewicht** pro Kilogramm und bis zu einem Gewicht von max. 15 kg ca. 40 € pro Weg.

- **www.singaporeair.de**

Emirates, die Airline der Vereinigten Emirate, fliegt von den deutschsprachigen Ländern aus über **Dubai** nach Neuseeland. Von Frankfurt, Düsseldorf, Hamburg, München, Zürich und Wien aus werden derzeit **Melbourne, Sydney** und **Brisbane** in Australien sowie **Auckland** und **Christchurch** in Neuseeland angeflogen. **Zubringerverträge** von anderen Flughäfen gibt es leider noch keine. Doch ist in der 2. Klasse **Rail & Fly** im Flugpreis inbegriffen.

Die Preise sind im Vergleich relativ günstig, obwohl Emirates derzeit im Service- und Komfortbereich zu den besten Airlines auf dem Markt gehört. Für die Mitnahme von **Outdoorsportausrüstungen** bietet die Airline vergünstigte Raten an. Die Ausrüstung muss vor Abflug bei der Airline **angemeldet** werden.

- **www.emirates.de**

Buchung

Heute werden Flüge gern online gebucht, aber welche Plattform ist zu empfehlen? Bequemer ist die Buchung per Reisebüro auf alle Fälle. Für die Tickets der Linienfluggesellschaften kann man bei folgendem zuverlässigen Reisebüro meistens günstigere Preise als bei vielen anderen finden:

- **Jet-Travel,** In der Flent 7, 53773 Hennef, Tel. (02242) 868606, www.jet-travel.de. Buchungsanfragen oder Onlinebuchungen auf der Webseite unter dem Stichwort „Flüge“.

◁ Man kann auch mit dem eigenen Fahrrad anreisen

090nz aa

Ausrüstung

Im Kapitel „Wo welchen Natursport treiben?“ werden zu jeder Sportart **Ausrüstungstipps** gegeben, die der Orientierung dienen sollen. Falls bei einer bestimmten Tour Rücksicht auf **besonderes Material** genommen werden muss, ist dies in den Tourenbeschreibungen entsprechend erwähnt.

Bei allen Outdoorsportarten sollte neben einer **Karte** auch ein **Kompass** mitgeführt werden. Dabei ist es wichtig zu wissen, dass man für die Südhalbkugel einen bestimmten Kompass braucht, der auf die **Neigung der Magnetfeldlinien** auf der südlichen Erdkugel eingestellt ist. Es gibt auch Kompasse, die auf beiden Halbkugeln funktionieren. Infos dazu erteilen Outdoorläden zu Hause oder vor Ort in Neuseeland.

Ausleihen kann man in Neuseeland vieles, nur sollte man sich im Vorfeld erkundigen, ob zum geplanten Termin die gewünschte Ausrüstung auch verfügbar ist. Sowohl **Kletterausrüstung, Pickel** und **Steigeisen** als auch **Kajaks** und **Campingequipment** lassen sich über zahlreiche Outdooranbieter mieten. Dieses sogenannte *freedom rental* ist hier sehr verbreitet, da die Neuseeländer diesen Service selbst häufig nutzen und nicht jeder zu Hause über ein eigenes Kajak oder ein **Lawinensignalgerät** verfügt. Ausrüstungsmaterial wird außer von den **Veranstaltern** auch von **Sportgeschäften** verliehen. Die Geschäfte der Ketten **Bivouac** und **Good Sports** verleihen z.B. diverse Sportausrüstungen. In den Bergregionen verleihen auch **Bergführerorganisationen** Klettermaterial. Es lohnt sich aber auch, einfach mal in anderen Läden nachzufragen: Gerade in **kleineren Orten** sind diese oft bereit, Ausrüstung zu verleihen, und wenn es das eigene, private Material ist.

Wenn ein Kea die Ausrüstung untersucht, ist mit einem gewissen Materialverschleiß zu rechnen …

Ein- und Ausreisebestimmungen

Wichtig bei der Anreise ist die Beachtung der **Gesundheits- und Einfuhrbestimmungen.** Veranstalter sind rechtlich dazu verpflichtet, auf solche Dinge hinzuweisen, wer hingegen die Reise selbst organisiert, muss sich eigenständig über die **Einfuhr von Lebensmitteln** oder **obligatorische Impfungen** erkundigen.

Gefährliche Krankheiten, die einer Impfung bedürfen, gibt es in Neuseeland nicht. Empfohlen wird eine Auffrischung der gängigen Impfungen **Tetanus, Polio** und **Diphtherie.** Zudem sollte stets an **intensiven Sonnenschutz** gedacht werden, denn die Sonne stellt in Neuseeland sicherlich die größte direkte Gefahr für den Körper dar. Aufgrund starker Winde, hoher Niederschlagsmengen und relativ wenig Autoverkehr ist die neuseeländische **Luft** klarer und unverschmutzter, weshalb die **UV-Strahlen** viel stärker auf der Erde ankommen, als wir es gewohnt sind. Und auch das **Ozonloch** tut das Seine hinzu. Ansonsten findet man auf verschiedenen **Internetseiten** fundierte Informationen zu aktuellen Einreisebestimmungen, Krankheiten und Vorsichtsmaßnahmen:

- **www.auswaertiges-amt.de:** Website des Auswärtigen Amts.
- **www.who.int:** Website der Weltgesundheitsorganisation.
- **www.crm.de:** Centrum für Reisemedizin, Serviceportal eines Netzes deutscher Ärzte, Apotheken und Reiseveranstalter.

Einfuhr von Lebensmitteln

Bei der Einreise ist zu beachten, dass **keine frischen Lebensmittel** eingeführt werden dürfen. Alle anderen, eingeschweißten Nahrungsmittel müssen bei der Einreise auf der **Einreisekarte** (Immigration Card) angegeben werden. Diese wird vom Bordpersonal im Flugzeug verteilt. Die Nahrungsmittel werden am Flughafen in Auckland und Christchurch von **Zollbeamten** des Ministeriums für Land- und Forstwirtschaft (Ministry of Agriculture and Forestry) geprüft. Jedes Gepäckstück wird dafür geröntgt. Manchmal laufen auch **Spürhunde** auf den Gepäckbändern herum, die auf Lebensmittel und Drogen spezialisiert sind. Wenn der Zoll aufgrund der mitgebrachten Waren keine negativen Folgen für das biologische Gleichgewicht in Neuseeland vermutet, erhält man die Nahrungsmittel zurück und darf diese ins Land einführen.

Auch **schmutzige Schuhe** (z.B. Wanderschuhe) oder **benutzte Zelte** werden geprüft und von den Zollbeamten gereinigt. Man befürchtet nämlich die **Einschleusung** fremder **Bakterien, Parasiten, Insekten** oder anderer Kleintiere. Eine Missachtung der Kontrollmaßnahmen wird mit hohen **Geldstrafen,** in manchen Fällen sogar mit einer **Freiheitsstrafe** von bis zu 14 Tagen geahndet. Demnach sollte beim Ausfüllen der Einreisekarten alles angekreuzt werden, was als Lebensmittel vorhanden ist, vor allem aber der auf der Karte aufgeführte Oberbegriff „Food". Das Wichtigste ist, dass man ehrlich ist, damit die Beamten nicht den Eindruck gewinnen, man vertusche etwas. Letzteres verärgert das Zollpersonal nämlich enorm und kann zu großem Ärger führen. Eine Liste mit verbotenen Einfuhrgütern findet man im Netz unter:

- **http://www.customs.govt.nz/features/prohibited/imports/Pages/default.aspx.**

Zollvorschriften bei der Rückkehr

Bei der Rückkehr aus Neuseeland **in die EU** gelten folgende **Bestimmungen und Mengenangaben:** Eingeführt werden dürfen von Käufern ab 17 Jahren 200 Zigaretten, 250 Gramm Tabak, 4 Liter Wein, 16 Liter Bier und 1 Liter Alkohol über 22 Volumenprozent. Kaffee ist bis 500 Gramm erlaubt. Andere Waren bleiben bis 300 € abgabenfrei, bei Flug- und Schiffsreisen bis 430 €. Es zählt der Wert der ausländischer Umsatzsteuer. Für Kinder unter 15 Jahren liegt die Grenze bei 175 €. Hat man mehr eingekauft, sind bis zu einem Wert von 700 € oft pauschal 17,5 Prozent Abgaben fällig. Für viele Länder gelten sogar nur 15 Prozent – dazu gehören aber nicht die USA, Kanada, Australien, Neuseeland, Japan. Liegt der Warenwert über 700 €, fallen Zoll und Umsatzsteuer an.

Für die **Schweiz** gilt, dass Waren bis zu einem Wert von 300 CHF abgabenfrei eingeführt werden dürfen. Käufern ab 17 Jahren dürfen 250 Zigaretten, 5 Liter Alkohol bis 18 Volumenprozent und 1 Liter Alkohol ab 18 Volumenprozent einführen.

Besuchervisum

Das Besuchervisum, **Visitor Visa** genannt, erhält jeder, der in Neuseeland einreist und kein anderes Visum besitzt. Das Besuchervisum muss vorher nicht beantragt werden, es sei denn, man möchte länger als **drei Monate** im Land bleiben. Man erhält das Visum bei der Einreise vom Zoll in Form eines Stempels in den **Reisepass** (der mindestens einen Monat über das Rückflugdatum hinaus gültig sein muss). Es ist vom Einreisetag an drei Monate gültig.

Wer **länger bleiben** möchte und das schon vor der Einreise weiß, kann sein Visum über die neuseeländische Bot-

076ns aa

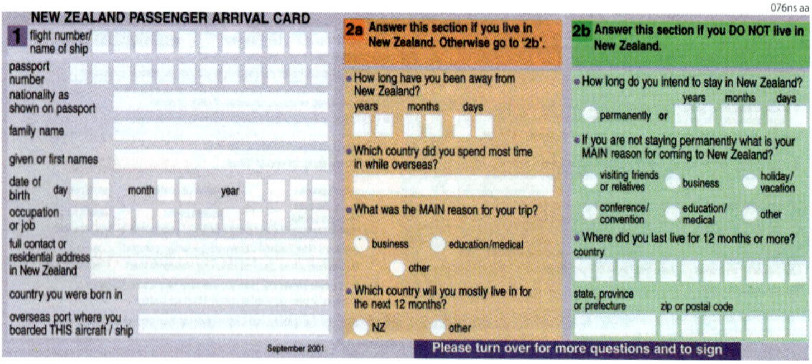
NEW ZEALAND PASSENGER ARRIVAL CARD

1 flight number/ name of ship
passport number
nationality as shown on passport
family name
given or first names
date of birth day month year
occupation or job
full contact or residential address in New Zealand
country you were born in
overseas port where you boarded THIS aircraft / ship

September 2001

2a Answer this section if you live in New Zealand. Otherwise go to '2b'.
- How long have you been away from New Zealand? years months days
- Which country did you spend most time in while overseas?
- What was the MAIN reason for your trip? business / education/medical / other
- Which country will you mostly live in for the next 12 months? NZ / other

2b Answer this section if you DO NOT live in New Zealand.
- How long do you intend to stay in New Zealand? permanently or years months days
- If you are not staying permanently what is your MAIN reason for coming to New Zealand? visiting friends or relatives / business / holiday/ vacation / conference/ convention / education/ medical / other
- Where did you last live for 12 months or more? country; state, province or prefecture; zip or postal code

Please turn over for more questions and to sign

schaft in Berlin beantragen (auch zuständig für die Schweiz). **Österreicher** wenden sich bitte an die Botschaft in Wien. Das Formular „INZ 1017" kann auf den Websites der neuseeländischen Immigrationsbehörde runtergelanden und in Papierform nach Berlin geschickt werden. Alternativ gibt es die Möglichkeit der Online-Bewerbung:

- **www.immigration.govt.nz/documents/forms-and-guides/inz1017.pdf.**

- **Neuseeländische Botschaft Berlin,** Visa Section, Friedrichstr. 60, 10117 Berlin, Tel. (030) 206210, www.nzembassy.com/germany.
- **Neuseeländische Botschaft Wien,** Mattiellistrasse 2-4/3, 1040 Wien, Tel. (01) 5053021, www.nzembassy.com/austria.

Das Online-Visum kostet derzeit 165 NZD (ca. 100 €) und ist maximal **neun Monate gültig.** Für jeden Monat muss man 200 bis 500 € als **Lebenshaltungskosten** in Form eines Kontoauszugs **nachweisen** können. Darüber hinaus müssen ein **Rückflugticket** oder **ausreichende finanzielle Mittel** für einen Rückflug nachweisbar sein. Ebenfalls beigefügt werden müssen ein **Passfoto,** der **Reisepass,** der noch drei Monate nach der Rückkehr ins Heimatland gültig sein sollte, und ein frankierter Rückumschlag (mit Briefmarken im Wert von 3,50 € für ein Einschreiben).

◁ Ohne die Arrival Card kommt man nicht ins Land

Wer sich **vor Ort** für eine **Verlängerung** des Aufenthalts über drei Monate hinaus entscheidet, kann das Visum bei einem der Büros der neuseeländischen Einwanderungsbehörde **(Immigration Office)** gegen Gebühr verlängern. Auch das **neunmonatige Visum,** das zu Hause bereits beantragt wurde, kann in Neuseeland noch mal um weitere drei Monate verlängert werden. Dafür darf man allerdings nach seiner Rückkehr nach Hause erst 12 Monate später erneut wieder in Neuseeland einreisen.

Working Holiday Visum

Das Working Holiday Visum ermöglicht jungen Leuten aus **Deutschland** zwischen 18 und 31 Jahren (es wird leider nicht für Österreicher/Schweizer angeboten), 12 Monate lang Neuseeland zu bereisen und gleichzeitig bezahlte Gelegenheitsjobs anzunehmen.

Das Visum kann **nur online** über die **Website von Immigration New Zealand** beantragt werden (www.immigration.govt.nz). Dafür benötigt man eine **Kreditkarte** und als zweiten Identifikationsbeleg einen **Personalausweis** sowie einen **Reisepass,** der noch drei Monate nach der geplanten Rückkehr nach Deutschland gültig sein muss. Das Visum kostet derzeit 125 €.

Folgende **Bedingungen** müssen für eine erfolgreiche Antragstellung erfüllt werden:

- **deutsche Staatsbürgerschaft** und zum Zeitpunkt der Visa-Beantragung **Wohnsitz in Deutschland.**
- Antragsteller dürfen **keine Kinder** mit nach Neuseeland bringen.

- Alter zwischen **18 und 31 Jahren** (die Beantragung ist bis einen Tag vor Vollendung des 31. Geburtstages möglich).
- Besitz eines gültigen **Reisepasses,** der bis drei Monate nach der Rückkehr gültig sein muss (bei Reiserouten, die über die USA führen, ist ein biometrischer Reisepass notwendig).
- Bei der Antragstellung muss ein Nachweis über den **Besitz von 4200 NZD** (ca. 2350 €) erbracht werden, am besten in Form der Kopie eines aktuellen Kontoauszugs mit Bankstempel. **Wichtig:** Der **Name** des Visumbesitzers muss mit dem Namen auf dem Kontoauszug **übereinstimmen!**
- Vorlage eines **Rückflugtickets.**
- **Keine Vorstrafen, Landesverweise** o.Ä.

Das Visum ist vom Tag der Einreise an **12 Monate gültig** und kann um weitere drei Monate verlängert werden, wenn der Nachweis über eine Jobtätigkeit in der Landwirtschaft vorliegt.

Weitere Infos zum Thema „Working Holiday in Neuseeland" gibt das ebenfalls im Reise Know-How Verlag erschienene Sachbuch „Neuseeland: Reisen und Jobben".

Einreise mit Kindern

Jedes Kind benötigt seinen **eigenen Reisepass.** Kindereinträge im Reisepass eines Elternteils sind nicht mehr gültig.

Reisen Minderjährige **nicht in Begleitung beider Elternteile,** kann man vor allem bei Flugrückkehr in die EU nach einer Einverständniserklärung des anderen Sorgeberechtigten gefragt werden, als Schutzmaßnahme gegen eine mögliche Kindesentführung. Weitere Informationen z.B. unter www.auswaerti ges-amt.de, Stichwort „Einverständiserklärung für Minderjährige".

Essen und Einkaufen

Viele Besucher und Einwanderer, die noch nie zuvor in Großbritannien waren – ja selbst einige Neuseeländer, die noch nie das „Mutterland" besucht haben –, glauben, dass „Weetabix", *poached eggs* (verlorene/pochierte Eier), *fish and chips* sowie *porridge* und „Vegemite" neuseeländische Erfindungen sind. Fakt ist jedoch, dass diese mehr oder weniger wörtlich zu nehmenden „Köstlichkeiten" **britischer Herkunft** sind. Sie wurden von Einwanderern mitgebracht und sind daher so auch in England zu finden. Fakt ist auch, dass man diese Dinge nicht „lieben lernen" kann – entweder sie schmecken einem oder nicht.

Noch vor 20 Jahren war die neuseeländische Küche bestimmt vom **britischen Alltagsessen:** Eier in diversen Formen und mit kleinen Würstchen in rot-pinker Farbe sowie Bohnen in wässriger Tomatensoße waren Alltag. Ebenso Spaghetti aus der Dose oder ein Steak mit ungesalzenen Dampfkartoffeln.

In den letzten Jahren hat sich dies zum Glück geändert. Neuseeland konnte

[>] Sowohl die Neuseeländer als auch die Australier behaupten, sie hätten die Baisertorte Pavlova erfunden

von den **Einflüssen** seiner Einwanderer **aus aller Welt** profitieren, sodass man heute fast überall eine **sehr gute Küche verschiedener Nationalitäten** genießen kann. Auch die einheimischen Rezepte wurden **verfeinert** und schmecken heute um einiges besser. Die Neuseeländer haben – böse gesagt – die Geschmacksnerven ihrer Zunge kennengelernt und trainiert. Vor allem die Einflüsse aus Asien und der Südsee machen sich in der Küche sehr gut. Gerichte, die aus dem südpazifischen Raum stammen, nennt man in Neuseeland „Pacific Rim Cuisine". Die Küche von Restaurants, die Einflüsse verschiedener Länder in ihren Gerichten kombinieren, heißt „Cross Over".

Was man unbedingt kosten sollte, wenn man was Neuseeländisches probieren will, wäre das Dessert **Pavlova,** eine Art Baisertorte. Allerdings behaupten auch die Australier gern, sie hätten diesen Nachtisch erfunden. Einen endgültigen Beweis gibt es nicht, aber allein die Tatsache, dass sich zwei Nationen um einen Nachtisch streiten, weist schon darauf hin, dass er gut sein muss. Ebenfalls lecker ist das neuseeländische **Hokey-Pokey-Eis,** Vanilleeis mit knusprigen Honigstückchen. An herzhaften Gerichten sollte man auf der Südinsel unbedingt ein **Whitebait-Omelette** probieren. *Whitebait* sind transparente Jungfische, die in den neuseeländischen Frühjahrsmonaten in Flussmündungen gefischt werden, überwiegend an der Westküste der Südinsel. Überhaupt sind die meisten **Fischgerichte** sehr zu empfehlen, genauso wie selbstverständlich auch das neuseeländische **Lammfleisch** und die klassische **Pumpkin Soup** (Kürbissuppe).

Preislich gesehen, zahlt man in Neuseeland meist ähnlich viel wie bei uns, oft ist es sogar günstiger.

www.fotolia.de © GreenArt Photography

Begriffe rund ums Essengehen

- **licensed** – In Neuseeland benötigen Restaurants, die Alkohol ausschenken, eine gebührenpflichtige Lizenz. Besitzt der Betreiber eine solche, darf er am Eingang den begehrten „licensed"-Aufkleber anbringen.
- **bring your own (b.y.o.)** – Restaurants, die die obige Lizenz nicht besitzen, haben oft den Aufkleber „byo" am Fenster kleben. Diese Abkürzung bedeutet, dass man seinen eigenen Alkohol gern mitbringen darf. Dafür wird ein geringes „Korkgeld" genommen. Also nicht wundern, wenn am Nachbartisch auf einmal mehrere Flaschen Wein aus den Taschen der Gäste auftauchen.
- **wait to be seated** – In Neuseeland ist es üblich, nach dem Betreten des Restaurants am Eingang zu warten, bis der Kellner einem einen Tisch zuweist. Oft steht daher hinter der Eingangstür ein Schild mit der Aufschrift: „Please, wait to be seated!"
- **Hey guys, ready to order?** – Selbst in Restaurants der gehobeneren Klasse passiert es nicht selten, dass man umgangssprachlich sehr locker vom Kellner mit „guys" angesprochen wird. Auch während der Mahlzeit und des Bedienens kommt die Bedienung oft an den Tisch und sucht das Gespräch, den berühmten angloamerikanischen Small Talk: „Where do you come from and what do you like best about NZ?" Dieser ist stets höflich gemeint und nicht als indiskrete Ausfragerei zu werten.
- **al fresco dining** – „al fresco" beschreibt in der neuseeländischen Gastronomiesprache einen Bereich, in dem man unter freiem Himmel sein Essen verzehren kann. Verfügt ein Restaurant z.B. über eine Terrasse, so weist es diese mit dem Begriff „al fresco" am Eingang aus.
- **short black** – Espresso
- **flat white** – Kaffee mit Milch

In **Cafés** oder zum **Lunch im Pub** wird häufig ebenfalls gutes Essen zu teilweise **sehr günstigen Preisen** angeboten. Im **Restaurant** muss man mittlerweile jedoch mit 20 bis 30 NZD für ein Hauptgericht ohne Getränke zahlen. Vor allem in den Großstädten ist essen gehen teilweise recht kostspielig geworden.

Was das **Einkaufen** betrifft, so sind die Preise ebenfalls ähnlich gestaffelt wie bei uns. Wie in Europa auch, zahlt man in **kleineren Ortschaften,** die keinen großen Supermarkt haben, meist mehr für die Produkte. Daher ist es ratsam, sich unterwegs in Orten einzudecken, die über die **großen Supermarktketten New World** oder **Pack and Save** verfügen. Die Auswahl ist hier größer und die Preise sind kleiner.

Beim Einkauf erhält man in Neuseeland immer zahlreiche **Plastiktüten.** Der Einkauf wird an der Kasse vom Personal eingepackt und in kleineren Orten, dem amerikanischen Vorbild folgend, sogar nach draußen zum Auto gefahren. Wer umweltfreundlich packen will, kann sich nach Kartons umschauen, die in manchen Supermärkten im Kassen- oder Eingangsbereich ausliegen. Oder man sammelt die Tüten und benutzt sie beim nächsten Einkauf wieder.

[>] Wenn man sich im Vorfeld nicht über neuseeländische Feiertage und Ferienzeiten informiert, steht man auf seiner Tour womöglich wie der Ochs vorm Berge ...

Bezahlt werden kann in **bar** oder **per Kreditkarte.** In kleineren Supermärkten kann häufig nur in bar bezahlt werden. Daher sollte man vor dem Einkauf kurz an der Kasse nach den Zahlungsmöglichkeiten fragen, um sicherzugehen, ob das verfügbare Geld noch reicht.

Outdoorausrüstung ist in Neuseeland meist günstiger als bei uns, da lohnt es sich schon mal, zwischendurch einen Blick auf das Angebot zu werfen. Outdoorläden werden in den Regionsbeschreibungen in den Kapiteln „Wandern und Biken auf der Nordinsel“ bzw. „Wandern und Biken auf der Südinsel“ aufgeführt.

Schuhe sind in Neuseeland ebenfalls **günstiger** als bei uns und je nach Wechselkurs auch **CDs. Teurer** als in deutschsprachigen Ländern sind **Bücher, Wein** und **Kosmetika.**

Feiertage und Ferienzeiten

Damit man seine Outdoor-Aktivitäten besser planen kann, ist es sehr nützlich, im Voraus zu wissen, welche **Feiertage** es in Neuseeland gibt. Es hat schon zu der ein oder anderen großen Enttäuschung geführt, wenn man vor Ort auf einmal erfährt, dass der lange Weg umsonst war, weil Anbieter an diesen Tagen keine Tour anbieten oder die Hotels überbucht sind.

- 1. Januar: **New Year's Day** (Neujahr)
- 6. Februar: **Waitangi Day** (Nationalfeiertag)
- **Good Friday** (Karfreitag)
- **Easter Sunday/Monday** (Ostern)

092ns aa

- 25. April: **ANZAC Day** (Gedenktag an die Verluste der australischen und neuseeländischen Truppen im Ersten Weltkrieg)
- 1. Montag im Juni: **Queen's Birthday** (Geburtstag von Königin *Elizabeth II.*)
- 4. Montag im Okt.: **Labour Day** (Tag der Arbeit)
- **Christmas Eve** (Heiligabend)
- **Christmas Day** (1. Weihnachtstag)
- **Boxing Day** (2. Weihnachtstag)

Wichtig zu wissen ist außerdem, dass in den **neuseeländischen Sommermonaten** – von Mitte Dezember bis Ende Januar – **viele Einrichtungen** komplett **geschlossen** haben (ähnlich wie in Frankreich). In diesen Wochen verbringt fast das ganze Land seine Zeit am Strand und auf Campingplätzen. Daher sind Nationalparks und Forest Parks sowie Strandregionen oft hoffnungslos **überfüllt.** In dieser Zeit liegen auch die **neuseeländischen Sommerferien.** Das neuseeländische Schuljahr ist in vier Unterrichtsblöcke *(terms)* unterteilt. Weitere Ferientermine befinden sich daher zwischen den neuseeländischen Terms im April, Juli und September und dauern immer **zwei Wochen.** Die jeweiligen Jahresdaten findet man unter www.minedu.govt.nz.

Darüber hinaus gibt es in **jeder Provinz** zusätzlich einen **regionalen Feiertag,** der auf die Gründungszeit im 18. und 19. Jahrhundert zurückzuführen ist. Diese Feiertage nennt man *Anniversary Day Holidays.* Damit diese Tage auch als Feier- und Urlaubstage genutzt werden können, feiern die Neuseeländer diesen Tag immer an dem **Montag,** der dem eigentlichen Datum **am nächsten** liegt.

- 22. Januar (Wellington)
- 29. Januar (Auckland und Northland)
- 1. Februar (Nelson)
- 23. März (Otago, Dunedin, Southland)
- 31. März (Taranaki)
- 25. September (South Canterbury)
- 1. November (Hawkes Bay, Marlborough)
- 16. November (Canterbury/Christchurch: auch *Cup Day* oder *Show Day* genannt, an diesem Tag findet alljährlich das berühmte neuseeländische Pferderennen in Christchurch statt)
- 1. Dezember (Westland)

077ns rj

Flora und Fauna

Neuseeland wird von seiner Fremdenverkehrszentrale mit dem griffigen Slogan **„100 % Pure New Zealand“** beworben und das ist es weitestgehend auch, zumindest abseits der Städte ist das Land unberührt und rein – *green and clean.* 80 % der **Pflanzenwelt** sind **endemisch.** Die Neuseeländer selbst pflegen diese Besonderheit auch in ihren Gärten und auf ihren Farmen. Die endemischen Bäume sind meist *evergreens* (immergrüne Bäume) und verlieren auch im Winter ihr Laub nicht.

Laubbäume, wie z.B. Pappeln und Weiden, die man verbreitet an Seen und Flüssen auf der Südinsel findet, wurden von **europäischen Siedlern** nach Neuseeland gebracht. Als nationale Besonderheiten werden die **Baumfarne** *(pongas)* und **Buschfarne** wie z.B. das Nationalsymbol, der *Silver fern* („Silberfarn“), gepflegt.

Ebenfalls von hohem Wert für die Neuseeländer ist der **Pohutukawa-Baum,** der in der Weihnachtszeit rot blüht und dadurch wie ein geschmückter Weihnachtsbaum aussieht. Aus diesem Grund wird er von Einheimischen auch gern „New Zealand Christmas Tree“ genannt. Ebenfalls erwähnenswert sind die neuseeländischen **Teebäume** *Manuka* und *Kanuka.* Diese sind mittlerweile auch in Übersee für ihre heilende Wirkung bekannt. Ihr Öl sowie der Honig ihrer Blüten haben eine **antibakterielle Wirkung** und sind daher in fast jedem neuseeländischen Haushalt als **Erkältungsmittel** zu finden. In den Nationalparks und National Forests der Südinsel trifft man verbreitet auf die Familie der *beech trees.* Es gibt *black beech* (erkennt man an der schwarzen Rinde) und in höheren Lagen *mountain beech. Beech* bedeutet übersetzt „Buche“. Es handelt sich beim neuseeländischen *beech* jedoch um einen **immergrünen, endemischen Baum** mit kleinen Blättern, ähnlich der uns geläufigen Scheinbuche. Ebenfalls verbreitet sind *podocarps,* Koniferen oder auch Steineiben genannt. Acht Gattungen gibt es davon in Neuseeland, darunter der bekannte *Rimu* oder der *Totara.* Aus den letzten beiden werden oft die neuseeländischen **Holzsouvenirs** für Touristen hergestellt.

In den Bergwäldern der Nord- und Südinsel trifft man häufig auf **Leatherwood-Sträucher** (Lederwaldsträucher). Den Namen erhielten die Gewächse aufgrund ihrer lederähnlichen Blätter. Die Blattunterseite ist weißlich und recht pelzig, was im Bergklima vor Austrocknung schützt.

Zuletzt sollten auch die in Neuseeland häufig abgebildete Nikau-Palme sowie der *Cabbage tree* (Kohlbaum) genannt werden. **Nikau-Palmen** findet man verbreitet an der Westküste der Südinsel. **Cabbage Trees** wachsen meist in Feuchtgebieten auf beiden Inseln und können außerdem Feuer überleben. Der Name entstand dadurch, dass die Siedler die inneren Blätter der grünen, grasähnlichen Blattkrone, die sie an Kohl erinnerten, aßen.

‹ Pohutukawa – Neuseelands „Christmas Tree“

www.fotolia.de © creativenature.nl

Die **Tierwelt** Neuseelands ist nicht so üppig wie zum Beispiel die in Australien, aber **Vogelfreunde** kommen hier voll auf ihre Kosten. Einheimische Singvögel wie der **Tui** oder der **Farntail** lassen das Ornithologenherz schneller schlagen. Darüber hinaus sind in Neuseeland heutzutage viel mehr **Finkenarten** zu finden als bei uns, da viele europäische Arten mittlerweile ausgestorben sind. Der „Nationalvogel" **Kiwi** steht ebenso unter Naturschutz wie der **Weka,** beides flügellose Vogelarten, die aufgrund des Mangels von Feinden vor vielen Jahren ihre Flugfähigkeit verlernt haben. Heute sind sie durch die **Possums** bedroht, sogenannte Beutelsäuger, die neben Laub aller Art auch gerne Kiwivögel fressen. Unter Neuseeländern sind sie verhasst, da sie wegen ihrer hohen Zahl das natürliche Gleichgewicht im Land gefährden. Daher findet man auf den Straßen ständig überfahrene Possums. Mitleid wird hier nicht gezeigt. Der sonst so tierfreundliche Neuseeländer setzt Prioritäten und gibt gerne mal Gas, wenn er ein Possum auf der Straße sichtet.

Ein weiterer einheimischer Vogel ist der **Kea,** der **einzige Bergpapagei der Welt.** Wer auf der Südinsel in den Bergen wandert, wird garantiert einem Kea begegnen. Sie gelten als **hochintelligente Tiere,** sind wie Delfine sehr **verspielt** und zudem kleine Nimmersatte. Sie kommen gern sehr nah an die Menschen heran und suchen nach Futter. Keas sind außerdem hervorragende **Flugkünstler.** Sie können bis zu 60 km am Tag zurück-

www.fotolia.de © skylynxdesign

legen. Den Namen tragen sie wegen ihres Rufs „Key-a-key-a", der im Vergleich zu anderen Papageien eintönig ist. Und da sie im Gebirge leben, sind Keas hervorragende Bergsteiger. Ihre Krallen **ähneln Steigeisen,** d.h., sie sind sehr lang und spitz und ermöglichen den Vögeln, auf Eis und Schnee zu laufen. In steilem Gebirge kommt auch ihr lang und dünn gekrümmter Schnabel zum Einsatz. Wie ein Pickel schlagen sie den Schnabel ins Eis und können sich daran hochziehen.

Aufgepasst: Die Papageien sind äußerst clever und haben schon so manchen Touristen überrascht, indem sie einem durch Tricks das Sandwich aus der Hand schnappten. Druber hinaus knabbern sie gern an Plastik und Gummi. So wurden bereits viele Autoreifen, Türdichtungen oder auch Zelte von Keas regelrecht zerfetzt.

Man sollte die Vögel, auch wenn sie noch so zutraulich und schön sind, **auf keinen Fall füttern,** um die natürliche Nahrungsaufnahme und -kette nicht zu stören und die Tiere vor Krankheiten zu schützen.

◁ △ Weka und Kea, Vertreter der neuseeländischen Vogelwelt – der eine scheu, der andere stets zu Schabernack aufgelegt

Fotografieren

Neuseeland will mit der Kamera in Bildern festgehalten werden. Das Land bietet unzählige Naturschönheiten. Manchmal kommt man nur im Schneckentempo weiter, weil die Umgebung so schön ist, dass man gar nicht genug Fotos machen kann. Wer gute Fotos mit nach Hause nehmen möchte, sollte wissen, dass das **UV-Licht** in Neuseeland **viel stärker** ist als bei uns und die Bilder daher oft **überbelichtet** sind. Bei **Spiegelreflexkameras** hat sich daher ein **Filter** bewährt. Außerdem gilt die generelle Regel, dass die schönsten Bilder in den **Morgen- und Abendstunden** entstehen, wenn das Licht schwächer ist.

Wer eine **Digitalkamera** mit begrenztem Speicherplatz besitzt, sollte sich entweder mehrere Speicherkarten mitnehmen oder vor der Abreise eine Dropbox einrichten, sofern noch nicht vorhanden, um die Bilder vor Ort im „virtuellen Parkhaus“ zwischenlagern zu können.

Wer noch mit einer **analogen Kamera** unterwegs ist, sollte sich zu Hause ausreichend **mit Filmen eindecken,** da diese vor Ort nach wie vor teurer sind als bei uns.

Geldfragen

Bankfilialen sind in fast jedem Ort zu finden und haben in der Regel Montag bis Freitag von 9 bis 16.30 Uhr geöffnet.

Es gibt **verschiedene Bankketten,** die bis auf die neuseeländische Postbank alle in **australischer Hand** sind. Am verbreitetsten sind **National Bank, Westpac** und **Bank of New Zealand.** Alle Banken verfügen über **Geldautomaten,** sogenannte „ATMs" *(Automatic Teller Machines).* Diese kann man zur Abhebung von Bargeld per deutscher, österreichischer und schweizer **Maestro-(EC-/Bankomat) Karte** nutzen, die Automaten müssen nur das **Cirrus-Symbol** haben. Wie hoch die **Kosten für die Barabhebung** sind, variiert jedoch sehr je nach kartenausstellender Bank und je nach Institut, bei der die Abhebung erfolgt. Man sollte sich daher vor der Reise bei seiner Hausbank informieren, mit welchem Geldinstitut sie vor Ort zusammenarbeitet und bei www.geld-abheben-im-ausland.de die Konditionen für die Kreditkarten vergleichen, mit denen man im Ausland gebührenfrei Bargeld abheben kann.

Kunden der deutschen **Postbank** können viermal im Jahr umsonst Geld bei der neuseeländischen Postbank, der **Kiwibank,** abheben.

Achtung: Hat man bei Barabhebungen am Geldautomaten die Wahl, sollte man den Betrag immer in der **Landeswährung** vom Konto abbuchen lassen und nicht in Euro. Bei einer Abbuchung in Euro wird die Dynamic Currency Conversion zugrunde gelegt, die erhebliche Kosten verursachen kann. Bei Abbuchung in der Landeswährung wird hingegen der offizielle Devisenkurs der eigenen Bank zugrunde gelegt, und dies ist am sichersten.

Meist vorteilhafter als eine Barabhebung ist das bargeldlose Zahlen im Geschäft mit der **Kreditkarte.**

Neuseeländisches Geld besteht aus Münzen zu einem und zwei Dollar sowie 10, 20 und 50 Cent. Außerdem gibt es 5-, 10-, 20-, 50- und 100-Dollar-Scheine. **1 NZD** enspricht in etwa **0,61 €** oder **0,67 CHF** (Stand August 2016).

< Neuseeländisches Münzgeld

Gesundheit

Impfungen

Für Reisen nach Neuseeland benötigt man **keine speziellen Impfungen.** Es gibt weder gefährliche Krankheiten noch Tiere, die Krankheiten übertragen. Empfohlen wird lediglich eine **Auffrischung** der gängigen Tetanus-, Diphterie- und Polio-Kombination.

Wer die Neuseelandreise jedoch mit einem Besuch in Thailand, der Südsee oder einem anderen **asiatischen Land** verbinden möchte, sollte sich von seinem Hausarzt oder einer Apotheke mit Reiseservice beraten lassen. Aufschlussreich sind auch die Seiten des Auswärtigen Amtes oder des Centrums für Reisemedizin.

- **www.auswaertiges-amt.de**
- **www.crm.de**

Ärztliche Versorgung

Neuseeland ist ein **westlich geprägtes Industrieland** und dementsprechend medizinisch mindestens genauso gut versorgt wie die deutschsprachigen Länder. Ärzte in Praxen und in Kliniken verfügen über eine gute universitäre Ausbildung und haben zusätzlich meist sogar praktische Erfahrungen im Ausland sammeln können. Das Know-how ist gut, ebenso die medizinische Infrastruktur. Selbst in kleinen Ortschaften von 3000 bis 4000 Einwohnern ist meist ein Arzt zu finden. Sollte dies nicht der Fall sein oder man sich auf einer Tour verletzen, wird man umgehend je nach Krankheitsbild oder Verletzung mit dem **Hubschrauber** in den nächstgrößeren Ort oder in eine Großstadt mit Klinikum geflogen. Dieser Transfer wird staatlich subventioniert und ist auch für Touristen **kostenlos** (siehe „Versicherungen“).

Die **Praxis eines Allgemeinarztes** nennt man *surgery*. Sprechzeiten sind in der Regel von 8 bis 17 Uhr, trotzdem lohnt sich vor dem Besuch ein Anruf, um die Öffnungszeiten zu erfragen und sich gleichzeitig anzumelden.

Arztbesuche müssen vor Ort **direkt bezahlt** werden. Man erhält für die Beratung und Behandlung eine Quittung. Diese kann bei der **Reisekrankenversicherung** eingereicht werden und wird zurückerstattet. Wer keine Reisekrankenversicherung hat, muss diese Beträge selbst zahlen. (**Achtung:** Die gesetzlichen Krankenkassen zu Hause übernehmen keine Arztkosten in Übersee.)

Die **ärztliche Notrufnummer in Neuseeland** ist landesweit **111.**

Reiseapotheke

Unterwegs sollte man immer eine kleine Reiseapotheke mitführen, besonders als Natursportler, da die Verletzungsgefahr einfach erhöht ist. Als **Grundausstattung** hat sich die Rucksackapotheke des Deutschen Alpenvereins bewährt, die aus folgenden Utensilien besteht:

- Wundschnellverband
- Steristrips (Klammerpflaster)
- elastische Binde
- Leukotape (mind. 2,5 cm breit)
- Einmalhandschuhe
- zwei Dreieckstücher
- zwei Verbandspäckchen
- sterile Mullkompressen (10x10 cm)
- Rettungsdecke
- Schmerzmittel (z.B. Aspirin oder Ibuprofen)
- persönliche Medikamente (nach Absprache mit dem Hausarzt)

Ebenfalls gut als Ergänzung sind **Wundsalben** (z.B. Bepanthen), **Heftpflaster, Blasenpflaster, Salbe gegen Sonnenbrand und Mückenstiche** (z.B. Fenistil) sowie **Arnika-Globuli** in C30er-Potenz zur Heilung von Stoßverletzungen, Schnittwunden und Muskelkater.

Australier und Neuseeländer schwören übrigens bei **Sonnenbrand** auf **Vitamin B** oder **Aloe-Produkte.** (Empfehlenswert, hat sich bewährt!)

Rucksack- oder Reiseapotheken sind in Outdoorläden, vereinzelt auch in Apotheken sowie online im DAV-Shop unter www.dav-shop.de erhältlich.

⊡ In den Höhenlagen fällt häufig auch außerhalb der Wintermonate Schnee

Klima und Reisezeit

Dies ist häufig ein beliebter Leseabschnitt, man muss aber sagen, dass es keine „beste Reisezeit“ für Neuseeland gibt. Die Neuseeländer behaupten gern, die einzige sichere Aussage über das neuseeländische Wetter wäre, dass es **instabil** ist. Der **Sommer** kann in Neuseeland oft **verregnet und kalt** sein, ein **Winter** oft **mild und beständig.** Das hängt mit der **Insellage** sowie der **geografischen Länge** über mehrere Breitengrade zusammen. Allgemein hat Neuseeland ein recht **gemäßigtes Klima.**

Die **Küstenregionen sind im Westen** regenreich, das **Landesinnere** ist dafür beständiger, im Sommer recht heiß, im Winter kalt. Der **Norden** gilt als subtropisch und mild, der **Süden** wegen seiner alpinen Landschaft als rau und durch die Nähe zur Antarktis schon mal klirrend kalt. Das Lied „Four Seasons In One Day“ der Band Crowded House beschreibt das Wetter Neuseelands treffend. Nicht selten beginnt ein Sommertag sonnig und mild, und bereits am Nachmittag fällt die Temperatur um fünf bis zehn Grad und es regnet.

Da Neuseeland auf der Südhalbkugel der Erde liegt, sind die **Jahreszeiten** unseren **entgegengesetzt.** Sicherlich ist das **Sommerhalbjahr** von Oktober bis April allgemein gesehen das beste zum Reisen. Für **Outdoorer** lassen sich aber keine generellen Regeln festlegen. Sie sind auf das aktuelle Tageswetter angewiesen, daher sind im Kapitel „Wo welchen Natursport treiben?“ detailliertere Wetterbeschreibungen zu finden. **Allgemeine Wetterinformationen** und **Lawinennachrichten** findet man online unter:

80ns ch

081ns aa

100 % pure NZ

Es gibt verschiedene **Bezeichnungen für Neuseeländer:** Die geläufigste ist **„Kiwi"** – für Ausländer ein eher verwirrender Name. Unterschieden werden muss zwischen dem Vogel, der Frucht und dem Neuseeländer. „Kiwi" ohne jeden Zusatz bedeutet Neuseeländer, bei „kiwi bird" handelt es sich um den Vogel, und „kiwi fruit" ist die Kiwi, die man isst. Manchmal bezeichnet man Neuseeländer auch als **„Pakeha":** Das ist der Maori-Name für Weiße – die europäischen Siedler.

< Was wären die Kiwis ohne ihre Kiwis?

- **www.metservice.co.nz:** Website des neuseeländischen Wetterdienstes. Ausführliche Vorhersage mit Wetterkarten. **Bitte hier aufpassen:** Hochdruckgebiete drehen sich auf der Südhalbkugel entgegen dem Uhrzeigersinn, Tiefdruckgebiete mit dem Uhrzeigersinn.
- **www.avalanche.net.nz:** Aktuelle Lawineninfoseite des Mountain Safety Council.

> Die Neuseeländer gelten als sehr offen und kontaktfreudig

Land und Leute

Nicht nur die fantastische Landschaft Neuseelands fasziniert seine Besucher, sondern auch die Menschen, die hier leben. Das liegt vor allem an der **Gastfreundlichkeit** und **Aufgeschlossenheit** der Neuseeländer. Aufgrund der isolierten Lage der Nord- und Südinsel treten Neuseeländer Fremden sehr offen gegenüber. Sie wollen wissen, woher man kommt, wie es dort ist, was man macht und – ganz wichtig – wie es einem in Neuseeland gefällt. Neuseeländer suchen sich so ein wenig Anerkennung, dem Motto folgend: Wenn unsere Besucher es hier schön finden, kann es ja nicht allzu schlecht sein, hier am Ende der Welt.

Sie sind **stolz auf ihr Land** – *green, clean New Zealand* –, auf ihren „Anti-Amerikanismus" und ihre entspannte *laid-back*-Einstellung. Die polynesische

Gelassenheit der Südseeinsulaner ist auch hier zu spüren. In Neuseeland ticken die Uhren ein wenig langsamer, und vieles wird einfach nicht so ernst genommen. Auch die **Lebensplanung** ist offener. Man folgt nicht streng einem biografischen Lebensweg wie in Europa, sondern probiert sich aus und nimmt, was einem angeboten wird, ohne sich dabei als Versager zu fühlen. Neuseeländer ziehen daher auch viel um und fast alle waren mindestens ein Jahr in der Welt unterwegs. Diese Auslandserfahrung ist sozusagen ein kultureller Wert der zur Sozialisierung dazugehört. Die Kiwis nennen dies „Overseas Experience", kurz „OE" genannt.

In Neuseeland benutzt man für das Ausland immer den Terminus „overseas". „Abroad" wird dagegen eher in den anglo-amerikanischen Ländern auf der Nordhalbkugel benutzt. Das ist auf die wortwörtliche **Bedeutung der Begriffe** zurückzuführen: *abroad* heißt übersetzt „über die Grenze hinaus". In Neuseeland gibt es jedoch keine politischen Grenzen, nur die natürliche Küstenlinie, daher die Bezeichnung *overseas* („über die Meere hinaus"). Ein Wort, das im Alltag stets die **geografische Isolation** des Landes widerspiegelt: Es gibt Neuseeland und dann auch noch die restliche Welt.

Die **Tradition der OE** ist ebenfalls auf die geografische Abgeschiedenheit des Landes zurückzuführen. Neuseeländer müssen zwischendurch raus, weg von zu Hause, um die Welt jenseits der Küste zu sehen. Doch die meisten kehren nach Jahren wieder zurück. Wer einmal in Neuseeland war, den wundert das nicht – vor allem nachdem die Wirtschaft Ende der 1990er Jahre einen Aufschwung erfuhr. Viele Jahre lag die **Arbeitslosenquote** bei nur 3 %. Seit der Wirtschaftskrise haben sich die Zahlen jedoch nach oben bewegt. Ca. 5,9 % sind derzeit arbeitslos, dennoch ist die wirtschaftliche Lage am Ende der Welt stabiler als in vielen anderen Ländern.

Als klassisches **Einwanderungsland** erfährt Neuseeland in Zeiten der Flüchtlingsbewegungen noch mehr Zulauf. Zahlreiche Nationalitäten leben hier miteinander. Die einen auf Zeit, um ihre Ausbildung in Neuseeland abzuschließen, so wie beispielsweise viele Asiaten. Afrikaner sowie Menschen aus dem Nahen Osten verlassen ihre Heimatländer für immer, um den Traum vom Leben am „Ende der Welt" zu leben, fernab von allen Zwistigkeiten der Welt und ihrer Politik.

083ns csk

Maori

Eine der größten Minderheitengruppen sind die ersten Einwanderer Neuseelands, die Maori. Aus der **Südsee** ließen sie sich im 14. Jahrhundert in Neuseeland nieder. Die Maori machen ca. 12 % der Bevölkerung aus. Nur wenige sind heute allerdings „reine Maori", die meisten haben sich mit den anderen Bevölkerungsgruppen gemischt.

Die **soziale Integration** der Maori funktioniert, verglichen mit den Aborigines in Australien oder den Indianern in Nordamerika, sehr gut, dennoch existieren natürlich auch in Neuseeland ein paar Probleme. Viele Maori sind arbeitslos oder alkoholabhängig, auf der anderen Seite gibt es aber auch viele Maori, die in führenden Positionen tätig sind, z.B. als Manager, Politiker oder Professoren an Universitäten. Eine **rechtliche Gleichstellung** laut Gesetz ist gegeben, daher ist Maori neben Englisch auch die **zweite offizielle Landessprache.** Einige Maori-Begriffe und Rituale sind bei allen Neuseeländern in den Alltag übergegangen:

Kia Ora! – Guten Tag!
Aotearoa – Maori-Bezeichnung für Neuseeland, übersetzt „Land der langen weißen Wolke"
Kia kaha! – Schlachtruf beim Rugby, wird auch gern im Alltag benutzt, übersetzt „Sei stark!"
marae – Versammlungshaus für Festlichkeiten und Stammestreffen
haka – Kriegstanz
hongi – Nasenkuss als Begrüßungsritual
hangi – traditionelles polynesisches Essen aus dem Erdofen
waka – Kanu

Viele **Stätten Neuseelands,** darunter einige in den Nationalparks, sind den Maori **heilig.** Als Besucher sollte man dies respektieren und sich dementsprechend verhalten.

Wakatoa-Tanzgruppe auf dem historischen Pa-Gelände der Knapdale Lodge

074ns pa

Notfälle

Ausweisverlust/ dringender Notfall

Werden Reisepass oder Personalausweis im Ausland gestohlen, muss man dies bei der örtlichen **Polizei** melden. Darüber hinaus sollte man sich an die nächste **diplomatische Auslandsvertretung** seines Landes wenden, damit einem ein Ersatz-Reiseausweis zur Rückkehr ausgestellt wird (ohne kommt man nicht an Bord eines Flugzeuges!).

Auch in dringenden Notfällen medizinischer oder rechtlicher Art, Vermisstensuche, bei Todesfällen o.Ä. sind die Auslandsvertretungen bemüht zu helfen.

Wellington

- **German Embassy,** 90-92 Hobson Street, Thorndon, Tel. +64 (0)4 4736063, www.wellington.diplo.de.
- **Consulate General of Austria,** Level 4, 75 Ghuznee Street, Tel. +64 (0)4 3841402, austria@vodafone.co.nz.
- **Swiss Embassy,** Level 12, Maritime Tower, 10 Customhouse Quay, Tel. +64 (0)4 4721593, www.eda.admin.ch/wellington.

Auckland

- **German HonoraryConsulate,** Auckland Level 13, PWC Power, 188 Quay Street, Tel. +64 (0)9 3758718, auckland@hk-diplo.de.
- **Consulate of Austria,** 22a William Pickering Drive, Rosedale, Tel. +64 (0)9 4760994, austrian consulate_auckland@xtra.co.nz.
- **Consulate of Switzerland,** 15 Fifth Avenue, Mount Albert, Tel. +64 (0)9 3660403, auckland@honrep.ch.

Christchurch

- **German Consulate,** 5 Wairarapa Terrace, Tel. +64 (0)3 3446270, christchurch@hk-diplo.de.
- **Consulate of Austria,** 19 Joyce Crescent, Ilam, Tel. +64 (0)3 3515379, austrianconsulate.christchurch@xtra.co.nz.

Aktuelle Reisehinweise zur allgemeinen Sicherheitslage erteilen:

- **Deutschland:** www.auswaertiges-amt.de, Tel. 030-18172000.
- **Österreich:** www.bmeia.gv.at, Tel. 01-90115 4411.
- **Schweiz:** www.eda.admin.ch, Tel. 0800-247365.

Notfallnummern

Die neuseeländische Notrufnummer für Polizei, Feuerwehr und Rettungsdienst ist landesweit die Tel. **111.**

Verlust von Geldkarten

Deutsche Kunden, die ihre Kreditkarte, Maestro-(EC-)Karte oder ihr Handy verloren haben, können sie über die **zentrale Sperrnummer Tel. +49 116 116** und vom Ausland aus zusätzlich über Tel. +49 30 40504050 blockieren lassen. Man sollte sich möglichst vor dem Reiseantritt die wichtigsten Daten wie Kartennummern und Gültigkeitsdauer notieren, da diese bei der Sperrung unter Umständen abgefragt werden können.

Der **TCS** (Schweiz) betreibt einen Kartensperrservice; Infos unter Tel. 0844 888 111. Ansonsten gelten folgende Nummern für **österreichische und schweizerische Karten:**

- **Maestro/Bankomat,** (A-)Tel. 0043 1 204 8800; (CH-)Tel. 0041 44 2712230, **UBS:** 0041 800 888 601, **Credit Suisse:** 0041 800 800488.
- Für **MasterCard, VISA, American Express** und **Diners Club** sollten Österreicher und Schweizer sich vor der Reise die Rufnummer der kartenausstellenden Bank notieren.

Geldnot

Wer dringend eine **größere Summe Bargeld im Ausland** benötigt, kann dies z.B. online über www.westernunion.de regeln und das Geld bei der entsprechenden Vertretung von **Western Union** vor Ort auszahlen lassen. Je nach Höhe der Auszahlungssumme ist eine Gebühr zu zahlen, bei 2000 NZD sind es z.B. 54,50 €, bei 5000 NZD 131,50 €.

Autopannen

Wer mit dem Mietwagen oder Wohnmobil das Land bereist, bekommt in der Regel eine Telefonnummer vom Pannendienst mitgeteilt, der mit der jeweiligen Vermietstation zusammenarbeitet. Wer längere Zeit in Neuseeland unterwegs ist und ein eigenes Fahrzeug erworben hat, kann den neuseeländischen Automobilklub kontaktieren. Mitglieder des deutschen ADAC erhalten Ermäßigungen, also unbedingt den Mitgliedsausweis mitführen:

- **24-Sunden-Notfalldienst der New Zealand Automobile Association (AA):** Tel. 0800 500222 (gebührenfrei), vom Handy wählt man die Sterntaste (*) und dann Tel. 222 (gebührenfrei).

Organisation der Reise

Bei einer Outdoorreise sollte man sich vorher überlegen, **welche Regionen** man besuchen will und **was** man **ausprobieren** und machen möchte. Je nach Sportart und Vorkenntnissen lässt sich dann entscheiden, ob man die Reise **selbst organisiert** oder über einen **Veranstalter** buchen sollte.

Wer eine **komplett geführte Outdoorrundreise** (womöglich deutschsprachig geführt) buchen möchte, kann dies über einen Spezialveranstalter tun. Wichtig zu wissen ist, dass im Falle eines Problems bei Buchungen über einen Veranstalter aus der Heimat immer das **landeseigene Reiserecht** greift, also das deutsche, österreichische oder schweizerische. Wer bei einem **Veranstalter in Neuseeland** direkt bucht, ist zu Hause rechtlich nicht abgesichert und muss im Falle einer Gerichtsverhandlung mitunter mit einem komplizierten, langwierigen Verfahren rechnen.

Es gibt in den deutschsprachigen Ländern **unterschiedliche Anbieter,** darunter teilweise auch Spezialveranstalter für einzelne Sportarten.

Wer erst in Neuseeland buchen möchte und sich der englischen Sprache mächtig fühlt, sollte sich einen Veranstalter direkt **vor Ort** suchen. Dadurch bleibt man flexibler.

Lokale Anbieter werden in den Tourenbeschreibungen in den Kapiteln „Wandern und Biken auf der Nordinsel" und „Wandern und Biken auf der Südinsel" aufgeführt.

Post

Postämter, *post offices* genannt, gibt es in fast jedem Ort. Viele dieser Postämter vertreten auch die neuseeländische Postbank Kiwibank.

Übrigens: Wer in Deutschland über ein Sparbuch bei der **Postbank** verfügt, kann in Neuseeland **Bankgebühren sparen.** Aufgrund eines internationalen Abkommens können Deutsche **viermal im Jahr** umsonst Geld bei ausländischen Postbanken abheben.

Wer **Post nach Europa** senden möchte, zahlt 2 NZD für Postkarten und 2,50 NZD für Briefe. Pakete sind sehr teuer: Schon ein DIN-A4-Kuvert über 3 kg kann per Luftpost 78 NZD kosten. **Geöffnet** haben Postämter Montag bis Freitag von 9 bis 17 Uhr.

Telefonieren

Das eigene Mobiltelefon lässt sich auch in Neuseeland problemlos nutzen, allerdings geht dies beim Telefonieren ganz schön ins Geld wegen der internationalen **Roaminggebühren.** Das gilt umso mehr für die Nutzung von Smartphone-Datapacks. Rechnungen mit vierstelligen Summen nach 14 Tagen Urlaub und 20 MB pro Tag sind da keine Ausnahme! Solche Kosten kann man am besten um-

082ns aa

Auf historische Karossen trifft man am Wald- und Wiesenrand immer wieder mal

gehen, wenn man sich auf **SMS** beschränkt (der Empfang ist in der Regel kostenfrei), über eine kostenlose WLAN-Verbindung E-Mails schreibt, Skype bzw. Facetime zum Telefonieren nutzt oder auch Whatsapp und andere kostenlose Apps zur Kommunikation bevorzugt.

Wer während der Reise regelmäßig in Deutschland anrufen möchte, kann dies beispielsweise per Telefonkarte tun. Es gibt günstige Anbieter für **Prepaid Calling Cards** (vorbezahlte Telefonkarten), diese wechseln jedoch häufig ihre Tarife und müssen daher miteinander **verglichen** werden. Billige Preise liegen bei ca. 10 bis 20 Cent pro Minute. Erhältlich sind diese Telefonkarten bei der **Post,** in **Vodaphone Shops** oder am **Kiosk.** Teilweise lassen sich die Karten wieder aufladen, und sie sind sowohl von **öffentlichen Fernsprechern** als auch von **Privatanschlüssen** aus nutzbar, da man sich mit einem **PIN Code** einwählt. Zuzahlen muss man allerdings, wenn man die Karten in Hotels benutzt. Manche Hotels stellen einem das Einwählen trotz PIN als **Ortsgespräch** in Rechnung. Ortsgespräche sind übrigens innerhalb des Festnetzes von Neuseeland **kostenlos,** nur in Hotels und von Fernsprechern aus werden sie nach wie vor in Rechnung gestellt.

Wer länger bleibt und viel im Land telefonieren möchte und auch erreichbar sein will, sollte sich vor Ort eine **neuseeländische SIM-Karte** besorgen. Für Natursportler kann das sehr **nützlich** sein, z.B. wenn man eine Tour vor Ort buchen möchte, Ausrüstung leihen will und vielleicht einen Rückruf dafür erwartet.

Beim Kauf einer SIM-Karte sollte man beachten, dass Handy im Englischen *mobile phone* oder *cell phone* heißt, nicht *handy.* Letztere Vokalbel gibt es auch, sie bedeutet übersetzt aber „bequem".

Wer bereits bei der Organisation der Reise **von zu Hause** aus nach Neuseeland telefonieren möchte, hat die Möglichkeit, günstige **Vorwahlnummern** zu nutzen, die eine Minute nach Neuseeland nur ca. drei bis vier Cent kosten lassen. Informationen dazu findet man unter www.billiger-telefonieren.de.

Weitere Infos zum Telefonieren siehe auch „Hinweise zur Benutzung" im Vorspann dieses Buches.

Beim Anruf aus Neuseeland sollte man auch bedenken, dass es daheim **10 Stunden** früher ist ...

085ns aa

> Home away from home ...

< Fernsprecher abseits der Zivilisation

086ns ar

Unterkünfte

Neuseeland ist ein Reiseland mit **hervorragender touristischer Infrastruktur** und bietet daher Unterkunftsarten **für jeden Geldbeutel.** Wer sparen will oder muss, sollte sich ruhig auf eine Art Mischkalkulation einlassen. Hotels sind in Neuseeland nicht immer und überall teuer. Nach zwei Wochen Backpackers und Hütten kann eine Nacht in einem malerischen, kleinen Hotel oder einer Bed-and-Breakfast-Pension zu etwas ganz Besonderem werden, ohne dass der Geldbeutel zu sehr strapaziert wird. Neben den unten aufgeführten Unterkunftsarten gibt es selbstverständlich zahlreiche Hotels mit internationalem Standard. Auf eine nähere Beschreibung wird hier verzichtet. Die meisten **Hotels** in Neuseeland haben **drei Sterne.** Für wohlhabende Kunden gibt es die sogenannten **Boutique Lodges,** auch „Luxury Accomodation" genannt. In diesen Häusern, die meist nur für acht bis zwölf Gäste angelegt sind, zahlt man für ein Zimmer bis zu 1200 NZD pro Nacht.

Backpackers

Für viele Rucksackreisende und Outdoorer ist das Backpackers die häufigste Bleibe. Dafür gibt es mehrere Gründe: Backpackers sind **günstig,** in den meisten Fällen **gut ausgestattet,** sie bieten gute **Kontaktmöglichkeiten** und sind landesweit **zahlreich vertreten,** selbst in abgelegeneren Regionen. Es gibt zwei Arten von Hostelgruppen: die gemeinnützigen Jugendherbergen des **Weltjugendherbergswerkes,** wie es sie auch in Europa gibt, und die Häuser der **Youth Hostel Association** (www.yha.org.nz)

sowie die kommerziellen Backpacker-Unterkünfte. Als Mitglied des Deutschen Jugendherbergverbandes erhält man in neuseeländischen Jugendherbergen eine Ermäßigung.

Zur Hostelkategorie gehören auch die ursprünglich kirchlichen Hostels der **Young Men's Catholic Association (YMCA)** bzw. **Young Women's Catholic Association (YWCA).** Darüber hinaus gibt es die **VIP-Backpacker** sowie die **bbh-Häuser** *(Budget Backpacker Hostels).* Diese gehören keiner übergeordneten Organisation an, sondern es handelt sich hier um Hostels in **privater Trägerschaft,** die in fast allen Fällen auch von ihren Besitzern selbst geführt werden. Diese Hostels haben sich zur Gruppe „bbh" zusammengeschlossen, um ihre Häuser besser vermarkten zu können und geben jährlich ein Heft mit allen Häusern in Neuseeland heraus. Zudem gibt es eine **Ermäßigungskarte,** die gleichzeitig als Telefonkarte genutzt werden kann. Diese Mitgliedskarte kann man **vor der Anreise** online bei www.bbh.co.nz bestellen.

Die Backpackers verfügen landesweit über eine ähnliche **Ausstattung.** Es gibt fast überall eine **Rezeption,** eine voll ausgestattete **Gemeinschaftsküche** sowie einen oder mehrere **Aufenthaltsräume, Duschen, Toiletten, Waschküchen** und **Schlafsäle.** Bei den Schlafräumen unterscheidet man zwischen **Mehrbettzimmern** für vier bis acht, selten bis zehn Personen *(dormitory,* kurz *dorm* genannt) und **Doppel- bzw. Einzelzimmern.** Einige Backpackers bieten Zimmer **nur für Frauen** mit meistens vier Betten an, *female dorm* genannt. Manche Hostels bieten auch *ensuite*-Doppelzimmer an, was bedeutet, dass sich im Zimmer ein **eigenes Bad** befindet. Ansonsten gibt es Gemeinschaftsduschen auf dem Gang, meist nach Geschlechtern getrennt. Manche Hostels verfügen über einen Garten, andere über ein Internetcafé. **Bettwäsche** kann gegen eine Gebühr gestellt werden, in einigen Häusern sind die Betten sogar bezogen. Man sollte sich dennoch seinen **eigenen Schlafsack** mitnehmen und wenn möglich einen **Sleepy** (dünner Baumwoll- oder Seidenschlafsack). Dieser kann unterwegs problemlos gewaschen werden, schützt den Schlafsackinnenbezug und ist bei wärmeren Temperaturen auch ohne Schlafsack nützlich. *Sleepys* sind in Outdoorgeschäften oder beim Deutschen Alpenverein erhältlich.

www.fotolia.de © Bettina Edler

In manchen Backpackers muss das **Essgeschirr** geliehen werden. Es lohnt sich, die wichtigsten Utensilien wie Teller, Tasse und Besteck als Campinggeschirr mitzunehmen, um zusätzliche Kosten zu sparen. In vielen Hostels erhält man in der **Küche** ein Fach zur **Aufbewahrung der persönlichen Lebensmittel.** Der Vorrat wird mit dem eigenen Namen und dem aktuellen Datum versehen. Auch im Kühlschrank ist das Etikettieren zu empfehlen, da sonst die eigenen Vorräte schnell von anderen verwertet bzw. vom Personal wegen der Gefahr des Verderbens weggeworfen werden. **Gewürze, Salz und Zucker** sind meistens rudimentär vorhanden und werden wie **Tees** und **Instantkaffee** im sogenannten *free food shelf* aufbewahrt. Davon sollte man aber nicht ausgehen. Die meisten Backpacker reisen deshalb mit einem Grundpaket von Gewürzen und Ölen.

Je nach Reisezeit empfiehlt sich eine **Zimmerreservierung.** Vor allem in der Hauptsaison oder zu Zeiten von Stadtfesten, Konzerten oder Sportevents sollte man zwei bis drei Tage vorher buchen. Neuseeländer reisen nämlich selbst gern *low budget* und kommen oft in den Ferien oder bei Festivitäten in Backpackers unter. Ansonsten kann es z.B. passieren, dass bei einem Rockkonzert sämtliche Backpackers ausgebucht sind. In einem solchen Fall müsste man kurzfristig in einer teureren Unterkunft unterkommen, was sehr kostspielig werden kann.

☒ Hier geht's zum Backpackers

Hütten

Outdoorfreunde werden in Neuseeland nicht nur eine Nacht in einer Hütte verbringen. Manche Hütten werden auch „Bivs" oder „Bivvy" genannt. Sie stellen eher eine **Schutzhütte** oder einen **Blechverschlag** dar und sind manchmal auch in **Erdhöhlen** gebaut. Sie ähneln den ersten Hütten, die im 19. Jh. in Neuseeland von Bergführern aufgestellt wurden. Diese dienten vor allem als Schutz gegen Wind und Regen und hatten keinen Holzboden, sondern wurden nur auf den jeweiligen Untergrund gebaut, der da war. Die erste staatliche Hütte, die im Auftrag der Regierung gebaut wurde, war 1891 **Ball Shelter** im Mount Cook National Park auf dem Weg zum Mount Cook. Von den über 1000 Hütten im Land werden die meisten vom **Neuseeländischen Alpenverein** und dem **Department of Conservation** (DOC) unterhalten. Die meisten existieren in ihrer vierten oder fünften Generation, denn da die Hütten starken Naturgewalten ausgesetzt sind, müssen sie regelmäßig erneuert werden. Der Preis für eine Übernachtung in einer Hütte liegt bei ca. 10 bis 40 NZD pro Person, je nach Lage und Saison. Die Hütten sind alle mit einem Matratzenlager für ungefähr sechs bis 35 Personen verteilt auf **Etagenbetten** *(bunk beds)* ausgestattet. Die wenigsten verfügen über Duschen oder Toiletten. Meist gibt es hier nur ein **Plumpsklo,** und zum Kochen und Abwaschen muss **Regenwasser** genügen.

Der neuseeländische Wanderexperte und Autor *Mark Pickering* verfasste eine sehr **treffende Charakterisierung:** „There are huts that leak, huts that sweat, huts that smell of mutton fat, huts that fly away, huts that aren't on the map, and huts that are in the wrong place." (Es gibt Hütten, die undicht sind, Hütten, die schwitzen, Hütten, die nach Schafsfett riechen, Hütten, die wegfliegen, Hütten, die es nicht auf Karten gibt, und Hütten, die am falschen Ort gebaut wurden.)

Nähere Informationen zur Hüttenbuchung finden sich im Kapitel „Wo welchen Natursport treiben?" unter der Rubrik „Wandern".

Bed and Breakfast

Die Bed-and-Breakfast-Tradition (B&B) aus Großbritannien konnte auch in Neuseeland Fuß fassen. Es gibt teure und weniger teure B&Bs. Viele befinden sich in sehr schöner Lage und sind manchmal richtige Kleinode. Wer gern den **Kontakt zu Einheimischen** sucht, sollte unbedingt ein oder mehrere Nächte in B&Bs verbringen, denn da das Frühstück meist von der Hausdame selbst serviert wird, entsteht oft ein freundlicher Austausch. Auch bezüglich **Tipps** für die Region stehen die Gastgeber gern zur Verfügung. Manche bieten zusätzlich Abendessen an. Da oft nur ein Zimmer im Haus vermietet wird, ist eine **Reservierung** ratsam. Gut ist der neuseeländische Bed-and-Breakfast-Führer **„Charming Places to Stay in New Zealand".** Dieser steht unter www.charmingaccommodation.co.nz als Download zur Verfügung. Alternativ können dort die Unterkünfte auch im Internet angesehen und gebucht werden.

Motels

Motelunterkünfte sind in Europa eher selten, in englischsprachigen Überseeländern jedoch sehr verbreitet. Meistens liegen Motels außerhalb von Ortschaften und sind für Gäste gedacht, die mit dem **Auto** unterwegs und daher mobil sind. Per Auto lassen sich diese Übernachtungsmöglichkeiten am Rande der Stadtzentren gut erreichen. Darüber hinaus unterscheiden sie sich von Hotels oder Gästezimmern dadurch, dass sie neben dem eigenen **Bad** auch über eine **Küchenzeile** und **Wohnsitzecke** verfügen und somit den Charakter einer **Ferienwohnung** haben. Daher sind Motels vor allem unter Neuseeländern sehr beliebt. Die meisten neuseeländischen Mo-

Hütte am Mackenzie Lake

tels sind **Drei- oder Vier-Sterne-Unterkünfte,** Motels unter drei Sternen sind nicht zu empfehlen. Preise für ein Doppelzimmer in einem Vier-Sterne-Motel variieren zwischen 100 und 200 NZD pro Nacht. Die meisten Motels bieten Frühstück, manche auch Abendessen. Eine Auswahl von über 1000 Motels bietet die Website der Motel Association of New Zealand.

- **www.nzmotels.co.nz**

Holiday Parks/Camping

Diese Art der Unterkunft ist bei uns völlig unbekannt. Viele neuseeländische **Campingplätze** bieten neben der Zelt- und Wohnmobilalternative eine Übernachtungsmöglichkeit in sogenannten Cabins oder Lodges an. Dabei handelt es sich meist um einfache **Container,** die oft nur über ein Bett verfügen. **Lodges** oder *self contained units,* kurz gern *scu* genannt, sind größer und haben zusätzlich ein kleines Bad, eine Küchenzeile und eine mit Balkonmöbeln ausgestattete Miniveranda vor der Tür. Die Plastikinneneinrichtung erinnert an die europäischen Etap Hotels. Da Camping in Neuseeland großgeschrieben wird, sind diese sehr preisgünstigen Betten vor allem in der Weihnachtszeit in den touristischen Hochburgen komplett ausgebucht. Wer nicht gerne zeltet, aber die Campingplatzatmosphäre mag, ist hier gut aufgehoben. Wer eine Cabin bucht,

muss die sanitären Anlangen auf dem Campingplatz benutzen. Die **Preise** liegen bei ca. 80 bis 120 NZD pro Nacht. Selbstverständlich können Reisende mit dem Camper oder Zelt hier ebenfalls übernachten. Der Preis für einen Zeltplatz beträgt ca. 25 NZD pro Person, der Stellplatz für ein Wohnmobil mit zwei Personen kostet ca. 40 NZD. Wegen des guten Standards, der Lage und der Sauberkeit empfehlen sich insbesondere die Parks der Ketten Top 10 Holiday Parks und Holiday Accomodation Parks of New Zealand.

- **www.top10.co.nz**
- **www.holidayparks.co.nz**

Eco Lodges

Wer sich für etwas mehr Geld in einer Unterkunft der **gehobeneren Mittelklasse** im doppelten Sinne nachhaltig erholen und verwöhnen lassen möchte, sollte ein, zwei Nächte in einer der wenigen Eco Lodges in Neuseeland verbringen. Die **Preise** liegen bei ca. 300 bis 500 NZD pro Nacht für zwei Personen inklusive Frühstück. **Abendessen** und **Aktivitäten** müssen meist gegen einen Aufpreis dazugebucht werden. Aufgrund der fantastischen Lage, des Naturkundeprogramms und des guten Essens ist die Übernachtung ihren Preis wert. (Weitere Infos dazu im Kapitel „Umwelt- und Naturschutz“ unter „Nachhaltig reisen“.)

Verkehrsmittel

Bus

Neuseeland verfügt über ein **sehr gut ausgebautes Überlandbusnetz,** das einem ermöglicht, bequem und relativ günstig längere Strecken zurückzulegen. Am bekanntesten sind die Unternehmen **Intercity Coach Lines** und **Newmans.** Im Internet sind die Verkaufsagenturen der Buslinien aufgeführt, in denen Fahrkarten direkt erworben werden können. Mittlerweile sind die Fahrkarten aber auch online erhältlich:

- **www.intercity.co.nz**
- **www.newmanscoach.co.nz**

Für Fahrten in der **Hochsaison** sowie um **Feiertage** herum sollten Busfahrkarten **im Voraus** gekauft werden, da die Neuseeländer die Überlandbusse wegen des kaum vorhandenen Zugverkehrsnetzes gern selbst nutzen. Daher sind in solchen Zeiten viele Verbindungen schnell ausgebucht.

Die erwähnten Busunternehmen bieten überdies **Transportpässe** an, die zum Teil auch Vergünstigungen für andere Verkehrsmittel wie z.B. Fähren oder Züge beinhalten. Es gibt u.a. die Option, auf festgelegten Routen Fahrkarten für Teilstrecken zu kaufen. Wer z.B. schon vorher weiß, dass er nur die Strecke Wellington–Auckland von Süden nach Norden auf der Nordinsel abfährt, kann gezielt dafür einen Pass kaufen. Diese Strecken müssen innerhalb eines bestimmten Zeitraums abgefahren werden. So kann man beispielsweise auf dieser Strecke fünf Fahrten innerhalb von 30 Tagen einlösen, darf aber nicht von der Route abweichen.

Alternativ kann man **Kilometer** oder **Punkte** kaufen, die innerhalb von 12 Monaten abgefahren werden müssen. Wer z.B. nur drei Wochen auf der Südinsel verbringen will und wenige Ortswechsel durchführen möchte, kann sich beispielsweise 300 Freikilometer kaufen. Diese müssten dann innerhalb eines Jahres aufgebraucht bzw. abgefahren werden. Wer seine Route vorher festlegt und diese diszipliniert einhält, kann mit diesen Pässen Geld sparen.

- **www.travelpass.co.nz**
- **www.flexipass.co.nz**

Bahn

Wer Bahnfahren in Europa gewöhnt ist, wird auf Neuseelands Gleisen ins letzte Jahrhundert zurückversetzt. Neuseeländische Züge werden heute fast nur noch für „touristische Spazierfahrten" genutzt. Wer zügig von A nach B möchte, sollte sich eine andere Fortbewegungsmöglichkeit suchen. Die **Züge sind relativ alt** und bleiben häufig auf der Strecke liegen, was immer wieder zu **enormen Verspätungen** führt. Zurzeit gibt es eigentlich nur eine Strecke, die auch von Neuseeländern regelmäßig genutzt wird, um mit dem Zug von einem Ort zum anderen zu kommen: der **Northern Explorer.** Er verbindet die Städte **Auckland** und **Wellington** (fast 700 km). Die Fahrt dauert 9½ Stunden und kostet als einfache Fahrt ca. 200 NZD. Die Fahrt muss **vorgebucht** und **reserviert** werden. Der Overlander verfügt über einen **Panoramawagen,** in dem man aufgrund der großzügig angelegten Fenster eine hervorragende Aussicht genießen kann.

Neben der Overlander-Strecke gibt es noch folgende, nennenswerte Zugverbindungen:

Kiwi Experience – Neuseeland-Erfahrung unterwegs

Kiwi Experience, auch „Kiwi Ex" genannt, ist ein **Busreiseveranstalter für junge Leute** zwischen 18 und 30 Jahren. Kiwi Ex verkauft **Buspässe,** die mehrere Monate landesweit gültig sind. Ein Anruf ein bis zwei Tage vor der gewünschten Abreise reicht in der Regel aus, um einen Platz zu reservieren, denn die Busse kommen mehrmals wöchentlich, in manchen Regionen auch täglich vorbei.

Das Konzept der Firma ist es, jungen Leuten aus aller Welt Neuseeland auf **spritzige Art** näherzubringen, daher tritt der Busfahrer unterwegs auch als Reiseführer auf und hält an markanten Punkten für **Fotoshootings.** Am Zielort wird man zudem direkt vor einem Backpackers rausgelassen, wobei die **Unterbringung nicht im Preis inbegriffen** ist. Das Hostel, das angefahren wird, ist nur eine Empfehlung. Da die meisten Mitreisenden aber im empfohlenen Backpackers bleiben, wird dort abends oft gemeinsam gefeiert und am anderen Tag nicht selten im Bus weitergetrunken und -gesungen. Diese Art der Fortbewegung hat dementsprechend einen **feucht-fröhlichen Charakter.** Für Reisende, die Ruhe suchen, ist sie nicht zu empfehlen.

- **www.kiwiexperience.com**

087ns ar

- **TranzAlpine:** Der Zug von **Christchurch** nach **Greymouth** (Fahrzeit 3½ Stunden, Preis ca. 200 NZD) überquert die Südalpen und bietet fantastische Einblicke in die alpine Landschaft der Südinsel.
- **Coastal Pacific:** von **Picton** nach **Christchurch** (Fahrzeit 5 Stunden, Preis ca. 180 NZD).

Wer alle Strecken abfahren möchte, kann sich den **Scenic Rail Pass** kaufen. Die **Fähre von Wellington nach Picton** (oder umgekehrt) ist im Preis inbegriffen. Alle drei Züge fahren einmal täglich. Die Abfahrtzeiten sind auf folgender Website zu finden:

- **www.railnewzealand.com**

Die meisten Reisenden nehmen von der Nord- auf die Südinsel die Fähre

Fähre

Die meisten Touristen bereisen sowohl die Nord- als auch die Südinsel Neuseelands. Um von einer zur anderen Insel zu gelangen, muss man entweder ein Flugzeug oder die Fähre nehmen. Die letztere Variante ist zwar zeitintensiver, aber eine Reise wert. Der **Interislander** braucht drei Stunden zur Überquerung der Cook-Straße. Die Fähre verkehrt je nach Saison drei- bis fünfmal täglich. Eine einfache Fahrt kostet ohne Fahrzeug ca. 75 NZD. Wer dazu neigt, schnell **seekrank** zu werden, sollte sich ernsthaft überlegen, ob er nicht besser von Wellington oder Nelson aus auf die andere Insel fliegen möchte. Die Meeresstraße zwischen der Nord- und Südinsel, Cook Strait genannt, gehört mit zu den rauesten Wasserstraßen der Welt. Es passiert nicht selten, dass die Fähren nicht fahren können, weil die Wetter- und Seebedingungen es nicht zulassen.

■ **www.interislander.co.nz**

Wer die im Buch vorgestellten Touren auf **Great Barrier Island** und **Stewart Island** machen möchte, muss ebenfalls die Fähre nehmen.

Sea Link bietet Verbindungen von **Auckland** nach **Great Barrier Island** an. Im Sommer führt die Gesellschaft sechs Fahrten pro Woche durch, im Winter nur drei. Tickets sollten vorgebucht werden. Die Fähre fährt ab vom Wynyard Wharf, Auckland Central Terminal, und steuert sowohl Tryphena als auch Port Fitzroy an. Der Preis für Hin- und Rückfahrt beträgt ca. 140 NZD pro Person.

■ **www.sealink.co.nz**

Stewart Island erreicht man von **Bluff** aus. Wer keinen Mietwagen hat, kann einen der Shuttlebusse von **Invercargill** zum Fährhafen von Bluff nehmen. Die Überfahrt durch die Foveaux Strait dauert eine Stunde. Pro Person dürfen maximal zwei Gepäckstücke mitgenommen werden. Am Fährhafen gibt es die Möglichkeit, Gepäckstücke im Schließfach zu deponieren. Es gibt täglich zwischen 8 und 19 Uhr drei Überfahrten in beide Richtungen. Eine Fahrt kostet ungefähr 75 NZD pro Person.

■ **www.stewartislandexperience.co.nz**

Flugzeug

Low-Budget-Flüge sind für den **innerneuseeländischen Flugverkehr** günstig online zu erwerben. Buchungsvoraussetzung ist jedoch, dass man über eine **Kreditkarte** verfügt. Der gebuchte Flug wird **per E-Mail bestätigt,** ein Ticket mit Magnetstreifen wird nicht mehr ausgestellt. Beim Check-in benötigt man nur noch den Reisepass, selbst das ausgedruckte Ticket wird nicht verlangt. Wie in Europa auch, ist der Service an Bord eingeschränkt worden. Wer in der Luft ein Getränk oder einen Snack zu sich nehmen möchte, muss dafür separat im Flugzeug bezahlen.

■ **www.airnz.co.nz:** Air New Zealand bietet sogenannte *no-frills*-Flüge (Flüge ohne „Schnickschnack") im Land an. Die Angebote sind zeitlich eingegrenzt, dafür werden alle Flughäfen innerhalb des Landes bedient.

Mietwagen und Wohnmobil

Wer unabhängig sein und Natursportarten im Backcountry ausüben möchte, kommt nicht drumherum, sich ein Fahrzeug zu mieten. Dies kann man entweder von zu Hause aus über **deutschsprachige Neuseelandveranstalter** oder **online** direkt über die lokalen Anbieter in Neuseeland erledigen.

Wer flexibel bleiben will, kann sich im Land überlegen, für welche Etappen ein Fahrzeug sinnvoll ist, und gegebenenfalls **vor Ort** mieten. Außerhalb der Hauptreisezeit ist dies unkompliziert. Wer aber im Voraus plant und vor allem in den Monaten **November bis Mitte März** im Land reisen möchte, sollte unbedingt **mehrere Monate vor Abreise** ein Fahrzeug mieten. Vor allem Wohnmobile der **gehobeneren Klasse** sind in diesem Zeitraum meist komplett ausgebucht. Mietwagen und Camper lassen sich oft vergünstigt im **Fly & Drive-Paket** (Flug-und-Mietwagen-Paket) über Spezialveranstalter buchen:

- **www.pacific-travel-house.de**
- **www.bosp.de**

Für die Anmietung eines Pkw oder Wohnmobils benötigt man den **Internationalen Führerschein** sowie eine **Kreditkarte.** Von dieser wird eine Kopie als Sicherheitshinterlegung gemacht. Darüber hinaus muss der Fahrer mindestens **21 Jahre alt** sein, manche Anbieter setzen als Mindestalter sogar **25 Jahre** fest. Der Internationale Führerschein ist entweder beim Einwohnermeldeamt oder der örtlichen Zulassungsstelle gegen eine Gebühr von ca. 15 € erhältlich, wo genau, hängt von der Gemeindeverwaltung ab und sollte vorher telefonisch erfragt werden. Er kann vor Ort umgehend gegen Vorlage eines **Passfotos,** des **Personalausweises** und des **nationalen Führerscheins** ausgestellt werden.

Es gibt **zwei Varianten der Fahrzeuganmietung:** Entweder man mietet das Fahrzeug in einer Stadt an und gibt es dort auch wieder zurück oder man bucht die Einweg-Alternative, die es dem Fahrer ermöglicht, das Fahrzeug in einer Stadt anzumieten und es in einer anderen Stadt wieder abzugeben. Mittlerweile bieten viele Mietstationen Einwegmieten auch ohne Aufpreis an.

Die **Preise** für Mietwagen und Camper **variieren je nach Saison.** Vor der Abfahrt sollte man das Auto gemeinsam mit dem Vermieter auf Lack- und Schei-

benschäden o.Ä. überprüfen, damit einem diese Schäden bei der Rückgabe nicht angelastet werden können.

Zu beachten ist, dass viele Verleihstationen das **Befahren von Schotterstraßen** mit normalen Fahrzeugen ohne Allradantrieb untersagen. Wer sich dieser Regelung widersetzt und mit Steinschäden o.Ä. zurückkehrt, muss diese bezahlen. Darüber hinaus ist das Befahren **mancher Straßen** generell **für Mietfahrzeuge nicht erlaubt:** z.B. Ninety Mile Beach sowie die Straßen nördlich von Colville auf der Coromandel-Halbinsel. Bei der Planung der Outdooraktivitäten sollte dies unbedingt berücksichtigt und gegebenenfalls vor Anmietung mit dem Vermieter geklärt werden.

Besonders aufpassen sollte man beim Abschluss einer **Versicherung.** Es gibt verschiedene Varianten, die im Vorfeld recherchiert werden sollten. Generell empfiehlt sich eine **Vollkaskoversicherung,** da man so rundum abgesichert ist. Aufgrund des Linksverkehrs, ungewohnter Straßenbeschaffenheit und wechselhafter Wetterverhältnisse ist dies in Neuseeland ratsam. Beim Fahren mit dem Camper kommt die ungewohnte Größe und Handhabung des Fahrzeugs hinzu. Wie bei jeder Versicherung fragt man sich natürlich, ob sich die Ausgabe lohnt. Aus eigener Erfahrung sowohl mit dem Mietwagen als auch mit dem Camper können wir eine solche Versicherung nur empfehlen.

⟨ Mehr Meerblick geht nicht ...

Im Schadensfall sollte immer die **Polizei** informiert werden. Einen Beleg über den Unfall behält die zuständige Polizeistation. Diese wird bei Rückerstattungsforderungen an die Vermietstation ausgehändigt. Es empfiehlt sich, bei jedem Unfall, egal wie klein oder groß er ist, den Schaden **per Kamera festzuhalten** und die Daten von allen beteiligten Personen selbst aufzunehmen. Auch die Adressen von **Zeugen** sollten, sofern es welche gibt, bereits unmittelbar am Unfallort aufgeschrieben werden.

Eine preisgünstige Variante, um per Pkw von einem Ort zum anderen zu gelangen, ist die **Rückführung eines Mietwagens.** Manche Verleihstationen suchen bei Einwegmieten Personen, die die Fahrzeuge vom Abgabeort zum Zentraldepot zurückfahren. Die Adressen der Verleiher sind in den neuseeländischen Gelben Seiten unter dem Schlagwort „Car Rental" zu finden.

- **www.yellow.co.nz**

Der Vorteil von **Wohnmobilen** liegt in der Unabhängigkeit. Übernachtet werden durfte bis vor einigen Jahren überall, außer auf Privatland und im Nationalpark (dort nur auf vorgegebenen Zeltplätzen und Hütten). Allerdings wurde das ehemalige **Jedermannsrecht** insbesondere für Wohnmobil-Touristen mittlerweile zunehmend **eingeschränkt.** Es gilt die Regelungen vor Ort zu beachten. Anhand von Standortbeschreibungen und Schildern können Touristen erkennen, wo sie die Nacht mit dem Wohnmobil verbringen dürfen und wo nicht. Es gibt auch extra angelegte Campingplätze für Naturliebhaber vom Department of Conservation, die teilweise auch von Wohnmobilen genutzt werden dürfen. Infos erteilen die örtlichen DOC-Büros. Gerade für **Natursportler** kann sich das auszahlen: Wer früh morgens vom Ausgangspunkt der Tour aufbrechen will, kann mit einem Camper in unmittelbarer Nähe übernachten. Bedenken sollte man auch, dass das Abstellen und Zurücklassen von Mietfahrzeugen vielerorts **Diebe** anzieht, daher sollten immer alle **Wertgegenstände** aus den Fahrzeugen mitgenommen werden.

Versicherungen

Komplettpakete

Am besten machen sich die sogenannten **Rundum-Sorglos-Pakete** der Reiseversicherer. Eingeschlossen sind dabei eine Reiserücktrittskostenversicherung, Reiseabbruch-, Reisekranken-/Notfallhilfe sowie eine Reisegepäckversicherung.

Die **Grundtarife** reichen für Reisen bis zu 30 Tagen, die meisten Anbieter bieten aber **Verlängerungsmöglichkeiten** bis 120 Tage an.

Der Versicherungspreis richtet sich nach der **Reisedauer** und dem **Reisepreis** pro Person. Für eine Neuseelandreise, die 3500 € kostet und 30 Tage dauert, zahlt man für ein Komplettpaket beispielsweise ca. 200 €. Spezialisierte Reiseversicherungsanbieter beraten ausführlich dazu:

- Europäische Reiseversicherung: **www.erv.de**
- Elvia Reiseversicherung: **www.elvia.de**

Übrigens: Wer Mitglied im ADAC ist und den **ADAC-Schutzbrief Plus** besitzt, ist für das ganze Jahr auf Reisen bis zu 45 Tagen weltweit krankenversichert (www.adac.de).

Alternativ zu den deutschen Anbietern kann man seine Reise auch beim neuseeländischen Versicherer **Uni-Care** abschließen. Die Versicherung setzt sich aus einer **Reisegepäck-, Unfall-, Kranken-** und **Haftpflichtversicherung** zusammen. Uni-Care hat sich auf Globetrotter spezialisiert und konnte durch den Zulauf von Langzeittouristen günstige Pakete schnüren, die bis zu einem Aufenthalt von **12 Monaten** buchbar sind. Die Versicherung gilt auch während der Hin- und Rückreise bei einem Stopover außerhalb Downunder, solange die Aufenthaltsdauer keine neun Tage überschreitet.

Die Leistungen der Versicherungsgruppe können auf ihrer Website in deutscher Sprache heruntergeladen werden. Für **Working-Holiday-Reisende** ist diese Versicherung attraktiv, da Krankheiten und Unfälle **im Arbeitsverhältnis** mitversichert sind. **Outdoorsportarten** sind bei Uni-Care **nur begrenzt** mitversichert. Aktuelle Infos sind über die Webseite von Uni Care erhältlich. Die Versicherung kann online abgeschlossen werden.

- **www.uni-care.org**

Wer bereits über Privatversicherungen verfügt, die auch im Ausland und auf Reisen greifen, sollte gegebenenfalls **Einzelversicherungen** dazu buchen, falls

[>] Teure Ausrüstung sollte gut versichert sein

015ns as

diese als notwendig erachtet werden. Die hier aufgeführten Einzelversicherungen sind für eine Outdoorreise nach Neuseeland auf jeden Fall empfehlenswert.

Reiserücktrittsversicherung

Es ist ratsam, bei einer Neuseelandreise eine Reiserücktrittskostenversicherung abzuschließen, allein schon des teuren Fluges wegen. Die Versicherung greift, sollte man vor der Abreise **krank** werden. Sollte ein **Verwandter ersten Grades** erkranken oder versterben, kann ebenfalls von der Reise zurückgetreten werden. **Mitversichert** sind auch Jobwechsel, unerwarteter Wiedereintritt in einen Job nach Arbeitslosigkeit, Studentenschutz (Wiederholungsprüfungen) sowie eine Schwangerschaft.

Oft besteht ein **Selbstbehalt** von 20 %, das sollte vor Vertragsabschluss geprüft werden. Der **Versicherungspreis** richtet sich immer nach dem Gesamtpreis der gebuchten Reiseleistungen. Eine Reiserücktrittskostenversicherung kann nur bis 30 Tage vor Abreise abgeschlossen werden. Bei kurzfristigen Buchungen unterhalb von 30 Tagen vor der Abreise ist der Vertragsabschluss nur am Buchungstag möglich.

Wer auch unterwegs gegen die obigen Vorfälle versichert sein will, kann zusätzlich eine **Reiseabbruchversicherung** abschließen. Diese ist oft in Kombination mit der Reiserücktrittsversicherung vergünstigt erhältlich. Muss die Reise aus einem der oben genannten Gründe abgebrochen werden, bekommt man die Kosten entweder voll oder anteilig erstattet (je nach Zeitpunkt des Abbruchs).

Auslandskrankenversicherung mit Sportschutz

Eine Auslandskrankenversicherung ist für eine Outdoorreise nach Neuseeland ein **Muss**. Zum einen zahlen die heimischen gesetzlichen Krankenversicherungen **keine Überseeleistungen,** zum anderen besteht bei Sportaktivitäten von Natur aus ein erhöhtes Krankheits- und Unfallrisiko.

Der Versicherungspreis richtet sich nach der **Dauer der Reise** und dem Alter der Personen. Die meisten Anbieter versichern Reisende bis zu 120 Tage. Für Langzeitreisende eignet sich das oben genannte **Uni-Care-Paket** sehr gut. Alternativ bietet die Website des Verbandes der Privaten Krankenversicherungen Informationen zu Versicherungen für Langzeitreisende (www.pkv.de).

Die meisten normalen Reiseversicherer decken leider keine Sportunfälle ab, bei denen Seile involviert sind. **Kletterer und Bergsteiger** sind daher nicht mitversichert. Wer jedoch Mitglied im **Deutschen** oder **Österreichischen Alpenverein** ist, hat durch die Mitgliedschaft automatisch eine Alpinversicherung, sprich eine Versicherung für Unfälle im Bergsport (Klettern und Eisklettern, Bergsteigen sowie Mountainbiking und Kayaking in Bergregionen). **Ausgeschlossen** sind jedoch **Teilnehmer von Pauschalreisen** außerhalb Europas. Wer also an einer Gruppenreise in Neuseeland teilnimmt, kann sich leider nicht auf den Versicherungsschutz des Alpenvereins berufen. Beim Schweizer Alpenclub (SAC) gibt es diesen Service generell leider nicht.

- **www.alpenverein.de**
- **www.alpenverein.at**

Übrigens: Wer vor Ort zum Beispiel auf einer Wanderung im Nationalpark stürzt und sich das Bein bricht, darf sich nicht wundern, wenn die **Bergungskosten** für den **Hubschrauberflug** in den nächsten Ort mit ärztlicher Versorgung nie in Rechnung gestellt werden. In Neuseeland gibt es eine **staatliche Unfallversicherung,** die auch für Besucher greift, die **ACC** (Accident Compensation Corporation, www.acc.co.nz). Unfallkosten werden dadurch grundsätzlich vom Staat getragen. Als Gegenleistung setzt der Staat die Bedingung fest, dass bei Inanspruchnahme von Leistungen Betroffene nicht auf **Schmerzensgeld** klagen dürfen. Ein fairer und friedlicher Kompromiss.

Unfallversicherung

Wer sich zu Hause und auf Reisen sportlich betätigt, ist mit einer Unfallversicherung generell gut beraten. Eine Reiseunfallversicherung greift allerdings nur im Fall einer **Invalidität.** Bergungskosten und Behandlungen, die mit einem Unfall in Verbindung stehen, werden von Reisekrankenversicherungen getragen – ausgenommenen sind die oben erwähnten Extremsportarten. Der Versicherungspreis richtet sich nach der Reisedauer sowie nach der gewünschten Invaliditätssumme. Personen **über 65 Jahren** sind bei Unfallversicherungen meist nicht versicherbar.

Haftpflichtversicherung

Wer zu Hause keine private Haftpflichtversicherung hat, sollte unbedingt auf Reisen eine abschließen. Vor allem als Outdoorer ist die Wahrscheinlichkeit höher als bei anderen Touristen, dass z.B. bei der Anmietung von Ausrüstungsgegenständen unterwegs etwas beschädigt wird. Die Versicherung haftet bei **Personen- und Sachschäden,** die man Dritten zufügt. Informationen hierzu erteilen Reiseversicherer und andere Versicherungsagenturen.

> Für den Fall der Fälle sollte man eine Unfallversicherung abschließen

Hinweis: Eine Reisehaftpflichtversicherung ist nur für **Privatpersonen** gedacht, **Fahrzeuge** sind dabei **nicht inbegriffen.** Dafür muss man bei der Anmietung eines Campers oder Mietwagens eine eigene **Kfz-Haftpflicht** abschließen.

Reisegepäckversicherung

Wer sein Gepäck gegen Verlust, Beschädigung und Zerstörung versichern möchte, sollte eine Reisegepäckversicherung abschließen. **Wertgegenstände,** wie exklusive Fotoausrüstungen oder Schmucksachen, die einen Gepäckgesamtwert von **4000 €** übersteigen, können in der Regel nicht versichert werden.

Bei einer Rückerstattung vom abhandengekommenen Reisegepäck werden generell nur die Waren erstattet, die mit einem **Einkaufsbeleg** ausgewiesen werden können. Sind keine Quittungen mehr vorhanden, wird der Wert des Reisegepäck geschätzt. Sollte vor der Reise noch Ausrüstung gekauft werden, unbedingt die Einkaufsbelege aufbewahren – und das am besten zu Hause. Auf keinen Fall die Belege mitnehmen, da die **Rückerstattung nach der Reise** erfolgt. Reisegepäckschäden sollten der Versicherung allerdings umgehend nach Verlust gemeldet werden, spätestens aber 14 Tage nach Rückkehr von der Reise. Die genauen Zeitfenster sind mit dem Versicherer zu klären.

052ns pa

NORDCAP

6 Anhang

094ns pa

These boots are made for walking

Literatur

- *Albert, Alexandra:* **Ein Schuljahr in Neuseeland.** Mana-Verlag Berlin, 5. Auflage 2013. Der Ratgeber ist besonders für diejenigen interessant, die ein High-School-Jahr an einer neuseeländischen Schule erleben möchten, die z.B. „Outdoor Education" als Schulfach anbietet.
- *Ballance, Alison:* **Southern Alps.** Random House New Zealand, 2007. Hervorragender Bildband mit einer Fülle von gut recherchierten Informationen zur Geologie, Botanik und Geschichte der neuseeländischen Alpen. Leider etwas teuer und sehr schwer, da im Großformat.
- *Buchspieß, Andrea & Kommer, Johanna:* **Neuseeland Reisen und Jobben.** Reise Know-How Verlag, 2016. Alles Wissenwerte für einen längeren Neuseelandaufenthalt von der Reisevorbereitung bis zur Jobsuche.
- *Chapman, Nicky:* **Bateman History Facts New Zealand.** Bateman Verlag, 2005. Handliches Nachschlagewerk zur Geschichte Neuseelands im Taschenbuchformat.
- *David F. E. Madeheim:* **Die Maori in Neuseeland: Geschichte, Konflikte, Diskriminierung,** Bachelor und Master Publishing, 2014. Ein wissenschaftlich fundiertes Buch, um mehr über die Geschichte und (Alltags-)Kultur der Maori zu erfahren.
- *Johnston, Alexa:* **Sir Edmund Hillary – An Extraordinary Life.** Penguin Books, 2007. Wohl die beste Biografie über den berühmten Neuseeländer, der den Mount Everest als erster Bergsteiger gemeinsam mit dem Sherpa *Tenzing Norgay* bestieg. Nicht nur die Erfolge des Abenteurers werden skizziert, sondern auch sein ganz normales Leben in Neuseeland.

Websites

- **www.doc.govt.nz:** Website des Department of Conservation (DOC).
- **www.linz.govt.nz:** Website der Land Information New Zealand (LINZ).
- **www.alpineclub.org.nz:** Website des New Zealand Alpine Club (NZAC).
- **www.climb.co.nz:** Neuseelands beste Informationsseite rund um den Klettersport.
- **www.tramper.co.nz:** sehr gute Wanderwebsite mit zahlreichen Tourenbeschreibungen.
- **www.mountainbike.co.nz:** Neuseelands größtes Mountainbikerforum mit Tipps zu Events und einigen Tourenbeschreibungen.
- **www.mountainradio.co.nz:** Hier findet man Händler und Verleihstationen von Backcountry-Kommunikationsausrüstung wie Funkgeräte und Telefone fürs Gebirge und den Busch.
- **www.topomap.co.nz:** Online-Topokarten von ganz Neuseeland, sehr gut im Vorfeld zur Planung von Tageswanderungen oder Touren geeignet.

> Ins Blaue hinein ...

- **www.wildernessmag.co.nz:** hervorragende Outdoor-Zeitschrift, die in Neuseeland in jedem Buchhandel oder am Kiosk erhältlich ist. Erscheint monatlich.
- **www.bivouac.co.nz:** eine der besten Ketten von Outdoorläden in Neuseeland. Insgesamt gibt es neun Geschäfte in verschiedenen Städten auf der Nord- und Südinsel. Außerdem hat Bivouac einen Onlineshop, der auch für Leute aus Übersee attraktiv ist, denn wer Ware über 200 NZD bestellt, zahlt keine Versandgebühr! Allerdings sollte man sich nach den Einfuhrsteuern erkundigen, die vom heimatlichen Flughafenzoll in Rechnung gestellt werden könnten.
- **www.earthseasky.co.nz:** Seit den 1920er Jahren eine der ältesten Outdoor-Hersteller Neuseelands (ehemals Ellis & Co). Earth Sea Sky ist immer noch ein Familienbetrieb, und die gesamte Produktion findet nach wie vor in Neuseeland statt. Die Firma stattete das gesamte Südpol-Expeditionsteam von Sir *Edmund Hillary* aus. Der Sohn des Firmengründers, *Murray Ellis,* nahm selbst daran teil.

Englische Fachbegriffe

Allgemein

weather forecast	Wettervorhersage
suncream	Sonnencreme
sunburn	Sonnenbrand
equipment, gear	Ausrüstung
gaiters	Gamaschen
backpack	Rucksack
compass	Kompass
map	Karte
sleeping bag	Schlafsack
insect repellent, dim	Insektenschutzmittel
access	Zugang
avalanche	Lawine
stamina	Ausdauer

070ns rr

Erste Hilfe

- *first aid kit* Erste-Hilfe-Set
- *(sticking-)plaster* (Heft-)Pflaster
- *bandage, dressing* Verband
- *compress* Kompresse
- *recovery position* stabile Seitenlage
- *emergency number* Notrufnummer
- *space blanket* Rettungs-/Wärmedecke

Kayaking

- *canoe* Kanu
- *kayak* Kajak
- *paddle* Paddel
- *wetsuit* Neoprenanzug
- *life jacket* Schwimmweste
- *spraydeck* Spritzschutz
- *current* Strömung
- *rapids* Stromschnelle
- *to capsize* umkippen
- *eskimo roll* Eskimorolle

Klettern und Bergsteigen

- *belt* Klettergurt
- *rope* Seil
- *knot* Knoten
- *helmet* Helm
- *figure of eight* Achterknoten
- *to belay* sichern
- *bolt* Haken
- *quickdrawer* Expressschlinge
- *carabiner* Karabiner
- *crampons* Steigeisen
- *ice axe* Eispickel
- *grade* Schwierigkeitsgrad
- *climbing route* Kletteroute
- *crag* Felsspitze, Klippe
- *peak*, summit Gipfel
- *ridge* Grad
- *goggles* Gletscher- oder Skibrille

Mountainbiking

- *clipless pedals* Klickpedal
- *helmet* Helm
- *suspension fork* Federgabel
- *full suspension* Vollfederung
- *(inner) tube* Schlauch
- *outer tyre* Mantel
- *air-pump* Luftpumpe
- *repair kit* Flickzeug
- *spokes* Speichen
- *spoke spanner* Speichenschlüssel
- *wheel* Laufrad
- *bottle holder* Flaschenhalter
- *pannier* Fahrradtasche
- *carrier* Gepäckträger

Wandern

- *track* Wanderweg
- *bush* Wald
- *tramping, hiking* wandern
- *hiking poles* Wanderstöcke
- *poles* Wegmarkierung in Form von Stöcken
- *cairns* Wegmarkierung in From von Steinhaufen
- *hiking boots* Wanderstiefel

Kleine Sprachhilfe Kiwi-Slang

Die folgenden Wörter und Redewendungen wurden dem Reisesprachführer „Neuseeland Slang – das andere Englisch" (Kauderwelsch-Band 45) des Reise Know-How Verlags entnommen.

Persönliche Fürwörter

Einige persönliche Fürwörter werden bisweilen anders als im Standard-English verwendet:

- *Gizago! (= give us a go)* Lass mich mal probieren!
- *Me house, me missus* mein Haus, meine Frau
- *She's a hot day today.* Es ist ein heißer Tag heute.
- *The wife's gone shopping.* Meine Frau ist beim Einkaufen.

Abkürzungen

- *Burbs (suburbs)* Vororte
- *Ciggies (cigarettes)* Zigaretten
- *Kindy (kindergarten)* Kindergarten
- *Postie (postman)* Briefträger
- *Pozzie (position)* Platz, Position
- *Ta (thankyou)* Danke
- *Ya (you)* du
- *Veges (vegetables)* Gemüse

Begrüßung/Verabschiedung

- *Haere mai!* Willkommen!
- *Haere ra!* Auf Wiedersehen!
- *Kia ora!* Hallo! Guten Tag!
- *Tena koe!* Guten Tag! (formell)
- *Eryaguan? (= How are you going?)* Wie geht's?
- *Gidday (mate)!* Guten Tag (Kumpel)!
- *Owsidgown? (How is it going?)* Wie steht's?
- *Hooray/Hurray! Tata/Tutelue!* Tschüss!
- *See ya (later)!* Tschüss! Bis später!
- *Pop over/ Pop in/ Pop around!* Schau doch mal vorbei!

Einkaufen

Lebensmittel

- *Beetroot* Rote Bete
- *Capsicum* grüne Paprika
- *Courgette* Zucchini
- *Goosegogs* Umgangssprache für Kiwi und Stachelbeeren
- *Kumara* Süßkartoffel
- *Marrow* eine Kürbisart
- *Puha* einheimischer Spinat
- *Silverbeet* eine Art Spinat
- *Stone fruits* Früchte mit Kernen, Steinen
- *Swedes* weiße Rüben
- *Tomato* Tomate
- *Tomato sauce* Tomatensoße (nicht Ketchup!)

Geschäfte

Butchery	Metzgerei, Schlachterei
Chemist	Drogerie, Apotheke
Delikatessen	teurer, aber nicht viel besser als normale Geschäfte
Drapers/ Drapery	Geschäft für Bettwäsche, Handtücher etc.
Garage sales	private Flohmärkte
Haberdashery	Kurzwarenabteilung
Mates-rates	Freundschaftspreise
Oncer	einmaliges Angebot
Posh	luxuriös, schicki-micki
Shop assistant	Verkäufer/in
Trundler	Einkaufskarren auf zwei Rädern

Essen

Breckie	Frühstück
Morning tea/ Morning smoko	zweites Frühstück
Lunch	Mittagessen
Afternoon tea/Afternoon smoko	Nachmittagssnack
Tea	Abendessen
Supper	zweites Abendessen
Barbie	Barbecue
Chook/Chicken	Huhn
Nosh-gobble	etwas zu futtern
Nosh up	eine Mahlzeit
Pikelets	süße, kleine Pfannkuchen mit Marmelade, Butter
goosegogs	Kiwis/ Stachelbeeren
Silverside	Gepökeltes Rindfleisch
Scoff/Snart	hastig essen, schlingen
Steak mince	Hackfleisch
Topside	Braten-/ Gulaschfleisch
Tuck in!	Hau rein!

Fahrbarer Untersatz

Accelerator	Gaspedal
Bike	Motorrad
Bonnet	Motorhaube (auch „Dachstübchen")
Boot	Kofferraum (auch Stiefel)
Bowsers	Zapfstelle
(Car)Park	Parkplatz
Dipstick	Ölstab (a. Trottel oder Idiot)
Jack	Wagenheber
Motorcamp	Campingplatz
Mudguard	Kotflügel
Nattie	Platten
Peds	Fußgänger
Petrol	Benzin
Puncture	Loch im Reifen
Pushbike	Fahrrad
Spare tyre	Ersatzreifen
Speedo	Tacho
Truck	Lkw
Toot	tuten, hupen
Ute/ Utility van	Pickups

Windscreen	Windschutzscheibe
Yank tank	Ami-Schlitten

Amtliches Verkehrs-Kiwi

Clearway (7–9 am)	Halteverbot (7–9 Uhr)
Falling Debris	Steinschlag
Free Tur	Abbiegen bei roter Ampel erlaubt
Give Way	Vorfahrt achten
L.S.Z.!	Langsam fahren!
Metal On Road	Rollsplitt
No Exit	Sackgasse
P 40	Parken, max. 40 Min.
Peds Xing	Zebrastreifen
Seal Ends	Asphalt endet
Slip	glatte, rutschige Stelle
Tow Away Zone	Falschparker werden abgeschleppt
Xing (crossing)	Bahnübergang

Getränke

Booze/Snort/Grog	alkoholische Getränke
BYO (bring your own)	Getränke selbst mitbringen
Flagon	2,25-l-Flasche, auch „half g“ (halbe Gallone) genannt
Handle of beer	Henkelkrug (1–1,5 Pint) Bier
Jug	eine Maß (= 1-l-Krug)
Pint	= 600 ml
Split	Bestandteil, der zum Alkohol gemixt wird („What kind of split would you like with your drink?“ „Coke!“)
Stubby	0,35-1-Flasche

Glück/Pech haben, Ausrufe

Best of British!	Viel Glück, aber du hast keine Chance!
Blue	Fehler
Bugger off!	Hau ab!
By crikey!	Gute Güte!
Dicy	unsicher, unstabil
Done your chips	versagt, verloren
Fair go	eine gerechte Chance
Fancy that!	Kaum zu glauben!
Get off it!	Hör auf damit!
Get off my case!	Lass mich in Ruhe!
Good on yer/you!	Gut gemacht! Mach weiter so!
Happy as Larry	wunschlos glücklich
Hells bells!	Himmel noch mal! Heiliger Bimbam!
Hoo-ha	Aufregung um nichts
Neat, eh!	Toll, was!
Nifty	clever, geschickt, gut durchdacht
Tin-arse-luck	unverdientes Glück

To blow it	versagen
To act goat	sich tollpatschig/ idiotisch aufführen
Use your bun!	Streng deinen Kopf an!

Kleidung

Clobber	Klamotten, Kleidung (auch Krimskrams)
Jandals	Gummisandalen
Jersey	Pullover zum Zuknöpfen
Jumper/ Wolly	Pullover
Long johns	lange Unterhosen
Mac(intosh)	Regenmantel
Strides	Hose
Sandshoes	Tennisschuhe
Togs	Badehose/-anzug
Vest	Unterhemd
Waistcoat	Weste
Wellingtons/ Gummies/ Gumboots	Gummistiefel

Maori-Ausdrücke

Ara	Weg, Straße
Atua	Gottheit, Geist
Awa	Fluss, Tal
Hapu	Stammesgruppe
Kainga	Siedlung, Heim
Karakia	rituelles Gebet
Kia ora!	Hallo! Guten Tag!
Mana	Prestige, Ansehen, Autorität, übernatürliche Kraft
Manu	Vogel
Mauri	Leben(skraft)
Maunga	Berg
Moana	Meer, See
Motu	Insel
Pakeha	weiße Einwohner Neuseelands
Papa	Erde
Pounamu	Jade, Greenstone
Puke	Hügel
Rangi	Himmel
Roto	See
Te	der, die, das
Wai	Wasser
Waka	Kanu
Whakairo	Schnitzkunst
Whare	Haus
Whenua	Land (auch Umgebung, Heimat)

Redewendungen

Come again?	Wie bitte?
I'll be with you in a tick.	Ich komme sofort.
I'm off now.	Ich gehe jetzt.
I wouldn't have a clue.	Ich habe keine Ahnung.
She'll be right!	Okay, alles klar!
You shouldn't have done that.	Vielen Dank, aber das war doch nicht nötig.
What a bummer!	Wie schade!
What's the guts?/ the story?	Worum geht's?

Das komplette Programm zum Reisen und Entdecken von

REISE KNOW-HOW

- **Reiseführer** – alle praktischen Reisetipps von kompetenten Landeskennern
- **CityTrip** – kompakte Informationen für Städtekurztrips
- **CityTrip**^PLUS – umfangreiche Informationen für ausgedehnte Städtetouren
- **InselTrip** – kompakte Informationen für den Kurztrip auf beliebte Urlaubsinseln
- **Wohnmobil-Tourguides** – alle praktischen Reisetipps für Wohnmobil-Reisende
- **Wanderführer** – exakte Tourenbeschreibungen mit Karten und Anforderungsprofilen
- **KulturSchock** – Orientierungshilfe im Reisealltag
- **Kauderwelsch Sprachführer** – vermitteln schnell und einfach die Landessprache
- **Kauderwelsch plus** – Sprachführer mit umfangreichem Wörterbuch
- **world mapping project™** – aktuelle Landkarten, wasserfest und unzerreißbar
- **Edition REISE KNOW-HOW** – Geschichten, Reportagen und Abenteuerberichte

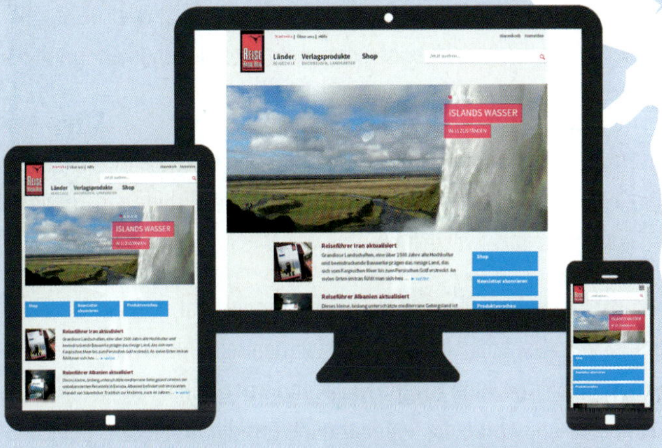

Länder
Verlagsprodukte
Shop
ISLANDS WASSER

Wir bitten um Ihre Mithilfe

Dieser Reiseführer ist gespickt mit unzähligen Adressen, Preisen, Tipps und Infos. Nur vor Ort kann überprüft werden, was noch stimmt, was sich verändert hat, ob Preise gestiegen oder gefallen sind, ob ein Hotel, ein Restaurant immer noch empfehlenswert ist oder nicht, ob ein Ziel noch erreichbar ist oder nicht, ob es eine lohnende Alternative gibt usw.

Unsere Autoren sind zwar stetig unterwegs und erstellen ca. alle zwei Jahre eine komplette Aktualisierung, aber auf die Mithilfe von Reisenden können sie nicht verzichten.

Darum: Schreiben Sie uns, was sich geändert hat, was besser sein könnte, was gestrichen bzw. ergänzt werden soll. Nur so bleibt dieses Buch immer aktuell und zuverlässig. Wenn sich die Infos direkt auf das Buch beziehen, würde die Seitenangabe uns die Arbeit sehr erleichtern. Gut verwertbare Informationen belohnt der Verlag mit einem Sprachführer Ihrer Wahl aus der über 220 Bände umfassenden Reihe „Kauderwelsch". Bitte schreiben Sie an:

Reise Know-How Verlag
Peter Rump GmbH | Postfach 140666 | 33626 Bielefeld
oder per E-Mail an: info@reise-know-how.de

Danke!

Register

A

B

C

D

E

F

G

H

I

J

K

L

M

N

O

P

Q

R

S

T

022ns ar

V

W

Z

⟨ Eine von zahlreichen Buchten im Bay-of-Islands-Archipel

Die Autoren

Nach dem Abitur zog es **Alexandra Albert,** Jahrgang 1972, auf einer Interrail-Reise zum ersten Mal mit dem Rucksack auf dem Rücken auf Europas Wanderpfade. Von diesem Zeitpunkt an wurde das Wandern eine Leidenschaft, die nicht mehr aus ihrem Alltag wegzudenken ist. Gemeinsam mit ihrem Mann *Peter* war sie in vielen Ländern zu Fuß unterwegs. 1995 bereisten sie zum ersten Mal Neuseeland. Die studierte Kulturwissenschaftlerin arbeitete fast zehn Jahre im Bildungs- und Outdoorsporttourismus mit Neuseeland und Australien als Hauptdestinationen. In dieser Zeit begann sie nebenbei Sachbücher und Reiseführer zu schreiben. Über ein Buchprojekt mit Nachwuchsalpinisten fand *Alexandra Albert* Zugang zum Berufsfeld Sportmentaltraining, worin sie eine Ausbildung als Quereinsteigerin absolvierte. Heute leitet sie eine Praxis für Sportmentaltraining (www.physiomental-training.de), betreut unter anderem die Expeditionskader des Deutschen Alpenvereins und bietet journalistische Dienstleitungen im Sport und Alpinismus an. Sie lebt mit ihrem Mann *Peter,* ihren zwei Töchtern, Hund und Islandstute in der Nähe von Darmstadt.

Aufgewachsenen als Sohn eines Försters in Hunsrück und Pfalz, war **Peter Albert,** Jahrgang 1971, von Kindesbeinen an mit dem Leben *out of doors* verbunden. Egal ob auf Familienurlauben oder Pfadfinderaktivitäten: Wandern, Klettern und Mountainbiking gehören schon lange zu seinem Alltag. Gemeinsam mit seiner Frau *Alexandra* bereiste er Neuseeland mehrere Male. Für das Buch recherchierte und testete er die Fahrradtouren. *Peter Albert* ist promovierter Meteorologe und arbeitet bei EUMETSAT in Darmstadt.

093ns pa

6